VICTOR MIRSHAWKA

ECONOMIA CRIATIVA: FONTE DE NOVOS EMPREGOS

VOLUME II

DVS EDITORA

São Paulo, 2016
www.dvseditora.com.br

ECONOMIA CRIATIVA

FONTE DE NOVOS EMPREGOS - volume 2

Capa e Diagramação: Spazio Publicidade e Propaganda

Dados Internacionais de Catalogação na Publicação (CIP)
(Câmara Brasileira do Livro, SP, Brasil)

Mirshawka, Victor
Economia criativa : fonte de novos empregos, volume II / Victor Mirshawka. -- 2. ed. -- São Paulo : DVS Editora, 2016.

Bibliografia.
ISBN 978-85-8289-124-7

1. Criatividade nos negócios 2. Economia 3. Empreendedorismo 4. Emprego 5. Inovação I. Título.

16-04449 CDD-338.04

Índices para catálogo sistemático:

1. Economia criativa : Empreendedorismo 338.04

SUMÁRIO

PREFÁCIO

Um dos desdobramentos mais estimulantes da cena contemporânea é o destaque assumido pela chamada economia criativa, tópico que é desenvolvido de formas cativantes neste novo livro do professor Victor Mirshawka. A **economia criativa** (EC) se baseia na informação, no conhecimento e na criatividade e envolve aquelas atividades que mobilizam capital intelectual e o processamento de dados em seus sistemas produtivos. Ela abrange áreas de atividade que vão da informática à arquitetura, do rádio e televisão ao design, turismo, gastronomia, moda e publicidade.

A EC **emprega** milhões de trabalhadores no Brasil e no mundo, e movimenta trilhões de dólares todo ano. Do mesmo modo, sua participação no PIB brasileiro cresce a cada ano; a previsão é que ela supere a marca de R$ 150 bilhões no ano de 2015.

Contudo, juntamente com seus grandes e inegáveis avanços, a EC enfrenta desafios para se consolidar e desenvolver ainda mais seu pleno potencial. Os pontos mais relevantes dizem respeito ao ambiente de negócios, ao acesso ao crédito e à consistência na formação educacional da população.

Em São Paulo, maior centro de atividade da EC no País, estamos formulando o Plano Estratégico da Economia Criativa (PEEC-SP). Trata-se de iniciativa pioneira que fornecerá indicadores criteriosos e confiáveis para a mensuração de empregos e salários na EC, estabelecerá fóruns público-privados para sua discussão ativa e forjará modelos de governança para o Estado.

São Paulo já incluiu em seu Plano Plurianual instrumentos de fomento à EC, como incentivos a setores de tecnologia intensiva, a empregos de qualidade e a adequação do papel do Estado aos novos desafios. Temos trabalhado também na capacitação dos trabalhadores por meio de diversos cursos oferecidos pelas nossas Etecs (escolas técnicas) e Fatecs (faculdades técnicas) espalhadas por todo o território paulista.

Sabemos que os setores criativos da economia já predominam nas estratégias de desenvolvimento de cidades e países como Berlim na Alemanha, Manchester na Inglaterra, ou Orlando nos Estados Unidos da América (EUA). O Estado de São Paulo busca se inserir nesse circuito com o apoio decidido do seu governo e mediante parcerias com a iniciativa privada.

Sabemos que o momento é grave e que os desafios do Brasil para avançar rumo a uma nova fase de desenvolvimento e prosperidade estão postos de forma clara. Não obstante, temos confiança no futuro e na capacidade criativa de nossa gente para transformar o Estado de São Paulo e o Brasil num dos polos internacionais da nova EC.

Geraldo Alckmin

Governador do Estado de São Paulo.

INTRODUÇÃO

Como foi observado no primeiro volume, neste segundo livro estão descritos os 11 setores criativos restantes, a saber: entretenimento, gastronomia, moda, música, pesquisa e desenvolvimento (P&D), publicidade e propaganda (P&P), setor editorial, *software*, televisão e rádio, turismo e *videogames*. Se perceberá claramente que esses setores acabaram se retroalimentando, como é o caso do cinema, entretenimento, gastronomia, música, turismo e *videogame*, pois nota-se que cada um deles tem alguma relação com o outro.

Uma leitura complementar para *Economia Criativa: Fonte de Novos Empregos* é o portal da revista *Criática* (www.revistacriatica.com.br), inteiramente dedicado a divulgar fatos recentes de destaques em todos os setores da EC. Aliás, vai se procurar, nas edições futuras do livro, incluir as atualizações e textos com conteúdos pertinentes que foram publicados na *Criática*, que terá, com o passar do tempo, colaboradores que sejam pessoas com atuação de destaque nos vários setores da economia criativa (EC), além de serem influenciadores sobre o fato que é nela que se desenvolverão muitos novos empregos, tão necessários para quem quiser sobreviver condignamente a partir, principalmente, da terceira década do século XXI.

3.8

ENTRETENIMENTO

3.8.1 – HORA DO ENTRETENIMENTO

O **entretenimento** (ou em inglês *entertainment*) é uma forma de divertir ou recrear as pessoas, ou pelo menos um conjunto delas, quando se encontram desviadas de suas preocupações cotidianas. É o "oficio" ou a capacidade de captar a concentração de grupos de pessoas com a aplicação das mais variadas formas que visam tão somente oferecer o **prazer** por um período temporal fixo ou até impreciso. É preciso que fique claro que **entretenimento** e **cultura** não são a mesma coisa!!! Entreter é distrair, oferecer atividades com as quais o ser humano possa passar parte livre do seu tempo, por exemplo, na **prática de esportes, ou seja, é conceder distrações** e **diversões**.

De acordo com o dicionário *Houaiss*, divertir alguém é proporcionar-lhe uma mudança de direção na sua rotina, é desviar sua atenção para o foco que convém a determinadas categorias políticas. Dessa maneira, nos bastidores do prazer, há **sempre** determinados setores lucrando com a diversão, seja **econômica** ou **politicamente**.

LEV RADIN / SHUTTERSTOCK.COM

"Admire o porte da quadra principal onde acontece um dos mais importantes torneios de tênis do mundo, o US Open, em Nova York, que oferece aos campões individuais cerca de US$ 3,3 milhões de prêmio, arrecadados parcialmente dos ingressos pagos pelas centenas de milhares de pessoas que assistem aos jogos ao vivo."

Recentemente, a empresa Octagon Worldwide – uma das maiores empresas de *marketing* esportivo do mundo – empreendeu uma pesquisa encomendada pela Mastercard, com o objetivo de avaliar os padrões de consumo do povo brasileiro. Entre os dados averiguados, descobriu-se que **93%** dos brasileiros preferem, na esfera de entretenimento, navegar na Internet. Mesmo assim, os pesquisadores da Octagon Worldwide concluíram que as empresas do ramo turístico não têm do que reclamar, pois a população brasileira ainda acalenta o velho sonho de viajar, seja de carro pelo território nacional (**70%**), seja de avião pelo País (**81%**) ou para o exterior (**71%**). Nesta verificação estatística foram abordados integrantes das classes A, B e C, com o que, a partir dessa visão panorâmica, quem milita no setor de turismo ficou bem informado de como deve planejar suas novas campanhas publicitárias e que pacotes de viagem deve oferecer.

Entre as modalidades de entretenimento deve-se citar: cinema, dança, exposições de arte, festas de natureza popular, jogos (*games*), leituras – especialmente de *best-sellers* –, ouvir música, pesca, rádio, teatro, televisão, passatempos em *blogs, chats*. Muitas cidades preparam-se para desenvolver bem a arte de entreter e nelas existem acampamentos, locais para piqueniques, boates, danceterias, feiras de exposições, museus, apresentações de óperas, parques-temáticos de diversão, zoológicos, rodeios, praias, trilhas montanhosas etc.

Também pode ser considerada como entretenimento toda "cultura" urbana desenvolvida pela juventude contemporânea. E isso desde a formação de gangues, os famosos "rachas", as "baladas", muitas vezes incrementadas por rodadas de cerveja e outras bebidas alcoólicas, e pelo uso de drogas das mais leves às mais pesadas. Naturalmente, esta forma de se entreter é **totalmente discutível, negativa** e **nada sadia**. Pode-se até mesmo afirmar que isso é **completamente alienante**. Há diversões saudáveis, que podem até mesmo envolver a construção do conhecimento conquistado com boas doses prazer, seguidas de perto pela consciência plena dos ardis manipuladores que circulam pelos bastidores da indústria de entretenimento. E há, infelizmente, distrações censuráveis, que muitas vezes conduzem os jovens à própria autodestruição.

"Um lugar incrível para entretenimento e diversão é o parque Aventurah, em Brotas, que fica a cerca de 250 km da capital paulista."

Observação importante 1 - O Brasil *cowboy* está atraindo centenas de milhares de visitantes para participar da Festa de Peão de Barretos, no Estado de São Paulo, que em 2015 teve a sua 60ª edição. Muitas foram as atrações, porém o maior destaque foi a presença do famoso cantor norte-americano Garth Brooks.

Com gritos, assovios e demorados aplausos, foi assim que o público recebeu Garth Brooks, agradecendo o seu gesto generoso, pois ele pagou todas as despesas de viagem – suas e da banda – para realizar um *show* beneficente. Foi o diretor-geral do Hospital do Câncer de Barretos, Henrique Prata, que anunciou a entrada do cantor, visto que a bilheteria da noite foi destinada à instituição.

O astro da música *country* repetiu a sua façanha de – exatos – 17 anos atrás, lotando a arena da 60ª Festa do Peão, quando observou novamente um mar de gente que com os braços erguidos balançava os chapéus de um lado para o outro, assim como ocorreu em 1998. Até mesmo a imagem dos isqueiros acessos pelos fãs nas arquibancadas foi replicada, dessa vez com o uso de celulares.

Desde o momento em que surgiu em um elevador montado no meio do palco, Brooks esbanjou energia e empolgação, comprovando porque ainda é conhecido como o **"furacão de Oklahoma"**, mesmo aos 53 anos de idade... Em todas as músicas, o astro percorreu o palco de uma ponta a outra, dançou, pulou e distribuiu sorrisos. Os músicos da banda de Brooks fizeram um *show* à parte. Solos de violino e de guitarra estiveram presentes em quase todo o repertório de *Man Against Machine*, que também é o título do mais recente disco do cantor norte-americano. As *backing vocals* (as cantoras de apoio) também se aproximaram da frente do palco diversas vezes, dançando e interagindo com Brooks. O astro da música *country* citou cada um dos componentes do grupo e reverenciou os músicos durante a interpretação de *The Dance*.

Ao som de *Friends in Low Places*, as duplas Chitãozinho & Xororó e Fernando & Sorocaba entraram no palco para uma participação especial no *show*. Em seguida, Brooks cedeu seu violão para Fernando e os dois, junto com Chitãozinho & Xororó, cantaram *Evidências*. Os fãs formaram um grande coral na arena em homenagem ao ídolo norte-americano, que foi **ovacionado**. Sem dúvida alguma, a canção mais cantada pelos fãs foi *Standing Outside the Fire*, sucesso de Brooks na década de 1990, com a qual ele encerrou a sua apresentação.

FEATUREFLASH PHOTO AGENCY / SHUTTERSTOCK.COM

"O cantor norte-americano Garth Brooks esbanjou energia e empolgação na 60ª Festa do Peão de Barretos."

Após deixar o palco, o ídolo da música *country* recebeu do diretor-geral do Hospital de Câncer de Barretos, Henrique Prata, junto com os cantores Paula Fernandes, Daniel e Juliano Cézar, um quadro no qual estavam marcadas as mãos de crianças que fazem tratamento na instituição, o que o sensibilizou muito!!!

Aí, Daniel entoou a canção *Tente Outra Vez*, acompanhado pelas duplas Fernando & Sorocaba e Chitãozinho & Xororó, homenageando Brooks, que permaneceu no palco abraçado ao diretor do hospital.

Finalmente, foi projetado no fundo do palco e nos telões da arena a maquete da futura ala do Hospital de Câncer que está sendo construída em Porto Velho, no Estado de Rondônia, e que levará o nome da mãe de Brooks, Colleen McElroy Carroll, o que emocionou muito o astro, sendo aplaudido pela multidão.

Esse cantor deu um tapa de pelica em muitos artistas brasileiros. Em vez de ostentar uma Ferrari, avião a jato ou iate, fez uma doação gigantesca, tirou dinheiro do próprio bolso para trazer todos os seus colaboradores e demonstrou uma solidariedade fantástica ajudando a criar mais um centro de assistência médica no combate ao câncer.

Esse é um espetacular subproduto da Festa do Peão que existe desde 1955 em Barretos. Nessa época, a cidade sediava o maior frigorífico do País e recebia tropeiros que traziam os rebanhos de vários Estados. Para matar o tempo enquanto esperavam o abate das reses, eles faziam rodeios no estilo caipira, nos quais se procurava classificar o peão que ficava mais tempo no lombo de um cavalo chucro ou qual era o laçador mais habilidoso. Com o passar das décadas, a festa foi atraindo cada vez mais gente, entre as quais os fazendeiros endinheirados e pessoal da região, geralmente mais interessados em se divertir.

O modelo, no entanto, continuava tradicional. Foi no final dos anos 1980 que os empresários locais **farejaram** ali uma mina de ouro no **campo do entretenimento**. Inspirados no sucesso da música sertaneja, que unia a guitarra da música *country* à vida da toada caipira, decidiram transformar a festa num torneio à texana para atrair muito público da classe média que talvez (ou jamais...) iria a uma festa "caipira", mas compareceria alegremente a um evento *country*.

Nesses últimos anos, nos dez dias de festa, quase 1,5 milhão de pessoas circulam no parque do Peão, com o que ficam lotados todos os hotéis não só de Barretos, mas das cidades próximas, e há uma injeção de cerca de US$ 1 bilhão na economia da região.

3.8.2 – PARQUES TEMÁTICOS

Sem dúvida, os EUA, mais do que qualquer outro país do mundo, tem se aproveitado dos parques temáticos para oferecer entretenimento aos seus habitantes e atrair para eles pessoas do resto do planeta. E aí se destacam muito os parques do grupo Walt Disney, que já existem em outros lugares fora dos EUA. Naturalmente, eles geram grandes lucros, estimulam o surgimento de **parques similares** abertos em quase todos os grandes países do mundo sem alcançar, todavia, a sua fama e procura.

No início de 2015, a Disney fez um reajuste nos ingressos para a visitar à Disneyland ou a Disney California Adventure, em Anaheim, no Estado da Califórnia, bem como no Magic Kingdom, em Lake Buena Vista, no Estado da Flórida, e nas suas outras atrações em Orlando, que agora custam algo próximo de US$ 100. Isso foi feito para compensar os custos que se elevaram com a introdução de novidades e para atender melhor as pessoas, pois ocorreu um crescimento de movimento não só nos seus parques, como nos seus *resorts*.

A porta-voz do grupo, Suzi Brown, explicou: "Uma vez por ano reajustamos os preços dos nossos ingressos, pois continuamente adicionamos novas experiências e muitos dos nossos visitantes optam por bilhetes que dão direito a entrar nos parques, vários dias ou até anuais, que permitem uma grande economia.

No quadrimestre encerrado em 27 de dezembro de 2014, a receita para o período cresceu 9% alcançado US$ 3,9 bilhões e a visitação aos parques da Califórnia e da Flórida subiu 7%, sendo que Walt Disney World e Disneyland Resort alcançaram recordes históricos. Por exemplo, o Magic Kingdom recebeu algo em torno 50 mil pessoas por dia.

Quem já foi se divertir no Walt Disney Word, na Flórida, sabe que o local é garantia de entretenimento para toda a família. O que muita gente não sabe é que, além dos visitantes, há um outro grupo que também vive o sonho de estar no **mundo mágico**, porém com outro objetivo: **trabalhar** e ter uma remuneração que lhe permita **sobreviver dignamente**. E entre os **72 mil funcionários** dos parques da Disney nos EUA há muitos brasileiros que afirmam que realizaram o desejo de conhecer a terra do Mickey Mouse e tiveram a oportunidade de adquirir experiência trabalhando no exterior, num ambiente muito divertido.

A Walt Disney Company, em 15/7/2015, anunciou o projeto e as atrações de um novo **megacomplexo de entretenimento** que deve ser inaugurado em Xangai (China) no segundo trimestre de 2016. Será o segundo parque da empresa na China. O primeiro começou a funcionar em 2005, em Hong Kong.

Uma área de 3,8 km² abrigará o Shangai Disney Resort, com seis áreas temáticas, entre as quais uma dedicada aos **Piratas do Caribe**, bem como locais para espetáculos ao vivo, um teatro ao estilo da Broadway, dois hotéis e o "mais alto, maior e mais interativo castelo em qualquer dos parques temáticos da Disney".

A Disneylândia Xangai representa uma enorme aposta na mudança da abordagem da China quanto ao **entretenimento ocidentalizado** e as viagens de turismo. Robert Iger, presidente-executivo e do conselho da Disney, disse: "A companhia considera o complexo de US$ 5,5 bilhões tão transformador

"Um aspecto da Hong Kong Disneyland."

para a empresa quanto o da Flórida foi nos anos 1970. O novo complexo terá mais tecnologia e atrações originais que os parques temáticos anteriores, incluindo muitos traços chineses incorporados a mosaicos. A Disney controlará 43% do complexo e o restante pertence à Shanghai Shendi Group, entidade estatal chinesa."

Como se nota, os chineses vão aprender com os norte-americanos como administrar e fazer progredir um parque temático tendo o domínio financeiro da empresa!!!

➛ **Este será um bom negócio para a Disney?**

Talvez, pois os chineses são especialistas em "copiar" e depois poderão fazer tudo sozinhos...

No Brasil, temos alguns parques de diversões espetaculares, inclusive um deles está entre os **dez melhores do mundo**!!!

Uma pesquisa feita pelo *site* Trip Advisor, com base nas avaliações de internautas, indicou, em 2015, que o melhor parque de diversões da América do Sul e um dos dez melhores do mundo fica no Brasil, mais precisamente no Estado de Santa Catarina.

Trata-se do **Beto Carrero World**!!!

Além disso, três estabelecimentos brasileiros figuram entre os dez melhores (10 *top* do mundo na categoria **parques aquáticos**), dos quais, um deles, o Beach Park, em Fortaleza, no Estado do Ceará, ocupa a segunda posição do *ranking* global. Os outros dois parques aquáticos brasileiros da lista são o Hot Park, localizado em Rio Quente, no Estado de Goiás; e o Thermas dos Laranjais, localizado em Olímpia no Estado de São Paulo, o nono colocado.

Os melhores classificados foram determinadas por meio de um algoritmo que levou em conta a quantidade e a qualidade dos comentários para parques aquáticos, parques de diversões, zoológicos e aquários em todo o mundo, ao longo de um período de 12 meses. Os dados da Trip Advisor indicaram também que 54% dos brasileiros pretendem visitar um parque de diversões nos próximos 12 meses. Entre eles, 39% costumam ir a parques com seus parceiros; 35% com seus filhos; e 17% com os amigos.

O Ministério de Turismo, tem procurado dar apoio ao Sistema Integrado de Parques e Atrações Turísticas (Sindepat), para implementar estratégias e políticas públicas que possibilitem uma maior geração de empregos e receitas por meio das atividades dos parques de diversões aquáticos, zoológicos etc. Em 2015, os 18 parques que integram o Sindepat receberam cerca de 14 milhões de visitantes e juntos futuraram algo próximo de R$ 2 bilhões.

"O parque Beto Carrero World."

Sem dúvida, esses números podem e devem aumentar, basta que o poder público crie melhores condições para o uso desses parques, estimulando o setor educacional a promover a ida dos seus alunos em grandes "caravanas", acompanhados dos seus professores e fazendo as escolas parcerias com os parques para obter redução nos preços dos ingressos. É preciso aumentar a demanda nos parques existentes para que eles possam evoluir, para que outros empreendedores se entusiasmem a entrar nesse tipo de negócio – o **entretenimento** – e não ocorram fechamentos, como aconteceu lamentavelmente com o Playcenter.

Sofrendo com falta de receita e sem incentivo para que se tornem gigantes de entretenimento, como ocorre no Japão, nos EUA, em muitos países da Europa, os parques de diversões brasileiros tentam manter seu espaço com muitas dificuldades, com a falta de novos brinquedos e convivendo com situação de ver que os clientes que conseguem driblar a crise econômica acabam optando pela Disney ou pelos parques da Universal em solo norte-americano...

Foi assim que o Playcenter, fundado em 1973, após 39 anos de existência, o mais antigo estabelecimento do gênero em São Paulo, anunciou, em 29 de julho de 2012, o **encerramento de suas atividades!?!?**

É verdade que em 2015 um grupo de empresários entrou em contato com o prefeito da cidade de Olímpia, Geninho Zuliani e está sendo feito um estudo para a implantação de um Playcenter nessa cidade paulista. Olímpia quer ser o centro de um "**vale do turismo**" e, sem dúvida, ter um Playcenter ajudaria muito nessa pretensão, não é?

Mas as dificuldades com os parques de diversões no Brasil vão continuar se as suas administrações se comportarem como no Hopi Hari, um parque instalado no município de Vinhedo, no Estado de São Paulo, que no período de férias escolares, no início de 2015, abriu tendo, das 48 de suas atrações, **15 fechadas**!?!?

É verdade que se colocaram avisos sobre isso na fila para a compra de ingressos e na porta do Hopi Hari, destacando que diversos brinquedos não estariam à disposição dos frequentadores. Ao serem questionados, os funcionários do parque diziam somente que os equipamentos estavam em manutenção, mas não informavam o prazo de reabertura. Entre as atrações indispensáveis estavam as mais radicais do parque, como o *Evolution* e o *Ekatomb*, alguns brinquedos aquáticos e um dos principais símbolos dos parques de diversão: a roda-gigante batizada na língua do Hopi Hari como *Giranda Mundi*.

Alguns dos visitantes ficaram muito indignados com tantos brinquedos não funcionando e chegaram a dizer que o ingresso deveria também ter 30% a 40% de desconto. Foram muitos os visitantes decepcionados, e boa parte disse que se sentiu lesada e que **não vai mais voltar a esse parque**!?!?

3.8.3 – GASTOS COM O ENTRETENIMENTO

Os gastos com entretenimento no mundo devem crescer muito nos próximos cinco anos, em especial com o aumento cada vez maior dos *smartphones*, particularmente na China, na Índia e também no Brasil.

A empresa de consultoria PricewaterhouseCoopers (PwC) está prevendo para 2020 um gasto global para a mídia e o entretenimento, chegando a **US$ 3,5 trilhões**, com os gastos maiores ainda concentrados nos EUA, que chegarão a US$ 900 bilhões. Por seu turno, o World Travel & Tourism Council (WTTC) projeta que o mundo terá cerca de 1,8 bilhão de chegadas de visitantes estrangeiros por volta do ano 2025, com um aumento de 58% em relação ao 1,1 bilhão de pessoas que cruzaram as fronteiras de países em 2014. Isso alavancará um maior número de viagens de avião, movimentará toda a indústria do turismo e incrementará os diversos setores ligados ao entretenimento para divertir todos esses viajantes. Por exemplo, só os EUA devem receber em 2025 aproximadamente 130 milhões de turistas internacionais, o que significará um aumento de 72% em relação àqueles que vieram em 2014.

O turismo doméstico movimentará muito não apenas nos EUA, mas principalmente na China, que está em 2015 construindo nove grandes aeroportos, de tal forma que todos os cidadãos chineses vivam a uma distância que possa ser coberta em no máximo 90 min até um grande aeroporto mais próximo. Além do que, eles já cobriram boa parte do seu território com uma vasta rede de trens de alta velocidade (TAVs) com uma malha que supera 11 mil km, com o que se tornou fácil e rápido alguém ir a uma outra cidade – digamos distante 1.000 km de onde trabalha e vive – para passar um fim de semana, pois vai gastar na viagem de ida e volta, usando um TAV, cerca de 8 h. Bem menos do que ir de São Paulo até as praias do norte do Estado, quando se tem um fim de semana prolongado devido à presença de um "útil" feriado na quinta ou segunda-feira, não é?

Nos EUA, em 2016, a indústria de entretenimento, da qual os parques fazem parte, é uma importante geradora de empregos, com mais de 1,4 milhão de funcionários diretos e 1,1 milhão de pessoas trabalhando indiretamente, ou seja, tendo um impacto total no trabalho de 2,5 milhões de pessoas.

3.8.4 – AGORA, AS FESTAS DE SÃO JOÃO TÊM *SUSHI*!?!?

Pois é, o entretenimento oferecido pelas festas juninas continua em alta, mas quitutes à base de milho, como mungunzá e canjica, foram substituídos por comida japonesa, árabe e mexicana!?!?

Em 2015, quem foi em busca de comidas típicas no São João de Campina Grande, no Estado da Paraíba, autoproclamada a **maior festa junina do mundo**, se decepcionou. Ou seja, precisou chegar bem cedo ou então gastar muita sola de sapato (ou de botina) para achar as duas únicas barracas dedicadas aos produtos feitos à base de milho em meio a um mar de quiosques e restaurantes. Em vez de doces como o mungunzá (conhecido como canjica em alguns Estados), canjica (o curau do Sul e Sudeste), pamonha e bolo de milho, o que os pontos de alimentação ofereciam eram crepes, *sushis, pizzas* e até um *petit gateau* "nordestino", ou seja, um bolinho de rapadura com calda de queijo coalho e sorvete de tapioca.

A festa em Campina Grande se concentrou no parque do Povo, uma área no centro que tem as ruas fechadas durante todo o mês de junho. Entre réplicas de igrejas e casas coloridas, os coretos com trios de sanfona, zabumba e triângulo complementaram o palco principal onde foram apresentados *shows* de forró, o ritmo predominante. Mas, na praça de alimentação, ficava evidente que a tradição estava sendo abandonada. Entre os 22 restaurantes, 210 barracas e quiosques, além de 165 vendedores ambulantes, a busca por guloseimas de milho – um alimento tradicional da festa junina – foi bem frustrante. Uma estudante que veio de Brasília para conhecer a festa paraibana comentou: "Eu adoro a comida típica de São João – canjica, pamonha, bolo de milho etc. – e procurei em todos os lugares, mas não encontrei. Tive que me contentar com um cachorro quente!!!"

Em uma das barracas que vendia comidas típicas à base de milho, a procura foi tanta que o estoque acabou antes da meia-noite, quando ainda faltavam mais de duas horas para o término da festa. Agora na praça da comida tem de tudo, restaurantes com comida árabe, mexicana, japonesa,

"Os eventos juninos da Quadrilha sacodem o São João em Campina Grande, no Estado da Paraíba."

chinesa e até um Subway. Ou seja, o visitante tem à sua disposição uma grande variedade de comidas, menos a regional com base no milho.

O presidente da Comissão Paraibana de Folclore, José Augusto Moraes, comentou: "Lamento muito a invasão da culinária internacional na festa nordestina. Isso está descaracterizando o São João. Não sou contra que haja uma dinamização da cultura, mas não se pode perder a nossa identidade."

A prefeitura de Campina Grande, que seleciona os restaurantes, informou que historicamente há pouca procura por parte de comerciantes que vendem comidas à base de milho e que não existe uma cota para os que vendem pratos típicos. O que se prioriza na seleção são os restaurantes e barracas que cumprem as regras de higiene e segurança, dando-se preferência para os que já ocuparam os espaços em anos anteriores.

O custo do aluguel de um ponto no parque do Povo, que chega até R$ 5.000,00, acaba afastando os principais fornecedores das comidas juninas tradicionais, em geral pequenas empresas familiares que acabam contentando-se em fornecer as iguarias com base no milho para as festas particulares e para as escolas, e desistem de participar das festas juninas oficiais em Campina Grande, de 9 de junho a 5 de julho, que atraem mais de **2 milhões de pessoas nesse período**.

Será que no lugar do *temaki* japonês ou de *taco* mexicano não se pode dar um incremento maior para quitutes à base de milho nas festas juninas de Campina Grande?

É preciso entretanto achar uma boa estratégia para que isso aconteça...

Observação importante 2 – A maior festa da cerveja do mundo, a *Oktoberfest* de Munique (Alemanha), foi de 19 de setembro até 4 de outubro de 2015. Até poderia se chamar *Septemberfest*, não é?

A nossa principal é a de Blumenau, no Estado de Santa Catarina, que vai de 7 a 25 de outubro e que atraiu em 2015 cerca de 500 mil pessoas para a cidade, um número relativamente modesto diante dos mais de 6 milhões que foram a Munique, mas, de qualquer forma, de bom tamanho para movimentar internamente os hotéis, restaurantes, lojas durante o período. Blumenau não é Munique e, além disso, o Brasil tem ainda muitas outras *oktobers* tão festivas quanto a catarinense, porém em menor escala, como a que ocorre na cidade gaúcha de Santa Cruz do Sul.

Os que estiveram em 2015 no evento de Blumenau notaram a inclusão da excelente cerveja "local", a Eisenbahn, para assumir o posto de principal bebida da festa. E quem esteve na região, aproveitou para fazer um turismo cervejeiro, pois a 20 min de Blumenau está a Das Bier, na qual se pode tomar dez chopes diferentes, entre eles o sazonal ***märzen bier***, vendido na época da *Oktoberfest*, e o *stark bier*, de coloração âmbar, mais maltado e com raspas de rapadura.

Quem quiser viajar um pouco mais de carro, em 45 min chega a Pomerode, onde está o Schornstein Witbier, com seus seis chopes, como *bock* ou *pilsen*, que combinam muito bem com os pratos servidos na casa.

O fato é que nessa região o que não falta é uma boa cerveja, viu!?

* * *

Observação importante 3 – Muitas administrações municipais deveriam inspirar-se no que se faz já há um bom tempo em São Paulo, onde anualmente a sua prefeitura promove uma **Virada Esportiva**.

Na Virada Esportiva 2015, na sua 9ª edição, foram oferecidas mais de duas mil atividades gratuitas em todas as regiões da cidade, a qual ficou bastante movimentada nos dias 24 (sábado) e 25 (domingo) de outubro. A abertura ocorreu às 9 h no tradicional estádio do Pacaembu, com a apresentação de sete mil alunos do programa temático de artes marciais.

Foram desenvolvidas cerca de 14 modalidades esportivas em 400 endereços diferentes da cidade, incluindo os seus 49 centros esportivos, 46 CEUs

(Centros Educacionais Unificados), unidades do SESC (Serviço Social do Comércio) e centros comunitários. No Centro Esportivo e de Lazer Tietê concentraram-se atividades para todas as idades, incluindo um baile para a terceira idade e atividades da Viradinha Esportiva, pensada para crianças.

A garotada também teve uma programação especial no parque Chácara do Jockey, na zona sul. Os deficientes participaram da Virada Paraesportiva, envolvendo-se em jogos de futsal, tênis, basquete, bocha, vôlei e outras modalidades esportivas como judô e capoeira.

A Virada Esportiva (assim como a Virada Cultural) oferece muitos benefícios: inicialmente, movimenta milhares de pessoas em competições sadias, envolve dezenas de milhares daqueles que vão torcer ou apenas apreciar atividades como *rapel,* escalada, tirolesa, balonismo, *bungee jump, slack line* etc. Isso também movimenta bastante o comércio, tanto de uniformes, vestuário adequado, equipamentos esportivos e estimula essas pessoas a continuarem a prática de atividades físicas, imprescindíveis para fugir do sedentarismo e ter uma boa saúde. E, por fim, aumenta as vendas de alimentos, refrigerantes etc., e incrementa a vontade nas pessoas de fazerem passeios, em especial de bicicleta, como aquele que saiu do parque das Bicicletas, com um percurso de 38 km e foi feito de noite!!!

Os munícipes precisam de mais entretenimento para viverem mais felizes!!!

3.8.5 - *SUPER BOWL* BATEU O RECORDE DE AUDIÊNCIA NA TELEVISÃO DOS EUA

O *quarterback* Tom Brady, marido da *top model* brasileira Gisele Bündchen, esteve quase perfeito e liderou a equipe do New England Patriots, que alcançou uma conquista histórica no *Super Bowl 49*, na noite de 1/2/2015, no imponente estádio da Universidade de Phoenix, em Glendale, no Estado do Arizona, nos EUA.

O New England Patriots venceu o Seattle Seahawks, do cofundador da Microsoft, Paul Allen, por 28 a 24 pontos, numa partida com duas viradas que ficará marcada como uma das melhores finais da liga profissional de futebol norte-americano (National Football League – NFL). Foi o quarto título do Patriots e também o quarto do *quaterback* Tom Brady, com o qual

JOSEPH SOHM / SHUTTERSTOCK.COM

"O grande comandante da vitória do New England Patriots sobre o Seattle Seahawks, o seu *quarterback*, Tom Brady (ao centro)."

ele se igualou a outros dois *quarterbacks* notáveis, Joe Montana e Terry Bradshaw. Ele foi escolhido pela terceira vez como o **melhor jogador** do *Super Bowl* comandando um time que venceu por conta da estratégia, da raça e do poder de superação.

Não se pode esquecer que os Patriots se recuperaram de uma desvantagem de 24 a 14 com dois *touchdows* no último quarto de jogo. A decisão do título da NFL atraiu nos EUA **114,4 milhões de espectadores**, tornando-se o programa de maior audiência na história da televisão, como anunciou o canal NBC. Aliás, sete dos oito programas de maior audiência na história dos EUA são transmissões do *Super Bowl*. No Brasil, o *Super Bowl* também tem atraído cada vez mais espectadores. O vice-presidente de jornalismo da ESPM, João Palomino, explicou: "Em 2014, na transmissão do *Super Bowl*, tivemos cerca de 700 mil telespectadores na Grande São Paulo e acredito que agora esse número foi amplamente superado. Os dados que temos das redes sociais são um bom termômetro da audiência que o evento teve. No Twitter, a ESPN ficou em primeiro lugar no Brasil e no mundo. Foram 72.300 menções à *hashtag* #ESPNTemSuperBowl49 e mais 67.800 tuites com a marca #SuperBowl49. Usando como base de cálculo a média de 208 seguidores que o brasileiro possui, segundo o Twitter, o universo dessas interações soma 15 milhões de pessoas no País. O *Super Bowl* foi também apresentado ao vivo em 30 salas de cinema que estiveram lotadas, e as redes Cinemark e UCI venderam quase 10 mil ingressos!"

Com esse sucesso todo, a ESPN já garantiu a transmissão do *Super Bowl* 50 em 2016.

Observação importante 4 – O *Super Bowl* 50 movimentou cerca de US$ 1 bilhão na região de São Francisco nos EUA. No dia 7 de fevereiro de 2016, em Santa Clara, uma cidade que fica a uns 50 km de São Francisco, foi realizado o *Super Bowl 50*, a final do campeonato de futebol norte-americano, no qual a vitória coube ao Denver Broncos, que venceram o Carolina Panthers por 24 a 10.

Gastou-se **US$ 1,2 bilhão** na construção do estádio em Santa Clara, que começou a ser construído em 2014 para receber essa decisão da temporada da NFL 2015/2016 e que provocou um impacto econômico de cerca de US$ 1 bilhão na região!!! Isso fez com que surgissem outras cidades interessadas em sediar o *Super Bowl*, que, por exemplo, em 2018, será no novo estádio de Minessota Vikings, que está sendo erguido a um custo de US$ 1,6 bilhão.

E esse interesse todo não é sem fundamento, pois o *Super Bowl 50* foi o evento esportivo mais caro da história esportiva dos EUA. O preço médio do ingresso para essa decisão foi de US$ 4.957 (para um público pagante de 71.088 pessoas), superando o antigo recorde que foi o da luta de boxe entre Floyd Mayweather e Manny Pacquiao (cuja média foi de US$ 4.672). O ingresso do setor mais caro, localizado próximo da linha de 50 jardas, custou mais de US$ 20 mil. O mais barato saiu por US$ 900.

Você já fez a conta de quanto foi arrecadado só com a venda de ingressos?

Para a NFL, o benefício foi multimilionário, pois esse é o evento mais assistido nos EUA (foram 105 milhões de pessoas que assistiram ao jogo, um pouco menos do que em 2015, quando esse número foi de 114,4 milhões) e tem o tempo comercial mais caro e concorrido da televisão norte-americana. Em 2016, por **um segundo,** para divulgar uma marca, foram cobrados US$ 166 mil, ou seja, por um anúncio de 30 s, uma empresa precisou pagar US$ 5 milhões. Mas pensando em quantos viram essa propaganda, nem é tão caro assim, não é?

GANG LIU / SHUTTERSTOCK.COM

"O Denver Broncos conquistou, em 7 de fevereiro de 2016, o *Super Bowl 50* ao vencer, em Santa Clara – nesse estádio mostrado na foto –, distante 50 km de São Francisco, no Estado da Califórnia, o Carolina Panters por 24 a 10. Esse foi o último jogo do *quarterback* Peyton Manning, de 39 anos, que assim ganhou o *Super Bowl* por dois times diferentes. O *Super Bowl 50* movimentou cerca de US$ 1 bilhão na economia da região de São Francisco e foi visto na TV por cerca de 105 milhões de pessoas, com o que, por 30 s de propaganda, as empresas pagaram cerca de US$ 5 milhões para a emissora que transmitiu o jogo."

Os hotéis, bem como os restaurantes de São Francisco e das cidades bem próximas, ficaram lotados e faturaram bastante nessa semana em que ocorreu o *Super Bowl 50*. No entanto, nem tudo foi tão lucrativo e há uma discussão se realmente vale a pena arcar com os custos para sediar o *Super Bowl*, visto que para São Francisco, que não foi a sede da partida, os seus contribuintes tiveram que arcar com cerca de US$ 4,8 milhões decorrentes das despesas adicionais para departamentos como polícia e bombeiros devido ao evento na vizinha Santa Clara e o comitê organizador do *Super Bowl 50* contribuiu com apenas US$ 104 mil para esses gastos!?!?

No que se refere ao jogo, para o sensacional *quarterback* de Carolina Panthers, Cam Newton, a partida foi um pesadelo, pois ele foi desarmado ou interceptado algumas vezes por Von Miller, do Denver Broncos, e pode-se dizer que foi a defesa que levou essa equipe à vitória.

O que realmente impressionou o público foi a Lady Gaga ao interpretar o hino dos EUA – *The Star – Spangled Banner* – antes do início do jogo. Ela apareceu vestida em um terno vermelho brilhante e cintilante, com as unhas pintadas de azul, combinando com seus sapatos, tendo sido ovacionada pelo público depois da apresentação. Já o tradicional *show* de intervalo do jogo não decepcionou os que foram ao Levi's Stadium de Santa Clara, no qual cantaram e dançaram Coldplay, Bruno Mars e Beyoncé.

O vocalista do Coldplay, Chris Martin, iniciou o *show* com *Viva La Vida*. Na sequência, já com o público bem empolgado, ele cantou *Paradise* e *Adventure of a Lifetime*. Logo depois, Martin abriu espaço para Bruno Mars e Beyoncé protagonizarem uma espécie de batalha de danças, primeiro ao som de *Uptown Funk*, sucesso do cantor, e depois em *Formation*, da cantora. Essa apresentação levou o público ao delírio. Para finalizar, os três se uniram no palco e cantaram *Clocks* e terminaram com *Fix You*.

Foi de fato eletrizante esse *show* e bem superior ao que foi feito, por exemplo, no Brasil, na final da Copa do Mundo de Futebol, no Rio de Janeiro, em 2014. Também é verdade que o nosso País estava fora da final e isso pode ter influenciado na empolgação do espetáculo, não é?

PHOTO WORKS / SHUTTERSTOCK.COM

"Lingerie Football League (LFL) tem atraído muitos espectadores e aos poucos está ampliando o número de equipes que disputam o torneio. Os seus criadores já estão promovendo jogos fora dos EUA. Você já viu algum jogo?"

3.8.6 – FUTEBOL, O ESPORTE MAIS POPULAR DO MUNDO

Muita gente tem o esporte como um grande entretenimento, e um contingente bem menor consegue a sua sobrevivência sendo um atleta profissional ou vinculado de alguma maneira às atividades esportivas.

Na Tabela 3.3 pode-se notar que o esporte que tem o maior número de fãs no mundo é o **futebol**.

Esporte	Número de fãs
Futebol	3,6 bilhões
Críquete	2,3 bilhões
Hóquei na grama	1,9 bilhão
Tênis	1,1 bilhão
Vôlei	930 milhões
Tênis de mesa	850 milhões
Beisebol	600 milhões
Golfe	450 milhões
Basquete	420 milhões
Futebol norte-americano	380 milhões

Tabela 3.3 – Fãs dos diferentes esportes no mundo.

Muita gente no Brasil realmente gosta de futebol, mas nas últimas décadas cresceu também o número de fãs de voleibol, graças às múltiplas conquistas do nosso País em importantes competições internacionais e diminuiu um pouco o interesse pelo basquete, apesar dos nossos atletas já terem conquistado duas vezes o campeonato mundial masculino e uma vez o feminino.

Sem dúvida, o futebol é o esporte líder na preferência da população do planeta, estando em primeiro lugar em 97 países, o que corresponde a praticamente 50% dos 193 países-membros da ONU. Estima-se que, anualmente, toda a indústria do esporte no mundo fature algo próximo de US$ 720 bilhões, o que corresponde a cerca de 1% do PIB de todas as nações da Terra.

O futebol é uma indústria que movimentou no mundo algo próximo de US$ 260 bilhões em 2015, gerando 320 mil empregos diretos, movimentando milhares de clubes de futebol, dos quais cerca de 500 bem renomados, que jogam em estádios portentosos que existem em todos os continentes. No

Brasil, entretanto, mesmo sendo o futebol a paixão esportiva número um, envolvendo mais de 150 milhões de torcedores (sendo do Flamengo a maior torcida), não alcançamos nem 3% do apurado globalmente com o esporte e estando os nossos principais clubes bem endividados.

No dia 27 de maio de 2015, uma operação orquestrada pelo FBI (Federal Bureau of Investigation), a polícia federal norte-americana, levou à prisão alguns dos mais proeminentes dirigentes da Fifa (Fédération Internationale de Football Association – Federação Internacional de Futebol), a entidade que controla o futebol, acusados de corrupção e outros delitos. Entre os detidos estava José Maria Marin, ex-presidente da Confederação Brasileira de Futebol (CBF), que mais tarde foi extraditado da Suíça para os EUA, onde será julgado.

"Muitos milionários investiram em equipes de futebol, como é o caso do bilionário tailandês Vichai Srivaddhanaprabha, que é o dono do time inglês Leicester City, a grande surpresa do disputadíssimo campeonato inglês de 2016, ao tornar-se seu campeão, algo incrível!!!"

Esse foi o início de um processo que visa acabar com a corrupção na Fifa, após anos de suspeitas e acusações de diversos malfeitos como a escolha de países sedes da Copa do Mundo (um exemplo é a escolha Catar, um país com pequena população e uma só cidade...) e do desvio do dinheiro em acertos comerciais com os patrocinadores, pela entidade.

O empresário e jornalista João Doria – candidato a prefeito de São Paulo em 2016 – escreveu o artigo *Uma nova era para o futebol*, publicado no jornal *O Estado S.Paulo* (2/7/2015), no qual destacou: "O momento de crise que o futebol atravessa não deixa de ser uma oportunidade para refazermos a equação capaz de manter viva a emoção dos torcedores pelo esporte e continuarem indo aos estádios para torcer pelos seus clubes. É obvia também a necessidade de **profissionalização da administração dos clubes**. Aliás, esse é um fator imprescindível para um horizonte de seriedade, transparência e maior engajamento de clubes e jogadores no processo decisório.

O produto central da cadeia de negócios é o próprio **jogo de futebol,** e o desafio que se impõe aos seus produtores é o de torná-lo mais **atrativo**, mais **competitivo** e **rentável**, de forma a garantir a dinâmica da evolução dos times e expandir as torcidas. Para alcançar essas condições é preciso ter necessariamente uma gestão profissional.

PAL2IYAWIT / SHUTTERSTOCK.COM

"A entrada das equipes inglesas do Leicester City e do Everton para um jogo em Bancoc, na Tailândia em 27/7/2014."

→ Por que os clubes brasileiros exibem um desempenho financeiro bem inferior ao dos europeus?

Muitas respostas são óbvias. A primeira é a criação de um pacto a favor do futebol e de outros esportes, com a participação de organizações de todas as modalidades, em conjunto com a ONG Atletas pelo Brasil e outras instituições com propostas construtivas.

O Grupo de Líderes Empresariais (Lide), do qual sou presidente, promoveu encontros cujo foco tem sido a integração de todos os setores esportivos sob o mote de que o esporte **educa, envolve, agrega** e **motiva**. É preciso adotar um modelo de governança capaz de promover a sustentabilidade da atividade futebolística, a partir do engajamento crescente de torcedores na vida dos clubes, como, aliás, já está sendo feito por alguns clubes como o Internacional, Palmeiras, Atlético Paranaense etc.

Uma das teses mais aplaudidas é a que defende uma maior participação das bases no processo decisório. A ideia de democratizar as decisões se orienta pela necessidade de maior engajamento de todos na vida do clube, fundamental para maximizar o desempenho dos times, organizar a agenda das competições, estabelecer climas saudáveis entre as entidades, além da melhoria dos serviços que integram o mercado: negociações de jogadores, vendas de direitos de transmissão, comercialização de patrocínios, licenciamento e franquias.

Para alcançar sucesso como indústria, o futebol carece de cooperação entre os clubes, uma vez que eles são responsáveis pelo sucesso do empreendimento. Cada clube deve idealizar os meios para melhorar sua competitividade, investir na formação esportiva e elevar a qualidade de seus elencos. Cooperação, planejamento, transparência, maximização dos ingredientes que entram na composição do espetáculo, controle de gastos com salários e aumento de faturamento é uma **fórmula do bem!!!** Embora relativamente simples de ser executada pelos principais gestores das empresas privadas, não é seguida por muita gente ligada ao futebol.

Eis aí alguns dados compilados pela área de crédito de um grande banco: as receitas dos principais clubes de futebol cresceram algo próximo de 9% em 2013 (após três anos de altas expressivas), enquanto as dívidas aumentaram 22%, ou seja, em R$ 681 milhões. Esses são os números que refletem a **frágil** situação da **saúde financeira** dos nossos clubes.

Na margem das questões centrais, devemos atentar para os elementos que dão sustentação ao incremento dos esportes a partir do futebol. E aí devem resultar três metas globais: aumentar a atividade física da população, permitir que as escolas ofereçam esporte de qualidade e formar um sistema nacional de esporte.

Vale lembrar que, no momento, 30% das escolas brasileiras não dispõem sequer de um professor de Educação Física. Essa é a terrível estatística que exibe a distância entre uma população ligada emocionalmente ao futebol e os primeiros pilares da formação do esportista."

O dia 8 de julho de 2014, certamente é, até agora, o dia mais fatídico para o futebol brasileiro, quando o Brasil foi goleado por 7 a 1 pela Alemanha na semifinal da Copa do Mundo. E não é que quase todos os veículos de comunicação (revistas, jornais, rádio, TV, Internet etc.), no dia 8 de julho de 2015, resolveram "comemorar" a data, destacando o que o futebol (e o Brasil) aprendeu com aquela acachapante derrota.

Inicialmente, em especial para os que gostam de números, fundamentando nos mesmos crenças ou superstições, vale lembrar que no sétimo dia o Criador descansou; são sete os pecados capitais; a semana tem sete dias; sete é a quantidade de notas musicais, de cores do arco-íris, das virtudes humanas, dos palmos das sepulturas, das pragas do Egito, das maravilhas do mundo; o cinema é a sétima arte. Não há equivalente, seja qual for a inclinação religiosa, esotérica ou científica da pessoa ao número que assombrou os torcedores brasileiros – a derrota de 7 a 1 para a Alemanha no mês de julho (sétimo mês do ano).

E o que notaram as pessoas um ano após essa fragorosa derrota?

Que o País está se tornando um lugar pior, devido a diversas crises (econômica, social e política), as intolerâncias, conservadorismos, epidemias, fracassos, rapinagens.

Pois é, a goleada continua e não só no futebol.

Aí vão algumas "maldições" um ano após o desastre futebolístico.

1ª) A disparada da inflação.

A inflação anual no Brasil era de aproximadamente 6% nos anos antes da Copa, e em 2015 ela chegou aos 11% em dezembro.

2ª) Cortes drásticos na educação.

No discurso de posse para seu segundo mandato, a presidenta Dilma Rousseff lançou o programa Pátria Educadora, mas tudo isso não passou de um *slogan*, pois o Ministério da Educação, para 2015, teve um corte no orçamento de R$ 7 bilhões, o que provocou muitas reduções, especialmente no programa de Financiamento Estudantil (Fies), e tivemos muitas trocas de ministro, ou seja, três em um só ano. Parece que ninguém sabe lidar bem com a educação brasileira, não é?

3ª) Economia em recessão gera desemprego.

Em 1992, o então presidente Fernando Collor de Mello sofreu o *impeachment* ("afastamento do cargo"); em 1995, foi lançado o Plano Real, o que estabeleceu uma certa estabilidade financeira no País, e daí para frente o Google mudou a Internet; a Apple criou o *iPhone* e o mundo avançou bastante (apesar de algumas crises...), porém o Brasil foi diminuindo o seu crescimento, inclusive em 2015, começou a retroceder, alcançando o maior nível de desemprego desde 1992. E estão sumindo empregos que exigem qualificação e que, portanto, oferecem salários melhores.

4ª) Congresso se vira contra a presidente!!!

Um pouco menos de 3 meses, depois dos 7 a 1, os brasileiros elegeram, em outubro de 2014, o Congresso mais conservador desde 1964. Pode-se até salientar que esse Congresso, além de **conservador**, é também **cooperativista** e um tanto **desajuizado**, tendo Eduardo Cunha como presidente da Câmara e Renan Calheiros do Senado (ambos envolvidos em escândalos), que tem feito de tudo para atazanar a vida da presidente Dilma Rousseff. Entre outras diabruras, sabotaram o ajuste final, indispensável para a economia voltar a crescer, e encaminharam uma reforma política fajuta, apenas para atender aos seus interesses próprios. E o pior de tudo para a presidente, aprovaram o seu *impeachment*!!!

5ª) O País foi assolado pela epidemia da dengue.

O Brasil estava em sétimo lugar entre as maiores economias do mundo com um PIB de R$ 5,52 trilhões em 2014, mas deve terminar 2015 numa posição inferior (provavelmente em nono ou décimo lugar).

O Brasil é, entretanto, uma Nação que se curva diante de uma epidemia provocada pelo mosquito. Só no primeiro semestre de 2015, o *Aedes aegypti* e o *Aedes albopictus* provocaram cerca de 242 mortes (foram 185 em 2014) e contaminaram 780 mil pessoas (mais que o triplo em 2014). A explosão da dengue é resultado direto da inépcia dos governos federal, estadual e municipal, que fracassaram na prevenção, e um número significativo de óbitos se deveu principalmente aos **erros nos protocolos de atendimento**.

O País da Copa quis transmitir para o mundo uma imagem de desenvolvimento, mas a realidade é outra: vivemos numa Nação com sistemas de saúde tão vulneráveis quanto à defesa brasileira no Mundial de Futebol.

6ª) Corrupção em todos os setores.

Tão complicado quanto identificar um único culpado pelo fiasco do Brasil na Copa de Futebol (foram realmente muitas pessoas) é encontrar o principal responsável pela corrupção que envolveu tantas pessoas e empresas nesses últimos tempos no Brasil.

Pois é, desde que a equipe da Alemanha ergueu a taça de campeã no estádio do Maracanã, os brasileiros tiveram que tomar conhecimento, praticamente todos os dias, de uma orgia de denúncias de atos ilegais e muita corrupção. Surgiram nomes de muitos políticos, empresários, empreiteiros, funcionários públicos, ou seja, encontraram-se embusteiros em todos os lugares em que circulasse dinheiro público **demais** e decoro e ética de **menos**. Em especial, a operação Lava Jato colocou na cadeia gente que jamais se imaginaria que fosse parar lá e surgiu uma expressão que se tornou famosa – a "**dela**ção premiada" –, com a qual muita coisa está sendo detalhada pelos corruptos para terem a sua pena prisional amenizada...

7ª) A evidente decadência do futebol brasileiro.

O chorão Thiago Silva, que não teve coragem de bater um pênalti no Mundial, fez uma jogada estúpida na área – colocou propositalmente a mão na bola, com o que o juiz marcou um pênalti para o Paraguai bater contra o Brasil – o que acabou de certa forma ocasionando a eliminação do País da Copa América realizada em junho de 2015, no Chile. Nessa competição, o outro defensor badalado – David Luiz – também continuou exibindo o seu jeito atabalhoado de jogar, propiciando aos adversários criarem jogadas perigosas e até marcaram gols contra nós. Novamente, Neymar, agora por indisciplina, ficou fora de uma partida decisiva...

Pois é, um ano depois dos 7 a 1, os erros na nossa seleção de futebol se repetiram. Porém, com um agravante, a ruindade no futebol parece ter contaminado o ânimo de toda a Nação. Esta seleção que disputou a Copa América no Chile pode ser – à exceção de Neymar – a mais fraca e inoperante da história do futebol brasileiro.

A de cartolas já é!!!

O secretário-geral da CBF, Walter Feldman, que já foi deputado federal, estadual e vereador, no seu artigo *Futebol para além do bem e do mal* (publicado na *Folha de S.Paulo*, em 8/7/2015), salientou: "Habitar a zona mutável entre o bem e o mal é uma característica marcante do futebol. É '**nós**' contra '**eles**', em uma ética maleável que não se altera enquanto prevalecer o '**nosso**' lado. Quando os jogadores encontram a vitória, mesmo que venha de um erro de arbitragem ao seu favor, **está tudo bem**!?!?! Mas já quando ele erra um lance contra um time, torna-se imediatamente um vilão (para os diretores, os jogadores e, principalmente, para os torcedores). Ludibriar a arbitragem, fazendo, por exemplo, o juiz marcar um pênalti inexistente, vira **esperteza do jogador**. O pior é que tal postura também se repete fora dos limites do campo de futebol. Um exemplo é como a mídia tem tratado a Medida Provisória do Futebol (MPF) que foi aprovada na Câmara dos Deputados no dia 7/8/2015. Para alguns, foi uma vitória do '**bom senso**' contra o '**mal deles**'. Como já disse Nelson Rodrigues, porém toda **unanimidade é burra**.

O primeiro equívoco é polarizar a discussão, tentando dar aos clubes e à CBF uma carga de responsabilidade que não corresponde à verdade. Divulga-se muito a imagem de que os clubes e a CBF são contra a modernização e as contrapartidas, quando, na verdade, são os maiores interessados. Outro equívoco ainda mais grave: esquecem-se da importância do debate democrático entre os envolvidos na discussão.

A divergência de opiniões e de posicionamento é o que enriquece a sociedade, simplificá-la em um maniqueísmo não serve de nada para a democracia. Mas no regime democrático, como no futebol, sempre há uma nova partida para virar o jogo.

A CBF, por mais que a mídia tente negar, está preparada para um debate. Ela vem ampliando sua democracia interna, mudando seu estatuto, diminuindo mandatos e buscando a transparência e a responsabilidade social. As mudanças na CBF estão em curso e será preciso assimilá-las, superando a alcunha de vilã que o maniqueísmo de parte da imprensa desportiva insiste em lhe conferir.

➢ **E se superássemos, pelo menos em parte, o maniqueísmo em todo o futebol, o que teríamos?**

Quem sabe um maior respeito entre torcidas rivais, a possibilidade, inclusive, de se encantar com um time que não o seu. Teríamos os jogadores em condições de igualdade e clima de cordialidade, fazendo do *fair play* a regra natural, e suas únicas subversões seriam os dribles.

O futebol poderia ser a grande praça de encontro entre alteridades, de aproximação de diferenças, para além do bem e do mal. Poderia provocar reflexões, com exemplos para o desenvolvimento de uma educação para a ética e fugir de um posicionamento e lugar comum. A imprensa evidentemente deve desempenhar um papel fundamental para que isso ocorra."

Bem, para que isso aconteça, inicialmente, o futebol deveria ser tirado da sua condição falimentar. Dessa maneira, após uma forte pressão dos clubes, federações e da própria CBF, o plenário da Câmara dos Deputados aprovou, em 7/7/2015, uma versão mais "suave" (*light*) da MPF, que estabeleceu as regras para o refinanciamento das dívidas fiscais e trabalhistas dos clubes de futebol, que girou em torno de R$ 4 bilhões!!!

A proposta aprovada trouxe mais facilidades aos clubes e enfraqueceu as regras que ampliavam fiscalizações sobra CBF. A entidade informou que estenderá aos clubes que **não têm dívidas** as normas avalizadas pelos deputados. Pelo texto aprovado, os clubes terão 240 meses (20 anos) para parcelar as suas dívidas. Se não efetuarem os pagamentos em dia, os times podem ser rebaixados. Para participar do campeonato, o clube precisará apresentar a certidão negativa de débito (CND).

Uma emenda aprovada ampliou de 70% para 80% o percentual da receita bruta anual que pode ser gasta com a folha de pagamento e direitos de imagens. As multas foram reduzidas em 70% e os juros diminuídos em 40%. Também ficou de fora da proposta a transformação da seleção brasileira em **patrimônio cultural**, o que possibilitaria uma maior fiscalização sobre a CBF, mas que foi entendida como uma ingerência inadequada do governo...

Bem, não se pode dizer que os parlamentares não deram uma grande ajuda aos clubes profissionais de futebol e esperamos que eles se fortaleçam e possam desenvolver jogadores que se tornem os melhores do mundo e, com isso, integram também a nossa seleção para que ela possa vencer as mais importantes competições do mundo!!!

Observação importante 5 - Sem dúvida, os negócios ligados ao futebol geram muitos empregos, mas principalmente para aquele mais importante, que é o do jogador, isso não é tão promissor para a maioria, porque o que se constata, em particular no Brasil, é que existe uma grande desigualdade salarial, ou seja, **há poucos com muito e muitos com quase nada!!!**

No início de 2016, de acordo com a diretoria de Registro e Transferência da CBF, 82,4% dos jogadores profissionais ganham até R$ 1 mil por mês, o que inclui um total de 23.238 atletas. Outros 3.859 atletas (13,68%) ganham entre R$ 1 mil e R$ 5 mil mensais. O pequeno número de 880 jogadores está na faixa daqueles que ganham de R$ 5 mil a R$ 50 mil por mês (3,1%). E apenas o reduzido número de 226 jogadores (0,8% do total) recebe salários mensais que vão de R$ 50 mil até a mais de R$ 500 mil.

Oficialmente, apenas um jogador em 2016 tinha um salário mensal superior a R$ 500 mil, o corintiano Alexandre Pato, que estava emprestado para o São Paulo e no início de 2016 foi emprestado para o Chelsea, da Inglaterra...

Claro que sistema considera somente os salários registrados, sem contar os contratos de direito de imagem. Os salários que os jogadores de futebol conseguem em muitos países da Europa, e agora particularmente na China,faz com que surjam muitos agentes querendo arranjar-lhes contratos nesses países, em especial para as "promessas", todos almejando um dia serem um Neymar (por sinal, ele, em 2015, figurou como o 23º atleta mais bem pago do mundo, tendo recebido US$ 31 milhões).

Um fato, porém, é indiscutível: há cada vez mais espaço para alguém viver – e bem – como atleta profissional, e não apenas no futebol, mas em muitos outros esportes, pois as pessoas querem se distrair, torcer, emocionar-

-se nas competições, ou seja, envolver-se num **entretenimento esportivo**. Por exemplo, a Copa do Brasil de 2016, torneio futebolístico criado em 1989, reuniu cerca de 86 equipes de 63 diferentes cidades brasileiras, envolvendo diretamente cerca de cinco mil atletas, técnicos, preparadores físicos, massagistas etc., e a premiação do campeão ultrapassou R$ 10 milhões.

3.8.7 – SINAIS EVIDENTES DE MUDANÇAS RADICAIS NA INDÚSTRIA DE ENTRETENIMENTO

Há pelo menos três sinais recentes de que a indústria do entretenimento nunca mais será a mesma!!!

1º Sinal – O *streaming* acabando com a receita obtida com a venda de *compact discs* (CDs)

Até pouco tempo, os *downloads* digitais foram vistos como a solução da indústria da música, porém elas atingiram um pico em 2012 e estão caindo a partir de então.

A nova estrela são os serviços de *streaming* (difusão em tempo real de áudio/vídeo através da *Web*), como Spotify, Pandora, Rdio, Beats, Rhapsody, Google Play, Myspace etc. que quintuplicaram em 2015 o número de assinantes desde 2011 e estão fazendo as vendas físicas desabarem. No início de 2016, a divisão das receitas foi: *streaming* (34,3%), *downloads* (34%), e **vendas físicas** (29%), isso nos EUA.

2º Sinal – A economia dos *apps* é maior do que a receita com filmes de Hollywood

Horace Dediu, um dos principais analistas da indústria de tecnologia dos EUA, notou algo bem curioso ao analisar, no início de 2015, os resultados da Apple. A empresa pagou para os desenvolvedores de *apps,* em 2014, cerca de US$ 10 bilhões, mais do que a receita de bilheteria dos filmes de Hollywood no EUA. Disse Horace Dediu: "Apesar da bilheteria doméstica não representar a totalidade das receitas de Hollywood, os resultados da App Store da Apple também não são a totalidade das receitas de *apps.* A economia dos *apps* inclui também Android, anúncios, serviços pagos e o desenvolvimento customizado."

Também estima-se que, em 2015, a economia dos *apps* empregava mais gente que a indústria do cinema. Só o *iOS* da Apple sustenta 640 mil empregos nos EUA, enquanto Hollywood tinha 374 mil.

3º Sinal – Os pacotes da TV a cabo começam a ser desmontados

As radicais mudanças se percebem quando, por exemplo, o canal HBO e a Apple anunciaram uma parceria que possibilita o *streaming* de programas do canal através de um *app*. Richard Pepler, presidente da HBO, comentou: "Agora, para ver as nossas séries ou filmes, o usuário só precisará ter um dispositivo da Apple e de uma conexão de banda larga. Dessa forma, séries como *Game of Thrones, True Detective* etc. estão agora disponíveis fora dos pacotes clássicos de TV a cabo (ou satélite), que oferecem para o consumidor dezenas de canais. A tendência agora é que estes pacotes sejam desmontados e se tornem mais flexíveis, o que é uma má notícia para as companhias de cabo."

O presidente da rede CBS, Leslie Moonves, declarou: "Os dias do universo de 500 canais acabaram!?!?".

Observação importante 6 – Aí vai uma ideia bem criativa que levou à construção de um parque que critica abertamente o **capitalismo**, mas que permitiu a Banksy, o misterioso e célebre artista de rua britânico, ganhar bastante dinheiro, divertir diariamente cerca de 4.000 pessoas que o visitaram e pagar bons salários para os envolvidos com o funcionamento da *Dismaland*, a sua Disneylândia anarquista, que ficou aberta desde 22 de agosto até 27 de setembro de 2015.

A *Dismaland* foi erguida no condado de Somerset, que apostou que ela ajudaria a incrementar o comércio da pacata Weston-super-Mare, uma cidade que tem 76 mil habitantes (dista cerca de 227 km de Londres) durante as cinco semanas de exibição.

Com o apoio de cerca de 60 artistas, entre eles o britânico Damien Hirst, Banksy apresentou no *Dismaland* algo bem contestador, grotesco e talvez até entediante para quem demorasse horas nesse passeio... O nome do parque faz um trocadilho com *dismal* (sombrio em inglês) e, obviamente, a Disneylândia. O próprio *slogan* já alerta par isso: "**Essa é a nova atração mais decepcionante do Reino Unido**!!!"

STEPHEN CLARKE / SHUTTERSTOCK.COM

"*Dismaland*, o subversivo e anárquico parque criado por Banksy que conseguiu atrair muitos milhares de visitantes que além de pagarem um ingresso também compraram muitas lembrancinhas!!!"

BASPHOTO / SHUTTERSTOCK.COM

"Um modelo de barco de imigrantes para o visitante da *Dismaland* perseguir..."

STEPHEN CLARKE / SHUTTERSTOCK.COM

"Escultura de Bansky em que uma mulher é atacada por gaivotas, um ironia ao governo britânico que estuda leis contra a suposta agressividade dos pássaros."

Quem visitou a *Dismaland*, ao entrar no castelo da Cinderela, passou por um corredor com goteiras, viu uma TV velha de 14 polegadas, na qual se via o clássico da bela e do príncipe encantado. Do lado de dentro, viu-se uma Cinderela morta, na sua carruagem capotada e seis *paparazzi* (fotógrafos que captam imagens sem autorização) registrando imagens da falecida. Em outro local, têm-se duas idosas que não param de rir ao pescar patos amarelos de plástico em um lago poluído de óleo e perto delas estava a placa: "**Não roubem os patos.**"

A *Dismaland* foi construída sob um grande sigilo numa área de 10 mil m², de frente para o mar. Durante a sua construção, a versão que se passou para os curiosos e funcionários contratados foi a de que a área tinha sido alugada para um filme de terror. Por um porta-voz de Banksy se informou: "O local fez parte de sua infância e a ideia do projeto não foi o de apresentar histórias com finais felizes, mas de um espaço anarquista para iniciantes. Aqui se vivencia um tipo diferente de passeio em família, quando se percebe que o conto de fadas acabou..."

Porém não se podia ir a esse parque anárquico do Banksy de bolso vazio para se divertir com o humor negro (ou se deprimir), pois era necessário pagar por muita coisa, desde participar de brincadeiras (como derrubar

"Na frente da *Dismaland* colocou-se um escultura de uma sereia com o corpo todo distorcido pela água tóxica."

uma bigorna com uma bola de pingue-pongue), beber a cerveja irlandesa Guinness, tirar fotos no cenário trágico da Cinderela, adquirir camisetas *Dismaland*, além, obviamente, de pagar pela entrada.

Estimou-se que o projeto, levando em conta todas essas vendas, rendeu algo próximo de R$ 27 milhões no decorrer dos 37 dias de funcionamento.

➛ **Até que foi uma boa quantia não é?**

Banksy já fez diversas mostras semelhantes a essa, como foi a de Bristol, sua cidade natal, em 2009, que durante três meses atraiu mais de 300 mil pessoas e gerou uma arrecadação de quase R$ 75 milhões para a economia da cidade.

➛ **Dá para perceber o quanto a EC é importante para a empregabilidade?**

3.8.8 – O CARNAVAL NO BRASIL

O Brasil tem algo no campo de entretenimento que traz muita felicidade e empolgação para o seu povo e que atrai também muitos turistas: é o seu **Carnaval**, que agora inclusive se democratizou muito mais com muitas dezenas (e até centenas...) de blocos saindo nas ruas das nossas cidades. Por exemplo, o maior bloco do Brasil é o Galo da Madrugada, de Recife, que em 2016 fez cerca de 2 milhões de pessoas acompanharem o seu desfile na capital pernambucana que há 39 anos arrasta multidões. A irreverência dos foliões não poupou nem a crise econômica que afeta o País e a epidemia de zika, temas que acabaram se transformando em mote para a fantasia de milhares de pessoas.

Em 2016, o Galo da Madrugada homenageou o músico Chico Science e o Mestre Ferré. E durante mais de seis horas o dueto **frevo** e ***manguebeat*** deu o tom à festa. O bloco circulou pelas ruas centrais da cidade com uma estrutura gigantesca que incluiu **6 carros alegóricos** e mais de **30 trios elétricos**.

Uma foliona que fez a própria fantasia de mosquito *Aedes aegypti* explicou: "Achei importante optar por uma fantasia que transmitisse uma mensagem. A situação de dengue e zika é gravíssima no nosso Estado e no resto do País e tem de ser discutida. Carnaval é brincadeira, mas pode servir também para alerta!!!"

O prefeito de Salvador, Antonio Carlos Magalhães Neto, a respeito do Carnaval de 2016 na cidade, disse: "Apesar da queda na arrecadação, a prefeitura manteve o mesmo apoio financeiro que designou em 2015, ou seja, entramos com R$ 50 milhões para que em Salvador ocorresse o melhor Carnaval do País e o aumentamos em dois dias com eventos pré-carnavalescos e carnavalescos.

Além de gerar emprego e renda, a festa de 2016 movimentou cerca de R$ 1,8 bilhão na cidade. Nesse Carnaval, entre outras coisas, foram vendidos 25% mais abadás, camarotes e ocupação hoteleira que em 2015. A prefeitura recebeu também R$ 35 milhões de ajuda da iniciativa privada, quando em 2015 esse montante foi de R$ 29 milhões."

Por sua vez, o prefeito de São Paulo, Fernando Haddad, declarou: "São Paulo está se reencontrando cada vez mais com o Carnaval, e o de 2016, sem dúvida, foi melhor que o de 2015, tanto em planejamento como organização. Além disso, foram investidos R$ 10,5 milhões em infraestrutura para estimular o Carnaval de rua. Com o apoio de dois patrocinadores, os recursos aumentaram 60% em relação a 2015. O número de blocos aumentou 35% em 2016, chegando a 355. A prefeitura também ajudou a fortalecer o Carnaval das escolas de samba, que geraram mais de 10 mil empregos e movimentaram muitas dezenas de milhões de reais só em gastos dos turistas e visitantes."

De fato, muitos paulistanos trocaram a praia e o campo pelo asfalto nesse Carnaval. Se a crise econômica e a inflação fizeram com que muitos moradores da capital desistissem de viagens nos feriados, o calor e as muitas atrações espalhadas pela cidade de São Paulo levaram milhares de pessoas a seguir os blocos. E muitos foliões usaram o metrô para ir de uma folia para a outra. Só na Vila Mariana, zona sul de São Paulo, cerca de 20 mil pessoas lotaram a avenida Vergueiro para curtir à tarde o bloco puxado pelo cantor Sidney Magal e entre os foliões, muitas famílias e calouros do Carnaval cantaram seus sucessos. Uma pessoa que esteve nessa folia disse: "No Carnaval, eu sempre ia para o litoral do Estado ou até para o Rio de Janeiro. Mas em 2016 resolvi ficar e aproveitar a folia na capital paulista e, assim, fugir também de gastos extras."

Em São Paulo houve de tudo. Aconteceram até as apresentações de dois blocos de axé, inclusive com a presença do cantor baiano Moraes Moreira. Estreantes no Carnaval de rua paulistano, os blocos do Desmanche e Domingo Ela Não Vai levaram para as regiões da rua Augusta e do Vale do Anhangabaú mais de 20 mil fãs dos *hits* da música baiana dos anos 1990, como o

"Com o desfile – tributo a cantora Maria Bethânia, chamada de a 'menina dos olhos de Oya', a escola de samba Mangueira foi a campeã do Carnaval carioca de 2016, o que levou a comunidade mangueirense ao delírio."

das bandas É o Tchan, Cheiro de Amor e Terra Samba. Até os criadores do bloco Domingo Ela Não Vai ficaram muito surpresos com a quantidade de pessoas que através das redes sociais confirmou a sua presença...

O prefeito do Rio de Janeiro, Eduardo Paes, destacou: "A lamentável situação econômica do país não afetou em nada o Carnaval na cidade, pois os hotéis ficaram todos lotados e os turistas vieram inclusive numa proporção maior que nos outros anos. A prefeitura, por seu turno, não diminuiu os investimentos no Carnaval e até investiu mais!!! Aliás, em 2016, tivemos que ajudar mais as escolas, porque elas tiveram dificuldades para arranjar patrocínio, por isso dobramos a nossa verba que foi repassada a elas, e como todo mundo viu, o desfile foi belíssimo.

O Carnaval é uma festa que traz para o Rio de Janeiro muita gente de outras partes do País e de todo o mundo, movimentando muito a economia da cidade, gerando uma receita que acredito ter chegado a **R$ 2,5 bilhões** no decorrer de uma semana."

Bem, a campeã do grupo especial do Carnaval de São Paulo, em 2016, foi a Império da Casa Verde (na apuração das notas houve várias reclamações por diversos motivos) e no Rio de Janeiro foi a Mangueira.

"O excêntrico bilionário chinês Stephen Hung – que já investiu R$ 2 bilhões em um cassino e comprou numa tacada só 30 carros Rolls Royce para servir seus hóspedes mais abastados – divertiu-se muito no Carnaval carioca de 2016 com a sua mulher, a mexicana Deborah, e declarou que vai investir em algo na área de entretenimento no Brasil."

3.9 GASTRONOMIA

3.9.1 - CONCEITOS GERAIS

Pode-se dizer que a gastronomia de hoje deve muito ao livro *A Fisiologia do Gosto,* de autoria de Jean-Anthelme Brillat-Savarin, publicado em 1825. Até então, a gastronomia era uma cogitação de um pequeno círculo de pessoas, acostumadas a uma vivência aristocrática, que incluía rituais de comilança ligados à caça, aos produtos da estação e aos melhores vinhos que se produziam até então.

O livro de Savarin, além de ser uma obra de **"vulgarização"** científica, como tantas outras "fisiologias" então publicadas, enviou um recado vital para a França: já não seria mais necessário ter "sangue azul" para se comer bem, pois bastava ter dinheiro e cultura culinária – que existia em certa proporção na burguesia nascente – para poder se desfrutar do melhor, no tocante à comida, a exemplo do que já acontecia com a nobreza, especialmente até a Revolução Francesa de 1789. E o livro ensinava o que seria, a partir de então, a tal "**cultura culinária**". Basicamente, uma nova atitude diante do mundo comestível, que consistia em desenvolver critérios para reconhecer "o melhor" entre alimentos únicos ou assemelhados, sabendo prepará-los e consumi-los, levando em conta, ainda, a situação social do consumo. Essa atitude nasceu como sendo uma atividade comparativa e tendo como critério decisivo desfrutar mais **felicidade** e **prazer**, só poderia ser de caráter público, pois, nela, de pouco valem os critérios individuais ou juízos desenvolvidos e guardados no seio de uma família; era necessário, acima de tudo, o reconhecimento público das virtudes do alimento ingerido.

Se não fosse público, como seria possível tomá-lo como um símbolo de distinção social?

Desde cedo, a gastronomia burguesa *cult* evidenciou a sua vocação para estar associada aos restaurantes mais do que aos palácios.

"Revistas de renome mundial têm agora dedicado as suas edições para examinar questões referentes a alimentos e como prepará-los adequadamente, como é o caso desse número de *Smithsonian* de junho de 2013."

Para responder à questão: **"O que é a gastronomia hoje?"**, Carlos Alberto Doria escreveu o seguinte na revista *Cult:* "Passados quase 190 anos depois da publicação do livro de Jean-Anthelme Brillat-Savarin, a gastronomia desempenha um papel completamente novo na sociedade. Tornou-se um tema **cultural** tão importante quanto a **moda**, a **sexualidade**, a **violência**.

A gastronomia está sendo classificada como um pouco aparentada às artes, com ligações óbvias aos negócios rentáveis e também uma solução melhor e mais simples para a boa nutrição. E a sua assombrosa popularização parece exigir de cada um de nós que saiba explicar, a qualquer momento, por que, afinal, escolheu comer uma determinada coisa e não outra."

Lucien Karpik, no seu livro *L´Économie des Singularités* (*A Economia das Singularidades*), publicado em 2007, criticou bastante a incapacidade da economia clássica para explicar os fenômenos da escolha – os serviços profissionais, as obras de arte, a alta culinária, o vinho excepcional, os diversos artigos de luxo, o turismo, numerosos produtos da indústria cultural (ópera, balé, mostras etc.), certos bens do artesanato e modalidades especiais de conhecimento (as *expertises*). Ele deu uma atenção especial à análise da escolha dos vinhos que, ao término da Segunda Guerra Mundial, tiveram sua valorização ligada a procedimentos como os leilões, que lhes conferiram a aura de **'obras de arte'**.

"Salame, salsichão, chorizo, presunto cru, alguém resiste a esses ingredientes para acompanhar uma cervejinha ou preparar um inolvidável sanduíche."

O tratamento que se dá agora à alimentação ocorre, simultaneamente, em três planos. Em **primeiro lugar** a culinária, que nos remete ao conjunto de transformações materiais por que passam as matérias-primas alimentares até serem consumidas, incluindo tecnologias, tabus alimentares etc. Em **segundo lugar**, a **gastronomia**, entendida como aquele procedimento comparativo que indica as melhores formas de tratamento de um determinado produto, dentro de uma determinada sociedade ou grupo com uma configuração de gosto particular.

O termo gastronomia, de origem grega, é utilizado para designar um conjunto de conhecimentos e práticas vinculadas com a cozinha. Melhor dizendo, com a arte de preparar determinadas iguarias. Também está vinculado com o estudo das relações que existem entre a comida e a cultura de uma determinada região, ou ainda de uma pessoa em particular.

Essa característica de ser muito específica de uma região é própria da gastronomia. Às vezes, os mesmos pratos são preparados de formas totalmente diferentes em países distintos. Outras vezes, as diferenças existem dentro do mesmo país, como é o caso do Brasil. A gastronomia do Nordeste, por exemplo, é bem diferente da gastronomia do Sul do País. Portanto, a gastronomia se relaciona também com o espaço físico onde ela é desenvolvida.

Associado a isso, temos os aspectos históricos, sociais, filosóficos e até mesmo antropológicos que constituem o conjunto de conhecimentos que forma a gastronomia de um lugar. Assim, existe uma enorme quantidade de tipos de gastronomia, e talvez as mais conhecidas sejam a francesa, a italiana e a japonesa. Cada uma delas apresenta suas particularidades, ingredientes e métodos diversos de preparação.

Hoje em dia, a qualidade da gastronomia de um país é medida pelos cozinheiros ou gastrônomos que a difundem pelo mundo. Diversos prêmios são atribuídos aos profissionais do ramo em reconhecimento ao seu trabalho. Talvez o mais conhecido seja a estrela Michelin, que para um grande público é um guia inquestionável de qualidade gastronômica.

Em **terceiro lugar** aparece a **gastronomização**, que é a projeção dos valores associados à gastronomia no território do *marketing* e demais argumentos de venda de um produto alimentar.

A ciência, sem dúvida, pode nos socorrer no entendimento dessa tripla dimensão da alimentação. O conhecimento da **culinária** depende da compreensão dos processos físico-químicos que se passam dentro da panela. Ele se desenvolveu muito associado ao avanço da indústria alimentar e, nas últimas duas décadas, ocupou também o terreno do 'artesanato', conforme praticado nos restaurantes e, por imitação, nos lares dos mais aferrados *gourmands* (pessoas que amam a boa mesa e que comem com certa avidez).

Já a **gastronomia** se desenvolveu nos últimos 30 anos, a par com os novos conhecimentos da fisiologia humana, mostrando como o consumo alimentar, além do paladar, mobiliza os outros quatro sentidos de modo a produzir uma complexa noção de **'gosto'**, enraizada na nossa psicologia.

Por fim, a **gastronomização** é objeto de disciplinas como a semiótica, mostrando como aquilo que é percebido pelos sentidos compõe o moderno signo alimentar que se expressa em vários domínios, notadamente o *marketing* e a publicidade."

A grande mudança de *status* do comer no mundo moderno, pondo em destaque a qualidade do que se ingere em vez da simples quantidade, se deveu – segundo ensinam sociólogos como Jean-Pierre Poulain – à **crise de confiança na indústria alimentar**. Ela, que se mostrava tão segura até os anos 1980, vendendo-se como a única garantia de qualidade para a alimentação nas sociedades de massa, teve sua credibilidade corroída a partir do episódio conhecido como **"vaca louca"** (encefalopatia espongiforme bovina), surgida na Inglaterra por conta do modo inadequado de alimentação e manejo dos rebanhos, submetendo-os ao canibalismo, gerando o mal que poderia ser transmitido aos seres humanos e outras espécies animais.

"O pão é um alimento indispensável e todo dia bilhões de pessoas se alimentam com ele, o qual é feito de forma cada vez mais sofisticada."

Ora, a "crise de confiança" na indústria gerou, em contrapartida, a moderna "angústia alimentar", fruto da incerteza sobre a qualidade do que comemos, e as respostas dadas a essa "angústia" foram muitas nesses últimos 30 anos. A mais importante foi dar maior transparência ao processo de produção dos alimentos através da certificação publicamente acreditada de origem e formas de produção.

O *label rouge* (marca de alimentos ecologicamente corretos), a produção dita "orgânica", a "sustentabilidade", a garantia de algo entendido como "natural" (isento de agrotóxicos, antibióticos etc.) foram os expedientes adotados pelos produtores para minimizar a "angústia alimentar", rompendo seu caráter de fatalidade e, ao mesmo tempo, criando alternativas, ou nichos gastronômicos, que, por sua vez, a gastronomização sabe tão bem aproveitar nos tempos atuais. Desse modo, fecha-se a conexão moderna que liga, de forma indissociável, a **culinária** à **gastronomia** e esta, à **gastronomização**.

Pelo lado dos consumidores, desenvolveram-se várias estratégias de autodefesa, sendo notável a dietificação da alimentação cotidiana. Uma tendência moderna é a identificação forte dos indivíduos com ideologias alimentares de cunho religioso (vegana, por exemplo), de orientação "natural", social ("sustentável"), calórica, ou estética ("*gourmet*"), além da identificação dos produtos com os locais onde foram produzidos ("*terroir*").

Na medida em que as ideologias dieticistas ampliam sua vigência, reforça-se a necessidade de novos conhecimentos por parte dos consumidores. Desde a organização de hortas urbanas, que exigem conhecimentos de agricultura, aos cursos de enologia, um novo mercado vigoroso vai se erigindo para oferecer aos consumidores ávidos a porta de acesso a novas práticas que convergem todas para a mesa. No fundo, são as práticas de incorporação dos alimentos que estão em questão, pois é um traço universal em nossa cultura a **crença** de que **somos o que comemos**. Entende-se, assim, por que os *chefs* de cozinha – uma profissão secular – se tornaram, quase que do dia para a noite, essa espécie de sacerdotes modernos a nos dizer o que é **melhor comer**. Eles estão a nos dizer que fora da gastronomia não há salvação (?!?!); que é melhor entregar-se de corpo e alma a esse novo culto, ou seja, comida deve ser saudável!!! E se levarmos em conta que o comer "**fora de casa**" é uma força extraordinária e crescente, talvez não haja outro remédio. Afinal, quando desaprendemos como cozinhar, renunciando ao lar, entregamos **nossa alma ao mercado**. É preciso aprender a lidar com isso no século XXI.

Felizmente, aqueles que se interessam por estudar o fenômeno moderno da gastronomia já podem recorrer a um instrumento bastante amplo e eficaz, que é o livro coordenado por Jean-Pierre Poulain, *Dictionnaire des Cultures Alimentaires* (*Dicionário das Culturas Alimentares*), editado em 2012, que reúne a produção de 162 especialistas nos mais diversos aspectos da alimentação, em mais de 230 artigos, em abordagens muito criativas, ou absolutamente inéditas!!! Esse livro representa um novo grau de maturidade das "ciências da alimentação" que ganharam grande impulso justamente através dos estudos pioneiros de Jean-Pierre Poulain e de Claude Fishler. É por isso que o livro de Jean-Pierre Poulain, *Sociologias da Alimentação: os Comedores e o Espaço Social Alimentar*, publicado em 2004, certamente foi o que mais influenciou recentemente os estudiosos das humanidades que se dedicaram ao tratamento moderno da alimentação em seus múltiplos contextos sociais.

A **gastronomia** – a arte de cozinhar – é uma das **profissões que mais ganharam *status* e espaço nos últimos anos**. Indício disso é a grande quantidade e o sucesso de programas de culinária na TV e a valorização do crítico gastronômico, bem como a publicação de cadernos especiais dedicados ao tema nos principais jornais do País e em outras nações.

O profissional dessa área tem responsabilidades que vão muito além de sair-se bem do modismo. Mais do que criar pratos com bela apresentação, o bacharel em gastronomia precisa lidar com assuntos como a segurança alimentar, o gerenciamento de funcionários e das finanças de um restaurante. Pode também se especializar em confeitaria, panificação ou num tipo específico de culinária, como japonesa, peruana, francesa, indiana, italiana, russa ou vegetariana. Além de acompanhar o dia a dia, negocia com fornecedores e desenvolve estratégias de *marketing*; planeja cardápios, avaliando a disponibilidade de ingredientes, e entende de bebidas.

Como se pode perceber, o campo de trabalho é amplo, ou seja, em lanchonetes (cada vez mais sofisticadas), restaurantes, bares (especialmente os temáticos), hotéis, bufês, hospitais e empresas de *catering* (que fornecem refeições para companhias aéreas ou eventos). Qualquer um pode ingressar nessa carreira concluindo um curso superior de tecnologia na área de gastronomia.

Um dos fatores que impulsionam o crescimento do setor de *food service* (serviços de alimentação) no Brasil é a **urbanização**, ou seja, quase 90% da população brasileira vive em cidades. E quanto maior for a população urbana, maior o potencial de clientes para bares, restaurantes e lanchonetes. Outro fator é o aumento da renda média e da taxa de emprego, que deu a muitas famílias certa folga no orçamento para comer fora, mas que sofreu forte retração no Brasil em 2015 e 2016 devido à crise econômica...

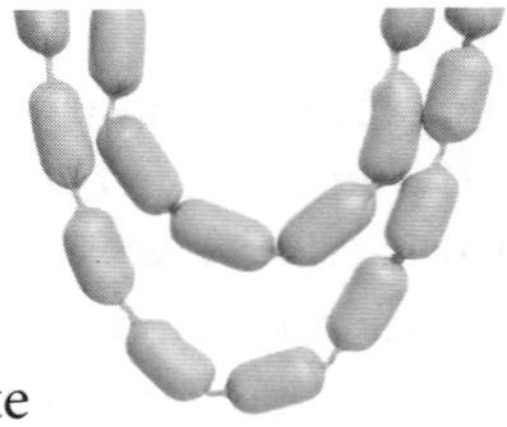

Segundo o *Guia Michelin 2015* do Brasil, além de termos o restaurante *D.O.M.*, em São Paulo, do *chef* Alex Atala, com duas estrelas, há um total de 10 restaurantes com sua primeira estrela, incluindo o *Maní*, da premiada cozinheira Helena Rizzo; vários estabelecimentos de comida japonesa (muito influente na cidade), como *Kinoshita*, *Kosushi* e *Jun Sakamoto*; o italiano *Fasano* (com grande prestígio na cena paulistana) e o *Esquina Mocotó*, o novo projeto do brilhante Rodrigo Oliveira, que transformou o restaurante-cachaçaria familiar em um foco de peregrinação de turistas da gastronomia.

"O que você acha que esse gato vai preferir: as salsichas ou o peixinho? Você já teve algum dilema desse tipo quando está numa mesa farta?"

No Rio de Janeiro, receberam uma estrela seis estabelecimentos. Entre os mais conhecidos pelo público nacional e internacional estão o restaurante homônimo de Roberta Sudbrack (outra modernizadora da cozinha com ingredientes locais e que foi *chef* presidencial) e o *Olympe*, do francês Claude Troisgros e seu filho Thomas, abrasileirados desde 1979 e que oferecem cozinha francesa com elementos brasileiros.

3.9.2 – COZINHAR FAZ BEM PARA AS PESSOAS!!!

A italiana Stefania Aphel Barzini, no seu livro *A Cozinha das Escritoras*, contou que desde bem "miudinha" Agatha Christie, que depois se tornaria uma famosa escritora de livros de ação e mistério, fazia da cozinha seu refúgio predileto!!!

Quando o seu pai morreu, em 1901, ela estava com 11 anos. No lugar de ir ao funeral, preferiu passar o dia entre pratos e fogão (!?!?), aprendendo a fazer pão e frutas cristalizadas. Mais tarde, essa autora de tantos casos de mistério diria que os melhores momentos para **inventar uma história** foram aqueles passados ao fogão, e que **cozinhar** e **escrever** eram ofícios bem parecidos...

O pensador Michel Pollan, autor de vários livros em que tratou da relação cultural e física que temos com a comida – particularmente no *Cozinhar: Uma História Natural da Transformação* –, acredita que cozinhar é uma das atividades mais interessantes e recompensadoras que podemos fazer. Ele afirmou: "Trabalhar com massa de pão me ensinou a confiar em minhas mãos e em meus sentidos na cozinha e a acreditar no que eles me diziam a ponto de me libertar das amarras das receitas e dos copos medidores. Cozinhar nos situa num lugar muito particular. Cozinhar carrega uma força emocional ou psicológica da qual não podemos ou não queremos nos livrar.

Só no fim da meia-idade é que me dei conta de que preparar o próprio alimento foi uma resposta para muitas de minhas preocupações e questionamentos. Se cozinhar é, como dizem os antropólogos, uma atividade que nos define enquanto seres humanos – **o ato com o qual a cultura surge** –, então talvez não devêssemos nos surpreender com o fato de que assistir ao desenrolar desses processos desperte emoções tão profundas."

Uma boa sugestão: para que o(a) leitor(a) deste livro fique entusiasmado(a) com o ato de cozinhar, é assistir à série da Netflix *Chef's Table*, que descreve os bastidores de alguns dos lugares mais exóticos e especiais espalhados pelo mundo, perfilando grandes nomes da gastronomia. Este é o caso, por exemplo, de Niki Nakayama, do restaurante *N/Naka*, em Los Angeles (EUA), que disse: "Cozinhar é a única coisa que, enquanto eu faço, sinto poder confiar inteiramente. Quando monto um prato, minha mente se esvazia por completo. Tudo se baseia no sentimento. Isso deve ficar aqui, isso deve ficar bom lá, isso tem que ficar aqui... Acho que é semelhante àquele estado de meditação no qual as pessoas podem chegar, quando já não ouvem mais sua mente e só há aquele momento, o **presente**. Nesses instantes, uma música toca na minha cabeça e eu não sei como me livrar dela."

Hoje, já se oferecem *workshops* (oficinas) nos quais se entrelaçam práticas de meditação culinária e ensinamentos do budismo tibetano, a fim de ajudar as pessoas a perceberem que na cozinha elas já entram com uma postura-padrão que tende a atrapalhar suas percepções. Essa visão, normalmente, é estreita, bem limitada.

Para conhecer e identificar esses padrões, os instrutores, nesses *workshops*, propõem no início algumas atividades lúdicas nas quais se apresenta a **roda da vida**, um ensinamento tradicional do budismo que relaciona seis visões do mundo associadas a seis emoções perturbadoras: **carência, preguiça, raiva** e **rancor, apego** e **manutenção das coisas, inveja** e **competição, orgulho**. As pessoas vão passando por esses ambientes mentais e assimilando a conceituação de que eles são **apenas ambientes mentais**.

Pois é, na cozinha, um mesmo ingrediente pode ser visto de maneiras diferentes. Uma pessoa na cozinha pode ver uma lentilha e sentir raiva dela e não querer preparar um prato com ela, de forma alguma. Ou então pode olhar pelo lado da criatividade e do prazer e querer transformar a lentilha num manjar!!!

Ao longo do desenvolvimento dessas oficinas, os participantes alternam culinária e prática de meditação e, à medida que avançam, vão abrindo espaço para uma nova postura. A ideia é conseguir que cada indivíduo se descole da visão estreita, adote uma mais aberta, ampla, generosa.

O objetivo final de cada oficina é que as emoções perturbadoras deixem a pessoa, se ausentem, para que ela possa perceber melhor o que é importante. Para chegar a essa condição as pessoas precisam recuar, depois escolher esses novos olhares e ir se interessando pelos ingredientes (aí é importante a mensagem que vem da culinária), pelo produtor (o cozinheiro), como as coisas são feitas, e toda a sua trajetória. Há quem diga: "Ao confeitar os biscoitos recém-saídos do forno, estamos silenciando os pensamentos que incomodam e... dando ouvidos para o que a alma tem a nos dizer!!!"

3.9.3 – DOMINANDO A ARTE DA GASTRONOMIA

Num artigo escrito para o jornal *The Washington Post* (publicado no jornal *O Estado de S.Paulo*, em 16/7/2015), Becky Krystal provocou: "Vamos brincar de terminar frase? Eu digo: 'Dominando a arte...' e você completa dizendo: '...da cozinha russa!' '...da cozinha chinesa!' '... de enfeitar bolos!' '...da cozinha francesa!'. Claro que se você gosta de cozinha, há apenas uma resposta certa: '...**da cozinha francesa**!!!'

De fato, as prateleiras de livros sobre o tema estão inundadas com denominações que usam o título do clássico sobre o assunto, ou seja, *Mastering*

"Alguns dos muitos livros que começam com as palavras *Mastering the Art...*"

the Art of French Cooking, a inspiradora obra de Julia Child, Simone Beck e Louisette Bertholle, cujo primeiro volume foi publicado em 1961."

Infelizmente, esse livro não tem até hoje uma versão traduzida no Brasil, apesar de que a primeira parte do seu título seria usada para batizar muitos gêneros. Assim, existem livros que ensinam a dominar a arte de tiro de longa distância ou então de dominar a arte de fazer colchas de retalhos, mas onde mais essa expressão aparece é nos **livros de receitas**.

Judith Jones, que editou *Mastering the Art of French Cooking*, comentou: "Acho que um livro de receitas deve ter sua própria identidade, seu próprio título, seu próprio significado. Estão pegando carona em um livro que teve sucesso em vez de criar algo original. E veja que não foi fácil publicar esse livro, pois quando o mostrei para Alfred Knopf, o fundador da editora que leva o seu nome e que lançou o livro, ele, inicialmente, não gostou da ideia e disse: 'Bem, se esse título vender bem, eu como o meu chapéu!'

Gosto de pensar em todos os chapéus que ele teve de comer.

Na realidade, precisei discutir bastante com Julia Child o título que ela escolheu para o livro. A sua justificativa foi: 'Implica escopo, fundamentos, livro de receitas e França. Além disso, o título transmite que aprender a cozinhar é um **processo contínuo**. O gerúndio é a chave de tudo. É preciso estar sempre melhorando, sempre mudando. Ninguém domina plenamente a arte de cozinhar. Pensamos em outros títulos, como: *Um Mapa para o Território da Comida Francesa* e *Método na Loucura da Cozinha*, mas ainda bem que ficamos como o título original, que tanta gente usa até hoje."

Nathalia Dupree, autora de *Mastering the Art of Southern Cooking* (*Dominando a Arte da Cozinha Sulista*, sem edição em português), lançado em

2012, comentou: "Sempre me senti intimidada pelo livro de Child, Beck e Bertholle, pelo seu rigor e sua erudição. Não teria chegado a esse título por mim, mas o editor o exigiu."

Em 2015, ela lançou um outro livro que ensina a dominar a arte dos legumes sulistas. Realmente, o processo de batizar um livro é longo e extenuante. Acertar um título é uma das coisas **mais difíceis do mundo**. Atualmente, a discussão vai além do editor e do autor para incluir um gerente, um publicitário e um grupo de discussão. Hoje, está na moda usar a palavra **Bíblia**, como no livro a ***Bíblia do Bolo*** (1988), de Rose Levy Beranbaum, mas o tema tornou-se tão ubíquo como "*Dominando com a Arte de...*". Mas novos livros de receitas que usam essa frase continuam sendo lançados como *Mastering the Art of Italian Cooking* (2015), de Lidia Bastianich e sua filha Tanya Manuali, apoiando-se no conceito de que tudo o que pega é conveniente usar!!! O prefixo *Mastering the Art of*, na realidade, indica que tudo o que está entre a capa e a contracapa de um livro é **abrangente**!?

A autora e editora australiana, Anneka Manning, especializada em livros de receita que ensinam a dominar a arte das carnes de aves, suína, bovina e aquelas de caça e a entender a arte da confeitaria, disse: "Para atender à promessa do título, precisei incluir informações básicas como coberturas e massas de torta no volume sobre confeitaria e uma lista de diferentes cortes no livro de carnes, além de instruções passo a passo e muitas fotografias.

A capa e o título de um livro de receitas são importantes, porque é com eles que se causa a primeira impressão, visando atrair o leitor. Entretanto, como um autor ou editor de livros de receita, algumas vezes você pode exagerar em algo. Embora possa atrair público inicialmente, a maioria dos cozinheiros amadores provavelmente não vai perder muito tempo escolhendo livros entre aqueles com títulos chamativos. O que eles querem mesmo saber é se a receita vai funcionar e se o prato vai ficar gostoso. Por exemplo, o livro de Julia Child e suas coautoras entregou o que prometeu. *Mastering the Art of French Cooking* é um clássico absoluto e sempre assim será. Se você deseja ecoar esse título, tem a obrigação de ser respeitoso em relação ao que isso significa e ao que já representou."

3.9.4 – A REVOLUÇÃO DA GASTRONOMIA PERUANA

Numa catedral de Cusco, capital sagrada dos incas a 3.400 m de altitude, há um quadro do século XVIII, *A Última Ceia*, do pintor cusquenho Marcos Zapata, que se inspirou em Leonardo Da Vinci, mas que não tem quase nada a ver com santificação, pois o que ele queria era retratar a **dominação espanhola**. Por isso, Judas aparece pincelado com o rosto de Francisco Pizarro, um indivíduo analfabeto e criador de porcos, convertido pela Espanha imperial em colonizador dos Andes. É ele que, intimidante, olha para o espectador, enquanto esconde, na mão direita, uma sacola que sugere a sua avidez pelo vil metal. Essa ceia inca tem também pão de trigo, milho, frutas tropicais e muitos outros alimentos interessantes. No centro da mesa, está o *cuy* assado, o porquinho-da-índia que é prato forte da culinária peruana.

"O renomado *chef* peruano, Gaston Acurio."

Com os espanhóis dominando os peruanos, nem sempre foi fácil para eles manterem as suas tradições, e uma delas foi manter a comida dos seus avós. Assim, o quadro de Marcos Zapata pode ser chamado de a "**pintura da resistência**".

Hoje, o Peru tem vários *chefs* famosos no mundo todo, e um deles é Gaston Acurio, dono de famosos restaurantes no país e também no exterior.

Atualmente, ninguém no mundo desconhece o **ceviche**, um prato de destaque na gastronomia andina, feito de peixe cru marinado em suco cítrico. Em poucos anos, a arte de cozinhar e promover os ingredientes nacionais transformou a gastronomia peruana em assunto acadêmico, tema de moda e sinônimo de carreira promissora.

Os pais já não querem os filhos doutores ou engenheiros, mas sim de avental. Os jornais criaram seções especiais sobre gastronomia e restaurantes. Os programas de rádio e televisão, com cozinheiros, batem recordes de audiência. Os *chefs* tornaram-se mais influentes do que políticos e atores.

Fora das suas fronteiras, a **comida peruana** é capa de revistas prestigiadas, tem devotos como Ferran Adrià e especialistas que já lhe atribuem o título de **"melhor gastronomia da América Latina"**.

Na capital peruana, Lima, continuamente nascem *boulevards* gastronômicos para todos os bolsos e gostos. Na rua, os vendedores ambulantes oferecem iguarias como espetinhos de coração de vaca – *anticuchos* –, e os turistas, ao experimentarem, acabam aprovando.

Existem mais de 12 mil cevicherias em Lima. Hoje não é mais uma suspeita, mas sim um fato: 42% das pessoas que visitam o Peru o fazem para passar um tempo **comendo bem**, ou seja, aproveitar os **orgasmos do paladar**!

3.9.5 – O BENTÔ ACOMPANHA TODOS OS JAPONESES

O **bentô** (ou **obentô**, como se diz em um japonês mais respeitoso) é uma refeição completa servida numa caixa. Pode ser simples ou luxuoso, dependendo das habilidades do cozinheiro e da situação.

No Japão, uma viagem de trem não é **completa** sem um bentô. Nas milhares de estações de trem espalhadas pelo Japão, a cena é comum: antes de embarcar, os nipônicos fazem fila para comprar seu bentô – ou o *ekiben* ("*eki*" é estação de trem em japonês, e "*ben*" é a forma abreviada de bentô). Depois, acomodados em seus assentos, abrem a caixinha e pinçam a comida cuidadosamente preparada e apresentada, enquanto a paisagem passa pela janela...

Como as viagens de trem são parte do cotidiano japonês, o *ekiben* acabou se tornando uma instituição cultural no país. Recentemente, virou até tema de um livro, e em abril de 2015 foi lançado no Japão um volume dedicado ao bentô de trem.

Em *Ekiben – The Ultimate Japanese Travel Food* (em tradução livre, *Ekiben – O Alimento Japonês Básico em uma Viagem*) –, a autora Aki Tomura contou um pouco da história de *ekiben* de todo o Japão, ilustrada com fotos lindíssimas.

A origem do *ekiben* está atrelada à chegada dos trens no Japão, na era Meiji (1868-1912), quando o país se abriu ao Ocidente e se industrializou. O bentô, que então já era tradicional, foi adaptado cada vez mais às corriqueiras viagens de trem.

"Eis aí um bentô com uma apresentação irretocável."

Era uma forma de ganhar tempo – aproveitava-se a viagem para comer – e, também, uma **fonte de prazer**. Mas as 57 caixinhas expostas no livro são uma pequena amostra das estimadas, por baixo, três mil variedades de *ekiben*. É que cada região do Japão tem sua especialidade gastronômica, o seu produto típico e fresco. Na ilha de Hokkaido, por exemplo, ao norte do Japão, é comum encontrar o *kani* – caranguejo – no *ekiben*; em Hiroshima, já é comum a enguia sobre o arroz. Não há uma forma única nem um conteúdo específico no *ekiben* – há os de carne, os só de vegetais, os de frutos do mar, cada um vendido num tipo de caixinha diferente: de cerâmica, de plástico, de isopor, de dois andares e até em formato de trem-bala.

Salientou Aki Tomura em seu livro: "Os *ekibens* são, em geral, feitos por pequenos produtores e cooperativas locais, mais do que as grandes redes de comida. Assim, essa é uma forma acessível de conhecer um pouco da hipercomplexa e variada gastronomia japonesa, ou seja, provando o *ekiben* local em cada estação de trem."

Aberta em 2013, uma loja na estação central de Tóquio está tentando **unificar essa imensa variedade num só lugar**. Nessa loja, a Ekibenya Matsuri, são oferecidos cerca de 200 tipos de *ekiben* de todas as partes do Japão. Para garantir o frescor, as caixinhas são enviadas para a loja de Tóquio diariamente – e duas delas são produzidas na própria loja.

A princípio, olhando de fora, especialmente para um ocidental não letrado, a Ekibenya Matsuri, localizada no corredor central da movimentada estação de Tóquio, é apenas mais uma loja de bentôs. Mas uma parede com dezenas de reproduções de *ekibens* de plástico (outra mania japonesa, as comidas plastificadas...) dá uma noção da variedade abrigada ali. É comum que mais de dez mil pessoas por dia comprem ali um *ekiben*, sendo o mais vendido o de **carne**, da província de Yamagata – com finas fatias de carne grelhada sobre arroz, com vários tipos de picles como acompanhamento. Entre os de peixes e frutos do mar, o maior sucesso é o *ekiben* de camarão de Niigata, servido também sobre arroz, com ovo. Os *ekibens* custam algo em torno de R$ 20 e a R$40.

O *chef* do restaurante *Sakagura A1*, Shin Koike, explicou: "Bentô não é *teishoku*, o combinado de almoço japonês. A principal diferença entre um e outro é óbvia: o bentô é o que vem na caixa. As comidas podem ser as mesmas, o que muda é a apresentação."

O nome bentô vem de "conveniente", característica que não muda em qualquer versão do prato. Se as marmitas de loja de conveniência são mais baratas e rápidas que uma ida ao restaurante, as versões de restaurante substituem almoços longos com entrada e sobremesa. É uma opção fácil: já está tudo na caixa e o cliente escolhe a ordem em que vai comer. Essa conveniência deve reger também o preparo de um bentô caseiro. Mas, mesmo em casa, a beleza e o capricho da montagem são fundamentais.

3.9.6 – A ARTE DE CRIAR ALIMENTOS COM INGREDIENTES DESEJÁVEIS!!!

Aí vão algumas indagações e curiosidades: gordura é boa para a saúde, adoçante artificial não é, e farinha de grilo e de outros insetos são alimentos recomendáveis repletos de proteínas vendidos agora disfarçados de barras de cereais!?!?

As empresas de alimentos e supermercados contam com as mudanças de um hábito alimentar para outro, para lucrar com uma oferta constante de **produtos feitos sob medida para novos gostos**.

Mas antecipar ou prever esses hábitos é bem complicado.

Alguns desses novos alimentos ou tendências de saúde se tornaram parte do cotidiano, como o *cappuccino*, enquanto outros, como a goma de cafeína, virou um fiasco.

Predizer qual alimento vai fracassar e qual terá sucesso — e identificar uma tendência ascendente ou descendente — se tornou especialmente importante para grandes empresas de alimentos à medida que os consumidores estão trocando seus alimentos favoritos por outros considerados saudáveis ou *premium*.

Nos EUA, por exemplo, no geral, as vendas de alimentos ficaram estáveis em 2015, ante o ano anterior, enquanto os alimentos contendo atributos saudáveis como "**livre de glúten**", "**orgânico**" e "**sem transgênicos**" cresceram 14%. Os consumidores norte-americanos (e também os brasileiros...) recentemente começaram a beber **leite integral** quase tão frequentemente quanto o **desnatado**.

A manteiga e os ovos voltaram ao cardápio depois de anos de vendas em queda devido a dietas de baixa gordura e receios quanto ao colesterol. Agora, os ovos voltaram a ser considerados uma fonte de proteína boa e barata.

Tendências de comidas normalmente avançam de forma previsível. Uma nova moda culinária frequentemente aparece primeiro na cozinha de um *chef* criativo, em um restaurante étnico ou são inventadas por proprietários excêntricos de pequenas empresas de alimentos. Alimentos como açaí, *kimchi* (um condimento típico da culinária sul-coreana), açúcar de coco, grãos germinados e hambúrgueres de alta qualidade ficaram populares dessa forma.

No estágio inicial, quase tudo pode ter seu **dia de glória**. Por exemplo, a farinha de grilo está agora sendo vendida por um punhado de pequenas empresas como proteína barata que é melhor para o meio ambiente do que a dos bois e das galinhas.

Insetos são alimentos comuns em todo o mundo e transformá-los em farinha e disfarçados em barras de cereais tornarão os **grilos palatáveis para mais pessoas**, como salientam os fãs do ingrediente.

Esse é o "estágio zero" da tendência!!!

Se esse alimento passar para o próximo estágio, ele aparecerá, por exemplo, em *blogs* de alimentos e em lojas de produtos de cozinha de alto padrão. Mais tarde, ele pode entrar para os cardápios de redes de comida casual e em programas de culinária na TV. A tendência normalmente atinge os *sites* de receitas antes de finalmente terminar em redes de *fast-food* e nas prateleiras de supermercados.

A quinoa e a semente de chia são alimentos que já atingiram esse nível.

Para as grandes empresas, o truque é aderir às tendências rapidamente, mas não tão rápido para que elas não comprometam a linha de produção com uma moda que termina sendo passageira.

Os especialistas das grandes empresas de alimentação vivem agora analisando dados de vendas de alimentos, leem pesquisas de tendências e de saúde e buscam na Internet indicações de tendências, um processo que denominam de "**escuta social**".

A **proteína** é um exemplo da nuança necessária nas interpretações de tendências. O típico amante de carne a consome bastante, mas mesmo assim muitos consumidores querem **proteínas vindas de outras fontes**, especialmente em momentos não tradicionais como no café da manhã e no lanche da tarde, salientam os pesquisadores de alimento. É por isso que as empresas estão inundando as prateleiras de supermercados com barras de cereal, bebidas e cereais matinais cheios de proteína vegetal e ressaltando a existência de proteína nos rótulos de produtos como salsichas e doces.

Os norte-americanos, em 2015, compraram algo próximo de US$ 17,2 bilhões em alimentos com rótulos indicando a presença de proteína, uma alta de 7,2% em relação a 2014.

Entretanto, consumir mais proteína vegetal de soja ou de ervilhas e menos proteína animal **ainda não é um hábito amplamente aceito**. A partir de 2014 foram se tornando mais comuns grandes empresas de alimentos como a Campbell's, General Mills começarem a vender mais barras e *shakes* de proteína V8 Protein, que contêm proteína de ervilha, de soja, de arroz integral, quinoa e leite, apostando assim que as boas indicações científicas sobre o que é bom para a saúde das pessoas chegou a todas elas!!!

Para uma nova tendência de comida, sabor ou de saúde se tornar amplamente aceita é necessário que ela atinja comportamentos como a dificuldade em fazer um bom jantar, ou seja, surgir o evidente desejo nas pessoas de acreditar que estão consumindo um **alimento natural**. Dessa maneira, indo nesse rumo e com a expectativa de interromper a queda nas vendas do seu iogurte Yoplait, a General Mills, dona da marca, gradualmente está alterando os ingredientes de algumas variedades, tirando os corantes artificiais, o xarope de milho e o aspartame, um adoçante artificial. Ela alterou a embalagem para ressaltar as mudanças introduzidas e as vendas do Yoplait começaram a se recuperar, provavelmente porque a eliminação daqueles ingredientes atendeu ao desejo das pessoas do seu "bem-estar proativo".

A ideia geral de ser saudável tem se afastado das dietas em favor de uma visão mais ampla, quando as pessoas perguntam: "Estou comendo boa comida? Estou me mantendo ativo? Estou dormindo bem?".

Desde 2013, a Campbell's começou a monitorar duas grandes tendências: consumidores mais jovens que queriam sabores **mais ousados** e a necessidade de pratos **mais fáceis de preparar** para o jantar durante a semana. Para atendê-los, a empresa de alimentos lançou uma variedade de molhos para o jantar que podiam ser aquecidos em uma panela ou no forno com um tipo de carne, com sabores como "*curry* tailandês", "carne assada" etc. E aí vai uma interessante constatação, os sabores mais vendidos foram os "bem diferentes daqueles pelos quais (os consumidores) normalmente optariam, mas não tão diferentes a ponto de causar estranheza ou assustar (o consumidor)". A Campbell's, em vista disso, resolveu parar de vender o sabor de molho de carne com bacon e *cheddar*, bem como a carne de panela com molho marroquino.

O diretor de inovação da Campbell's Michael Goodman comentou: "Nós pensamos que o consumidor apreciaria os sabores mais familiares, mas eles não se tornaram excitantes. Atualmente, os sabores de frango *marsala*, carne assada e *curry* tailandês estão vendendo bem. Mas ao fazer um lançamento entre o ensopado marroquino e um *curry* tailandês você nunca sabe o que vai fazer sucesso!?!?"

3.9.7 – TRÊS DIAS SEM COMER!!!

Em 2006, a revista *Trip* convidou o **principal crítico de gastronomia** do país, Josimar Melo, a ficar de boca fechada durante **72 h (3 dias)**, ou seja, não **comer nenhuma migalha**!!!

Pois bem, ele aceitou o desafio, ficou 2,5 kg mais magro e relatou a experiência da seguinte forma: "Meu trabalho como crítico gastronômico é descrever a sensação de comer os mais diferentes pratos – os **bons** ou **ruins**. Daí minha surpresa ao ser convidado para fazer o oposto: **escrever um texto sobre a sensação de não comer nada**!!!

"O especialista em culinária Josimar Melo submeteu-se a incrível experiência de ficar 72 h sem comer e a descreveu de forma bem atraente."

Para isso, precisaria, obviamente, manter minha boca fechada, trancada, soldada por algum tempo.

Topei. E quer saber? **Foi moleza**!!!

Embora ninguém acredite nisso...

Como diria o personagem de Franz Kafka, no conto *O Artista da Fome* (1924), a respeito de um faquir que vivia de exibir seus dotes de jejuar por 40 dias: '... só ele sabia (...) como era fácil jejuar. Era a coisa mais fácil do mundo. Ele não o ocultava, mas não acreditavam nele.'

Cerca de um século atrás, ser faquir era uma forma de arte e de garantir a vida. As pessoas assombravam-se ao visitar o ilustre senhor que, costelas à mostra, ficava exposto imóvel numa jaula ou numa redoma de vidro. Naquela época, eram noticiados com alarde os feitos de artistas como Jelly, que estabeleceu um recorde mundial – 44 dias sem comer – em 1926, fato acompanhado por 350 mil visitantes.

Fato superado no mesmo ano, e na mesma Berlim, pela '**equipe da fome**', que jejuou um dia a mais, sendo, porém, batidos um mês depois por Fred Ellern, em Viena, com a marca de **46 dias e 6 horas**!!!

Porém, nesse ano tão profícuo em exibições de frugalidade já se encontrava em declínio a popularidade de tais demonstrações. Na era da velocidade, outros tipos de desafios (que igualmente colocam em risco a vida dos praticantes e por isso excitam o público, como as competições de automóvel ou de alpinismo) tomaram a dianteira: o jejum tornou-se **obsoleto** devido ao ritmo muito lento de confronto com a morte!!!

Hoje em dia, ainda se praticam jejuns, mas de modalidades diferentes. Faquires na Índia não o fazem para divertir o público nem por uma remuneração, mas em busca da **redenção espiritual**. Militantes políticos fazem greve de fome como **forma de protesto**. Até mesmo um jornalista é capaz de tapar a boca três dias em troca de... **uns trocados**.

Se um belo dia você toma o seu café da manhã, mas depois não almoça porque não deu tempo e não consegue jantar porque a geladeira da casa está vazia, **aí sim você vai sofrer**!!! Essa quebra de expectativa, essa interrupção de sua rotina alimentar, realmente provoca **uma fome de leão**. Você passa o dia esperando uma brecha para poder comer, só pensa em comida, e a fome fica, portanto, o **tempo todo à espreita**. Meio como passar um fim de semana num *spa*: você fica o dia todo esperando pela hora de comer e, quando a comida chega, recebe apenas algumas míseras calorias... que só servem para abrir o apetite e retomar a angustiante espera pela próxima refeição.

Diferente é a situação de quem decide não comer – seja para derrubar um governo, seja para escrever uma reportagem.

Você acorda e não come!!!

Põe-se a fazer seus afazeres e ignora que haverá uma hora de almoço, **pois não haverá**!!!

Distrai-se com outras coisas.

E assim vai.

A proximidade com aromas e visões de comida, é claro, atrapalham um pouco qualquer concentração... Assim como, para mim, trabalhar durante o jejum era um pouco incômodo (por exemplo, escrever minhas críticas gastronômicas, tendo que lembrar detalhes dos pratos que comi dias atrás, não ajudaria muito).

Mas uma vez decidido a não comer (claro que na véspera, à noite, abasteci-me com uma enorme *pizza*, quase uma garrafa de vinho, depois de um perfumado *Negroni* como aperitivo...), a tarefa não foi tão difícil assim, quando acabei perdendo uns quilos e melhorando a silhueta abdominal...

Aprendi que ao menos num jejum de curta duração o sofrimento é mais **psicológico** do que **físico**. É claro que, com o passar dos dias, você começa a sentir alguma fraqueza, uma certa sonolência que à noite chega mais cedo que o habitual, uma crescente preguiça para o trabalho e para a leitura. Nada, entretanto, que me tivesse impedido de sair para fazer algumas pequenas tarefas ou de trabalhar em casa no computador.

Se o objetivo fosse passar 40 dias ou mais como o artista de Kafka, ou jejuar por tempo indeterminado (como fazem certos ativistas presos em protesto...), certamente seria mais prudente ficar quieto desde o início, **sem desperdiçar energia**. Um jejum por tempo mediano não implica em um grande suplício e são os médicos que detalham.

- Durante três dias de jejum, uma pessoa saudável (que não tenha doenças como diabetes, pressão alta etc.) consegue sobreviver sem maiores problemas, mesmo sem tomar água.
- Depois de três dias, a ausência de água começa a produzir malefícios, pois a falta de líquidos diminui o volume de sangue circulante, provoca fraqueza e a falta de urina causa o acúmulo de detritos no corpo, afetando os rins.
- Se a pessoa for saudável e tomar água, consegue ficar até 15 dias em jejum. Mas é recomendável, neste caso, tomar soro fisiológico, que contém sais minerais, pois a ausência de eletrólitos (sódio, potássio, magnésio, cálcio) provoca riscos de arritmia cardíaca, câimbra, fraqueza muscular.
- Depois de 15 dias, o quadro geral tende a piorar, há uma baixa de energia geral. Aí começa mesmo a verdadeira arte de jejuar...

Por outro lado, minha vivência e pesquisa do jejum revelou-me um dado alarmante: está mais do que provado que a forma mais eficiente de **viver mais** é **comer pouco, bem pouco**!!! Não no nível de desnutrição, é claro, mas quanto menos comemos, menos realizamos a queima de calorias que provocam o estresse oxidativo nas células (produção de substância tóxica durante o metabolismo) e as envelhecem.

Parece que afastar-se dos prazeres da mesa, pelo menos na quantidade, nos **faz viver mais**!!! Mas cá entre nós: para que alguém vai querer uma longa, comprida, enorme vida de semijejum? Minha breve experiência mostrou que até dá para ficar sem comer. Mas que graça terá se eu morrer bem velho, sem ter vivido?"

3.9.8 – FOI-SE UM DOS CRIADORES DA *NOUVELLE CUISINE*!!!

O *chef* Roger Vergé, um dos criadores da *nouvelle cuisine*, o movimento que revolucionou a gastronomia francesa, morreu em 5 de junho de 2015, aos 85 anos.

FEATUREFLASH PHOTO AGENCY / SHUTTERSTOCK.COM

"Roger Vergé, mestre de Alain Ducasse e Daniel Boulud, foi, sem dúvida, um dos grandes *chefs* do século XX."

A história dele é bem diferente de outros *chefs*, pois não começou descascando batatas desde cedo... Seu sonho na adolescência era ser aviador ou caçador!!! Bem pequeno, ele escreveu uma história sobre um gordo e perigoso hipopótamo. Ele sempre gostou de comida, obviamente, pois vinha de uma família provençal simples e alegre que aos domingos passava **dez horas à mesa**.

Quando fez 17 anos, percebeu que era hora de começar a trabalhar. Aí, na condição de um adolescente risonho, aceitou "treinar" numa confeitaria com um *chef*, na cidade em que nasceu. Em três anos se desenvolveu tão bem nesse ofício que foi mandado para a *Tour d'Argent*, em Paris. Mas, como um caipira e um tanto quanto tímido, "fugiu" depois de algum tempo para a casa, pois tinha medo de dormir sozinho!?!?

Em seguida, porém, vieram algumas aventuras com as quais tinha sonhado tanto. Conseguiu trabalhar na África, na Jamaica e até em Monte Carlo. Aliás, o destino o fez servir as cozinhas de 16 aeroportos!!!

Mas em 1969, voltou para abrir o *Le Moulin des Mougins,* em Cannes.

Divorciou-se da primeira mulher e se casou com Denise, partindo os dois para a construção de um restaurante elegante e de bom gosto. Em quatro meses de trabalho conseguiu a primeira estrela do *Guia Michelin* e, em cinco anos, já tinha as três com sua cozinha do sol (*cuisine du soleil*), que integrava o bom paladar à excelência do serviço.

Para descrever a sua comida, deve-se enfatizar o já famoso clichê do **ingrediente o mais fresco possível**. O grande esforço que o *chef* Roger Vergé precisou fazer foi o de aparar a *haute cousine* que aprendera, tornando-a o mais possível delicada, mas sem exagerada pretensão. Queria uma cozinha alegre como era da sua tia Célestine, a quem dedicou vários de seus livros.

Foi um grande aventureiro e lançou-se em diversos empreendimentos mundo afora sem pensar duas vezes. Amicíssimo de Paul Bocuse, lendário cozinheiro francês, eles se telefonavam para comentar molhos e novas ideias, bem como a nova fofoca do ramo.

Adorava viver, ter e dar prazer. Amava a parte social de receber e fazer os outros felizes. Ninguém sabe direito qual de suas qualidades contribuiu mais para o seu grande sucesso. Foi o seu charme? O seu bom papo? Mas só de saber que treinou Alain Ducasse, David Bouley e Daniel Boulud, não se pode duvidar de sua capacidade de seduzir e influenciar os principais *chefs* do mundo.

Aposentou-se em 2003, tendo aberto diversos restaurantes mundo afora, nada contente com os rumos exagerados que tomara a *nouvelle cuisine*. Uma grande bobagem, implicava ele... **É só fazer simples e gostoso, não há necessidade de fogos de artifício!!!**

Roger Vergé se manteve longe dos truques e da busca por sensações. Gostava de dizer que seu estilo culinário estava nos pratos simples preparados com a arte – a "culinária feliz", nas palavras dele – servidos pela sua mãe e a sua tia Célestine.

No seu primeiro livro de receitas *Ma Cuisine du Soleil* (*Minha Cozinha do Sol*, sem edição em português) escreveu: "A *cuisine hereuse* (cozinha feliz) é a antítese da culinária que busca impressionar. Trata-se de uma maneira leve, saudável e natural de cozinhar, combinando produtos da terra e do mar. Está no 'casamento' de diferentes produtos naturais, nas harmonias simples que reforçam o sabor de cada ingrediente."

Ao jornal norte-americano *The New York Times*, em 1974, revelou que o segredo da sua famosa sopa de peixes era usar peixes pequenos de *habitats* rochosos e pequenos caranguejos colocados vivos na panela no minuto final!!!"

A audácia fazia parte do seu repertório. Sem hesitar, Vergé oferecia ingredientes simples num restaurante de três estrelas Michelin. Assim, ele teve a coragem de transformar o pé de porco em algo que as pessoas passaram a almejar para comer, mas também se destacou pela sua predileção de oferecer frutas em pratos salgados, como acontecia com uma das conhecidas entradas do *Le Moulin de Mougins*: ostras quentes na concha com pedaços de laranja!!!

Com o passar do tempo, apesar de ter sido um dos pioneiros da *nouvelle couisine* juntamente com *chefs* como Paul Bocuse, os irmãos Jean e Pierre

"Um aspecto do restaurante do *chef* Alain Ducasse no hotel Plaza Athénée, em Paris."

Troisgros e Michel Guérard – na época uma versão simplificada e internacionalizada da culinária francesa, com destaque aos ingredientes frescos num estilo mais leve e apresentados de maneira artística –, começou a considerar deploráveis os excessos que esse movimento atingiu. Assim, numa entrevista para *Nation's Restaurant News*, em 1985 disse: "A *nouvelle cuisine* parece agora uma piada. Não pode ser algo sério. Parece a cozinha japonesa: pratos grandes, porções pequenas, nenhum sabor e tudo muito caro!!!"

Claro que esse comentário provocou um grande furor contra ele vindo do mundo dos restaurantes, da *nouvelle cuisine,* que se sentiram bastante ofendidos.

3.9.9 – FERRAN ADRIÀ, O NOTÁVEL *CHEF* CATALÃO

Desde 2011, quando o *chef* catalão Ferran Adrià fechou o seu estrelado restaurante *El Bulli*, na Espanha, ele, que reinventou a culinária desenvolvendo novos sabores e texturas para os alimentos com a cozinha molecular, agora enveredou com a sua genialidade para outras áreas. O *chef* tornou-se consultor de marcas multinacionais, professor da Universidade Harvard, nos EUA, e sócio do irmão, o *chef* Albert Adrià, em seis restaurantes destacados, localizados em Barcelona!!!

"Ferran Adrià, o cozinheiro catalão que atraiu muitos turistas para a Espanha graças ao seu estrelado restaurante *El Bulli*."

Infelizmente, esse artista das panelas, tão catalão, colorido e inventivo quanto o pintor Joan Miró, não cozinha mais!!! Está agora no comando da Fundação El Bulli, um centro de estudos e eventos patrocinado pela Telefônica, na Espanha, que será concluído até 2017. Nele, Ferran Adrià propõe um mergulho no conhecimento para preparar grandes marcas para o futuro, sem perder a tradição.

De companhias de telefonia a ícones do luxo, as empresas estão buscando o conhecimento e a genialidade do *chef* catalão como um trunfo. A criatividade, especialmente em tempos de crise, pode ser uma bússola para nortear corporações que acreditam na força dessa ferramenta para se **diferenciar**.

No seu novo trabalho, Ferran Adrià busca resgatar o passado de poderosas grifes e usa metodologia Sapiens, bastante criativa para preparar ícones como o *champagne* francês Dom Pérignon, do grupo LVMH (Moët Hennessy • Louis Vuitton), e Cirque du Soleil, para as próximas décadas!!!

Em maio de 2015, Ferran e Albert Adrià inauguraram em Ibiza o restaurante *Heart* (*"Coração"*), em parceria com Guy Laliberté, fundador do Cirque du Soleil. O *Heart* oferece arte contemporânea, música e *performances* ao vivo e ainda um mercadinho com *street food* internacional.

Pois é, esse restaurante que foi aberto onde pulsa arte, música e maravilhosa comida não deixa de ser uma rota para o futuro de uma experiência de sentidos impulsionado pelo valor icônico do Cirque du Soleil. Mas é no El Bulli Lab, um laboratório de ideias que faz parte da fundação, inaugurado em 2014 em Barcelona, que Ferran Adrià alavanca seus processos criativos.

Foi com a ajuda de filósofos, historiadores, artistas e cozinheiros reunidos numa espécie de redação de 1.500 m^2, onde trabalham 70 funcionários, que o *chef* desenvolveu a sua metodologia Sapiens, um jeito de trabalhar com o seguinte lema: "**Comer conhecimento para alimentar a criatividade!!!**". Ali não há praticamente nada que lembre uma cozinha. Não há panelas, fogões nem talheres. Existe, sim, uma grande quantidade de livros, canetas, cartazes fixadas nas paredes, gráficos que traduzem talvez um pouco do que está "fervendo" na mente agitada do mago da criatividade Ferran Adrià.

Aprofundar-se na metodologia Sapiens significa buscar compreender de maneira exaustiva a razão das coisas, dos processos criativos e de produção das experiências. É mais ou menos este o trabalho dele com a Dom Pérignon, uma parceria estabelecida por iniciativa do enólogo Richard Geoffroy, que é a alma criativa dessa marca, que há mais de dois séculos lançou as regras do *champagne* moderno, seguindo os ensinamentos do monge francês que viveu no século XVII, e por isso leva o seu nome.

Explicou Richard Geoffroy: "Dom Pérignon tem criatividade na sua tradição. Por isso, a marca decidiu montar um plano de estudo de três anos com a Fundação El Bulli, criando dentro do El Bulli Lab o Dom Pérignon Lab com o objetivo de escrever uma nova página deste *champagne*, decodificando o seu passado para construir um futuro tão ou mais criativo.

Vamos ter boas respostas para perguntas como:

- O que Dom Pérignon expressa?
- O que o vinho e suas safras expressam?
- O que significa a experiência de degustá-lo?

Essas perguntas estão escritas à mão em quadros que se espalham pelas paredes do laboratório de ideias, como estudos da nova decodificação, da garrafa ao copo, da colheita das uvas à degustação."

No recente lançamento da safra 2005, em Barcelona, isso serviu de ferramenta de apoio para os primeiros meses de trabalho de Adrià, que depois de quatro anos longe da cozinha interpretou essa safra com um "jantar que não era jantar" e no qual o *chef* ofereceu 29 *snacks* ("lanches") procurando estimular os sentidos de mineralidade, intensidade, uniformidade e harmonia!!! Esses *snacks* foram servidos num roteiro sensorial entre paredes que se moviam no escuro, jogos de luz e sombra, mesas espalhadas, sons e névoas. Quem participou da experiência *This is Not a Dinner* viveu uma viagem sensorial e gastronômica inolvidável proporcionada por um genial *chef*, sem dúvida um homem além de seu tempo...

Ferran Adrià, por sua vez, explicou: "Fundação El Bulli se dividirá no El Bulli Lab, que é o centro de estudos, e no El Bulli 1846, onde serão realizados todos os experimentos e eventos. Esse espaço é na mesma cidade onde funcionou o meu restaurante *El Bulli*. Estamos atuando em diversas áreas, como uma escola de negócios, formando parcerias e buscando envolver-se com empresas de *design*, alimentação, saúde, relacionadas à automação (mobilidade), mas tendo sempre como foco a criatividade. Essa criatividade está também dentro do projeto filosófico, que batizei de metodologia Sapiens, isto é, um método para compreender as coisas.

Por exemplo: **o que se deve fazer para compreender um tomate**?

Inicialmente, a ideia que se tem é que o tomate é natural, mas isso é uma mentira!?!? O que cada um come hoje teoricamente é natural; nós temos essa crença. Está já domesticado para o paladar do homem. O homem modificou o tomate porque o original era incomível de tão ruim. Os homens escolhem as plantas e as domesticam para ficarem boas. É algo similar ao que estamos fazendo nos estudos com o *champagne* Dom Pérignon.

Quando você analisa os processos, vai descobrindo, por exemplo, que o vinho no começo não era uma bebida. É possível que o primeiro uso do vinho tenha sido tomar banho!?!? Para compreender tudo isso, é preciso conhecer a história da humanidade. Por isso, vamos definir o conhecimento básico da humanidade para compreender melhor a gastronomia.

Qual é o fato mais importante da história da gastronomia?

Não é o **fogo**, mas sim o **calor**!!!

Na cozinha antiga, não há fogo.

Qual é o segundo fato mais importante?

É a escrita?

É a Internet?

Por isso vamos voltar na história até a revolução agrícola.

Tem muita gente atualmente me chamando de professor, consultor e até de empresário, mas continuo preferindo que me chamem de **cozinheiro**, que é uma palavra **bela**!!!"

3.9.10 – JAMIE OLIVER COLOCOU A INGLATERRA COMO REFERÊNCIA NA GASTRONOMIA

FEATUREFLASH PHOTO AGENCY / SHUTTERSTOCK.COM

"Jamie Oliver, o *chef* inglês que revolucionou a maneira de ensinar a arte de cozinhar na televisão."

Jamie Oliver nasceu e cresceu em Clavering, pequena vila em Essex, leste da Inglaterra, distante 130 km de Londres. Seu pai era dono do *Cricketers*, um *pub* onde o pequeno Jamie achou que a cozinha era o lugar mais animado para estar.

Numa das suas primeiras entrevistas para o jornal *The New York Times*, ele contou: "Já com 7 anos descascava batatas e depois passei a ajudar na preparação de alguns pratos para, aos 16 anos, começar a estudar a arte de cozinhar. Após esses estudos, ganhei uma temporada na França, quando consegui assimilar bastante da famosa culinária local, para finalmente chegar a Londres.

Dizem que trabalhar para o pai não é trabalho, assim, o meu primeiro emprego foi no *The New Street Restaurant*, onde conheci Gennaro Contaldo, um italiano que me ensinou os segredos de assar melhor o pão e preparar massa fresca todas as manhãs. Mas um importante acaso ocorreu mesmo quando já trabalhava de assistente de *chef* no badalado *River Café*. Um dos meus colegas ficou doente e me ligou para que o cobrisse naquele turno. E bem nesse dia uma equipe do *BBC Documentary* entrou pela cozinha gravando uma matéria sobre o lugar. E aí eu, ainda um 'Zé Ninguém', respondi diversas perguntas, com muita descontração e que os entendidos classificaram como tendo intimidade e dinamismo com a câmera."

No dia seguinte em que o programa foi ao ar, cinco produtoras ligaram para o *River Café* atrás daquele assistente descolado, com sotaque forte, convidando-o para estrear um programa. Jamie Oliver até achou que aquilo era alguma brincadeira dos seus amigos. Mas acabou fechando com um programa cujo objetivo era desmascarar a gastronomia e seus mistérios, por isso, o seu nome já dizia tudo, *The Naked Chef* (*O Chefe Nu*). Assim, aos 23 anos, ele gravou a primeira temporada do *The Naked Chef* produzida pela BBC.

Depois do sucesso retumbante do *The Naked Chef*, Jamie Oliver lançou seus primeiros livros, que se tornaram *best-sellers* em boa parte do planeta, e começou a ver a sua conta bancária engordar. Em 2002, ele se juntou ao seu amigo Tony Elvin para se jogar numa luta socialmente inédita e impecável, mas financeiramente bem arriscada. Colocou US$ 3 milhões do próprio bolso para abrir um restaurante – o *Fifteen* – na elegante zona norte de Londres, conhecida por ser uma das cidades mais caras da Terra para fazer algo que nunca tinha sido feito antes!!!

Jamie Oliver recrutou 15 jovens carentes, alguns que se criaram em orfanatos, outros que aprenderam a cozinhar para irmãos enquanto a mãe solteira trabalhava fora. Em comum, todos tinham aspirações para se transformarem em *chefs* de cozinha.

MR PICS / SHUTTERSTOCK.COM

"Jamie Oliver: o hiperativo *chef* inglês que lançou dezenas de livros sobre gastronomia, atuou em centenas de programas na TV ensinando como se deve cozinhar, os quais foram distribuídos em mais de 50 países, e é proprietário de quatro redes de restaurantes."

CHRISTIAN MUELLER / SHUTTERSTOCK.COM

RADU BERCAN / SHUTTERSTOCK.COM

"Um restaurante de Jamie Olivier em Bristol, na Inglaterra, e os diversos livros do *chef* vendidos nas livrarias."

Uma equipe sênior do restaurante *Fifteen*, com Jamie Oliver incluído, ensinaria tudo o que há para ensinar na complexa arte da culinária refinada, e todo o processo seria gravado e editado em mais uma de suas temporadas na TV. A experiência deu tão certo que o *Fifteen* criou um curso intensivo de 18 meses, que chegou ao luxo de ter na sua grade curricular viagens com toda a equipe para o interior da Itália, para que os futuros *chefs* conhecessem melhor toda a cadeia alimentar, podendo distinguir de onde vinham os melhores produtos e iguarias, chave essencial para quem quer **marcar presença num prato**. Após o curso, os alunos foram encaminhados pela equipe de Jamie Oliver para restaurantes de destaque em cidades como Nova York, São Franscisco, Paris.

Não contente com o sucesso do *Fifteen,* Jamie Oliver continuou sua cruzada para melhorar a alimentação no Reino Unido e o seu importante golpe foi aquele no "estômago" do primeiro-ministro Tony Blair. Ele resolveu entrar nas escolas públicas britânicas para verificar como andava o cardápio servido diariamente para milhões de crianças. Ficou perplexo com o que constatou e disse na época: "Encontrei cozinheiras desmoralizadas requentando coisas congeladas vindas de quilômetros de distância."

Ele mostrou no seu programa de TV essa merenda feita com alimentos inadequados para mais de 6 milhões de pessoas e aí reuniu rapidamente com a sua equipe mais de 300 mil assinaturas em prol da sua campanha *Feed me Better* (*Alimente-me melhor*) e com ela em mãos foi para o famoso endereço Downing Street nº 10, onde vivia e trabalhava o primeiro-ministro Tony Blair.

Pois é, aquele garoto de Clavering conseguiu um aumento na verba para a melhoria do cardápio das merendas das escolas públicas da ordem de 1 bilhão de libras!!! Esse processo todo, obviamente, virou outra série para a TV intitulada *Jamie's School Dinner* e que também rendeu um DVD.

A batalha pela merenda escolar de qualidade no Reino Unido e depois nos EUA conferiu a Jamie Oliver a alcunha de **defensor da alimentação saudável**. No entanto, sua briga mais notável foi com a famosa rede de *fast-food* McDonald's. Tudo começou em 2011, quando o *chef* divulgou num programa que se usava no mercado norte-americano hidróxido de amônio para fazer hambúrguer com sobras de carne. A repercussão do caso fez a empresa **mudar a receita do produto**!!! "Tudo o que fiz foi explicar ao público que esse processo existia. As pessoas reagiram e exigiram mudanças", disse, com contestável modéstia.

Atualmente, Jamie Oliver possui 52 endereços, sendo 40 deles no Reino Unido, e franquias das suas marcas estão espalhadas por países como Turquia, Rússia, Austrália, China e Emirados Árabes Unidos (EAU) e em abril de 2015 inaugurou um Jamie´s em São Paulo. Já publicou 26 livros dos quais foram vendidos aproximadamente 38 milhões de exemplares no mundo todo. Tem agora sua plataforma de vídeos, o Food Tube, e organiza anualmente um festival de comida e música chamado *The Big Festival*. O seu extenso currículo inclui 28 séries para a TV, exibidas em cerca de 100 países. Suas páginas no Instagram e no Facebook somam quase 2,6 milhões e 3,7 milhões de seguidores, respectivamente.

Jamie Oliver tem um grande concorrente no Reino Unido, que é o Gordon Ramsay, o qual vive criticando-o e sendo rebatido por este de forma sarcástica. O fato é que todos os negócios de Jamie Oliver o tornaram mais rico e conhecido que Gordon Ramsay; entretanto, ele não tem nenhum de seus restaurantes com estrelas do *Guia Michelin*, enquanto Ramsay pode ser considerado um *chef* melhor, pois seus restaurantes já receberam três estrelas, figurando entre os melhores do mundo.

S_BUKLEY / SHUTTERSTOCK.COM

"O restaurante do escocês Gordon Ramsay, no Chelsea, em Londres, tem três estrelas no *Guia Michelin*, uma visita imperdível, mas para quem dispõe de boa conta bancária..."

A última cruzada, polêmica para alguns, na qual o *chef* britânico Jamie Oliver se engajou foi alertar sobre os perigos do açúcar, salientando que ele é tão prejudicial ou até mais que o tabaco (fumo). Em 2015, numa entrevista para o jornal britânico *Daily Mail*, enfatizou: "A França tem razão ao impor um imposto sobre bebidas com açúcar, em especial os refrigerantes – e insisto que o Reino Unido deveria seguir o mesmo caminho de forma a evitar custos maiores com os gastos com a saúde dos seus habitantes. O açúcar é, definitivamente, o **próximo mal**. É o próximo tabaco que deve ser banido, sem qualquer dúvida, essa indústria precisa ser restringida, e, nesse sentido, a primeira providência é uma significativa taxação, pois tal como o tabaco, ela é responsável pela destruição de milhões de vidas.

No Reino Unido temos números alarmantes, ou seja, **68%** das casos de doença que chegam ao serviço nacional de saúde estão relacionados com alimentação inadequada, com alto percentual de açúcar. Eu mesmo, ao chegar aos 40 anos, tive a clarividência que devo mudar o meu estilo de vida e ingerir menos açúcar. Agora tenho um aparelho digital que monitora o meu corpo controlando diariamente meu peso, pressão arterial, horas de sono etc."

3.9.11 – O *CHEF* DANIEL HUMM É O MAIS CONCEITUADO DOS EUA!!!

O suíço Daniel Humm é o dono do *Eleven Madison Park* – que é classificado como o **quarto** entre os 50 melhores restaurantes do mundo e o 1º dos EUA, tendo três estrelas no cultuado *Guia Michelin* – instalado no pé do portentoso Metropolitan Life North Building, um edifício *art déco* do início do século XX, concebido para ser o maior arranha-céu do mundo, mas cuja obra parou no 29º andar, vítima da Grande Depressão de 1929. Nele, não se come por menos de US$ 225 – valor cobrado para uma pessoa por um menu de dezenas de pratos que **não estão listados** num cardápio convencional.

"O suíço Daniel Humm, o *chef* mais badalado nos EUA."

Daniel Humm diz que a boa comida é também uma experiência coletiva e, por isso, há algo de teatral no serviço de seu restaurante. A solicitação de um prato feito com pato faz com que a ave toda seja levada por inteiro ao salão e fatiada pelo garçom a poucos centímetros do nariz do cliente. O crítico de gastronomia do jornal *The New York Times*, Pete Wells escreveu: "O restaurante tenta mais do que qualquer outro que conheço trazer deleite à mesa com cada prato. É bem-sucedido tantas vezes que apenas as almas mais rabugentas poderiam resistir. Daniel Humm é essencialmente um neoclássico, um mestre na poda dos antiquados rococós da alta gastronomia para produzir os prazeres mais modernos e diretos."

O *chef* Daniel Humm, de fato, não soa rebuscado como Ferran Adrià e suas refeições que mais lembravam **fórmulas químicas**. Ele defende que já terminou o tempo da culinária molecular propagada pelo espanhol proprietário do extinto restaurante *El Bulli* – eleito cinco vezes o melhor do mundo, entre 2002 e 2009. Adrià tornou-se conhecido pela inventividade, por transformar comida em espuma, fazer pratos com uma esponja de coco e um vinagrete de gelo e tangerina.

Salientou Daniel Humm: "Estamos caminhando agora rapidamente para outras ofertas na culinária, Adrià já foi, e a cozinha nórdica que veio em seguida também vai perder o seu espaço, apesar do restaurante dinamarquês *Noma* ter sido eleito o melhor do mundo, em 2014.

Pela filosofia nórdica, devem-se buscar ingredientes da natureza, beneficiando-se das estações do ano e dos produtos de sua região. A ideia de *farm-to-table* (em tradução livre, algo como "direto do produtor") também já se esgotou, não se mostrou sustentável.

Não podemos simplesmente retirar da natureza o que quisermos, de acordo com a receita que planejamos fazer. O *chef* não pode mais ser cego em relação aos ingredientes. E o restaurante não é mais um tempo em que se louva o *chef*.

A próxima vanguarda da gastronomia será voltar ao normal. As pessoas querem uma comida deliciosa, num ambiente com bom serviço e confortável. Já tivemos o momento supertécnico, com Adrià, depois vieram os nórdicos, buscando os ingredientes da floresta, o que também não é realista. Precisamos encontrar o caminho do meio. E, para mim, será voltar às origens. Tentamos muito nos livrar da cozinha francesa e creio que veremos nos próximos anos uma tentativa de voltar ao clássico."

Se essa profecia se concretizar, o próprio Daniel Humm irá se beneficiar. Ele deu os primeiros passos na gastronomia em restaurantes de cozinha francesa tradicional. Mas nunca estudou culinária formalmente ("Cozinhar não se aprende na escola. Cozinhar se aprende na cozinha", comentou Humm) e a gastronomia lhe surgiu como opção de trabalho, quando, adolescente, **sonhava ser o melhor ciclista do mundo**!!!

A fim de manter os treinamentos no ciclismo, buscou trabalhos noturnos em restaurantes. Aos 14 anos, teve um primeiro emprego na cozinha. Antes, aos 10 anos, foi obrigado a acompanhar a mãe nas compras para as refeições da família. Era o mais velho dos quatro filhos e ele resmungou muito cumprindo a tarefa de descascar batatas e lavar vegetais comprados diretamente dos produtores da pequena cidade suíça onde cresceu. Relatou Daniel Humm: "No começo, eu odiei tudo isso, mas minha mãe acabou conseguindo com que, no final das contas, acabasse gostando de estar na cozinha. Ela me fazia ficar lá, acompanhando o preparo de cada almoço, de cada jantar. Minha mãe nunca foi a mercados normais. Ela conhecia todos os produtores e cozinhava o que eles tinham. Nunca pensou: 'Hoje quero cozinhar isso' e foi a um mercado para comprar os ingredientes de que precisava para a receita. Ela ia até os produtores e perguntava: 'O que vocês têm hoje?'. Se eles dissessem que tinham um coelho maravilhoso, ela iria cozinhar o coelho. Na cozinha de meu restaurante, de uma certa forma, reproduzo o que vi a minha mãe fazer na minha infância. As receitas começam na fazenda, não na cozinha. Estou sempre conversando com os produtores, visitei todas as fazendas que nos fornecem ingredientes e, como tenho um relacionamento longo com os agricultores, posso pedir, por exemplo, para que tentem dar uma nova alimentação aos porcos, para que mudem isso ou aquilo em algum cultivo. Eles também me procuram para contar sobre algum produto que está melhor nessa estação ou sobre alguém que está conseguindo colher um legume incrível."

A relação com os produtores agrícolas de Nova York inspirou um dos seus livros. Assim, em *I Love New York: Ingredients and Recipes* (*Eu Amo Nova York: Ingredientes e Receitas*), quando se apresentam os perfis de produtores de aspargos, por exemplo, segue um capítulo de receitas com o vegetal – e assim se dá também com maçãs, patos, frutas vermelhas, abóboras, pepinos, entre outros ingredientes. Diz David Humm: "Minha comida é muito pessoal. Tenho sorte também porque Nova York foi colonizada por europeus. É uma cidade criada por holandeses, italianos, alemães e está muito familiarizada com todos esses países. Então, tudo isso está no meu *background* (conjunto de conhecimentos que caracterizam a formação de uma pessoa). Aqui, as quatro estações são muito bem delimitadas, como na Suíça. Nesse sentido, tenho o benefício de que minhas memórias são as das pessoas daqui. Cresci vendo castanhas portuguesas serem tostadas nas ruas durante o inverno, e eles fazem isso aqui nos EUA também!!!"

Humm tirou proveito do fato de entender da produção de frutas e legumes, pois, aos 10 anos, já conhecido dos agricultores de quem sua mãe era cliente, conseguiu emprego em fazendas para colher morangos e cerejas. Gostava de ter o próprio dinheiro para manter-se como ciclista...

Recordou Daniel Humm: "Entre 16 e 20 anos, eu fui da equipe nacional de ciclistas da Suíça. Viajava por toda a Europa competindo com minha bicicleta. Cozinhar era o único trabalho que conseguia arranjar, que me aceitava e no qual podia ganhar algum dinheiro. Assim, eu podia trabalhar três dias num restaurante e treinar nos outros dias. Realmente acreditei que minha carreira seria na bicicleta. Mas, em algum momento, percebi que não era bom o suficiente para ser o melhor do mundo – e você precisava ser o melhor do mundo se quisesse ganhar seu sustento como ciclista. Pois é, acredito que acabei me saindo melhor sendo um *chef*."

Tendo a gastronomia como um novo esporte, Humm passou a trabalhar num restaurante mediano, de cozinha francesa. Ele fazia turno de 16 h e, a certa altura, conseguiu emprego como assistente de *chef* no *Le Point de Brent*, um três estrelas em Montreaux. Aos 24 anos, tornou-se *chef* pela primeira vez no *Gasthaus Zum Gupf*, na diminuta cidade de Rehetobel, nos Alpes suíços. Lá, recebeu sua primeira estrela no *Guia Michelin*, tendo sido eleito a "descoberta culinária da Suíça em 2002" e, em seguida, foi convidado para deixar o país e comandar um restaurante na cidade de São Francisco (EUA). Humm, então, não falava uma palavra de inglês, tinha pouco mais de US$ 200 e duas malas repletas com suas facas e as roupas de *chef*. Foi assim que ele chegou a São Francisco em 2003.

Apenas quatro meses depois desse *chef* suíço assumir o restaurante em São Francisco, o *Campton Place*, ele passou a ser citado positivamente pelos críticos locais que começaram a chamá-lo de "**a estrela mais brilhante**" a pisar na Califórnia naqueles tempos... Três anos depois de sua chegada aos EUA, Humm foi convidado por Danny Mayer para gerenciar o *Eleven Madison Park*. Comentou Daniel Humm: "Apesar de ter sido reconhecido como um grande *chef* precocemente, só me senti '**plenamente satisfeito**' com a comida que comecei a preparar em 2014. Finalmente, senti que podia cozinhar o que sempre quis. Quando você é jovem, está tão excitado, está aprendendo tanta coisa, que quer colocar tudo no prato. De certa forma, quando se é jovem, você quer mostrar para o mundo do que é capaz. Sinto que, em 2014, consegui reduzir a nossa comida ao mínimo. **E menos é mais**!!! Mas isso é muito difícil em gastronomia, porque quando se tem apenas três coisas no prato, não há espaço para erros. Tudo tem de estar perfeito. Acho que nos últimos 20 anos muitas coisas incríveis aconteceram em termos de alimentação. A comida evoluiu muito, e você pode ter refeições incríveis nos lugares mais inesperados e modestos, o que é maravilhoso. Para o cliente, isso é ótimo, porque ele pode ter uma boa refeição gastando pouco dinheiro."

Para o *chef* Humm isso é ótimo, porque agora qualquer um pode abrir o próprio restaurante sem gastar tanto dinheiro, sem ter uma grande carta de vinhos ou imensos arranjos florais no seu espaço. Humm explicou: "Acredito que se não forem feitas várias mudanças, vai ser muito difícil continuar oferecendo um **bom serviço**. Por um **bom serviço**, deve-se entender aquele restaurante no qual o manual de treinamento dos funcionários do salão de jantar tenha algo como 100 páginas (!?!?) e, reza a lenda, que um garçom precisa de dez meses para aprender como servir água corretamente...

Todos os dias, os garçons do *Eleven Madison Park* revisam juntos os nomes dos clientes que fizeram reservas, tentam desvendar a razão que os leva ao restaurante (um aniversário de casamento, por exemplo, ou uma promoção no trabalho) para 'customizar' o seu trabalho. Para mim, o bom serviço é sagrado. E para isso, é preciso que haja uma carreira para as pessoas dessa área, como se tem na cozinha. Na cozinha, você começa no bar e vai crescendo até se tornar *chef*. Hoje, na maioria dos casos, se alguém quiser ter uma carreira no serviço, precisa trabalhar muito e aí pode tornar-se o gerente do restaurante ou *maître*, mas vai ter de responder ao *chef*.

Aqui no *Eleven*, a divisão é igualitária: Will Guidara e seu time no salão são tão importantes quanto eu e meus cozinheiros nos bastidores. A pessoa que está no salão tem que entender de salão e de serviço. São funções diferentes e complementares. A pessoa perfeita para ser cozinheira é séria e focada, não sorri muito, não fala muito. Essa mesma pessoa não é adequada para estar no salão, porque lá é preciso ser desenvolto, feliz, comunicativo.

Toda a minha vida passei buscando cozinheiros perfeitos e sei reconhecer um, numa entrevista de emprego. Will Guidara, por sua vez, sabe fazer isso muito bem com relação à sua equipe do salão. Aprecio muito a perfeição, mas também acredito que a gastronomia e a atividade dos *chefs* sejam menos glamourizadas. Vivemos um momento maravilhoso para ser *chef* e estar no negócio da comida. Existe uma grande comunidade em torno disso, todo mundo quer saber sobre comida, ingredientes e restaurantes. Sim, preparar a comida é uma arte, claro, mas, sobretudo, é um ofício, e disso não podemos nos esquecer. Assar o pão perfeito tem muito a ver com **artesanato** do que com **arte**. Cozinhar um peixe com perfeição é um ofício. Não podemos esquecer que *chefs* são **artesãos** e não **artistas**. Quando um *chef* realmente aperfeiçoa seu artesanato, então, há algo de artístico que surge. Mas, antes de tudo, é um **ofício**."

3.9.12 – A MELHOR *CHEF* MULHER DO MUNDO É BRASILEIRA!!!

"Helena Rizzo, do *Maní*, foi eleita em 2014 a melhor *chef* do mundo."

Helena Rizzo, agora proprietária de três restaurantes – *Maní, Padoca do Maní* e *Manioca* – foi eleita pela revista inglesa *The Restaurant* a melhor *chef* mulher do mundo em 2014, e no *ranking* organizado pela mesma revista, o *50 Best*, o seu *Maní* foi o 36º colocado, e na lista da América Latina acabou sendo o **quarto melhor**, tendo sido agraciado com uma estrela Michelin. Ela também se tornou a presidente do C5, o Centro de Cultura Culinária Câmara Cascudo – associação que congrega acadêmicos e cozinheiros interessados em difundir a cozinha do País.

Nesse posto, Helena Rizzo passou a conjugar, com mais equilíbrio, o trabalho na cozinha – no qual valoriza o puro e o simples, sem perder de vista a capacidade de quebrar a monotonia – e o seu trabalho longe do fogão quando se concentra nas pesquisas. Declarou Helena Rizzo: "Esse projeto C5 é a intersecção do academicismo com a prática; é a oportunidade de termos encontros, de trocar ideias. É também nessas interações que uma *chef* pode se inspirar. A gente acaba sabendo sobre ingredientes que os outros utilizam, como é a sua história dos mesmos. Esse aprofundamento de conhecimentos acaba se refletindo depois, na melhoria da nossa culinária. Foi, por exemplo, num evento promovido pela associação em 2013 que conheci o lírio-do--brejo, uma flor de raiz superaromática que lembra gengibre, que levei para a minha cozinha. Surgiu daí uma infusão das pétalas que aromatiza agora o creme do mil-folhas."

Bem, o importante é que no Brasil temos muitos bons restaurantes com *chefs* estudiosos e criativos, como é o caso da Helena Rizzo.

3.9.13 – O MUNDO DIGITAL APRESENTA O *CHEF* WATSON

Pois é, chegamos ao que nunca ninguém imaginou, ou seja, um **livro de receitas criado por computador**!!!

O livro *Cognitive Cooking with Chef Watson* (algo como *Cozinhando Cognitivamente com o Chef Watson*) é a primeira publicação que tem um *chef* digital como **autor**!!! Todas as receitas foram geradas por um supercomputador, o IBM Watson. Porém, ninguém deve se assustar, pois **todas elas foram testadas** pelo Institute of Culinary Education, de Nova York.

Algumas combinações levam a receitas excêntricas, como o *burrito* austríaco de carne e chocolate. E isso se explica pelas habilidades do *chef* Watson: ele tem **enorme capacidade**, de **compreender** e **relacionar informações.** Os engenheiros da IBM o alimentaram com mais de **30 mil receitas**, além de tabelas com a composição molecular dos ingredientes. Isso permitiu para que ele conseguisse calcular o resultado da combinação de sabores. Foi a similaridade de compostos de sabor que determinou a combinação dos ingredientes.

O engenheiro-chefe do projeto Cognitive Cooking, Florian Pinel, explicou: "Quanto mais se tiver compostos de sabor em comum, mais eles funcionam em receitas. Assim, morango e abacaxi têm compostos em comum, e o abacaxi também divide um composto com cogumelos!!! É dessa maneira que o *chef* Watson vai montando suas receitas."

Além do livro, as receitas podem ser acessadas por meio de um aplicativo gratuito. O funcionamento é semelhante, mas, neste caso, o banco de dados é **menor**, ou seja, são 10 mil receitas da revista norte-americana *Bon Appétit*.

"No notável livro *Cognitive Cooking with Chef Watson*, as receitas que foram geradas pelo supercomputador Watson, da IBM.

O usuário digita o nome do ingrediente que quer usar (e os que não quer). Escolhe também o tipo de prato e nacionalidade. Um pequeno ícone indica o quanto os ingredientes possuem em comum. Além dos compostos de sabor, Watson leva em conta a frequência com que os ingredientes aparecem juntos. Quanto mais incomum a combinação, maior será a "**surpresa**". Por exemplo, uma receita para um *strudel* pode levar cerejas e nozes pecãs ou *cranberry* e gergelim, dependendo do cozinheiro, esquecendo obviamente a maçã...

Florian Pinel complementou: "O Watson, na realidade, pode criar um quintilhão de receitas – 1.000.000.000.000.000.000 –, ou seja, muito mais do que todos os cozinheiros do mundo poderiam cozinhar na sua vida útil, pegando uma receita diferente por dia!!! Mesmo na atual situação, ao usar o aplicativo, todos os dias alguém terá sempre uma receita diferente à sua disposição!!!"

Deve-se, entretanto, ressaltar que as receitas criadas pelo *chef* Watson nem sempre dão certo. Aliás, o próprio aplicativo adverte: "**Lembre-se de que o *chef* Watson come informação e não comida de verdade**." Entretanto, os seres humanos podem se beneficiar de suas instruções para descobrir novas maneiras de usar ingredientes, porém, no final das contas, o julgamento irá depender de papilas gustativas de verdade.

Apesar de sua clarividência técnica, no filme *Star Trek* (*Jornada nas Estrelas*), talvez o mais notável exemplo de ficção científica sobre o universo, foi lamentável a previsão do **futuro da comida**. Aliás, o capitão Jean-Luc Picard podia pedir qualquer coisa das galáxias de um aparelho chamado *replicator*, que a comida ou bebida aparecia depois na sua frente... E o que ele dizia às vezes: "**Chá *earl grey*, quente**!!!" Com todo respeito ao duque de Grey, que batiza o chá, mas em nenhum daqueles "novos mundos, novas vidas e novas civilizações, não havia alguma bebida melhor?"

Como destacou o articulista Richard Morgan num artigo que escreveu para o jornal *The Washington Post*: "Nas décadas imaginadas pelas muitas continuações da série, ano a ano a tripulação queimava um naco de carne em sua renitente missão de comer aquilo que todo mundo já havia comido antes. Não sei o que alimentará os seres humanos, os *vulcanos* e *klingons* daqui a 350 anos, mas aposto que não será o churrasco. Por outro lado, o momento em que vivemos hoje aponta, como **visão do futuro**, uma volta ao passado (comida orgânica, artesanal, *slowfood* etc.).

Quando se pergunta para qualquer *chef* como será a cozinha em 2050, a maioria começa a falar sobre a gastronomia molecular; entretanto, ninguém antecipa como será a comida do dia a dia, sanduiche ou *pizza*, no século XXII. Sem dúvida, muitos aspectos da música, da moda e do vocabulário de hoje, isto é, muito da nossa cultura, soaria totalmente estranho para os nossos ancestrais, não é?

➔ **Então, por que a comida não muda?**

Os Jetsons jantavam pílulas. Mas, ainda assim, elas tinham o gosto de *hot-dog* ou bife. Precisamos ter mais abertura mental do tipo daquela dos astrônomos que estudam exoplanetas – aqueles que orbitam outras estrelas e não o sol. Precisamos de **exogastronomia**!!!"

Apesar de alguns torcerem o nariz discordando, uma fonte de inovação está nos *mashups* (misturas) extremos dos *fast-foods* ("alimentos rápidos"). Dessa maneira, a padaria de Dominique Ansel em Nova York ganhou fama com o seu *cronut*, um *donut* de massa de *croissant*, devendo muito por essa conquista a outro inventor: August Zang, soldado austríaco aposentado que abriu a *Boulangerie Viennoise* em 1830, em Paris, e começou a vender a massa em camadas, no formato de uma lua crescente. Seus *croissants* foram imitados mundo afora.

Chegar a grandes mudanças na comida, sem dúvida, irá envolver tentativa, erro e uma certa dose de loucura. Mas, hoje, os cientistas, superando a imaginação de quem tentou prever o futuro, já estão procurando modificar o DNA da nossa comida. Assim, se um *chef* quiser ser lembrado, deve **começar a brincar com os blocos de construção da comida**. E se os *chefs* não colocarem a imaginação para trabalhar, não tem problema: as máquinas podem fazer isso, como se mostra no livro de receitas do supercomputador Watson da IBM.

E a próxima criação de muito sucesso não deverá ser o chá ou o churrasco, não é?

3.9.14 – SÉRIE SOBRE OS *CHEFS* NA NETFLIX

A gastronomia está chamando tanta atenção que a Netflix lançou a série *Chef's Table* (*A Mesa do Chefe*). Na realidade, foram seis documentários, cada um contando a história de um *chef*.

A série foi criada por David Gelb, na qual ele retratou os seguintes *chefs*:

"A série da Netflix, *Chef's Table*."

- **Massimo Bottura** – É a história do restaurante ***Osteria Francescana***, que se mistura com a do relacionamento de Bottura com a norte-americana Lara Gilmore. O pedido de casamento foi no dia da inauguração da casa. Ela o convenceu a não desistir do restaurante, quando, muito antes de conquistar as três estrelas Michelin, os italianos rejeitaram sua tentativa de revolucionar a comida tradicional.
- **Niki Nakayama** – Ela abriu um restaurante de ***sushi***, que deu certo, mas a fazia infeliz. Então ela resolveu apostar no que gostava e abriu o ***N/Naka***, no qual servia apenas menus – degustação inspirados no ***kaiseki*** japonês. O que o cliente come ali, em cada visita, fica registrado, para que na sua volta, a sua experiência seja diferente. No ***N/Naka***, os pratos mudam diariamente.
- **Magnus Nilsson** – Ele é o *chef* do ***Fäviken***, que já ocupou o 19º na lista do ***50 Best*** do mundo. Parece um roqueiro, e dá um pouco de aflição vê-lo cozinhar com a cabeleira solta. Seu restaurante fica no meio do nada, em um vilarejo na Suécia. Lá, o *chef* coleta brotos de pinheiro, musgos autóctones e outros produtos silvestres para elaborar pratos que não se parecem com nada que se conheça.
- **Francis Mallman** – A formação tradicional em gastronomia rendeu a esse argentino, no seu ***El Restaurante Patagonia***, o prêmio Grand Prix de d'Art de la Cuisine, o mesmo que seus mestres haviam conquistado. É autor de dois livros premiados, sendo especialista em grelha. Ele tem dois restaurantes e vive na Patagônia, onde pesca e prioriza os preparos tradicionais da região, como peixe assado na argila e cordeiro no fogo de chão. Salientou Francis Mallman: "Acharam que eu iria continuar nesse caminho de excelência, mas não foi o que fiz. Dei as costas para isso e segui para um outro lado, que também me trouxe muita alegria e sucesso comercial."

- **Dan Barber** – Um engajamento fantástico na cozinha foi o deste norte-americano, que começou a sua carreira sendo demitido do primeiro emprego como padeiro. E ele quase botou fogo em uma cozinha clandestina. Só fez sucesso quando assumiu a fazenda Blue Hill, de sua avó, no Estado de Massachusetts, e aí investiu na qualidade dos ingredientes, e abriu o restaurante de mesmo nome em Nova York.

LEV RADIN / SHUTTERSTOCK.COM

"O norte-americano Dan Barber, *chef* e proprietário do restaurante *Blue Hill*, em Nova York, que pode ser visto na série *Chef's Table*, na Netflix."

- **Ben Shewry** – Esse *chef*, para tirar o restaurante ***Attica*** do buraco, teve de reinventá-lo e reinventar-se também. A virada do restaurante começou quando tentou recriar em um prato a experiência de quase ter se afogado. A ideia deu origem a um de seus pratos de assinatura, o ***Sea Tastes***, feito com algas, e baseado no seu trabalho de investigação de ingredientes nativos. O seu restaurante ***Attica*** já ocupou a 32ª posição na lista dos ***50 Best***.

Em comum, todos esses *chefs* têm a obsessão por aprimorar a sua cozinha. David Gelb foi também o diretor do documentário *cult O Sushi dos Sonhos de Jiro* (2011), e todos os *chefs* da série *Chef's Table* são muito semelhantes a Jiro Ono, que aos 85 anos insistia em fazer o *sushi* perfeito todos os dias. Mas se Jiro Ono procurou aprimorar tradicional ponto da culinária japonesa, os personagens de *Chef's Table* buscaram mudar drasticamente os pratos existentes ou então resgatar práticas ancestrais abandonadas.

3.9.15 – RECLAMAÇÕES CONTRA *50 BEST* TOMAM VULTO!!!

A cerimônia do *50 Best*, ou seja, a apresentação do *ranking* dos 50 melhores restaurantes de 2015 ocorreu em Londres, em 1º de junho de 2015, mas antes desse anúncio foram muitas as polêmicas e reclamações.

Desta vez, além das tradicionais discussões sobre a colocação dos restaurantes e as eventuais injustiças, desenvolveu-se um movimento contra a premiação e circulou na Internet uma petição contra o *ranking* da revista inglesa *Restaurant*, apontando diversas falhas.

O movimento chamado Occupy 50 Best foi criado por três franceses e pedia "em nome de *gourmets* do mundo todo, críticos de restaurantes e amantes da boa comida", o fim do apoio e do financiamento ao prêmio britânico. O texto destacava que "o *ranking* britânico mistura parcialidade (países parceiros como Peru e Cingapura são particularmente super-representados), autopromoção (alguns dos *chefs* da lista são também do júri e o chauvinismo (só um de 50 *chefs* da lista foi uma mulher em 2014)".

O movimento foi criado alguns dias antes do anúncio do *ranking* de 2015 por um cineasta, um blogueiro de comida e um publicitário, e chegou a ter muitas assinaturas, entre elas de algumas figuras emblemáticas da gastronomia francesa como os *chefs* Joël Robuchon e Georges Blanc, além de cozinheiros famosos de outros países.

Os organizadores do prêmio *50 Best* responderam indiretamente ao movimento com o anúncio de que, em 2015, a votação contou com a fiscalização da empresa de auditoria Deloitte para assegurar sua integridade e credibilidade. Outra novidade foi que logo após a votação, os organizadores contataram jurados por *e-mail* e marcaram entrevistas por telefone para ouvir críticas e sugestões num declarado esforço para corrigir eventuais falhas.

Bem, com o resultado divulgado, constatou-se que: o *50 Best* já teve dias melhores, quando foi criado, 13 anos atrás, com um nome que dispensava qualquer outra ação de *marketing* – **Os 50 Melhores Restaurantes do Mundo** –, com o que o prêmio ganhou enorme visibilidade e, inclusive, abalou a hegemonia da classificação elaborada pelo centenário *Guia Michelin*. Mas o seu maior trunfo é também o que o torna vulnerável: os eleitos não são necessariamente os melhores, mas os que estão **chamando mais atenção**. A criatividade e a ousadia passaram a ser **parâmetros** importantes. Isso fazia sentido no caso do extinto *El Bulli*, o recordista no *ranking*, mas acabou tornando a lista refém de um único tipo de cozinha. Mais do que procurar os melhores do mundo, deve-se buscar nesta lista quem **está fazendo barulho**. E as interferências de campanhas – financiadas ou não – pesam mais do que deveriam.

Bem, em 2015, o júri da revista *Restaurant* para os *50 Best* escolheu como o melhor restaurante do mundo o catalão *El Celler de Can Roca*, dos irmãos Josep, Jean e Jordi Roca, que desbancou o dinamarquês *Noma*, que ficou em 1º lugar em 2014. Assim, *El Celler de Can Roca* voltou ao 1º lugar

"Os irmãos Josep, Jerdi e Joan Roca (a partir da esquerda), cujo restaurante catalão *El Celler de Can Roca* foi eleito o melhor restaurante do mundo em 2015 dentro da lista dos *50 Best* elaborado pela revista inglesa *Restaurant*."

como já tinha ocorrido em 2013. O segundo colocado em 2015 foi a *Osteria Francescana*, do italiano Massimo Bottura, localizado em Modena, e o *Noma* ficou em 3º lugar. Também perderam posições os dois restaurantes brasileiros que fazem parte da lista. O *Maní,* de Helena Rizzo e Daniel Redondo, desceu cinco lugares, de 36º em 2014, para 41º em 2015, e já o *D.O.M.*, de Alex Atala, não só deixou a sétima colocação, conquistada em 2014, como não é mais o melhor restaurante da América do Sul. Ficou em nono lugar, atrás do peruano *Central,* eleito em 2015, o 4º do mundo e o melhor sul-americano. A troca de posições foi muito significativa, pois em 2014, o restaurante peruano, de Virgílio Martinez e de sua mulher, Pía León, estava em 15º em 2014.

"O *chef* Alex Atala conseguiu que o seu restaurante *D.O.M.* figurasse vários anos como um dos melhores do mundo segundo a classificação *50 Best*."

O chef do *Maní*, Daniel Redondo, apesar da queda comentou: "Estou muito feliz com a vitória dos irmãos Roca. Trabalhei por 13 anos naquela cozinha, e tenho plena convicção de que foi um resultado merecido. A oscilação do *Maní*, ao longo dos anos, é algo natural, mas estamos concentrados para alcançar posição melhor em 2016. Só o fato de integrar a lista já é um grande reconhecimento, um prêmio fantástico."

→ **Será que existe o "melhor restaurante do mundo"?**

Rogério Fasano, que sem dúvida é uma grande referência no Brasil, pois é proprietário de restaurantes e hotéis famosos, e além de entender de culinária deu a sua opinião sobre os *chefs* famosos e essa "onda" de fazer um grande estardalhaço com as listas dos melhores restaurantes do mundo, e num artigo publicado no jornal *Folha de S. Paulo* (12/12/2014) disse: "Tenho tido enormes dificuldades para entender diversos textos sobre gastronomia que têm sido publicados recentemente. Hoje, muitos *chefs* de cozinha, quando não estão em *reality shows*, falam mais de ciência, tecnologia, texturas, desconstrução, antropologia, do que da **profissão em si**.

"Rogério Fasano: um notável exemplo brasileiro de sucesso como *restaurateur* e *hôtelier*, uma pessoas que não é simplesmente dono de restaurante e de hotel. É alguém que sabe harmonizar luxo e bom gosto, culinária e refinamento, excelência e paixão."

Recentemente, li que um dos mais renomados *chefs* da Espanha está desenvolvendo, com cientistas do seu país, um sistema pelo qual você poderá sentir pelo telefone os aromas dos pratos que irá degustar!?!?

Sim, pelo **telefone**!?!?

Mas o que é isso? Sexo virtual?

A cada semana me deparo com algo que dá a impressão de ser de uma modernidade desconcertante – e me sinto ou **muito velho** ou **muito burro**. Então me lembro de que já fiz parte da turma que nunca acreditou, quando víamos os Jetsons na TV, que nossos filhos iriam para a escola com uma mochila voadora – e assim a minha autoestima voltou a níveis seguros.

É muito importante acompanharmos os avanços da tecnologia, principalmente o uso desses novos fantásticos fornos. No entanto, quando vejo nitrogênio líquido sendo usado para cocção, torço o nariz. Muito provavelmente porque, quando garoto, tive de tirar algumas verrugas com aplicações de nitrogênio líquido. Se queima verrugas, o que fará com estômago, intestinos e rins? A tal ciência já não comprovou que isso, em longo prazo, nos fará mal?

O outro absurdo é essa busca incessante, e não salutar, de querer escolher '**o melhor restaurante do mundo**'. Para ser levada mais a sério, essa lista dos melhores deveria ser **personalista**. Não tenho dúvidas de que críticos antenados teriam como compor um critério sobre quem são os ***chefs*** mais instigantes. Aí, tenho certeza de que estaríamos bem representados.

O que é, afinal, ser '**o melhor restaurante do mundo**'?

Eu não saberia responder!!!

Acho que, na gastronomia, o fundamental é a **pluralidade**.

Cada um na sua.

Tento entender cada vez mais a fundo as cozinhas milenares, tradicionais e os seus ingredientes. O meu lado italiano obviamente prepondera no meu paladar, a ponto de não aceitar cebola crua, o que me afasta totalmente de qualquer ceviche. Mas acho bárbaro que *chefs* brasileiros resgatem sabores locais e os recoloquem em nossas mesas.

A lista de 'melhores do mundo' não leva em conta a diversidade e, portanto, segrega!?!? Clássico é visto como velho e, se você usa terno, então é um dinossauro. O dia em que eu começar a discutir com meus *chefs* sobre antropologia, física, química ou sexo tântrico, trocarei meus remédios. Insisto: não há critério possível para a escolha do '**melhor restaurante**', inclusive porque é tolo querer ser '**o melhor**' num universo tão distinto.

Em 2014, o melhor restaurante do mundo, segundo a lista, estava na Dinamarca, e os juízes ignoraram o fato de ele, em 2012, ter mandado para o hospital 70 pessoas numa mesma noite, e isso não lhe deu nenhuma penalidade. Em 2009, o ex-número dois do mundo, o *Fat Duck*, foi forçado a fechar as portas pela vigilância sanitária inglesa depois de um problema de intoxicação alimentar ter ocorrido com seus clientes. Em ambos, a causa confirmada foi um tal de 'norovirus', que certamente não fazia parte do menu. Acredito que esses restaurantes cuidam muito bem do armazenamento de suas matérias-primas.

Mas fica a pergunta: não terá sido excesso de experiências muito mais científicas – que de fato gastronômicas – a causa da incrível proliferação desses vírus?

Se fosse possível eleger 'o melhor restaurante do mundo', jamais estaria na Dinamarca por questão de princípios, ou muito menos por aqui, por uma questão muito mais simples: morro de inveja quando entro num açougue na França, numa peixaria na Itália, e por aí vai.

Os melhores pratos são sempre compostos pelas melhores matérias--primas e, nisso, estamos muito atrás. Sinto dizer: os sabores da Amazônia não satisfazem a todos o tempo todo. A diversidade gastronômica representa uma riqueza, mas há certos obstáculos incontornáveis. Muito do que se escreve sobre gastronomia atualmente é de fato acerca dessa busca desenfreada pelo **inusitado**. Os franceses são os que mais reclamam sobre a incoerência da lista dos 'melhores restaurantes', pois lá o melhor restaurante francês é o *Le Chateaubriand*. Garanto que nove entre dez pessoas irão concordar que há pelo menos uns cem melhores do que ele só na França. Aliás, no *Guia Zagat*, o *Le Chateaubriand* não está sequer entre os 50 restaurantes preferidos dos parisienses. Na Itália, o *Corriere della Sera*, o principal jornal local, comentou a respeito da lista: '*Meno male*, visto que temos apenas três no *ranking*. O que é preciso ter é a garantia de que continuamos a preservar as nossas tradições e, consequentemente, continuaremos a **comer bem**!!!'

Sem dúvida, há de se reconhecer a genialidade do catalão Ferran Adrià, o precursor dessa inovação, e a colocação da ciência como fonte na gastronomia (adoraria ter tido a brilhante ideia de inventar uma colher toda furadinha para comer *flakes* e só isso já faz dele um gênio). Seus livros são obras-primas, e o Ferran é o Pelé dessa turma toda.

O problema grave é essa tendência que surgiu de elevar *chefs* à categoria de celebridades, tão em voga nos dias de hoje. Já disse sabiamente Andy Warhol: 'Se você não tem seus minutos de glória, você não é ninguém', mas todos eles estão exagerando, pois não estão se contentando nem com muitos dias...

Tenho a sensação de que essa 'escola de centros de culinária' criou Robinhos demais, muita firula e pouca bola na rede. E aí, tenho saudade do jogo clássico, eficiente e da elegância de Zinedine Zidane, mesmo com a cabeçada no estúpido Materazzi que a fez por merecer.

Acredito que a minha profissão está em extinção. Ou seja, essa palavra que eu acho feia, *restaurateur,* como eu, acho que não mais existirá daqui alguns anos. A pessoa que, mesmo não sendo um *chef*, que faz da gastronomia sua opção de vida, que concebe restaurantes a partir do menu, passando por todas as etapas, não mais existirá. Mesmo que meus 20 restaurantes preferidos no mundo sejam de *restaurateurs,* nós estaremos extintos em algumas décadas. Para quem ainda estiver por aqui, a única opção será frequentar restaurantes de *chefs,* onde será obrigatório aplaudir, pois o estrelismo terá inflado o ego da turma de um jeito quase infantil.

Tenho certeza de que o restaurante *Fasano* foi o precursor no Brasil da valorização da profissão. Nossos *chefs* sempre foram protagonistas e, por isso, posso afirmar que, quando alguns deles perdem a humildade fundamental na arte de cozinhar e dar prazer, preferindo a **fama**, é hora de mudar de profissão!

Torço para estar errado. Torço para que aconteça na gastronomia o que ocorreu no *rock*. Quando diziam que estava superado o *rock* ter letra, surgiu uma banda como o Radiohead fazendo uma letra melhor que a outra, ecoando os melhores momentos de Pink Floyd, David Bowie, Reed, Clash etc.

Para quem ainda consegue achar, como eu, que o paladar será sempre, entre os cinco sentidos, o fator decisivo de um prato, e acredita que a cozinha clássica não deve ser menosprezada mesmo que modernizada, sugiro o último álbum de Leonard Cohen, que, aos 80 anos, me encheu de esperança de que as pessoas entendam o quanto um clássico pode ser absolutamente atual.

Espero que ainda voltemos a ler sobre gastronomia de maneira mais prazerosa e menos científica do que tem ocorrido. Dar **prazer** aos outros é a essência da profissão. A começar pelo lavador de pratos, quiçá os futuros *chefs*, mas também pelos garçons, *maîtres* e *sommeliers* de amanhã, pois sem sala boa não há restaurante bom. Que a busca pela novidade continue, mas que não se menospreze a história de países e restaurantes que buscam muito mais o valor da boa matéria-prima e sua riquíssima história, sem modismos que vão e vem. Outro dia ouvi: 'Rogério, fique de olho na Bolívia. Depois do Peru, é a próxima bola da vez'. Rindo, respondi: 'O Butch Cassidy também caiu nesta e se deu muito mal.'"

"Para o mestre dos *chefs*, Alain Ducasse, temos agora cozinheiros cada vez melhores que estão refinando as suas técnicas de preparo de alimentos continuamente..."

3.9.16 – O FATOR HUMANO EM UM RESTAURANTE

Anthony Redondo, que além de ter seu próprio restaurante na cidade de Fountain Hills, no Estado do Arizona (EUA), é também professor de culinária. Ele destacou: "Os grandes *chefs* são aqueles que lideram seus times rumo à vitória, o que significa passar o tempo todo com o restaurante cheio de gente **sem cometer**

erros!!! Para que isso aconteça, a administração do tempo e a organização são fundamentais. Contratar uma ótima equipe também é importante, com pessoas rápidas imperativas, com atenção nos detalhes, que não podem '**enlouquecer**', mesmo sentindo-se encarceradas.

Em um restaurante, cada dia é como um jogo de futebol, com a diferença de que tudo é coreografado como um balé, com todos trabalhando juntos em perfeita sincronia. Os grandes *chefs* são compradores e operadores *just in time* ('no momento certo') excepcionais: eles compram os melhores ingredientes aos melhores preços e tudo tem de acabar no prato do cliente exatamente ao mesmo tempo. Em outras palavras, bons *chefs* de cozinha devem ser bons **administradores**. Eles têm de administrar e motivar seu pessoal sob enorme **pressão de tempo**. Também precisam ser hábeis em selecionar funcionários que possam trabalhar dentro de um esquema rígido que, ao mesmo tempo, preserve sua individualidade, da qual dependerá o futuro do restaurante. E ainda devem poder gerenciar uma equipe muitas vezes multicultural, com alta rotatividade e que, por isso mesmo, requer **treinamento constante**. Tem assim, continuamente, que enfrentar desafios bem complexos!!!"

Bem, a importância do fator humano fica evidente assim que se abram as portas da cozinha de um restaurante. Os *chefs* não nasceram líderes, mas eles têm que aprender a liderar e bem!!! Por isso, a gestão de recursos humanos praticada por grande parte deles pode ser chamada de "**tipo rude**", física e mentalmente.

Costumeiramente, os *chefs* são politicamente incorretos. Eles atormentam as pessoas, gritam, xingam e às vezes até ameaçam. Sua abordagem tradicional se baseia no modelo militar, valendo aí o ditado: "**Se você não aguenta calor, saia da cozinha**." É claro que em algumas das melhores cozinhas já se percebem vários sinais de mudança, e quando as coisas vão bem, até que impera um certo silêncio no ambiente, com os únicos ruídos sendo aqueles dos pedidos e o das travessas.

Do ponto de vista prático, o estilo de gestão das pessoas dos *chefs* de cozinha oferece algumas dicas úteis para quem quer se envolver com esse tipo de negócio. Apesar do muito que se fala sobre democracia organizacional, no final das contas os *chefs* líderes são ditadores – **"do bem"**, ou nem tanto!!! O fato é que num restaurante, um algum momento, alguém tem de "colocar ordem na casa"; alguém tem de estar no comando e dizer ao restante das pessoas o que fazer.

A história recente da *management* (gestão) demonstra claramente que a liderança não é nada sem que alguém assuma a responsabilidade pelos atos e pelas decisões. E esse grau de responsabilidade implica colocar em jogo a própria **reputação** – cada dia e sempre!!!

Em uma cozinha de restaurante **fica imediatamente óbvio quem manda** – e se isso não estiver claro, acarreta problemas. Por isso tem que pender para uma administração ditatorial. É necessário que prevaleça sempre o estilo da culinária de alguém – em geral, o estilo do *chef*. É por isso que os clientes procuram o restaurante e, portanto, **não há como incentivar** todos os demais que trabalham na cozinha que se voltem para a **inovação**!!!

Pratos exclusivos têm de ser servidos sempre de forma absolutamente igual. Aliás, na maior parte do serviço, simplesmente não há tempo para tentar novos caminhos... Passa tão rapidamente a oportunidade de servir um bom produto, com mão de obra barata trabalhando muitas horas em condições ruins, que uma gestão forte, ditatorial pode ser a diferença entre o sucesso e o fracasso, entre clientes felizes e clientes decepcionados.

Outro aspecto relacionado à gestão de pessoas é o fato de que a equipe da cozinha necessita de **clareza.** Nas cozinhas dos restaurantes de sucesso existe uma clareza absoluta sobre **quem faz o que** e **quando**. Não se espera, por exemplo, que o confeiteiro pique cenouras ou prepare o molho especial do *chef*. A hierarquia está viva, firme e é necessária para que as coisas saiam direito. Também são elementos importantes nas cozinhas dos restaurantes o **conhecimento** e o **aprendizado**. Na cozinha, o conhecimento é passado adiante. Todos os grandes *chefs* passaram algum tempo aprendendo na cozinha de seus predecessores. Ensinar, treinar e acompanhar o desenvolvimento dos aprendizes é tradicionalmente parte do trabalho na cozinha dos restaurantes. Habituados a estar com a "mão na massa", os *chefs* fazem e ensinam, mostrando aos outros como fazer. E quem não prestar muita atenção tem pouca possibilidade de evoluir no restaurante.

Na verdade, esse é um setor com alto índice de rotatividade de mão de obra. Em alguns levantamentos, chegou-se ao resultado de que **65%** dos aprendizes deixam o trabalho nos três próximos meses!?!? Assim, os *chefs* estão sempre em busca de novos talentos e os melhores são aqueles que acabam desenvolvendo as aptidões dos jovens aprendizes.

Esse processo educacional requer alto grau de abertura. Em geral, os *chefs* lidam com seus funcionários de forma direta, franca e exigente. Metas ambiciosas são estabelecidas em cada turno e a politicagem não é aceitável

"Um evento festivo no Instituto Paul Bocuse, em Lyon (França), em que os alunos festejam a conclusão de uma etapa – fazem parte de um programa que dura três anos – com a presença do próprio Paul Bocuse, que está sentado (na 1ª fila, no meio)."

nesse ambiente. Relacionado a esse aspecto do trabalho nesse setor de atividade, existe assim uma disposição para aceitar críticas. Em um ambiente voltado para resultados de curto prazo, as pessoas tendem a tomar a crítica ou como merecida ou como construtiva ou ainda como algo sem sentido, resultado da pressão. E na cozinha tem que se lidar com as coisas assim que elas surgem. Gritar quando for preciso e depois esquecer o assunto e tocar o trabalho em frente. Isso significa que o conhecimento pode passar rapidamente do *chef* para os aprendizes e que apenas aqueles de "**casca grossa**" sobrevivem. Paradoxalmente, aqueles que mais sofrem com o jeito desbocado dos *chefs* são os que se tornam mais leais e ganham brilho próprio.

O *chef* escocês Gordon Ramsay, por exemplo, é um homem de pouquíssimas palavras, que mal se comunica com seus funcionários; ainda assim, as pessoas que trabalham para ele são muito leais e várias delas já foram trabalhar por conta própria, chegando a serem sócios em outros restaurantes.

Mas o mais importante ingrediente das lições que se pode aprender dos *chefs* de cozinha é que eles têm um claro **sentido de propósito**. Para esses profissionais, preparar comida é bem mais do que apenas um emprego – é uma **vocação**!!! Isso fica evidente quando se observam a energia e o entusiasmo que eles geram. Grandes *chefs* inspiram as pessoas, que, por sua vez, querem ser como eles. Os bons *chefs* estão sempre prontos para arregaçar as mangas. Mesmo que sejam donos de um restaurante aclamado pela crítica, acordam cedo para pesquisar os melhores ingredientes no mercado local. A vocação faz com que os *chefs* possuam uma obsessão pelo produto, difícil de disfarçar, ou seja, sua característica **número um** é a paixão pelos pratos que preparam.

De certa forma, o ambiente da cozinha de um restaurante se assemelha ao de uma *start-up*. Uma cozinha bem gerenciada possui toda aquela animação de uma *start-up*. Sua cultura se baseia no objetivo de "**sobreviver até amanhã**", de "**viver no limite**". O trabalho burocrático ali é mínimo. Um pedido do cliente é suficiente para colocar tudo para funcionar em ritmo frenético, apaixonado. Os *chefs* de cozinha adoram demonstrar perfeição. Os *chefs* de sucesso entendem as necessidades específicas de seus clientes-alvo e atendem a essas necessidades melhor do que a concorrência.

3.9.17 – *MASTER CHEF*, UM PROGRAMA ADMIRADO!!!

O *Master Chef* transformou-se em um programa da moda na nossa TV e que em 2016 completou 26 anos, se bem que já não é muito parecido com o original britânico, a não ser no entusiasmo dos fãs da cozinha em ocupar um espaço diante das câmeras tradicionalmente reservado para os **profissionais do fogão**.

Aspirantes a *chefs* são levados aos seus limites de ansiedade e estresse, jurados que oscilam entre ser um juiz implacável e um cúmplice, tarefas com enorme pressão ou desafios como cozinhar para muitas pessoas ou então para alguns comensais célebres e muito exigentes. E tudo isso acontece sob o implacável controle do relógio, apesar de que normalmente reina um ambiente bem-humorado.

O *Master Chef*, no fundo, é um concurso que se desenvolve em ritmo trepidante e com um evidente sentido de competitividade que conseguiu seduzir a audiência com uma fórmula que hoje é apresentada localmente em mais de 40 países, desde o Brasil a Bangladesh, do Peru à China ou dos EUA à Colômbia. Todos esses programas de TV são versões da mesma franquia que foi apresentada pela primeira vez em 2 de julho de 1990 no canal de TV britânico BBC.

"O programa *Master Chef Brasil*, que trouxe grande audiência para a TV Bandeirantes, homenageou também outros *chefs*, como é o caso de Rodrigo Oliveira, do *Mocotó* (o 3º a partir da esquerda), junto com os *chefs* Henrique Fogaça e Paola Carosella e o *chef* Erick Jacquin (à direita)."

Os programas de cozinha tornaram-se muito populares na TV, nos quais um *chef* com maior ou menor capacidade didática guia a audiência para preparar adequadamente a comida do dia.

Pois é, essa fórmula foi ampliando as suas fronteiras, bem além das donas de casa ou das cozinheiras nos lares, para as quais foi pensada inicialmente.

Sem dúvida, com o *Master Chef* mudaram-se bastante as regras: os participantes são aqueles com certos dotes culinários, enquanto o *chef* faz mais o papel de "observador", mas com um poder que muitos telespectadores gostariam de ter, ou seja, de eliminar aqueles que não fazem corretamente os seus pratos ou sobremesas.

Quem teve inicialmente a ideia de elaborar um programa de TV desse tipo foi o produtor e diretor de filmes Franc Roddam, cujo objetivo era "**democratizar a comida**". No início dos anos 1990, o programa não se parecia em quase nada com o *reality show* em que ele se transformou agora. Manteve-se durante bastante tempo com um esquema em que havia um apresentador, um cozinheiro profissional e uma personalidade bem conhecida no papel de um jurado-degustador.

Em 2001, o programa desapareceu nas telas dos televisores dos EUA e foi recuperado em 2005 com a denominação: *Master Chef Goes Large*, com um estilo renovado, até que em 2008 voltou ao seu nome original *Master Chef*, quando apareceu o momento de exportá-lo para outros países, e assim surgiram as suas diferentes versões: dedicada a cozinheiros profissionais, a de crianças ou a das celebridades.

Em 2009, *Master Chef* chegou à Austrália – uma das franquias de maior êxito –; em 2010, estreou nos EUA um programa com um dos mais temidos *chefs* de televisão, o britânico Gordon Ramsay. Em 2014, foi apresentado o *Master Chef* na Argentina e também no Brasil. E daí para frente parece que a "loucura" por bem cozinhar não parou de crescer...

Para Gordon Ramsay, *Master Chef* passou para os(as) cozinheiros(as) domésticos(as) a ser uma nova disciplina, que transcendeu a própria cozinha. E parte do seu êxito se deve à empatia que conquistou com a audiência. Disse Gordon Ramsay: "Acredito que as pessoas (telespectadores) envolvem-se com a paixão que sentem os *chefs* (ou futuros *chefs*) no preparo dos pratos, além de aprenderem com eles. Os participantes do *Master Chef* enfrentam meses do concurso, quando convivem com outros concorrentes, recebem uma nova instrução culinária e devem enfrentar uma intensa pressão, que muitas vezes acaba se traduzindo em copiosas lágrimas durante a apresentação do programa ao vivo. Sem dúvida, os participantes estão dispostos a passar por vários sacrifícios para chegar à vitória, que inclui, de acordo com cada país, um prêmio em dinheiro, uma ajuda para publicar um livro de receitas, uma bolsa de estudos em prestigiosos centros culinários e, principalmente, converter-se no *master chef* de algum restaurante."

3.9.17.1 – O incrível *chef* Erick Jacquin

Alçado à categoria de celebridade depois da recente participação como jurado do *Master Chef Brasil*, um *reality show* de gastronomia exibido na Rede Bandeirantes, o cozinheiro Erick Jacquin, acompanhado de sua mulher, a *maîtresse* Rosângela Menezes, deu uma entrevista para o articulista Tom Cardoso, do jornal *Valor Econômico* (16/1/2015), que escreveu: "A fama, já conhecida pelos seus pares e subordinados, que o persegue e por muitas vezes o prejudicou – a falta de tino para os negócios e o temperamento colérico nunca permitiram a Jacquin lucrar com seu talento –, ganhou dimensões nacionais depois do *reality show*, mas também ajudou a humanizá-lo. Aliás,

"O jurado e *chef* Erick Jacquin ajuda a *minichef* Valentina num episódio da série *Master Chef Júnior*."

as duas facetas de sua personalidade ficaram escancaradas na TV: em vários momentos, o *chef* malcriado, intolerante e irascível deu lugar ao cozinheiro doce, bonachão e engraçado. Antagonismos que fizeram de Jacquin a grande estrela do *Master Chef*, uma espécie de personagem de si mesmo – diferente dos outros dois *chefs* jurados, Henrique Fogaça e Paola Carosella, distantes, segundo os que os conheciam bem, do que representavam na realidade.

Jacquin comentou sua participação afirmando: 'Não sei pegar leve, não consigo deixar passar as coisas. Sou da categoria dos homens duros. E o povo brasileiro é um pouco sensível demais, fica chateado com pouca coisa. Aliás, quando trabalhei aqui em São Paulo, no *Le Coq Hardy* (fechado em 2009), briguei muitas vezes com clientes que pediam coisas que o restaurante não servia, como porção de arroz ou salada de tomate com palmito.'

Erick Jacquin nasceu em 1964, na pequena Dun-sur-Auron, situada perto do vale do Loire, região de rica tradição gastronômica, foi aluno da École Hôtelière de Saint-Amand Montrond, local que é cria de lendas da cozinha francesa, tais como Gérard Faucher, Philippe Groult e Henri Charvet. O então jovem Erick Jacquin, aos 30 anos, chegou ao Brasil para chefiar a cozinha de *Le Coq Hardy*. Agora, ele exerce apenas o trabalho de consultoria para restaurantes famosos como *La Brasserie de la Mer*, em Natal, no Rio Grande do Norte, e na capital paulista no *La Cocotte* e no *Tartar & Co*."

3.9.17.2 – *Master Chef* na 2ª temporada

Se há algo que tem atraído muito os espectadores nos programas de TV é quando eles tratam de culinária, em particular quando se tem um *reality* gastronômico, no qual o vencedor é o(a) mais criativo(a) cozinheiro(a)!!!

Um desses programas é o *Master Chef*, que em 2014 e 2015 foi o responsável pela segunda maior audiência na TV Band.

De acordo com a emissora, em 2015, o programa teve dez mil inscritos, o dobro que em 2014, e o crescimento na receita publicitária foi de 124%, sendo que os aspirantes a *chef* escolhidos foram 18, contra 16 em 2014. Na 1ª temporada, *Master Chef* teve uma média de oito pontos no Ibope na Grande São Paulo (cada ponto equivale a 67 mil domicílios conectados com o programa), perdendo somente para o futebol.

A campeã da primeira temporada do *Master Chef*, a paulista Elisa Fernandes, ficou com a sua agenda totalmente lotada desde a sua vitória em dezembro de 2014. Em junho de 2015, ela viajou para a França, onde fez um curso na prestigiosa escola de gastronomia Le Cordon Bleu, que era um dos prêmios pela conquista.

Entre os muitos eventos e *workshops* que ela participou em 2015, inclui-se o lançamento do seu livro *Master Chef Brasil – As Receitas de Elisa Fernandes*. Ela aconselhou: "Todos os novos participantes do *Master Chef*, se chegarem à final, já pensem no livro de vocês, pois será adquirido!!!

Os novos desafiantes tiveram agora pelo menos uma nova referência de como devem se desempenhar, vendo a 1ª temporada. Já lancei o meu *site* com conteúdo e gastronomia e relato das minhas viagens. Reservei uma parte do premio de R$ 150 mil para me manter na França, ter oportunidade de ir a alguns restaurantes que nunca imaginei que um dia iria conhecer e comprar equipamentos de cozinha mais sofisticados."

O diretor do programa *Master Chef* Patrício Diaz relatou: "Seguimos com o trio de jurados: Henrique Fogaça (*Sal*), Paola Carosella (*Arturito*) e Erick Jacquin (*Tartar&Co*), que conquistaram muita visibilidade com excelentes intervenções, mas também houve a participação de outros *chefs* como Rodrigo Oliveira (*Mocotó*), Fabrice Le Nud (*Patisserie Douce France*), Jefferson Rueda (*Attimo*).

O número de episódios *no Master Chef 2* continuou sendo de 17, e assim, em um deles, foi necessário eliminar mais de um participante por vez.

Os concorrentes foram submetidos a 35 provas diferentes, e o programa teve disputas gravadas fora dos estúdios da emissora, quando os participantes tiveram que cozinhar para uma quantidade maior de pessoas em menos tempo, o que aumentou a pressão sobre eles. Tiveram também que preparar um prato para profissionais da Band, desde o elenco do programa humorístico CQC, o trio formado por Dan Stulbach, Marco Luque e Rafael Cortez, e até o comentarista de futebol, o ex-craque Neto.

A apresentação ficou por conta da excelente Ana Paula Padrão, que imprimiu um tom jornalístico para esse *reality* e fez muitas ações específicas de *merchandising* do programa, o que ajudou muito o incremento da sua audiência."

Realmente, os jurados e *chefs* Henrique Fogaça, a argentina Paola Carosella e o temido Erick Jacquin tiveram uma participação excelente, um não atropelando o outro com comentários que se complementavam e, juntos, mantendo tensão e mistério mesclados com humor. Eric Jacquin disse: "Tenho levado bronca das pessoas que me encontram no supermercado porque dizem que tenho maltratado os participantes, e que as meninas, eu as fazia chorar. Mas eu procuro, na realidade, ser simples e honesto com o que eles produzem." Paola Carosella afirmou: "Participar desse programa foi muito proveitoso e emocionante para mim, pois senti o quanto o público apreciou e o carinho que me devotou pelas muitas *selfies* que tirei." Finalmente, Henrique Fogaça enfatizou: "De fato, a minha participação na TV deve ter mexido com muitas pessoas, pois agora, quando ando na minha motocicleta, sou saudado com gritos e buzinas no trânsito, o que de fato é estimulante."

A vencedora da 2ª edição do *Master Chef Brasil* foi Izabel Alvares e o *Master Chef Brasil 3*, com milhares de inscritos, selecionou 75, que em três programas foram reduzidos em 20 e estes participaram do ritmo mata-mata do programa que durou alguns meses...

Observação importante 1 - Você sabe qual é o lugar mais criativo do mundo?

Para o escritor Umberto Eco (1932-2016), o ser humano nunca foi tão criativo em algum lugar como na cozinha!

Você acha que ele está certo?

De fato, a cozinha para muitos é um lugar de alegria, muita alegria. Por exemplo, Claude Troisgros, um grande *chef*, sempre disse que na casa dele, a cozinha foi um lugar de festa, pois a mãe dele era italiana. Eles cantavam muito na cozinha e o melhor nessas horas era criar a própria canção para o momento, que tivesse alguma ligação com o que estava sendo cozinhado.

Deve-se, pois, não se esquecer de uma alegria de viver, que é **comer**, e dessa maneira celebrar ao máximo a presença na cozinha.

Caro(a) leitor(a), você cozinha?

E aí, se sente mais alegre quando está envolvido com a culinária?

* * *

3.9.18 – O MELHOR VINHO!?!?

A sutileza dos sabores e odores presentes nos diferentes vinhos é muito grande. É tanta que até os cientistas desistiram de tentar explicar essa **variabilidade**.

Por isso, **a fabricação do vinho** continua sendo mais uma **arte** que uma **técnica**!!! O tipo de uva, o clima e o solo da região, quando e como a uva foi colhida, como foi fermentada e como vinho foi estocado **influenciam o sabor do vinho**. Porém, se fossem somente esses os únicos fatores que influenciam o produto final, a diversidade não seria tão grande!?!?

Depois de incluir outras variáveis, como a temperatura do ar e a presença de micronutrientes, os enólogos desistiram e escolheram um termo para definir o conjunto de fatores desconhecidos que influenciam um determinado vinho, uma palavra bonita para englobar o desconhecido: ***terroir.*** Mas os cientistas que gostam de vinho ficaram insatisfeitos. Queriam descobrir o que está por baixo da palavra *terroir.*

E agora foi descoberto um fator que talvez explique a enorme diversidade de vinhos, o **microbioma da videira.**

O biólogo Fernando Reinach, que sempre escreve artigos incríveis no jornal o *Estado de S.Paulo*, naquele intitulado *O sabor e odor dos vinhos* (4/4/2015), explicou: "Há décadas que sabemos que existe uma enorme diversidade de microrganismos no solo e nas plantas. Estes seres vivos podem causar doenças ou serem absolutamente necessários para sobrevivência da planta. Mas o que nunca havia sido possível analisar era a diversidade, a prevalência, e as variações ao longo do tempo dessas comunidades de microrganismos.

"As vinícolas de muitos países, especialmente as que existem na França, tornaram os seus produtores homens de negócio bem-sucedidos pelos bons preços alcançados pelos vinhos e *champagnes*, com o que, as áreas ocupadas pelas videiras têm crescido em diversas regiões do planeta."

- **Quantas espécies de microrganismo habitam uma uva?**
- **Como variam de planta para planta e ao longo tempo?**

Perguntas como essas eram impossíveis de se responder até uma década atrás. Agora, com as técnicas de sequenciamento de DNA em larga escala, foi possível obtê-las. Assim, foram estudados cinco vinhedos muito próximos entre si (na mesma propriedade em Suffolk County, nos EUA), um vinhedo do Chateau Camensac em Bordeaux, na França, e um outro vinhedo no Napa Valley, no Estado da Califórnia (EUA). Todos esses vinhedos estavam plantados com uvas *merlot* do mesmo cultivar (#181) implantadas em um mesmo tipo de sistema radicular (#3309). Durante duas safras – 2011 e 2012 – foram coletadas amostras do solo, das raízes, das folhas, das flores e das uvas de cinco plantas de cada um desses *terroirs*. Um total de aproximadamente 800 amostras foi analisado. De cada uma dessas amostras foi isolado o DNA de todos os microrganismos presentes na amostra. A sequência desses DNAs foi comparada com os padrões já conhecidos, e isso permitiu determinar quais microrganismos estavam presentes em cada uma das amostras.

Claro que os números obtidos foram enormes. Foram sequenciadas 44.582.970 amostras. Essas amostras continham quase 400 mil (na realidade 381.871) espécies diferentes de microrganismos. A análise de onde e quando cada um desses microrganismos está presente ocupou muitas páginas e textos e dezenas de tabelas.

Aí vai um resumo das principais conclusões. Inicialmente, o conjunto de espécies presentes em cada uma das plantas, em cada um dos locais, é **diferente**. Em segundo lugar, as espécies presentes no solo, nas raízes, nas folhas e nas frutas também são **diferentes** entre si, mas são **semelhantes** entre as **plantas** de uma **mesma região.** Em terceiro lugar, esses conjuntos de espécies (sempre de ordem de milhares de espécies diferentes) variam ao longo do tempo em uma única safra e esse **padrão**, apesar de se referir parcialmente de uma safra para outra, **não é idêntica.** E, finalmente, talvez a descoberta mais importante é que as espécies que habitam as diversas partes das plantas são um **subconjunto das espécies que habitam o solo da região.** Ou seja, nunca se encontra na planta uma **espécie** que também não está presente no **solo!!!**

NINGXIA BUREAU OF GRAPE AND FLORICULTURE

"Na nova geração de vinhedos, destaque para aqueles na China, como este em Ningxia, uma remota região no extremo do deserto de Gobi, que almeja se tornar o Napa Valley, onde se produzem os melhores vinhos norte-americanos do país."

Tomados com um todo, os resultados mostram que uma dada plantação de uva, em uma certa área, em um dado momento, de um dado ano, contém milhares de seres vivos distintos. E esses milhares de seres distintos são espécies de microrganismos. Em um momento do espaço e do tempo, todas essas espécies estão no solo e subgrupos distintos habitam as diferentes partes da planta. Se você se deslocar no espaço (para a plantação ao lado ou para outro continente), ou se você se deslocar no tempo (para outra época do ano ou para outro ano)**, o conjunto de microrganismos muda.** Assim, as uvas de cada *terroir*, quando colhidas e levadas para a fermentação (quando os microrganismos transferem o açúcar em álcool e modificam os outros componentes do sumo), vão carregar com elas uma diferente coleção de microrganismos. Dessa maneira, mesmo que as uvas sejam idênticas, e o processo de tratamento seja igual, é de se esperar que os vinhos **produzidos sejam diferentes!?!?**

Muitos cientistas já suspeitavam que a variação do conjunto de microrganismos presentes na uva fosse responsável pela diversidade dos vinhos, mas ninguém suspeitava que as **diferenças fossem tão grandes.** No futuro, em vez de descrever um vinho como frutado com sobre tons de noz-moscada, os *experts* vão identificar traços de *Cytophagaceae* e um toque de *Rhizoliales*. As descrições dos vinhos vão ficar bem mais interessantes, não é?"

3.9.19 – A IMPORTÂNCIA DOS NEGÓCIOS COM O VINHO

Hoje, existem muitas feiras e eventos no mundo, nos quais se apresentam os vinhos e desenvolve-se a sua comercialização. O California Wines Summit (CWS), nos EUA, é, sem dúvida, um evento de vinhos muito objetivo e talvez o mais bem organizado e profissional do mundo.

No decorrer de uma semana, o CWS tem uma programação de palestras, degustações temáticas comentadas por profissionais de ponta no cenário vitivinícola norte-americano, com vinhos bem selecionados e encontros com produtores de renome.

CWS é uma iniciativa do California Wine Institute, que congrega os recursos de 1.000 vinícolas e empresas afiliadas para apoiar medidas regulatórias e procurar o desenvolvimento do mercado internacional, melhorar as relações com a mídia, incrementar a investigação científica e programas de educação que beneficiem toda a indústria vitivinícola da região. Esse setor tem um peso significativo na economia do Estado da Califórnia, por ser responsável por cerca de **330 mil empregos diretos** e contribuir, em 2014, com US$ 61 bilhões na sua economia, representando ainda um grande atrativo pura os **20 milhões de turistas** que visitam a região anualmente.

Na sua palestra, a secretária da Agricultura do Estado da Califórnia, Karen Ross, ressaltou a importância da vitivinicultura dentro do panorama econômico e social californiano, detalhou o progresso do programa de viticultura sustentável, iniciado timidamente em 2001, e abordou temas polêmicos, como a escassez da água que tem afligido a região nos últimos anos. Aliás, esse assunto gerou um proveitoso debate sobre possibilidades de mudanças no manejo dos vinhedos, adotando as técnicas de agricultura do sequeiro ("*dry farming*"), com um plano de substituição e reconversão de vinhos, uso de novos porta-enxertos para aprofundar as raízes das parreiras e outras opções não simples de se implantar, mas que acabam gerando economia no uso da água .

O certo é que, atualmente, os produtores de vinho na Califórnia já têm que lidar com condições de uso mais reduzido de água e serem eficientes, embora a agricultura não seja uma atividade que alguém consiga mudar instantaneamente.

"Uma vinícola em Changyu, na China, uma criativa indicação sobre o admirável mundo novo do vinho de uva, ao qual os chineses estão se devotando cada vez mais, construindo inclusive verdadeiros castelos como suas sedes."

Apesar de na CWS de 2015 o objetivo inicial foi o de dar espaço para as cinco regiões vitivinícolas da Califórnia – North Coast, Central Coast, Island Valley, Sierra Foothills e Southern California – as degustações contemplaram predominantemente os **vinhos** das duas primeiras regiões, por sinal, onde estão os mais **interessantes!!!** Fisicamente, isso se concentrou em dois lugares, Sonoma e Napa, vizinhas na North Coast, alojando-se metade do tempo em cada uma e se locomovendo em torno delas.

Atualmente, a venda dos vinhos californianos tem como principal destino os 28 países integrantes da União Europeia (UE), vindo o Canadá em 2º lugar. O Brasil, apesar de ter aumentado significativamente as importações dos vinhos dos EUA nos últimos dois anos, ocupou o 17º lugar nesse *ranking*.

A despeito da área plantada e o número de produtores de vinhos também tenham crescido substancialmente nos últimos 30 anos, o consumo interno nos EUA aumentou mais ainda e pode absorver tudo o que é produzido no país. Aliás, os EUA são o maior mercado de vinhos do planeta, representando 14% do total e a tendência é que ele continue a crescer. Apesar de as exportações de vinho estarem aumentando ano a ano, só 16% da produção da Califórnia é vendida para fora. Não depender somente do mercado interno é a estratégia, basicamente, das vinícolas de grande porte, que começaram a se mexer no sentido de conquistar outros clientes, especialmente os chineses, que estão se transformando em grandes consumidores de vinho!!!

É sabido que a Califórnia ganhou destaque no anuário vinícola internacional em 1976, quando os seus vinhos ofuscaram os tintos de grandes *châteaux* de Bordeaux e os brancos da Borgonha, numa degustação às cegas promovida por Steven Spurrier, jornalista inglês então radicado na França, evento que ficou conhecido como "**o julgamento de Paris**".

Essa conquista colocou em evidência não apenas a região, mas o nome de Robert Mondavi, que apesar de não ter nenhum vinho na disputa, conquistou, reconhecidamente, papel fundamental na história da vitivinicultura do lugar. Ele foi o primeiro a investir em bons vinhedos e a focar em **qualidade**, procurando combinar a arte e a tradição dos países produtores de vinho da Europa, com a mais recente tecnologia, gestão e *marketing* norte-americanos.

Robert Mondavi acreditava que o sucesso do vinho norte-americano não poderia ser alcançado por um produtor individualmente. Aliás, o consultor Jon Fredrikson, um dos mais respeitados *experts* (especialistas) no *wine business* ("negócio do vinho"), enfatizou numa palestra para os que estavam na CWS: "Tem ocorrido uma interessante comparação entre o setor vinícola norte-americano e outras indústrias, inclusive as de alta tecnologia sediadas no Vale do Silício, nas quais se alguém descobre algo novo, vai logo **patentear** ou **registrar** a **marca querendo, proteger seu segredo**. Já na indústria do vinho, quando alguém descobre algo novo, a associação responsável imediatamente publica um artigo explicando tudo, divulgando, **não escondendo as informações**!?!?

Pois é, com isso, o setor vive num ambiente de código aberto. Foi uma transformação global notável em muitos aspectos, mas certamente em base de qualidade.

Outro fato notável foi a introdução da escala de 100 pontos por Robert Parker, ainda na década de 1980. Muitos produtores odeiam essa escala, e ela de fato é muito controversa. Mas as vinícolas criticam o sistema até que elas obtenham uma pontuação 96 e aí passam a adorá-la...

Mas qual é a outra indústria que pode ser julgada numa escala de 100 pontos?

Tudo isso conduziu o setor vinícola à necessidade de competir em qualidade. Assim, as vinícolas têm procurado inovar, depois de terem melhorado a qualidade, para dessa maneira serem reconhecidas pela imprensa de uma maneira geral. Este é, sem dúvida, um outro fato que impulsionou a qualidade do vinho ao longo dos anos, e hoje os vinhos da Califórnia, em cada faixa de preço, são **melhores de que nunca**!!!"

Observação importante 2 - Caro(a) leitor(a) se estiver interessado(a) em acompanhar o que acontece no **mundo do vinho,** deve estar a par de tudo que escreve Jorge Lucki, de forma didática e com suficiente profundidade no jornal *Valor Econômico*, inclusive para se inspirar e, eventualmente, tornar-se um empreendedor nos negócios com o vinho.

Seus artigos são realmente muito atrativos não só para aqueles que são apreciadores do vinho, mas também para os que não entenderam ainda que o vinho não é apenas uma bebida alcoólica, mas também um **alimento** que faz muito bem para a saúde. Aliás, esse relato sobre a CWS foi extraído de um artigo escrito por Jorge Lucki, que em 2015 publicou matérias sobre os vinhos brancos (e tintos) da Itália, sobre os vinhos de qualidade de Rioja (Espanha), sobre as grandes feiras de vinho como a Vinexpo e abordou muitos outros temas, de maneira que todo aquele que deseja se tornar ao menos um "minientendido" no assunto, sem ser um *sommelier*, **deve ler** seus textos.

3.9.20 – O NOSSO GOVERNO DEVERIA PREOCUPAR-SE MAIS COM O CONSUMO DE VINHO QUE É BOM PARA A SAÚDE!!!

Procurando se consolidar não só como a maior feira de vinhos da América Latina – a despeito da posição privilegiada que nossos vizinhos do Cone Sul (Chile e Argentina) ocupam no cenário mundial, os eventos que realizam se restringem à produção local, enquanto o Brasil tem um mercado aberto e diversificado –, mas, como principal ponto de encontro de consumidores e profissionais do mercado vinícola do País, a 19ª edição da ExpoVinis, de 2015, em São Paulo, desenvolveu também um programa no qual foram abordados temas bem atuais e bem significativos para o segmento. Um deles, sem dúvida, foi o painel no qual se analisaram os tributos incidentes sobre o vinho no Brasil e seu impacto no desenvolvimento do setor. E todos os que participaram da mesma **concordaram** que é imprescindível que seja modificada a política canibalista de arrecadação do governo. Uma garrafa de vinho, no seu preço, embute mais de **60%** de tributos, são 22 impostos e taxas, incidentes em cascata, e alguns cálculos mais sofisticados indicam que esse percentual na realidade chega a **83%**. Ou seja, o vinho que o consumidor bebe representa apenas **17%** do seu valor de compra!?!?

Aí vão alguns obstáculos ou dificuldades com os quais lidam os produtores de vinho no Brasil.

1ª) Obrigatoriedade de envio de duas garrafas para serem analisadas e necessidades de análises específicas daquele lote, sendo que nos vinhos importados em quantidades pequenas, isso onera muito o preço final.

2ª) O não reconhecimento do selo orgânico emitido por organismos internacionais de mais alta credibilidade.

3ª) A guerra fiscal (ICMS) entre os Estados.

4ª) Vinho é obrigado a pagar mais tributo do que cachaça.

5ª) O IPI (Imposto sobre Produtos Industrializados) é maior do que o preço por quilo de uva (que o colono trabalha o ano inteiro para produzir).

6ª) O pequeno produtor do vinho não ser enquadrado no Simples Nacional, quando quem vende (lojas e restaurantes) tem esse direito.

E a grande conclusão das diversas associações de classes representadas no debate como os produtores nacionais (Sindivinho), os importadores (Ibravin), os supermercados etc., foi no sentido de unir esforços visando aumentar o consumo *per capita* no Brasil, destacando-se que o **consumo responsável do vinho** traz **benefícios para a saúde**, devendo ser uma das preocupações do governo.

Nesse sentido, é vital refletir, que não existe o **alcoólatra de vinho**!!!

É preciso ter uma clara resposta para a questão – qual é o custo do alcoolismo para a saúde pública do País e qual é o peso dos destilados e da cerveja nesse item?

Aliás, isso não é um problema só do Brasil.

Deve-se inspirar de fato nas políticas diferenciadas que os governos de Itália, Espanha e Portugal aplicam no que se refere a tributos de vinho produzido nesses países. Vale a pena mirar-se no principal redator da Declaração da Independência dos EUA e incansável defensor das liberdades individuais naquele país, Thomas Jefferson, que serviu à sua pátria por mais de cinco décadas. Ele uniu seu apego à causa pública com uma inalienável paixão por vinhos. Ao mesmo tempo em que dizia que consumir vinho era um hábito diário indispensável para sua saúde, defendia a isenção de impostos para que o povo norte-americano tivesse acesso à bebida. Ele declarou: "Nenhuma nação é ébria onde o vinho é barato; e não é sóbria a nação em que a falta de gosto pelo vinho fez com que destilados ardentes se tornassem a bebida mais popular; eis na verdade, o único antídoto para o veneno do *whisky*."

Foi muito importante trazer para a ExpoVinis 2015, Dirceu Vianna Jr., o único brasileiro a alcançar o título de *master of wine*, a mais ambicionada graduação do mundo do vinho – só cerca de 300 pessoas no mundo obtiveram tal competência. Ele vive na Inglaterra desde 1980, onde é diretor de desenvolvimento da Coe Vintners, uma prestigiada casa negociante de vinhos.

Dirceu Vianna Jr. abordou na sua palestra o tema *Ferramentas de venda usadas em países europeus: como vender vinhos em um mercado competitivo*, quando apresentou muitas estatísticas sobre os recentes hábitos do consumidor de vinhos, inclusive do brasileiro. Quando ele falou sobre o consumidor, destacou as novas características e diferenças, e como lidar da melhor forma com elas, detalhando ainda o plano estratégico que as empresas que atuam no mercado de vinho deveriam implementar.

Pois é, não seria muito melhor que o nosso povo aprendesse a tomar mais vinho e abandonasse o quanto possível a cachaça, a tequila, o conhaque, o gim, o *whisky* etc., não é?

3.9.21 – A EXPO MILÃO ESCOLHEU O MOTE: ALIMENTANDO O PLANETA, ENERGIA PARA A VIDA

A Exposição Universal, que na sua edição de 2015 ocorreu em Milão, na Itália, historicamente, serviu sempre para exibir inovações, mas a Expo Milão, que foi inaugurada em 1º de maio, voltou-se para um tema inusitado, mas vital: a **boa alimentação para todos**, obviamente procurando salientar a conhecida mundialmente **gastronomia italiana**.

Aí vai uma síntese do que aconteceu nas edições anteriores dessa feira.

Em Londres, em 1851, a Grande Exposição, criada pelo príncipe inglês Albert (1819-1861), marido da rainha Vitória, foi sem dúvida a primeira feira internacional de produtos manufaturados. Desde então, nesses eventos, o destaque sempre foi para **inovações tecnológicas, artísticas e *design*.**

EUGENIO MARONGIU / SHUTTERSTOCK.COM

"Na Expo Milão 2015, no pavilhão de Israel, as plantações na vertical, feitas com o objetivo de sustentabilidade e até para aplacar um pouco as altas temperaturas que existem no país."

Em 1876, na Filadélfia (EUA), o presidente norte-americano Ulysses S. Grant e o imperador brasileiro d. Pedro II abriram a exposição. Entre as novidades apresentadas estava o telefone de Graham Bell, a máquina de escrever de Remington, o *ketchup* Heinz e o fonógrafo. O nosso monarca foi o primeiro a usar o telefone!!!

Em Paris, em 1889, celebrou-se o centenário da Revolução Francesa (1789). O engenheiro Gustave Eiffel projetou o arco da entrada da exposição com 324 m de altura e feito de ferro entrelaçado, formando a torre Eiffel (inaugurada em 31/3/1889). Na ocasião, o primeiro automóvel movido a óleo foi apresentado.

Em 1901, na cidade de Búfalo (EUA), uma das novidades foi a máquina de raios-X. Esse equipamento acabou não sendo experimentado no presidente norte-americano William McKinley por receio e que durante sua visita à feira sofreu um atentado que o levaria à morte. A sala de operações do hospital da exposição, onde o político foi operado, não possuía luz elétrica, ao contrário do que se tinha nos pavilhões!?!?

Em 1906, na primeira Expo da Itália, em Milão, o tema escolhido foi o **transporte,** e o evento deu origem ao famoso aquário da cidade no parque Sempione.

Em 1915, em São Francisco (EUA), a Expo celebrou a abertura do canal do Panamá e nela Henry Ford apresentou um protótipo da linha de montagem de carros.

Em Barcelona (Espanha), em 1929, criou-se na cidade o parque Montjuic. O grande destaque foi o pavilhão da Alemanha, considerado uma das obras-primas do arquiteto Ludwig Mies van der Rohe.

A Expo de 1939 aconteceu em Nova York, quando se apresentou ao mundo a **primeira televisão.**

Na Expo de 1958, realizada em Bruxelas, a atenção de todos voltou-se para o pavilhão dos EUA, apresentando o **primeiro computador.** Enquanto isso, no pavilhão soviético, a propaganda toda estava voltada para o seu sucesso com o lançamento no espaço do *Sputnik*.

Mais recentemente, em Xangai (China), em 2010, ocorreu a feira mais cara da história, com um gasto de US$ 50 bilhões, e a mais extensa no que se refere às áreas ocupadas pelos pavilhões das nações participantes. Agora, essas exposições são feitas a cada cinco anos e a de 2020 acontecerá em Dubai.

Quem percorreu os mais de 1 milhão de m² da Expo Milão, que reuniu 145 países, percebeu que nela existia uma relação entre a **alimentação** e a **tecnologia**. Por exemplo, na área Comida do Futuro, estava o **supermercado do amanhã.** A proposta apresentada foi na forma de se comprar. Dessa maneira, as prateleiras sumiram, e os objetos ou produtos ficaram dispostos numa mesa giratória. Quando se passava a mão sobre o item desejado, um holograma aparecia com os dados de variedade, origem, preço e nutrientes. Se a pessoa tivesse algum tipo de restrição alimentar, informações adicionais surgiam indicando se essa compra era indicada ou não para ela.

A feira toda foi dividida em seis áreas temáticas, tendo cerca de 80 pavilhões das nações participantes e nove *clusters* ("conglomerados") que reuniram os pequenos países por produção alimentar. Cada *cluster* tinha um produto como tema e uma exposição fotográfica. Por exemplo, o café uniu Guatemala, Uganda, Quênia, Iêmen, Costa Rica, Etiópia, Bermudas e El Salvador. As fotos foram tiradas pelo brasileiro Sebastião Salgado.

Nos seus pavilhões, cada país instalou um restaurante e um mercado para compra de seus alimentos tradicionais. Por exemplo, no pavilhão brasileiro – o quarto maior da Expo – que escolheu o tema *Alimentando o mundo com soluções*, os arquitetos Arthur Casas e Marko Brajovic, que o projetaram, decidiram interpretar a **flexibilidade** e a **fluidez brasileira** com uma rede que uniu os três andares do prédio, na qual podia-se andar ou ficar deitado nela!?!? Sensores mudavam a luz e o som conforme a quantidade de pessoas que estavam transitando no pavilhão. O edifício era todo **permeável** em uma analogia à **receptividade** dos brasileiros. Nos espaços expositivos estavam colocadas obras dos cariocas Ernesto Neto e Beatriz Milhazes, do pernambucano Tunga, da mineira Rivane Neuenschwander e do paulistano Laerte Ramos. O restaurante do pavilhão brasileiro tinha cadeiras criadas por 40 *designers* do país. A exposição no pavilhão foi *Alimentário – Arte e Construção do Patrimônio Alimentar Brasileiro.*

Os visitantes que foram a Milão tinham, na própria cidade, grandes opções para deliciar-se com refeições rápidas, ou seja, com os sanduíches tradicionais da Itália, como aqueles da cafeteria Panini Durini, onde um dos mais solicitados é o *panini* de presunto de Parma com queijo *brie* e geleia de figo. Aquele que quisesse simplesmente adoçar a sua vida, a pedida era o sorvete da Cioccolat Italiani, uma grande rede, e aí a sugestão era pedir dois sabores como marrom glacê e pistache. Para aqueles que desejassem alimentar-se com uma massa inesquecível ou então levar algum produto italiano, isto é, fazer uma compra gastronômica, o local adequado foi o Eataly.

“O espetacular pavilhão do Brasil na Expo Milão 2015.”

EUGENIO MARONGIU / SHUTTERSTOCK.COM

Uma coisa que as vinícolas aproveitaram – cerca de 100 produtores da região de Franciacorta, a 80 km de Milão – foi promover passeios para aqueles que são apreciadores do vinho, em especial daquele com acidez suave e usa uvas *chardonnay, pinot noir e pinot blanc.* É aí, nessa região da Brescia que se faz também o melhor espumante italiano. No processo de fabricação, o espumante tem a primeira fermentação em tonéis de inox – uma pequeníssima parcela é feita em barricas de madeira. A segunda parte da fermentação é concluída na própria garrafa, na qual a bebida envelhece por ao menos 18 meses. Os ventos gelados dos Alpes, cobertos de neve pelo menos seis meses por ano, garantem o clima ideal para a produção do espumante. Os produtores da área foram os primeiros a ter a designação DOCG (Denominação de Origem Controlada e Garantida) no país. A região tem uma paisagem cheia de montanhas e vastos vinhedos e na maioria dos produtores é possível fazer visitas a eles. Por exemplo, a vinícola Bersi Serlini Franciacorta oferecia passeios a cavalo, de bicicleta e, claro, a pé. A 5 km dessa vinícola fica a simpática cidade chamada Iseo, em cuja praça central é montado o maior mercado da região, com produtos orgânicos, podendo-se comprar por preços bem módicos, queijos, vinhos, frutas etc.

Como a Expo durou vários meses, a cidade de Milão preparou para esse período uma agenda especial de óperas. A última vez em que Otelo, Desdêmona, Cássio e Iago, pisaram no palco do Teatro alla Scala foi em 1887. Era a estreia da penúltima ópera de Guiseppe Verdi (1813-1901) – considerado também sua maior tragédia – baseada na peça *Otelo, o Mouro de Veneza* de William Shakespeare. E em 4 junho de 2015, 128 anos depois essa montagem voltou ao mesmo palco, em Milão, como parte de uma grande programação de balés, recitais e concertos, criada especialmente para a Expo Milão 2015. Outras óperas como: *Turandot, Carmen* e *Tosca* fizeram parte dessa agenda.

Além de ter uma acústica perfeita, o Scala contou com pequenos monitores em todas as cadeiras (uma miniatura daqueles dos assentos dos aviões). Eles permitiam acompanhar a obra nos idiomas originais – no caso de *Otelo*, em italiano e em inglês.

O exterior desse teatro não tem grandes atrativos, mas o interior deixa o espectador perplexo. O luxo impera no desenho do arquiteto Giuseppe Piermarini. Toda a decoração tem muitos tons de dourado e vermelho. O destaque vai para um imponente lustre com vidro de Murano instalado no teto em forma de abóboda.

Observação importante 3 - Na Expo Milão 2015 escolheu-se o tema ***Alimentando o Planeta, Energia para a Vida***, e ela foi montada para parecer um laboratório de inovações ligadas ao desenvolvimento sustentável, à segurança alimentar e à qualidade na cadeia de poluição.

Apesar de parecer um pouco com a Disneylândia, e em parte com a Bienal de Veneza, o objetivo principal dessa feira mundial foi conscientizar o público sobre as **mudanças climáticas** e o **desperdício de alimentos**. Os países participantes concentraram-se nessa temática com a montagem de exóticos pavilhões projetados por arquitetos de renome.

Claro que na Expo Milão 2015, a Itália, cuja gastronomia é reconhecida no mundo todo, teve a oportunidade de ampliar essa popularidade para novos mercados, mas os visitantes também tiveram a possibilidade para **experimentar comida não italiana**. Na realidade, na Expo, havia cerca de 150 lugares diferentes para se comer, espalhados entre os 54 pavilhões nacionais, inclusive o do Brasil, posicionados ao longo de uma artéria central de 2 km de extensão, com prédios também nas ruas laterais. Muitos visitantes se alimentaram no pavilhão da Identità Golose, uma organização de *chefs* de cozinha de Milão, no qual esses cozinheiros estrelados pelo *Guia Michelin* trabalharam em duplas servindo refeições...

Na praça Eataly, com um pátio ajardinado central com mesas e algumas obras de arte estranhas, havia restaurantes destacando a culinária de cada uma das 20 regiões italianas, incluindo os *piadines*, os sanduíches de pão prensado de trigo sírio, de Emília Romagna, a temperada linguiça calabresa 'noluja' e o pesto genovês.

Naturalmente se podia comer *pizza* em vários lugares, em particular a *margherita*, com muçarela orgânica de búfala, molho de tomate fresco e base feita com fermento natural, acompanhada com os excelentes vinhos italianos.

Nos outros pavilhões, os países se prepararam também para encantar os *gourmands* ("comilões") como foi o caso do pavilhão britânico, no qual estava o serviço de *catering* Mosimann's de Londres, que cozinha para a família real. Quem parou aí teve a oportunidade de comer uma deliciosa costeleta de carneiro e finalizar a refeição com um refrescante pudim de pão branco ao molho de geleia de framboesa.

3.9.22 – LIGAÇÃO ENTRE TURISMO E GASTRONOMIA

Gastronomia e **turismo** nunca estiveram tão **ligados**, agora que cada vez mais pessoas estão dispostas a viajar, tem o seu próprio carro, o que estimulou a disseminação de hotéis e restaurantes do lado das estradas, inclusive em lugares pouco habitados.

O ministério de Turismo de Espanha divulgou há alguns anos que dos cerca de 60 milhões de visitantes de outros países, 15% deles, aproximadamente, programaram passar um tempo no país só para poder comer a **deliciosa comida espanhola**!!! Esse número, cerca de 9 milhões de pessoas, é bem maior que o número de turistas que visita o Brasil a cada ano.

Antigamente, *gourmets* (apreciadores de culinária de qualidade) iam comer nos restaurantes da França ou da Itália. E fugiam de cidades como Londres e Nova York, que atualmente têm restaurantes espetaculares. E já não é raro ver gente viajando para o Japão ou Dinamarca, para se deliciar em seus restaurantes.

Atualmente, um país como o Peru investiu pesadamente naquilo que os seus *chefs* descobriram que poderia ser uma atração à altura de um outro atrativo seu, o Machu Picchu, ou seja, a sua **gastronomia**!!!

E a França, de forma nenhuma, quer estar fora dessa tendência. Assim, anunciou um plano de divulgação da sua gastronomia – com a ajuda do multiestrelado *chef* Alain Ducasse – chamado *Goût de France/Good France*, para aumentar ainda mais o fluxo anual de turistas, país que é o primeiro do mundo em número de visitas, com **84 milhões de visitantes por ano**.

Na realidade, os cadernos que os jornais fazem ainda sobre o turismo e gastronomia já **deviam ser um só**!!! Outro indício da proximidade cada vez maior da comida e do turismo é a atitude dos comensais diante de seus pratos nos restaurantes. Alguns comem como nos velhos tempos, de forma pausada, saboreando cada parcela da sua comida. Mas, na era do Instagram, cada vez mais as pessoas usam a refeição, principalmente se for num restaurante renomado, como um evento, mas na versão moderna, valendo-se da velha e intragável mania que os viajantes chatos impingiram aos amigos e familiares, enviando fotos do que estavam comendo!?!?

Só que a chatice agora é instantânea, em tempo real.

Quando chega o prato, a pessoa nem repara se é bonito, nem sequer se é o bife que pediu; se chegar até uma lasanha não pedida, não tem problema, o importante é fotografar.

E postar!!!

Puro exibicionismo, vontade irrefreável de se vangloriar de minutos de permanência num lugar chique e de humilhar os seus amigos que eventualmente estavam comendo em sua casa um bife à milanesa, talvez um pouco pior, mas podia até ser melhor, que aquele cuja foto foi enviada pelo narcisista.

E não é somente o ritual das fotos que aborrece aqueles que continuam gastando bastante para comer bem, estando num excelente restaurante. Essas pessoas são as que realmente estão degustando os seus pratos, dando até uma cheiradinha neles, pois eventuais aromas aguçam o paladar. Elas não entendem como as outras pessoas ao lado da sua mesa estão postando, teclando e muitas vezes aguardando ansiosas quantos *likes* (curtidas) estão pipocando, quem está comentando, enquanto seus pratos vão esfriando!?!? Pior, essas pessoas não satisfeitas com o que já enviaram, exibem as suas façanhas fotográficas para aqueles que querem apenas comer sossegadamente.

Incrível é que não dizem nada do prato, se é bom ou ruim, nada.

E isso é evidente, pois não o provaram!?!?

Às vezes esquecem, inclusive, de dizer onde estão, a não ser que estejam (e isso raramente) em algum restaurante da lista dos melhores do local, aí sim para projetar a fantasia de se mostrar superior à matilha de seguidores. O epílogo desastroso acontece quando, assombrados com aquela pessoa que já está limpando seus lábios diante do prato vazio que degustou, lhe perguntam: **"Mas você não tem Instagram?"** E aí o que ela deveria responder, vendo o prato ainda cheio e bem frio do interlocutor: "Não, prefiro viver e realmente valorizar a ingestão da comida que pedi. E quanto a você, quando é que vai aprender a comer e deixar de lado o seu exibicionismo?"

Bem, a conclusão é uma só: todo aquele que tem a felicidade de ir a um bom restaurante deve aproveitar a oportunidade para se alimentar de maneira individual, aproveitando ao máximo a boa comida e deixar para lá o Instagram, viu?

Observação importante 4 - Estima-se que a indústria global da alimentação movimentou, em 2015, algo próximo de US$ 5 trilhões, sendo que cerca de 30% das vendas desses alimentos ocorreram em 15 supermercados que atuam em muitos países.

Obviamente, uma parte desses alimentos foram ingeridos em restaurantes e bares. Por exemplo, no caso dos EUA, a indústria dos restaurantes em 2015 obteve uma receita de US$ 710 bilhões, gerada pelos seus aproximadamente 1 milhão de restaurantes, representando algo como 4% do PIB norte-americano, empregando cerca de 14 milhões de pessoas, ou seja, 10% da força de trabalho do país. Aproximadamente 90% desses restaurantes têm menos de 50 empregados, 80% dos proprietários dos estabelecimentos, começaram suas carreiras em alguma função inicial no restaurante (alguns acabaram virando *chefs* ou pelo menos excelentes cozinheiros).

O que é bem promissor é que até 2025, nos EUA, está se prevendo a criação de mais 1,1 milhão de **novos empregos na indústria dos restaurantes**. O Brasil, que já tem mais de 208 milhões de habitantes, tem também uma grande quantidade de restaurantes e bares – algo próximo de 1 milhão –, e isso significa que o setor emprega perto de 7 milhões de pessoas, um bom contingente dos quais é de bons cozinheiros – que são bem remunerados. E com toda essa urbanização e o incremento do turismo interno, o setor vai criar novos postos de trabalho. Com todas essas informações, que tal você evoluir em conhecimentos gastronômicos, tornar-se um *chef* e, inclusive, quem sabe sonhar em ser proprietário do seu restaurante!!!

ALIMENTOS SAUDÁVEIS!!!

GNOPARUS / SHUTTERSTOCK.COM

"O Brasil soube se mostrar adequadamente para o mundo na Expo Milão 2015."

3.10 MODA

3.10.1 – GENERALIDADES SOBRE A MODA

A moda criada por estilistas é ainda um segmento razoavelmente pequeno no que se refere ao tamanho econômico comparado com outros setores criativos, porém **altamente competitivo**: uma mistura volátil de arte, artesanato, desenho, manufatura, varejo e publicidade. Ela é a ponta mais visível do setor têxtil e de confecções mundiais, e com uma influência desproporcional ao seu tamanho. Muitas cidades tentam copiar as **semanas da moda** de Milão, Paris, Londres e Nova York, com os seus próprios eventos, ligando-os ao setor de turismo. É o caso de São Paulo e Rio de Janeiro, com a sua *Fashion Week*, que já atingiu uma repercussão internacional. As principais marcas e empresas têm sedes em Nova York, Paris, Londres e Milão (e hoje estão espalhadas por todas as grandes metrópoles do mundo), e não vendem apenas roupas, mas também acessórios, relógios de pulso, perfumes etc.

Um produto ligado à moda é protegido por **direitos autorais** apenas se for feito com "perícia e esforço de um indivíduo" e, portanto, se qualificar como **trabalho artístico**.

Pode-se falar muita coisa de propriedade intelectual na moda e das peças ícones dos últimos 100 anos. Nesse sentido, em outubro de 2008, foi lançado na Inglaterra um livro incrível, ou seja, o *Fabulous Frocks* (*Vestidos Fabulosos*) das escritoras Sarah Gristwood e Jane Eastoe, no qual elas descrevem a contribuição dos diversos vestidos que foram mudando a história da moda. As escritoras ressaltaram: "Nestes últimos 100 anos, as barras subiram dos calcanhares para as coxas, os decotes ficaram mais ousados e a roupa, de modo geral, tornou-se mais sensual com tecidos leves, delineando o corpo da mulher. E por isso, no nosso livro, vamos do clássico ao sensual.

"A moda feminina ao longo das décadas."

Criado por Coco Chanel, em 1926, o **pretinho básico** enquadra-se no conceito fabuloso; o vestido preto, reto, simples e um pouco abaixo dos joelhos –, cujo croqui foi publicado em maio daquele ano, na edição norte-americana da revista *Vogue* – a bíblia *fashion* até hoje – e revolucionou a moda ao libertar as mulheres da ditadura do corpete e das saias amplas de babados. Ela inaugurou o estilo ao mesmo tempo elegante e casual. Isso porque a estilista francesa considerava o luxo não o oposto da pobreza, mas sim o **antagonismo da vulgaridade**.

"Todo aquele que quer saber o lado sombrio da moda deve ler o livro de Hal Vaughan, *Dormindo com o Inimigo – A Guerra Secreta de Coco Chanel*."

Na opinião de muitos estilistas, o vestido fabuloso é aquele que cai bem, que valoriza os pontos fortes de cada mulher. Yves Saint Laurent revolucionou a moda ao lançar, na sua primeira coleção para a *Maison* Dior, em 1958, o **vestido trapézio**, que como o próprio nome sugere, tem ombro estreito e saia maior, *evasê*. É um clássico até hoje."

Quem já leu *Fabulous Frocks* acaba sentindo-se como se tivesse ido a uma festa de alto luxo, pois acabou entrando em contato com o autêntico modelo bordô da estilista britânica Vivienne Westwood, que ficou conhecida por sua irreverência, ousadia e até excentricidade.

A sensualidade na moda dos vestidos, sem dúvida, teve seu apogeu com o vestido branco que parece voar quando a atriz Marilyn Monroe, no filme *O Pecado Mora ao Lado* (1955), para sobre um respirador de rua e o seu vestido sobe de forma "inesperada". O frente-única de saia plissada usado pela atriz foi criado pelo estilista norte-americano William Travilla, que era o "queridinho" da Marylin Monroe, na época... Essa cena tornou-se uma das mais famosas da história do cinema!!!

Outras peças que se tornaram icônicas são, por exemplo, o vestido que a princesa Diana usou em seu casamento com o príncipe Charles, em 1981, na catedral de St. Paul, em Londres. Ele foi feito por David e Elizabeth Emanuel (que após a morte de *lady Di*, em 1997, publicaram um livro sobre o traje, de estilo romântico), que influenciou as noivas de todo o planeta.

A *top model* britânica Twiggy entrou na história da moda ao popularizar nos anos 1960 o vestido curtinho, até hoje associado a seu nome, embora a criadora **da minissaia** tenha sido a inglesa Mary Quant.

Se os vestidos curtos são fabulosos, os longos combinam tendo seu espaço, aliás, desafiando o mito de que são mais para ocasiões de festa... O **vestido** é provavelmente a peça mais democrática e também versátil do guarda-roupa feminino, transmitindo o estilo de cada mulher.

JAGUAR PS / SHUTTERSTOCK.COM

"Marion Cotillard, talvez para contentar o grupo PETA, chamou muita atenção no Festival de Cannes de 2014, quando apareceu com um vestido bordado com parafusos, botões e pedaços de latas, dando uma 'força' para o reaproveitamento de materiais..."

A moda é especialmente generosa com as mulheres. Se alguma delas quiser fazer uma linha mais romântica ou andrógina, basta mudar de roupa. E com os vestidos isso é ainda mais fácil, ou seja, uma mulher ficar fabulosa é cada vez mais simples do que parece...

Os estilistas nem sempre tiveram vida fácil, principalmente nesses últimos dez anos, quando os ativistas em movimentos em prol da proteção da natureza estão ficando cada vez mais organizados e têm promovido grandes protestos. Um desses grupos é o People for the Ethical Treatment of Animals (PETA), uma ONG que luta pela proteção dos animais.

A PETA é contra todas as pessoas (em especial mulheres) que usam casacos de pele de qualquer que seja o animal, e com seus protestos já convenceram muitos estilistas como Calvin Klein, Ralph Lauren, Tommy Hilfiger e Vivienne Westwood a deixarem as peles de lado nas roupas que criam. Por exemplo, Giorgio Armani, que tinha prometido aderir a essa tendência, apresentou, em 2008, na Semana de Moda de Milão, modelos na passarela vestindo casacos revestidos com macia lã de coelhos, teve uma forte represália, encabeçada pela atriz Pamela Anderson, que conseguiu muitas adesões para obter a promessa final do estilista que deixaria de ter peles nas suas coleções no futuro... De fato, elas se tornaram mais raras, mas algumas vezes ainda as modelos desfilam com vestidos que têm couro ou pele e, naturalmente, muitos ativistas não gostam e se rebelam...

A moda está cada vez mais atrevida ou então incompreensível! Isso se nota em como algumas celebridades aparecem em diversos eventos festivos.

Sia. Solange Knowles.

Irina Shayk. Rita Ora.

“Enquanto a cantora Sia deixou só os braços à mostra (difícil acreditar que é ela, não é?), a sua colega Solange Knowles fez questão de mostrar que tem só mãos e cabeça! Mas quem realmente exagerou foram a modelo Irina Shayk e a cantora Rita Ora. Exagero ou inovação, o que você acha sobre os caminhos que a moda – especialmente no meio das celebridades – está seguindo?”

"O desfile da grife Fendi, na Semana de Moda em Paris, em julho de 2015, em comemoração aos 50 anos de atividade do '*kaiser* da moda', o alemão Karl Lagerfeld – diretor artístico da marca italiana – despertou a ira de ativistas da causa animal, pois as suas modelos desfilaram com muitas peles."

Sigmund Freud disse uma vez que os seres humanos que são forçados a abandonar a sua onipotência narcísica ficam fascinados por todos aqueles que não passaram por isso, como as crianças, as mulheres muito belas e os grandes felinos, tigres e leões. Eles são tão autocentrados, tão satisfeitos consigo mesmos, que não se dão ao trabalho de prestar atenção naqueles seres humanos, ou seja, parece que simplesmente os ignoram!!!

O psicanalista e escritor Sérgio Telles, no seu artigo *Artistas da fome* (publicado no jornal *O Estado de S.Paulo*, em 19/4/2015), explicou: "Uma fascinação desse tipo ocorre num **desfile de moda**. As lindas modelos não estabelecem contato visual com **ninguém**, parecem estar absorvidas em seus mundos particulares, fechadas em redomas indivisíveis. Elas são entes de uma outra espécie distinta, **inatingíveis**. Sua artificiosa forma de se movimentar, seus gestos estudados, **as distanciam ainda mais das pessoas comuns**!!!

Num desfile, o narcisismo das modelos é reforçado pelo prazer exibicionista de ser olhada e admirada pelo público, que por sua vez goza de uma forma 'voyeurista'. Mas não é só!!! Como os desfiles se constituem em concorridos acontecimentos sociais, os espectadores e convidados também estão ali **para ver e serem vistos**!!! Portanto, **narcisismo**, **exibicionismo** e **voyeurismo** são os elementos constituintes de um bom desfile de moda.

As roupas mostradas num desfile há muito se afastaram de sua função básica original de nos proteger das intempéries e passaram a ser indicadores significantes de classe social, poder econômico, raízes étnicas e culturais. Mais ainda: as roupas exibidas se prestam para marcar a diferença sexual, estimulando o olhar erótico ao mostrar e/ou ocultar determinadas partes do corpo, aquela estranha parte de nós mesmos da qual, apesar de sua materialidade expressa, visível e mensurável, temos uma apreensão evanescente e pouco definida.

O corpo não é redutível a uma forma orgânica tangível. Ele está transpassado pela fantasia e pelo desejo, e a imagem mental que cada um faz de seu próprio corpo frequentemente não corresponde à sua realidade física.

Os **padrões atuais de beleza** – mulheres magras, homens sarados – obcecam especialmente os adolescentes, que perderam a imagem corporal infantil e, em função das mudanças características da idade, estão à procura de uma nova.

As preocupações com a aparência do corpo não se encerraram na adolescência. Continuam pela vida afora, agravadas pelo inexorável envelhecimento, o que abre espaço para as cirurgias estéticas rejuvenescedoras, muitas delas com resultados desastrosos, senão mutiladores.

Muitas vezes, ao observar as modelos dos desfiles, constatamos que, apesar de sua beleza extraordinária, elas parecem **seres andróginos**. A **excessiva magreza** anula os volumes dos seios e nádegas, as curvas e reentrâncias próprias de seu sexo. O gestual duro e mecânico que adotam na passarela não condiz com a doçura e a sedução

"Como comentou a atriz Gwyneth Paltrow: 'A escolha do vestido que fiz para ir a uma cerimônia foi um desastre. Em apenas um dia deixei de ser a mais bonita para me tornar a mais humilhada.'"

FEATUREFLASH PHOTO AGENCY / SHUTTERSTOCK.COM

tidas como atributos femininos, dando-lhes um aspecto masculinizado. Esses seres de sexo indefinido nos evocam a saída da infância, quando tivemos de fazer o luto pelo corpo infantil e pelas fantasias bissexuais, assumindo de uma vez por todas as diferenças entre os sexos, com todas as suas complexas consequências.

A magreza e a obesidade podem ser formas defensivas contra as angústias trazidas pela perda do corpo infantil e assunção do corpo adulto. Os muito magros e os muito gordos igualmente ocultam as formas próprias de cada sexo, numa tentativa de driblar a construção, passagem momentânea pela qual temos necessariamente de transitar, para atingir a nossa identidade sexual.

Não se pode esquecer que comer muito em lautos banquetes ou jejuar piedosamente são hábitos opostos arraigados em todas as culturas. O primeiro é uma das formas mais consagradas de festejo entre as pessoas; o segundo é uma prática religiosa pacificadora, que propícia a superação dos aguilhões da carne.

Anorexia e **obesidade** são variações desses hábitos universais, distúrbios alimentares de larga prevalência nas clínicas de hoje. Assim, o que era comemoração e congraçamento social se encaminhou para um solitário empanturramento de comida, e a elevação espiritual do jejum degradou-se uma exigência fútil da moda. Ambos os quadros têm vinculação com a mídia. A anorexia, pela **veiculação impositiva** de padrões de beleza; a obesidade, pela **propaganda dos alimentos pouco saudáveis**."

"Algumas marcas, como aconteceu no *São Paulo Fashion Week 2015*, apresentaram roupas para mulheres com corpos mais avantajados."

Gilles Lipovetsky é reconhecido hoje como uma das maiores autoridades do mundo em sociologia e filosofia da moda, do luxo e das novas faces do individualismo contemporâneo. Em 1983, esse filósofo francês alertou o mundo que estávamos vivendo a *l'ère du vide*, ou seja, a **"era do vazio"** que, aliás, foi o título do seu primeiro livro de sucesso.

Depois de mais de três décadas, a obra do professor Gilles Lipovetsky continua desvendando uma das características que, por mais paradoxal que pareça, marca a essência da sociedade atual: a **superficialidade**.

Numa entrevista para o correspondente do jornal *O Estado de S.Paulo*, Andrei Netto, o professor Giles Lipovetsky explicou: "A moda e todos os seus signos se tornaram onipresentes no sistema hegemônico, principalmente após a falência do comunismo. Tudo que segue a lógica da moda: é efêmero e sedutor. E já há algumas décadas que aconteceu a globalização da moda, com relevantes impactos econômicos e culturais. Durante muito, ela foi um fenômeno circunscrito ao Ocidente. Paris era o centro, e todo o mundo copiava suas tendências. Isso mudou muito!!! Hoje, japoneses, coreanos, brasileiros e muitos outros países têm uma *fashion week* (semana da moda). Tornou-se um fenômeno econômico importante, porque marcas mundiais reafirmam nesses eventos sua **criatividade** e **originalidade**. Por isso, a moda alcançou um *status* econômico importante em todo o mundo. No Brasil, por exemplo, existe hoje um grande número de faculdades e escolas voltadas para a moda.

"Gilles Lipovetsky, uma autoridade em sociologia e filosofia da moda."

Para muita gente, ela se tornou crucial, e para a economia significa um polo que **criou muitos empregos** e tem **gerado lucros extraordinários**. E uma grande novidade de nosso tempo está no fato de que manequins e modelos se tornaram estrelas. Antes eram apenas fotografados. Hoje, são entrevistados, se expressam, são ouvidos. Passaram pelo mesmo fenômeno que as estrelas do cinema quando deixaram de ser apenas atrizes e atores que desempenham papéis em filmes. Modelos são, hoje, pessoas na vanguarda da mídia que se transformaram em ícones de uma construção mítica.

O mundo da moda, suas estrelas e seu novo grau de celebridade representam a extensão do *star system* (sistema de astros). No passado, esse sistema se limitou ao cinema e um pouco ao *music hall* (teatro de variedades). Hoje se tornou onipresente. Está na cozinha, com os famosos *chefs*, no *design*, no esporte, entre os intelectuais, entre os jornalistas. E, claro, no mundo da moda. Quando o corpo concentra todos os símbolos da beleza, a figura que o ilustra melhor é catapultada a um **prestígio extraordinário** internacional.

No meu último livro *Légèreté* (*Leveza*) falei sobre a sociedade em busca da leveza, de *slow life* ('vida menos apressada'). E a busca pela leveza tem diferentes facetas, que não estão nas TICs, nos *smartphones*, no virtual, na desmaterialização, na cultura do consumo, do hedonismo. São todas formas livres de existência. Entretanto, a leveza se manifesta também no corpo, nessa busca incessante pela magreza, quando 90% dos regimes acabam em fracasso.

Sonhamos todos com corpos leves e usamos todas as tecnologias disponíveis – eletrônicas, alimentares – que nos permitem alcançá-los. Mas o paradoxo é que quanto mais a sociedade busca a leveza, mais a obesidade se torna endêmica

O verdadeiro problema social não é a **anorexia**, que é marginal, e sim a **obesidade**, que já atinge mais de **40%** das pessoas em países desenvolvidos como os EUA, mas que aflige também os habitantes de países bem pobres da África!!!

As pessoas almejam ter uma vida mais livre – poder respirar bem, viver a *slow life* num ritmo adequado. O problema é que apesar de existir essa fixação, está ocorrendo exatamente o contrário com a grande maioria. Estamos em uma sociedade marcada pelo **estresse**, pela **depressão** e pelo **suicídio**. A norma da leveza enfrenta forças fenomenais, como a competição no mercado de trabalho, a globalização, pressões de toda ordem, que criam ansiedade.

O **ideal da leveza** se traduz pelo fato de não haver mais **estabilidade**. As pessoas vivem juntas, mas se separam muito rápido. A vida íntima se tornou problemática, uma fonte de ansiedade e sofrimento, de insegurança. Chegamos, assim, ao contrário da leveza, à **ansiedade**.

A grande novidade atualmente é que a estatização hoje é conduzida pelo capitalismo pós-fordista, que não se contenta em fabricar produtos funcionais, mas investe pesadamente em produtos de moda para vender mais, qualquer que seja a área. No passado, um par de óculos era apenas uma órtese para enxergar melhor. Hoje, é um acessório de moda. O mesmo raciocínio vale para um automóvel, para os móveis da casa, para tudo!!!

Estamos na época do capitalismo artista que incorpora a dimensão artística em todos os domínios da indústria. Até nos produtos alimentícios se vende uma estética, sob a pena de que se isso não ocorrer, pode-se afastar ou perder o consumidor.

A **aparência** se tornou crucial e nenhuma indústria de consumo pode escapar disso. Por exemplo, o sucesso de algumas redes que não vendem roupas caras está no fato de que **copiam** todos os códigos da indústria do luxo. Hoje, as pessoas não querem apenas o útil, mas produtos que causem nelas a emoção, reação, ainda que tenham uma parte de inutilidade.

O telefone antes servia para a família telefonar. Hoje, cada indivíduo faz tudo com o seu telefone, que precisa ter um excelente *design*, ser um modelo por excelência do '**capitalismo artista**'. Tudo segue a lógica da moda: **ser efêmero e sedutor**."

3.10.2 – LI EDELKOORT: ORÁCULO SOBRE TENDÊNCIA DA MODA

A holandesa Li Edelkoort é uma espécie de **oráculo** quando o assunto é identificar o que é atual e os próximos movimentos da moda. À frente do Trend Union, *bureau* de estilo baseado em Paris, com escritórios em Tóquio e Nova York, essa pesquisadora e **consultora de tendências** tem clientes tão variados como Prada e Zara, Nissan e Coca-Cola.

"A holandesa Li Edelkoort trabalha para as mais importantes marcas da moda, tais como Zara, Prada etc."

Em suas consultorias, ela pode desde ajustar a comunicação visual de um carro japonês para o mercado europeu até dar consultas sobre a fragrância de um novo perfume com base nos anseios de um determinado público feminino.

Para conseguir mapear os desejos nas pessoas, Li Edelkoort viaja muito e procura observar tudo o que consegue ver nas ruas de Kyoto, São Paulo, Nova York, Nova Délhi ou Melbourne. Por isso, quando ela divulgou em fevereiro de 2015 o seu *Manifesto Antifashion*, de certa maneira, o mundo da moda parou para refletir sobre o que ela quis expressar. Nele, ela listou dez motivos pelos quais o sistema da moda está **obsoleto** e, assim, decretou o seu fim, como um **radar de transformação social**.

Eis o que pensa Li Edelkoort: "O que está acontecendo é que, por algum motivo, as pessoas estão focando nas roupas e nos acessórios e **não estão mais interessadas** em dar uma contribuição conceitual para o mundo. Nós perdemos a ideia da moda como possibilidade de nos transportar, de nos transformar, nos educar.

A moda sempre foi um indicativo para onde o mundo estava indo, você podia entender a moda como um guia sobre a transformação da sociedade. Isso não existe mais, não há mais discussão, há apenas vestidos tipo envelope, saias godê, todos esses itens que podem ser muito legais e bonitos, porém não é só disso que é feita a moda. Sente-se que as pessoas não compram roupas como antes. Não há motivo para comprar peças repetidas. Toda a energia da moda se voltou para o *marketing* dos acessórios.

As marcas de luxo transformaram a roupa no **acessório dos acessórios**!?!? Ela não deve concorrer com as bolsas, que são muito mais lucrativas. A indústria da moda quer ganhar dinheiro, porém criou um mecanismo que está matando ela própria. **É como comer o próprio rabo**!!!

Sem dúvida, a inovação não está mais na moda, mas sim no *design*. O *design*, sim, está cheio de disciplina, energia jovem, tem esse frescor de uma área que está apenas começando a se desenvolver em alguns países como o Brasil.

Acredito, porém, que os países que estão no hemisfério sul podem, inclusive, **liderar um renascimento da moda no mundo**. Por isso, em particular, o Brasil precisa encontrar a própria identidade, vestir-se da maneira que quiser, sem se inspirar em nenhum outro país de cultura ocidental. Espero ansiosamente pelo momento em que o hemisfério sul olhe para si mesmo e diga: 'Agora estamos à frente do *design* europeu e norte-americano!'. Vocês, do hemisfério sul – Brasil, Índia, Austrália, países da África etc. –, são muito fetichistas, têm a necessidade de cor que não existe no hemisfério norte, possuem uma forma de combinar tudo que é muito livre. Todos esses ingredientes formarão, de alguma maneira, a atmosfera do *design* do hemisfério sul.

Apesar de simpatizar com a ideia de democratizar o *design* de moda, não concordo com os produtos feitos sob terríveis circunstâncias, como o trabalho infantil, em condições de trabalho análogas à escravidão. Não é possível que uma roupa seja mais barata que um sanduíche!?!? Pense em todas as etapas: modelar, costurar, bordar, estampar, aplicar o logo, transportar. Há muito suor nessas roupas e essa relação é muito injusta, porque é difícil para as jovens que querem se sentir bonitas não comprar essas roupas e, por isso, não há um boicote do público em geral.

Espero que haja uma legislação em breve que **proíba a venda de roupas abaixo de um certo preço**!?!? Na Europa, nós fazemos isso na agricultura, e assim há um preço mínimo para o tomate, a batata etc.

A maneira de renovar o sistema obsoleto no qual se encontra a moda é se unindo, constituindo times, fazendo parcerias, integrando disciplinas como arte, dança, música e *design*. Infelizmente, a moda ainda não faz ideia de como se comportar corretamente.

O mundo *fashion* está muito *old fashioned*. Ele não consegue entender que a nova geração não quer ser esse indivíduo solitário. A moda até quer estar próxima das pessoas. Mas é preciso nesse momento questionar tudo, porque todo o sistema da moda está fracassando: *marketing*, editoriais, roupas. O conceito de moda está velho, pois veio dos séculos XIX e XX. Até os consumidores estão fracassando, porque estão se fazendo bonitos de outra forma, com tatuagens, penteados, brincos etc. Eles se tornaram tribais, chamando muita atenção para os próprios corpos, de maneira que não precisam mais de moda. Talvez estejamos no processo de desenvolvimento de seres humanos que **não precisam mais ser cobertos da mesma maneira que antes**!!!"

3.10.3 – GISELE SE DESPEDE NO AUGE!!!

S_BUKLEY / SHUTTERSTOCK.COM

"Em 2015, Gisele Bündchen abandonou oficialmente o desfile nas passarelas, saindo dessa atividade no seu auge!!!"

Aos 34 anos, Gisele Bündchen, a modelo brasileira que inaugurou o **padrão de beleza saudável**, tomou a decisão de parar, despedindo-se das passarelas, na edição de verão 2016 da *São Paulo Fashion Week - (SPFW)*, desfilando para a grife Colcci no dia 15 de abril de 2015.

Em uma sala de desfile lotada, cerca de mil pessoas aguardavam ansiosamente o *show* que estava prestes a começar. No início da passarela, um telão mostrou os melhores momentos daquela que acabou sendo qualificada como **a maior *top model* de todos os tempos**!!!

Homens e mulheres seguravam seus celulares enquanto murmuravam: **"É agora, é agora!!!"**

Quando as luzes se acenderam, surgiu a silhueta que todos aguardavam. Nesse momento, pouco importavam as roupas da grife que a musa representava ou o *casting* estrelado de modelos escolhido por ela para **acompanhá-la**.

Cada um dos presentes estava ali para ver Gisele Bündchen fazer sua última aparição nas passarelas, uma despedida decidida por conta própria e que ocorreu no auge de seus 20 anos de carreira. Claro que o público ainda a verá, talvez em algum desfile beneficente ou em situações especiais e importantes, mas jamais será como nos seus tempos de profissional, nesses últimos 20 anos...

EVERETT COLLECTION / SHUTTERSTOCK.COM

"O que dizem os especialistas em desfiles de moda sobre Gisele Bündchen: 'Nunca houve uma modelo como ela; nunca houve uma carreira como a dela e ninguém conseguiu ficar 20 anos no auge nessa atividade.'"

Ao terem se apagado as luzes do desfile de verão 2016 da Colcci da *SPFW*, Gisele Bündchen encerrou uma história de 20 anos e vários quilômetros de passarelas percorridas.

Numa entrevista para Pedro Diniz, da *Folha de S.Paulo* (11/4/2015), Gisele Bündchen destacou: "Não é uma aposentadoria, pois vou continuar trabalhando, só não mais na passarela. Além disso, não descarto desfilar, porque já estou neste *business* há 20 anos e agora quero criar um espaço para poder focar-me em outros projetos e também ficar mais com minha família. Estou, entretanto, deixando a passarela, pois aprendi a sentir meu corpo. Automaticamente meu corpo fala se o que faço vale a pena, e **ele pediu para parar**.

Eu respeito meu corpo, tenho um privilégio de poder parar. Olho para a minha carreira e já me sinto muito realizada. Estou passando por um processo gradual de um **fim de um ciclo**. A passarela foi o início desse ciclo, onde comecei, aos 14 anos. Sinto-me satisfeita de fechar esse ciclo assim. Não vejo como fazer mais no que se refere a desfilar. Tenho muitos outros projetos e muitos sonhos, e acredito que para conseguir realizar qualquer coisa na vida é preciso **foco** e **determinação**.

Nestes 20 anos de carreira tive que aprender a lidar com as críticas desde cedo, mas sempre fiz o máximo para focar naquilo que me deixava feliz. À medida que os anos foram passando, aprendi a não levar as coisas para o lado pessoal. Percebi que sempre haverá críticas e julgamentos, mas sempre me foquei em dar o meu melhor e com o passar do tempo fiquei mais confiante."

O que não se pode esquecer é que ela, após 20 anos de passarela, agora com dois filhos, mais de 500 capas nas revistas mais famosas do mundo e com uma fortuna de mais de US$ 1 bilhão, planejou uma saída de dar inveja a qualquer pessoa, pois foi feita no **auge da sua fama**!!!

Deve-se perceber que para o mundo da moda e do consumo, Gisele tornou-se bem mais que um simples rosto belíssimo e um corpo invejável. Ela virou uma máquina de vender produtos e serviços, atravessando a fronteira que costumava separar fotografia de moda de trabalhos comerciais. Ao assinar um contrato de longo prazo com a Victorias's Secret, no início dos anos 2000, Gisele fez a marca vender *lingerie* como nunca. Aliás, em 2007, foi criado na Bolsa de Valores de Nova York, o Índice Gisele, que possibilitava calcular quanto algo ligado à sua imagem conseguia vender e lucrar mais. Por sinal, o economista Fred Fuld, que criou a medida, salientou que as empresas para as quais ela fez propaganda apresentaram resultados muito acima da média das outras companhias, isso na Bolsa norte-americana.

Dessa maneira, de janeiro de 2007 a setembro de 2011, o Índice Gisele registrou uma alta de 41%, enquanto a Bolsa caiu 4%. Em 2014, quando a empresa de material esportivo Under Armour anunciou que contrataria Gisele como modelo, suas ações subiram 4% imediatamente. No Brasil, a linha Pantene da P&G saltou de 1,5% de participação no mercado, em 2005, para 11,4%, em 2013. O mesmo aconteceu com a C&A, que durante a campanha estrelada por Gisele aumentou as suas vendas em 30%.

De acordo com a revista *Forbes*, que se dedica a elaborar lista de bilionários e das pessoas mais bem-sucedidas, Gisele foi a modelo que mais ganhou dinheiro no planeta durante **dez anos seguidos** (de 2000 a 2010) e ainda continua sendo... Entre 2013 e 2014, ela ganhou US$ 47 milhões – cerca de US$ 16 milhões a mais que o seu marido, o notável *quarterback* Tom Brady, cérebro da equipe do New England Patriots.

A *Forbes* publicou: "Ao deixar a passarela, Gisele não perderá dinheiro, pois o que recebe desse trabalho é praticamente um troco. Sua fortuna hoje em dia vem de investimentos e do licenciamento de seu nome para diferentes produtos – sandálias, xampus, escovas de dente e *lingeries*. Em 1995, quando Gisele emergiu, não se poderia esperar nada disso!!!

Na escola, o seu apelido era: 'namorada do Popeye', ou seja, a menina alta e magrela que nasceu em Horizontina, a 500 km da capital gaúcha Porto Alegre, não era nenhuma unanimidade!!! O seu cabelo era castanho-escuro, as formas curvilíneas ainda não haviam amadurecido e seu nariz, definitivamente, estava fora do padrão.

Naquele tempo, só faziam sucesso modelos com aparência doentia, o estilo *heroin chic*, com olhos fundos, rostos angulosos e narizes tímidos. Ela foi recusada em quase 200 *castings* (seleção de modelos) e quase desistiu...

Foi o seu pai, Valdir Bündchen (que em 1997 escreveu um livro chamado *Como Construir a Si Mesmo*) que deu força para que ela persistisse, sugerindo que precisava de um planejamento profissional. Pouco depois, pai e filha assinaram o primeiro contrato de Gisele com a agência Elite, dando início à carreira que a tornaria a **modelo mais bem-sucedida da história**!!!

Como uma Carmen Miranda sem balangandãs, ela foi abrindo o próprio espaço com superlativos: o nariz, os cabelos volumosos e luminosos, as suas curvas, a boca grande, os lábios grossos. Além das pernas, obviamente – capazes de rivalizar em extensão e formato com as da boneca *Barbie* – e do bumbum.

Apesar de ser discreto para os padrões brasileiros, ele tornou-se motivo de inveja no mundo anglo-saxão. Quando Gisele surgiu, quem estava no auge era a modelo Kate Moss, entretanto, naquela época, os EUA queriam vender **saúde**!?!?! E aí a jovem brasileira de voz aguda foi a mulher certa na hora certa, diante da pessoa certa: Anna Wintour, diretora da *Vogue America*, a revista de moda mais influente do mundo.

Gisele reproduzia o dourado de dias ensolarados em praias brasileiras.

Donatella Versace afirmou: "Gisele é forte e *sexy*", quando a avistou. O mito das lentes, o norte-americano Steven Meisel declarou: "Gisele, além de linda, é inteligente!!!" Finalmente, sentenciou Anna Wintour, em 1999, quando sua afilhada Gisele posava num cenário campestre: "O retorno da modelo *sexy*."

E assim Gisele foi abrindo cada vez mais o caminho para obter um enorme sucesso. Ela virou referência para os colegas devido à sua disciplina e profissionalismo. Nunca reclamava das suas tarefas, chegava na hora e se envolvia de verdade com as marcas que a contratavam. Também soube manter um controle sobre sua imagem e conseguiu se tornar uma espécie de inspiração universal, modelo de mulher moderna, familiar, bem-sucedida.

E como foi que ela conseguiu isso?

Além de evitar que se criassem a seu respeito quaisquer tipos de fofocas, Gisele procurou se ligar a nomes famosos e respeitáveis. Assim, por exemplo, namorou o astro do cinema Leonardo Di Caprio e o campeão mundial de surfe Kelly Slater antes de casar com Tom Brady, em 2009.

Pode-se dizer que foi sempre ativa no sexo, mas sem drogas, e como salientou João Luiz Vieira no seu artigo *O adeus da Greta Garbo gaúcha* (revista *Época* de 23/3/2015): "Gisele apreciou o *rock and roll* bem baixinho, para não acordar as crianças. Ela já é mãe de Benjamin e de Vivian, e jura que pretende voltar a morar no Brasil, apesar de que viver nos EUA e ser casada com um herói no futebol norte-americano ajuda muito a manter sua carreira em alto nível. Entretanto, ela já se tornou uma cidadã do mundo. Pode ganhar dinheiro em qualquer lugar onde sua imagem seja requisitada. Isso já acontece muito no Brasil, mas basta folhear um exemplar das revistas norte-americanas *Vanity Fair* ou *Vogue* para sempre encontrar meia dúzia de fotos de Gisele anunciando para as principais marcas.

Nossa Greta Garbo vai sair das passarelas, mas, ao contrário de sua antecessora, que ficou reclusa, continuará brilhando intensamente.

O público a quer.

Sua combinação de *hardware* alemão e *software* brasileiro conseguiu de alguma forma cativar o mundo de forma duradoura e profunda. Não é fácil ficar 20 anos no auge nessa atividade!?!? Nunca houve uma modelo como ela, nunca houve uma carreira como a dela.

Gisele é única!!!

Quem a viu desfilar no *SPFW* de 2015 apreciou algo que jamais deverá esquecer, pois quem não teve essa oportunidade só poderá imaginar!!!"

3.10.4 – OUTRAS MODELOS BRASILEIRAS

Na publicação *Serafina*, um encarte do jornal *Folha de S. Paulo* (maio de 2015), o articulista Marcelo Coelho, no artigo *As peles que habitam,* falou sobre a vida de **sete modelos** que agora estão bem envelhecidas...

Recordou Marcelo Coelho: "Dizendo que seu corpo '**pediu para parar**', Gisele Bundchen, após desfilar no *SPFW 2015,* anunciou o fim de uma carreira.

O fato é que entre as primeiras imagens da modelo e as que conhecemos atualmente, muita coisa mudou. A Gisele Bündchen de hoje já surge aos nossos olhos com a palavra '**sucesso**' carimbada na testa; o movimento selvagem dos cabelos dá a impressão de que a modelo não simplesmente olha ou anda em nossa direção. Ela avança afirmativa, como poucas!!!

Vinte anos atrás, Gisele surgia como uma espécie de prodígio físico, combinando a naturalidade infantil do anonimato com o prazer já adulto de se saber adorada.

No início, houve quem implicasse com o nariz dela: meio grande, meio largo, quem sabe. A modelo de maior sucesso no mundo talvez não seja realmente a mulher mais bonita do mundo...

É um clichê das próprias estrelas da moda dizerem que não se acham tão lindas assim, e pensando bem não é difícil concordar com algumas delas. Seria até engraçado fazer uma lista das supermodelos '**mais feias**' da atualidade. E haveria, afinal de contas, boa dose de elogio nisso, pois estávamos valorizando o '**talento profissional**', mais do que a condição estética e genética das escolhidas. A mais bonita não é a mais elegante, nem a mais charmosa, nem a mais enigmática, nem a mais '**classuda**', nem a mais *sexy*.

Será exagero dizer que a beleza em si '**não existe**'. Mas, no máximo, existem diferenças entre ser bonita, estar bonita, parecer bonita e agir como se fosse bonita e sentir-se bonita. Ou ter sido bonita. Pois a juventude vai aos poucos se descolando de cada rosto, e de uma forma espantosa de toda a pele que cobre o corpo todo."

Se o corpo é outro, o espírito das modelos que já não são tão jovens como antigamente parece ser indestrutível. Pois é, essas modelos continuam a ser modelos, continuam praticamente perfeitas quando se colocam diante da câmera fotográfica.

Fazem parte desse grupo as seguintes modelos:

- **Betty Lago** (1955-2015), cuja carreira como modelo esteve no auge nos anos 1970-1980, quando desfilou para nomes como Karl Lagerfeld e Thierry Mugler, e se tornou depois um rosto conhecido nas diversas novelas apresentadas na nossa TV.
- **Virgínia Punko,** que quando menina foi a "**rainha do basquete e da natação**", tendo jogado com estrelas como Hortência e Paula. Mas ela ganhou muito dinheiro como modelo nos anos 1980.
- **Mila Moreira**, que mereceu o poema *Seis Manequins* de Carlos Drummond de Andrade (1902-1987): "Já se dilata a pupila ante a passagem de Mila, que, se para ou desfila, tantaliza a própria argila."
- **Shirley Mallmann** foi considerada a primeira *top model* brasileira, a que abriu o caminho para Gisele Bündchen, Fernanda Tavares, Carol Ribeiro e Luciana Curtis. Ela trabalhou com estilistas como Jean Paul Gualtier e Helmut Lang, e vive nos EUA há um bom tempo.
- **Betty Prado,** que foi uma das preferidas do famoso fotógrafo alemão Helmut Newton (1920-2004). Disse Betty Prado: "Parei de desfilar e fotografar há muitos anos. Fiz uns trabalhos como atriz e decidi trabalhar com moda, onde eu circulava bem."
- **Silvia Pfeifer** obteve muito sucesso nas passarelas, que deixou nos anos 1990. Ela comentou: "As pessoas me perguntam se eu sinto saudade de ser modelo. Não sinto. O trabalho de modelo tem um fim, como tantos outros trabalhos. Não dá para viver dele a vida inteira, e por isso que fui trabalhar na televisão."

- **Vera Valdez** estreou como modelo aos 15 anos, sob a batuta da estilista surrealista Elsa Schiaparelli (1890-1973). Nos anos 1950, foi a manequim favorita da lendária Coco Chanel (1883-1971), com quem trabalhou até o último desfile da estilista. Lembrou Vera Valdez: "Briguei muito com Coco Chanel. Ela me mandava embora e depois me chamava de volta."

Caro(a) leitor(a), você se lembra bem de alguma dessas belas mulheres brasileiras? Faça uma pesquisa melhor e encontre algumas fotos delas...

3.10.5 – KIM KARDASHIAN WEST, A ESPECIALISTA EM AUTOPROMOÇÃO NA INTERNET

O mundo das celebridades para alguns entendidos pode ser dividido em antes e depois de Kim Kardashian. Essa norte-americana não é atriz, modelo e nem cantora, mas foi eleita em 2015, pela revista *Time* uma das **100 pessoas mais influentes do mundo**!?!? Seu mérito está em saber usar as ferramentas de uma sociedade em que a Internet domina as relações.

FEATUREFLASH PHOTO AGENCY / SHUTTERSTOCK.COM

"Kim Kardashian não é atriz, nem modelo, nem cantora, mas em 2015 a revista *Time* a classificou como uma das 100 pessoas mais influentes do mundo."

Atualmente, a grande maioria das pessoas deseja conferir a vida alheia no Instagram. Pois as portas da intimidade dela estão abertas para seus **32,3 milhões de seguidores** na rede social.

Hoje, as pessoas só pensam em *selfies*, não é? Kim lançou um livro só com suas *selfies* intitulado *Selfish* (*Egoísta*, em português).

Os aplicativos (*apps*) são um negócio do presente, os quais fazem parte da EC?!?! Bem, ela também tem o seu, um dos *games* mais rentáveis de 2014.

Claro que um mérito dela é a sua beleza fora dos padrões da moda, com curvas em abundância, tornando-se assim uma referência para mulheres de todo o mundo, inclusive do Brasil.

Kim Kardashian West esteve no Brasil na segunda semana de maio de 2015 para lançar para a rede C&A uma coleção de 20 peças de roupa com sua assinatura para o Dia dos Namorados. Ela, que é mulher do *rapper* Kanye West, estrela do *reality show Keeping Up With the Kardashians*, só falou, sorriu e tirou suas famosas *selfies* quando tudo foi programado com antecedência.

Pode-se dizer que ela é uma espécie de Valesca Popozuda do hemisfério norte – apesar de suas curvas parecerem maiores do que as da versão nacional. Ela afirmou que criou roupas que se encaixam no seu estilo e no da mulher brasileira!!! Declarou Kim Kardashian: "A minha coleção tem menos a ver com o que você veste e mais com quanto se diverte vestindo. Queria assim roupas simples, mas que ao mesmo tempo tornem a mulher *sexy*. As brasileiras, assim como eu, gostam de mostrar suas curvas. Por isso tem tanto *stretch* (tecido elástico), que gruda no corpo e dá contorno."

Assim, *tops* curtos, saias lápis (justas e com comprimento abaixo do joelho) e vestidos com fendas laterais compõem essa coleção, toda em preto e branco e azul-marinho.

Parece realmente ter tudo sido feito exatamente para essa morena de 1,59 m de altura e 60 kg de peso!!!

3.10.6 – O MINEIRO QUE COMANDA A LINHA MAIS SOFISTICADA DA CALVIN KLEIN

Nestas últimas duas décadas, o mineiro Francisco Costa passou cinco anos trabalhando para Oscar de la Renta (1932-2014), quatro anos para Gucci, e nesses últimos 11 anos, é o diretor da linha feminina da Calvin Klein Collection. Como se nota, ocupou três cargos de muito prestígio no mundo da moda. E é agora, na Calvin Klein, que ele conquistou muita projeção, sendo considerado um dos maiores estilistas dos EUA, tendo já recebido duas vezes o prêmio do Council of Fashion Designers of America (CFDA), uma espécie de Oscar da moda.

"O *designer* Francisco Costa, trazendo muito lucro para a Calvin Klein."

Atualmente, Francisco Costa está preparando uma reestruturação total da linha que produz para atender um consumidor ávido por novidade (e agilidade). A partir de 2015, a Calvin Klein Collection passou a fazer **12 entregas** anuais às suas lojas – antes, eram feitas apenas duas entregas após os lançamentos. Comentou Francisco Costa: "Em outras palavras, todo aquele que for a uma de nossas lojas encontrará muito mais variedade. Atualmente, a atenção dispensada a um produto é muito mais rápida. Você tem que produzir muito mais depressa. Antigamente, as pessoas tinham uma responsabilidade, sentiam como se estivessem selecionando: 'Vou comprar da Calvin Klein!'. Hoje em dia, isso é bem diferente: as pessoas lidam com marcas e moda em geral de outra forma.

Agora, o cliente é menos leal a uma marca porque tudo é muito mais fácil, tudo é tão disponível e há muito mais oferta que a demanda. Por isso, você tem que se movimentar mais rapidamente, na velocidade da realidade. Para o mercado de coleção, isso é novo. Mas criar rapidamente funciona para mim. Produzir é o mais desafiador. Nós já assumimos essa postura de nos movermos tão velozmente quanto pudermos. Agir assim dá ao cliente a oportunidade de ter o produto muito rapidamente. Isso também cria um nível de energia muito bom para a nossa marca."

Bem, não se pode esquecer que a linha de luxo do Francisco Costa gera algo como US$ 400 milhões por ano para a empresa.

3.10.7 – ARMANI COM UMA LOJA ESPETACULAR EM MILÃO!!!

Giorgio Armani tem uma loja nova, espetacular, instalada na Galleria Vittorio Emanuele II, em Milão, que até passa despercebida para as pessoas que transitam pela cidade. À primeira vista, parece mais uma dentre tantas outras butiques do estilista espalhadas pela **capital da moda italiana**. Mas, ao se deter com um olhar mais atento, percebe-se logo que está ali uma das mais recentes apostas do *designer* italiano nascido em Piacenza, que em 2015 completou 80 anos.

Num espaço de 220 m², dividido por dois andares, são vistos somente acessórios. Nada de camisetas, ternos, vestidos, saias. Somente calçados, bolsas, cintos, perfumes e joias confeccionadas com a excelência do *made in Italy*, que obviamente tem no Giogio Armani um de seus maiores garotos-propaganda. Explicou Giorgio Armani: "Dediquei muito tempo para as rou-

"A fachada da loja Armani em Milão."

pas e ao *design* delas, mas agora, estou trabalhando também com entusiasmo com os acessórios. Chegou o momento de dar maior visibilidade adequada para as coleções de acessórios para homens e mulheres em uma loja com um conceito que foi criado de forma independente. Temos, hoje, cerca de 2.200 lojas próprias em muitos países do mundo, e espero que a partir de agora os acessórios passem a representar 60% do nosso faturamento anual que em 2014 foi próximo de € 2,2 bilhões."

O caminho que Giorgio Armani está trilhando é o oposto de uma de suas maiores concorrentes, a também italiana Prada. A grife de Miuccia Prada ganhou o mundo com acessórios, sobretudo com a icônica mochila de náilon, e depois passou a **investir em moda**.

Giorgio Armani já é uma lenda da moda, pois vestiu mais de 60 atrizes e 230 atores nas premiações do Oscar e agora está procurando se firmar em um terreno no qual nunca brilhou, pois é indiscutível a qualidade dos seus produtos. O curioso é que essa guinada veio justamente quando o mercado começou a especular quem vai suceder esse estilista octogenário. O próprio Giorgio Armani costuma dizer que pensa no assunto duas vezes por dia, quando **acorda** e quando vai **dormir**. Mas quem conhece Armani mais de perto relata que a última coisa que ele pensa é sobre quem o sucederá... Foi ele quem criou o grupo Armani, é o seu CEO e seu único acionista, trabalhando ainda com muita disposição.

Apesar de ter nove mansões em lugares como Milão, Portofino, St.Moritz, Paris, Nova York etc. e um dos iates mais belos do planeta, com o estilista se apresentando sempre com a pele bronzeada, ele continua trabalhando como nunca...

Não foi por acaso que conseguiu construir uma marca global e acumulou um patrimônio pessoal de aproximadamente US$ 9 bilhões. Nada mal para quem começou em 1975, com apenas US$ 10 mil obtidos com a venda de um carro Volkswagen.

Analisando esses números, dá para entender o apego de Giorgio Armani ao seu grupo. Afinal, o sucesso da marca deriva de sua visão e do seu poder de autonomia, já que a empresa é **100% sua**!!!

3.10.8 – O INCRÍVEL CHRISTIAN DIOR (1905-1957)

Paris, 22 de fevereiro de 1947, dez e meia da manhã.

No salão principal da casa da avenida Montaigne nº 30, o burburinho era grande em torno da primeira apresentação de alta-costura da *Maison* do estilista francês Christian Dior.

"O gênio da moda, Christian Dior."

Os editores de moda mais influentes do mundo estavam lá. E as grandes damas da sociedade parisiense também.

Assim que a primeira modelo pisou na passarela, o tempo pareceu parar por alguns instantes. Ela vestia um terno de cintura marcada e quadril abaulado combinado com a saia levemente *évasée* de comprimento pouco abaixo dos joelhos, que deixava seus tornozelos à mostra.

Dos bastidores, Christian Dior podia ouvir os aplausos...

Nessa época, com 42 anos, Christian era aquele homem tímido, que já passara por dificuldades financeiras e, enfim, triunfava. Mais do que isso, ele revolucionou a moda da época ao criar o visual conhecido como *new look* ("**novo olhar**") e propôs a volta da silhueta ultrafeminina e o *glamour* sem limites dois anos após o fim do período obscuro da Segunda Guerra Mundial.

O poeta Jean Cocteau (1889-1963), amigo do estilista, brincando, salientou: "O *new look* está recebendo a importância da bomba atômica!!!"

Daí, até 1957, ano da sua morte, Dior construiu um império e os pormenores dessa trajetória estão muito bem explicados no livro *Monsieur Dior: Once Upon a Time (Senhor Dior: Era Uma Vez)*, escrito por Natasha Fraser-Cavassoni, que contou com a parceria da *Maison* Dior.

A autora salientou: "*Monsieur* Dior conquistou o impossível, porque fez um **sucesso assombroso**, mas não deixou que ele lhe subisse à cabeça. Ele sempre foi disciplinado e manteve os pés no chão. Por isso, procurei traçar um retrato íntimo do estilista, em tom de conto de fadas!"

Para compreender melhor a importância de Christian Dior, a escritora ouviu histórias de cerca de 70 figuras-chave. Entre elas, a atriz Lauren Bacall (falecida em agosto de 2014). Essa diva de Hollywood escolheu vestir uma criação da *Maison* na cerimônia do Oscar de 1952, quando seu marido, o ator Humphrey Bogart (1899-1957), ganhou sua primeira e única estatueta. Segundo Lauren Bacall, Bogart ficou embasbacado com o preço de uma peça de alta-costura e disse: "**O que você está fazendo? Você não pode pagar isso por um vestido!**". Ela, claro, deu de ombros e ao longo da sua vida ainda arrematou muitos outros vestidos do estilista.

Outra cliente famosa de Dior foi Rita Hayworth, que encomendou 12 produções completas depois de ver a primeira coleção da marca. Já Marlene Dietrich **exigiu** que seu figurino no filme *Pavor nos Bastidores*, lançado em 1950, fosse assinado pelo estilista. Num telegrama para Alfred Hitchcock, diretor do longa, ela escreveu: **"Sem Dior, sem Dietrich!?!?"**

Ava Gardner, Jane Russell e Jayne Mansfield, atrizes famosas, também fizeram parte da constelação de fãs e clientes de *monsieur* Dior, como era chamado por todos.

A formalidade do tratamento revela um pouco da personalidade do estilista, que geralmente foi descrito como gentil e amável. Dior, de fato, foi contido e muito discreto. Não carregou consigo o carisma de alguns de seus colegas, mas também tinha o temperamento difícil de outros gênios contemporâneos, como Gabrielle Chanel e Cristóbal Balenciaga.

Relatou Natasha Fraser-Cavassoni: "*Monsieur* Dior foi uma mente aberta e leal, que não encontrou voz dissonante entre as dezenas de seus ex-funcionários, vendedores, costureiras e modelos. Entretanto, apesar de ser amável, o criador foi extremamente exigente. Assim, Pierre Cardin, que foi chefe do ateliê da *Maison* em 1947, passou três dias trabalhando ininterruptamente sem voltar para casa, antes da apresentação da coleção. Aliás, Cardin descreveu também os **dois maiores vícios** de Dior: a **compulsão por comida** e a **supersticiosidade**. Disse Pierre Cadin: 'Ele devorava sacos de doces durante as provas de roupa e não fazia nada sem consultar *madame* Delahaye.'

Homossexual não assumido, o estilista manteve relações discretas com homens mais jovens e sofria muito por estar fora de forma. No trabalho, vestiu sempre um avental branco e não descansava enquanto suas criações não estivessem perfeitas. Esse seu senso estético veio do berço!!!"

Christian Dior nasceu na Normandia, membro de uma **família abastada** que tinha negócios no ramo de fertilizantes. Ele cresceu entre partidas de críquete, bailes e festas beneficentes. Com talento nato para criar, o jovem Christian desejava estudar na Escola de Belas Artes, mas foi impedido pelo pai, e acabou inscrito no curso de Ciências Políticas. Em Paris, pouco frequentou as aulas nesse curso. Passou grande parte das tardes no bar ao lado de artistas, músicos e poetas. Financiado pelo pai, abriu uma galeria de arte em meados dos anos 1920, mas precisou fechá-la em 1931 quando a família Dior perdeu toda a sua fortuna após a Grande Depressão que ocorreu em 1929. Ele, então, começou do zero, e passou a desenhar croquis de vestidos para revistas de moda e logo conseguiu um trabalho na empresa de Lucien Lelong, o líder da Câmara de Comércio francesa, que o introduziu no mundo dos negócios!!! Isso, até 1947, quando conheceu o milionário Marcel Boussac e obteve o financiamento necessário para lançar sua grife.

Destacou Natasha Fraser-Cavassoni: "Acredito que quando há lucidez e disciplina, o fracasso vem para somar, pois você sabe quais são suas falhas e pode enfrentá-las. Foi o que fez Dior ao cuidar da parte criativa e confiar as finanças ao administrador Jacques Rouet. Juntos, estabeleceram raízes sólidas para a marca, abriram *boutiques* mundo afora, licenciaram produtos e fizeram da alta-costura um **luxo acessível**!!! Apesar da aparência clássica, *monsieur* Dior foi um visionário. Ele tornou a sua grife global, antes de qualquer outra, em apenas dez anos."

Ao longo de sua década de ouro, Dior viveu como um rei. Foi adorado por sua corte de nobres damas da sociedade francesa e do mundo, transformando mulheres em princesas.

Após sua morte prematura, aos 53 anos, foi substituído à altura pelo seu pupilo Yves Saint Laurent e, posteriormente, por Marc Bohan, Gianfrancesco Ferré e John Galliano. Atualmente, a *Maison* vai também muito bem, sob o comando de Raf Simons.

Deve-se lembrar de que Christian Dior sofreu um ataque cardíaco fulminante durante uma temporada no *spa* de Montecatini, na região da Toscana (Itália), para onde ele viajou, contrariando de forma inédita o conselho de sua guru, *madame* Delahaye. Ele morreu em 24 de outubro de 1957, às dez e meia da noite, exatamente uma década **depois de mudar para sempre a história da moda**!!!

Hoje, a *Maison* Dior pertence ao grupo LVMH (Moët Hennessy ◆ Louis Vuitton, *holding* francesa especializada em artigos de luxo) que em 2014 faturou € 30 bilhões e detém entre suas marcas, Givenchy, Fendi, Kenzo, Sephora, Acqua di Parma, Tag Heuer, Bulgari, Dom Pérignon, Veuve Clicquot e Moët&Chandon, para citar apenas algumas mais conhecidas.

A historiadora francesa de moda Catherine Örmen escreveu o livro *Dior for Ever* (em tradução literal *Dior para Sempre*), que a editora Larousse lançou em 2015 já para iniciar as celebrações dos 70 anos da *Maison* Dior a partir de 2016!!!

"No seu livro Catherine Örmen conseguir descrever muito bem a genialidade de Christian Dior."

Além da data, a decisão da Larousse de produzir o livro deveu-se ao fato de Dior continuar a ser a mais importante casa de alta-costura em termos de volume do faturamento e uma das mais brilhantes e destacadas marcas francesas em nível internacional (o livro já foi traduzido para o português).

O livro trouxe diversos documentos do acervo Dior até então desconhecidos do grande público, como o *fac-símile* de um caderno de fabricação, no qual se veem alguns dos croquis dos modelos de vestidos da primeira coleção de Dior, aquela apresentada em 1947.

Contou Catherine Örmen no seu livro: "No auge da alta-costura, eram produzidos em média, **280 modelos por coleção**, um número bem maior do que atualmente. Os desfiles eram longos, demoravam às vezes mais de **3 h**. Dior conseguiu fazer parte de um mundo bem vasto, permeado de ousadias. Por exemplo, ele foi o único costureiro francês a produzir *pret-à-porter* nos EUA, distribuindo suas peças para grandes magazines como Bloomingdale's e Sacks. Outros estilistas franceses apenas exportavam suas criações. Também ousou lançar perfumes quase simultaneamente às coleções de roupas, o que não era um hábito das casas de alta-costura da época. O *Miss Dior*, por exemplo, foi lançado poucos dias depois de seu primeiro desfile.

O estilista, no momento em que desenhava uma roupa, visualizava o corpo que o estaria vestindo. Ou seja, o corpo seria definido pela roupa. Seus vestidos tinham peculiaridades pouco conhecidas pela maioria das pessoas, não eram uma única peça, mas feitos em duas partes, com um corpete bem ajustado ao corpo, que acentuava o busto, e uma espécie de base, para ser colocada para dentro das grandes saias, sempre mantendo a cintura fina.

Quando o costume da época era confeccionar vestidos com **5 m** de tecido, Dior chegou a fazê-los com mais de **30 m**!!! Seu objetivo foi o de criar modelos bem femininos e elegantes, inspirados na moda da segunda metade do século XIX. Criou assim o *new look*, mudando o conceito de praticidade e simplicidade, uma tendência criada por Gabrielle Chanel.

A minha maior dificuldade para escrever *Dior for Ever* foi conseguir concentrar toda a riqueza e diversidade do trabalho de Dior em textos curtos, mas com muita iconografia e o máximo de informações. Acredito que fui bem-sucedida e dessa maneira o público em geral pôde saber quem foi esse gênio da moda: **Christian Dior**."

3.10.9 – OS DOIS FILMES SOBRE A VIDA DE YVES SAINT LAURENT!!!

Na batalha travada para apresentar a melhor versão da vida de Yves Saint Laurent (1936-2008), uma lenda da alta-costura francesa, tudo indica que a cinebiografia não autorizada venceu o filme oficial.

Ao dirigir *Saint Laurent*, Bertrand Bonello não teve o apoio do companheiro e sócio do estilista Pierre Bergé, que preferiu patrocinar o projeto concorrente, que foi executado por Jalil Lespert.

Apesar de ter o acesso negado ao ateliê original do costureiro e à fundação que leva seu nome (onde estão guardados todos os arquivos, croquis, modelos e registros de desfiles da grife), Bertrand Bonello não reclamou nem se abalou. Ao contrário, comentou: "O apoio de Pierre Bergé teria me obrigado a aceitar bastante o seu controle, impondo-me sua visão de guardião do legado Yves Saint Laurent (YSL). Sou avesso às cinebiografias convencionais – que tentam explicar como o personagem chegou lá, tornando-se uma figura pública. Procurei mostrar '**Yves sendo Yves**', dirigindo meu foco nas fragilidades do estilista, pintando-o como um indivíduo dado a excessos, seja na obsessão pelo trabalho ou nos seus vícios envolvendo clubes noturnos, drogas e sexo. Tudo isso sem desmerecer sua genialidade no mundo da moda. Simplesmente, busquei uma abordagem mais pessoal, mostrando o preço que YSL pagou por ter sido um artista insatisfeito, na constante busca por algo que talvez fosse inatingível.

"Foi Pierre Bergé quem cuidou dos negócios enquanto Yves Saint Laurent, o mestre do universo *fashion*, criava."

Escolhi resgatar o período mais extravagante e conturbado na trajetória de YSL por ser obviamente o mais rico do ponto de vista da moda e da vida íntima. Essa época engloba o ápice e o início da decadência do biografado (interpretado por Gaspard Ulliel).

FOTOGRAFADO POR JEANLOUP SIEFF.

"YSL posou nu, bem provocador, para anunciar os seus produtos."

Se pensarmos pelo viés da etimologia, a palavra **decadência** significa assistir ao fim de algo, um tema que considero tocante e, ao mesmo tempo, perturbador ao se explorar no cinema. O enfoque mais radical do meu filme não teria sido possível se não tivesse sido apresentado antes uma outra cinebiografia de YSL, dirigida por Jalil Lespert. Ele me desobrigou de revisar

"Gaspard Ulliel, interpretando YSL, conseguiu com minúcia reproduzir sua voz, as suas expressões e o seus gestos."

certas passagens da vida do personagem, como sua infância ou o nascimento da *Maison* YSL."

Realmente, Jalil Lespert arrancou à frente, fazendo seu *Yves Saint Laurent*, protagonizado por Pierre Niney, chegar aos cinemas da França em janeiro de 2014 (no Brasil, em abril de 2014), enquanto o filme Bonello só chegou ao Brasil em 13 de novembro de 2014, durante a 38ª edição do *SPFW*.

Seu olhar sobre o estilista no filme abençoado por Pierre Bergé repetiu os elementos mais tradicionais e previsíveis do gênero, resgatando os acontecimentos mais marcantes na vida do biografado. Com a narrativa do ponto de vista de Bergé, parceiro do costureiro por 50 anos, o roteiro ficou preso à relação afetiva e profissional dos dois e à iniciativa deles de montar o ateliê, para enaltecer o talento de ambos e o sucesso da marca. Jalil Lespert explicou: "Desenvolvi uma história de amor entre pessoas que acreditaram no próprio talento e brigaram pelo que queriam."

Pois é, enquanto Lespert foi autorizado a usar peças originais do ateliê do estilista, Bonello precisou recriar tudo. Relembrou Bonello: "Gastamos muito mais energia e tempo, pois tivemos de construir um estúdio de costura próprio. Exceto por alguns vestidos originais alugados de colecionadores de peças YSL, tudo foi reconstituído. Buscamos a maior fidelidade possível, chegando a buscar tecidos antigos na Itália e no sul da França. Algumas peças assinadas por YSL são hoje quase peças de museu, delicadas, difíceis de manipular. Mas tive muita sorte ao escolher o ator francês Gaspard Ulliel para representar YSL. Ele praticou 14 meses para se transformar no costureiro, um dos nomes da moda mais importante do século XX e conseguiu reproduzir com minúcias a sua voz, a postura, as expressões e os gestos de YSL."

Gaspard Ulliel relatou: "É o personagem mais complexo que já me ofereceram. Não só pelos aspectos complicados e paradoxais de YSL, mas também pela forma com que a história foi estruturada, com base justamente nessas contradições da vida do estilista. Ele conquistou tudo por mérito próprio e acabou destruído pelos demônios interiores. O que fiz foi dar a minha visão do costureiro, em vez de imitá-lo, o que poderia bloquear as emoções. O cinema talvez seja isso mesmo: tentar contar a verdade a partir de uma mentira!!!

Assisti *Yves Saint Laurent* para conferir a performance de Niney, mas fiz questão de fazer isso depois de ter terminado a filmagem da nossa cinebiografia, para evitar qualquer influência, ainda que subjetiva. Fiquei bem tenso ao assistir o filme de Jalil Lespert, com medo de encontrar muitos elementos em comum. Mas logo me senti aliviado ao perceber que as propostas dos dois filmes foram diferentes. Talvez por isso mesmo as duas películas merecem ser vistas por todos e obter louvores, apesar da mídia francesa em especial ter incentivado uma espécie de guerra entre as duas produções."

Caro(a) leitor(a), já assistiu aos dois filmes. **Não**!!!

Então e se gosta de moda, elimine o mais rápido que puder essa sua falha!!!

3.10.10 – BELEZA SELVAGEM

Apesar do persistente fascínio pelo seu trabalho, Lee Alexander McQueen continua sendo um personagem um tanto misterioso nos anos que sucederam seu **suicídio**, em fevereiro de 2010. Há pouca documentação a ser examinada e, surpreendentemente, relativamente poucas imagens. As pessoas mais próximas do estilista britânico também não buscaram preencher as lacunas de sua história; a maioria observou um **código de silêncio**.

Um pouco antes da abertura da exposição *Savage Beauty* (*Beleza Selvagem*), no Victoria and Albert Museum, em Londres, em 14 de março de 2015, foram lançados dois livros: *Alexander McQueen: Blood Beneath the Skin* (*Alexander McQueen: Sangue Debaixo da Pele*), de Andrew Wilson, e *Gods and Kings* (*Deuses e Reis*), de Dana Thomas, que proporcionaram se ter lampejos sobre sua vida.

Andrew Wilson, que tive entre os seus retratados anteriores Patricia Highsmith e Sylvia Plath, é o primeiro biógrafo a ter usufruído do "beneplácito e da colaboração da família McQueen." Sua narrativa entrelaça numerosos testemunhos de ex-colegas, alunos, amigos, frequentadores das mesmas baladas e parceiros sexuais.

"O livro de Andrew Wilson sobre Alexander McQueen!!!"

Já Dana Thomas, editora-contribuinte da revista *T* de estilo, do jornal *The New York Times*, ofereceu um enfoque alternativo não autorizado. Em *Gods and Kings*, apresentou a carreira de McQueen paralelamente à do outro estilista britânico, John Galliano, que foi demitido da Dior após soltar impropérios antissemitas num café de Paris e reapareceu, desde então, na *Maison* Margiela.

As vidas dos dois apresentam paralelos incontestáveis. Ambos nasceram em Londres e foram criados em famílias proletárias, em meio a uma cultura violentamente homofóbica; os dois estudaram na faculdade Central St. Martins, da Universidade das Artes de Londres. Ambos se deslumbraram com as marcas que levaram seus nomes e trabalharam na Givenchy sob gestão da LVMH.

Dana Thomas argumentou que as carreiras dos estilistas simbolizam um "momento longo, legendário na história da moda". Juntos Galliano e McQueen "sacudiram o setor, tirando-o do seu torpor maçante, burguês", para acabarem se tornando vítimas de suas exigências intoleráveis: o "ciclo ininterrupto da moda" do circuito de desfiles, "a cooperativização e democratização" dos novos conglomerados de luxo LVMH e o grupo Gucci, e o "rolo compressor" da comercialização de sua criatividade.

Dana Thomas escreveu: "O ritmo frenético da moda foi insustentável para muitos estilistas e a destruição que produziu foi impressionante. Assim, Marc Jacobs foi, por duas vezes, parar numa clínica de reabilitação; Tom Ford foi expelido da Gucci por 'fritura' – em parte porque os membros do conselho de administração sentiram que ele estava **ficando sem ideias** – e sofreu um surto de depressão; Galliano se tornou um alcoólatra inveterado, viciado em medicamentos vendidos com apresentação de receita médica, que o fazia explodir invariavelmente; Alexander McQueen se matou!!!"

Para Dana Thomas, foi o setor da moda que acabou levando McQueen ao desespero. Já Andrew Wilson identificou uma causa mais específica: "Quando ele tinha 9 a 10 anos, aconteceu uma coisa com Lee que acabaria tendo um efeito profundo sobre sua vida subsequente. Ele começou a ser abusado sexualmente por seu cunhado Terence Anthony Hulyer!?!? Hulyer era casado com a irmã mais velha de Lee Alexander McQueen, Janet, que também era espancada até perder os sentidos por seu marido: uma violência que o jovem Lee presenciou.

O abuso na infância explica a instabilidade das relações de McQueen e a violência de suas predileções sexuais. Leva também ao surgimento, em sua obra, de um arquétipo feminino aparentemente baseado em sua irmã Janet, vulnerável, mas forte, uma sobrevivente... Ela se tornou o modelo de tudo o que ele fez posteriormente. Era essa a mulher que ele queria proteger e fortalecer por meio das suas roupas."

Dana Thomas, por sua vez, observou: "McQueen foi violentado quando criança por alguém... Por isso, na idade adulta, McQueen instalou uma câmera de vídeo à noite para se proteger. Disse o estilista a Archie Reed, seu namorado: 'Fui violentado por um fantasma quando pequeno. Vou filmar o nosso sono.'

EVERETT COLLECTION / SHUTTERSTOCK.COM

"John Galliano destacou-se por ter feito desfiles nos quais as modelos apareciam exageradamente ornamentadas, como foi o caso de Jessica Stam, no MET em 7/5/2007."

Modelos algemadas, ensanguentadas e enfaixadas encarnam vítimas de Jack, o Estripador, ou as viúvas de Culloden: assim, a estética de McQueen foi violenta e antirromântica. Mas ele adorava provocar reações. Foi isso o que convenceu Bernard Arnault, proprietário da LVMH, atraí-lo para a fina casa da Givenchy em 1996. Arnault queria alguém especializado em tática de choque, e McQueen era a pessoa certa. O estilista foi a expressão perfeita da bravata cultural da década de 1990, um contemporâneo direto dos *young british artists* e da sua obsessão por causar sensação. McQueen foi um produtor pornográfico. Ele não acreditava em fronteiras... Nada era proibido para ele!!!"

Sendo assim, em seu primeiro desfile, *Nihilism*, em 1993, ele vestiu as modelos como *punks*, com calções do filme de PVC e camisetas manchadas por impressões de mão ensanguentadas. Para o desfile *Dante*, em 1996, ele se inspirou nas fotos de hermafroditas de Joel-Peter Wiktin, na peste negra e no filme *Alien, o Oitavo Passageiro*. Nesse desfile, as modelos, ao se retirarem, foram acompanhadas pelo **barulho intermitente de artilharia**. O objetivo de McQueen em *Dante* pode até ter parecido quase embaraçosamente ingênuo, mas, na realidade, o tema do desfile foi a religião como causa da guerra...

A sua capacidade extraordinária de transformar uma ideia crua num espetáculo encantador tornou-se **indiscutível**!!! As pessoas ficaram encantadas com suas obras, como foi o caso do seu vestido de noite *Oyster*, um mil-folhas de camadas de seda marfim, que foi, inclusive, o ponto alto da mostra *Beleza Selvagem*, simplesmente por ser **estonteantemente belo**!!!

Os momentos mais empolgantes dos livros de Andrew Wilson e Dana Thomas são aqueles nos quais descrevem McQueen no seu ateliê de costura. Sua habilidade no corte foi em parte resultado do treinamento que obteve em Saville Row, o centro britânico da alfaiataria fina, e em parte devido ao seu gênio instintivo. Ele conseguia fazer o seu trabalho em muito pouco tempo e traçava um molde a olho.

A jornalista e romancista Victoria "Plum" Sykes, uma amiga de McQueen, que atuou como modelo para ele em seus primeiros desfiles, lembrou que o estilista pegava a sua tesoura profissional de corte e conseguia fazer um vestido de noiva. Ela destacou: "Nunca vi mais ninguém fazer isso. Ele foi, na verdade, um escultor do tecido."

Duas outras personagens são figuras constantes nos livros de Wilson e Thomas: Joyce, a mãe de McQueen, uma presença forte em cada um de seus desfiles, que morreu de câncer uma semana antes da morte dele; e Isabella Blow, a editora de moda que se tornou sua maior defensora.

Isabella Blow e McQueen usufruíram de uma intoxicante simbiose criativa, mas seu relacionamento estremeceu com a ascensão da carreira de McQueen. Muitos dizem que ele nunca se recuperou da notícia do suicídio dela, em maio de 2007, aos 48 anos. Porém, a morte de McQueen foi horrenda e nenhum dos dois livros hesitou em abordar as suas facetas mais sórdidas nos seus últimos dias ou de seu comportamento desenfreado imprevisível.

Embora McQueen estivesse sozinho ao morrer, sabe-se que estava especialmente vulnerável depois da morte de sua mãe, que ele era soropositivo e cultivava um comportamento sexual temerário. Seu abuso de drogas – entre as quais cocaína, metanfitamina (popularmente conhecida como *speed* ou *cristal*) e analgésicos vendidos com receita médica – estaria lhe custando £ 800 por dia.

Porém, esses livros acabam não apresentando revelações bombásticas, mas ao contrário, operam juntos para criar um retrato bastante sensível de uma pessoa complicada, que era dotada de um senso de humor ferino e de uma risada em tom bem agudo. Sobretudo, eles nos lembram de que a extraordinária imaginação de McQueen, embora repleta de tristeza e cravada de selvageria, mudou para sempre **nossa maneira de ver a moda**!!!

3.10.11 – A MODA NA ÁSIA

Quem deu uma volta pela exposição da moda mais badalada de 2015 – *China: Through the Looking Glass (China: Através do Espelho)* – realizada no MET, de Nova York (que ficou em cartaz até o dia 16 de agosto), notou a sala de entrada toda escura, mas logo foi envolvido em um jogo de espelhos estrategicamente dispostos para valorizar todas as peças de arte, que no caso eram os **vestidos**.

O mote da mostra foi a China, mas ela estava repleta de obras emblemáticas de John Galliano, Alexander McQueen, Tom Ford, entre outros grandes costureiros europeus que brilharam no fim do século XX. E a ideia foi exatamente essa, explorar a influência da estética chinesa na moda ocidental contemporânea, destacando criações de estilistas famosos e jogando luz para esse diálogo cultural.

Na verdade, o tema dessa mostra não poderia ter sido mais oportuno. Com as economias europeias cada vez mais lentas, Paris, Londres, Milão e até Nova York já não são mais os centros dominantes no **varejo de luxo**. Tudo indica que a China deve ultrapassar os EUA como maior mercado de vestuário em 2017, além de impulsionar o crescimento em países próximos como Coreia do Sul, Japão e Cingapura.

De acordo com os dados da BCG, desde 2008, as vendas na Ásia-Pacífico subiram de US$ 383 bilhões para US$ 606 bilhões em 2014. A previsão é que

"Com seus exuberantes trajes, Valentino também se instalou na China, onde existem muitas clientes."

essa região chegue a ter 35% do mercado de moda mundial até 2018, quando as **vendas globais** de vestuário devem chegar a US$ 2,4 trilhões.

Atentos a esses números, as principais grifes promovem um movimento acelerado de expansão rumo ao Oriente, buscando uma identificação cada vez maior com o consumidor local. Em 2015, notava-se uma crescente entrada de marcas internacionais do setor de moda para suprir, por exemplo, a demanda de alto padrão chinês. E a demanda dos consumidores chineses por roupas de luxo está crescendo não apenas em quantidade, mas em qualidade, *design*, estilo e funcionalidade.

O estilista Michael Kors foi um que já em 2014 abriu lojas em Seul, Tóquio e Hong Kong, e, depois, uma loja conceito em Jing' An Kerry Centre, em Xangai (China) com toda pompa que prega o estilo de vida da alta sociedade norte-americana, símbolo de sua moda. Em fevereiro de 2015, foi a vez de Valentino abrir as portas de uma *megastore* com quatro andares em Hong Kong. Para a Prada, a Ásia já responde por mais de 35% de suas vendas, sendo atualmente o seu maior mercado.

Em 2015, uma nova política chinesa de redução de impostos sobre a importação de roupas, sapatos e cosméticos foi adotada com o objetivo de estimular o consumo interno no país. A proposta está em sintonia com movimentos promovidos recentemente por outras marcas de luxo, como a inglesa Burberry, que reduziu seus preços na China por causa do enfraquecimento do mercado.

A Chanel, que tem endereços espalhados por toda a região, foi além e decidiu apresentar a edição *Cruise 2015* em um grande desfile em Seul, no início de maio de 2015, bancando a estadia de parte dos 220 jornalistas convidados e de todas as celebridades presentes.

Na passarela, Karl Lagerfeld, um mestre na arte de unir referências e reinventar os clássicos de Coco Chanel, trouxe aplicação de flores de lótus, **símbolo da prosperidade**, ao lado das camélias, estilizou o *hanbok*, traje típico coreano, e fez referências aos mangás, adotando uma cartela de cores *ultrapop*.

Desde o primeiro período do contato europeu com a China no século XVI, o Ocidente tem se encantado com os símbolos culturais e as imagens enigmáticas da Ásia. Com o estreitamento das relações comerciais, o vestuário, o artesanato e toda a sorte de símbolos ligados à religião e à mitologia têm povoado a imaginação de criadores da moda.

EASTFJORD PRODUCTIONS / SHUTTERSTOCK.COM

"Por incrível que pareça, no evento *Gala Met 2015*, não só os fotógrafos, mas muitos dos que foram ao evento, ficaram mais impressionados com a parte de trás do que frente dos vestidos das muitas celebridades que compareceram, como foi o caso da Kim Kardashian abraçada por Kanye West..."

Do lado de lá, paralelamente, existe uma movimentação crescente de estilistas coreanos, chineses e japoneses, e altos investimentos nas semanas de moda locais, como está sendo o caso da *Fashion Week* de Xangai. O estilista brasileiro Alexandre Herchcovitch comentou: "Há 15 anos, quando ainda estava no início da minha carreira, eu me lembro que os chineses só **sabiam copiar**. Hoje, há uma nova geração capaz de criar o *design* e o desejo também. Se continuarem evoluindo nessa velocidade, vai ser cada vez mais difícil para o Brasil competir com eles."

Nesse sentido, deve-se ressaltar a chinesa Guo Pei, que vive no norte de Pequim, alçada agora ao estrelato internacional depois de vestir a cantora norte-americana Rihanna, na noite do *Met Gala*, de 2015, o baile que marcou a abertura da exposição de moda no MET. O vestido amarelo, com 25 kg e cauda imperial que a cantora usou (que foi amplamente satirizado nas redes sociais...), foi um dos momentos mais espetaculares no tapete vermelho.

Na última década, esse baile se transformou em um dos maiores acontecimentos do mundo porque reúne as estrelas mais cobiçadas de Hollywood e os poderosos de Wall Street, do Vale do Silício e de Washington.

A anfitriã, em 2015, da noite do *Met Gala* foi a jornalista Anna Wintour, a editora-chefe da revista *Vogue* norte-americana que inspirou o livro (e o filme) *O Diabo Veste Prada* e que há tempos antecipou os rumos da indústria *fashion*. Foi dela a ideia de homenagear a China no MET em 2015.

EASTFJORD PRODUCTIONS / SHUTTERSTOCK.COM

"No baile *Met Gala* de 2015, a famosa cantora norte-americana Rihanna usou um vestido da estilista chinesa Guo Pei."

"Guo Pei (no centro), a estilista chinesa que tem criado vestidos exuberantes para cerca de 85 mil chinesas que fazem parte de famílias com fortunas superiores a US$ 20 milhões e para as ocidentais ricas."

Observação importante 1 - Sem dúvida, um dos setores mais promissores da EC é a indústria da moda.

Particularmente nos EUA, os empregos ligados à moda ultrapassaram 2 milhões de pessoas no término de 2015, enquanto estima-se que no mundo todo ela supre com trabalho cerca de 76 milhões de pessoas e o faturamento global chegou a US$ 1,75 trilhão.

Sem dúvida, pode-se crer que no Brasil também temos algumas centenas de milhares de pessoas trabalhando com a moda, ou o vestuário de forma geral, o que permite movimentar anualmente algumas dezenas de bilhões de reais.

Infelizmente, **não existem estatísticas confiáveis sobre a indústria da moda no Brasil...**

CATWALKER / SHUTTERSTOCK.COM

"Em Madri, o desfile da *Mercedes-Benz Fashion Week* (21/9/2015), no lançamento para a coleção primavera/verão 2016."

3.11

MÚSICA

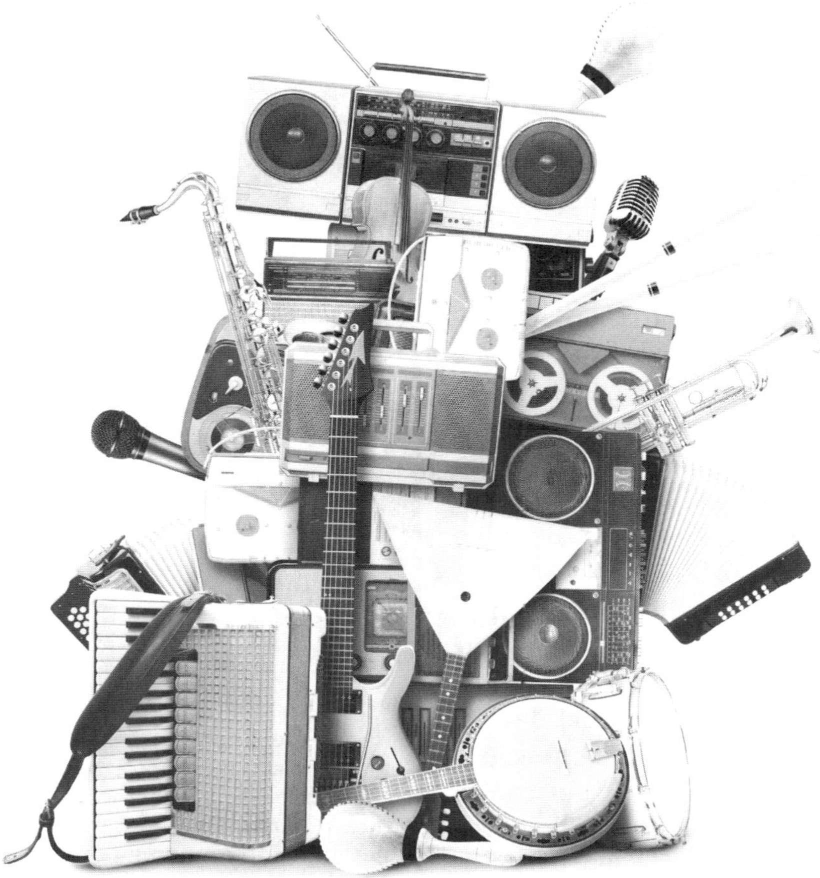

3.11.1 – CANTORAS POPULARES GANHAM MUITO DINHEIRO

A música é o mais **intangível** dos produtos criativos. Ela também é, junto com o mercado editorial, um setor dos que tem maior penetração no mercado. Há quem faça a previsão de que a Internet vai acabar com as reproduções.

No jargão do *show business*, "*blockbuster*" é um produto cultural – um disco, um filme, um livro etc. com altos custos de produção e distribuição que alcança popularidade. Porém, suas **grandes bilheterias** e **vendas** compensam o investimento!!! Pelo menos teoricamente!!!

Desde que a indústria foi abalada pela distribuição digital de canções, esse conceito está em xeque. A pergunta que o setor dos produtos culturais se faz há anos é se, com a facilidade de se achar o que se quer em empresas virtuais como a Amazon, com a praticidade atual de se poder ver qualquer filme do rol do Netflix e com a enorme quantidade de iTunes Store, os clientes vão começar a pulverizar seus gastos e acabar com a dominação das grandes produções?

FREDERIC LEGRAND - COMEO / SHUTTERSTOCK.COM

"Foram centenas de canções com as quais Charles Aznavour encantou os ouvidos de milhões de pessoas, mas, sem dúvida, foi *Mourir d´amour (Morrer de amor)* que o projetou para o mundo a partir de 1971, tornando-se um homem bem rico."

Só como uma recordação de uma análise errada do usuário nesse campo, basta lembrar que em junho de 2002, o então diretor-presidente da Blockbuster, Nigel Travis, um cinéfilo, veio ao Brasil para inaugurar a loja de número 8.000 da rede e numa entrevista para a revista *Veja* disse: "Não acredito que vá surgir rapidamente uma tecnologia que termine com o nosso negócio de locação de filmes, o qual deverá continuar em pé. E a explicação é simples. Quando uma pessoa sai de casa para alugar um filme, ela quer mais que uma fita para ver em casa. Quer também manusear as caixas dos filmes, quer comprar pipoca, dar um balão para o filho, comprar um sorvete para ele etc. E tudo isso uma videolocadora reúne hoje. É esse o conceito de entretenimento moderno!?!? Tudo, ao mesmo tempo, à disposição do cliente.

Na Itália, nós colocamos *pizza* congelada à venda porque queremos ser lembrados também por isso. A nossa ideia é oferecer um lugar onde a escolha esteja disponível e que transforme uma estada sem graça em casa, numa viagem especial. Da mesma forma, ninguém deixa de existir de assistir a um bom filme no cinema para vê-lo em casa. São mercados diferentes."

ISTONE / SHUTTERSTOCK.COM

"Ao morrer, em 10 de dezembro de 2015, David Bowie deixou o *rock* sem artistas capazes de se reinventar a cada disco, como ele fez nos seus 25 discos solo, inclusive no último, *Blackstar*, lançado no dia de seu aniversário de 69 anos."

Pois é, em menos de uma década depois dessa declaração as videolocadoras da Blockbuster foram fechando, fechando... Como estava errado o executivo e como evoluiu a tecnologia indo de encontro aos anseios do cliente.

Mas voltando ao tema das superproduções, a profa. Anita Elberse, da Universidade Harvard (EUA), lançou, em 2013, o livro *Blockbusters*, no qual destacou de forma empírica que os filmes com os maiores orçamentos geram receitas proporcionalmente mais elevadas; autores mais disputados (J.K. Rowling, Dan Brown, entre outros) pelas editoras dão mais retorno e no iTunes o que houve foi uma concentração de vendas, e não uma dispersão. Assim, a autora entrou em choque com a ideia desenvolvida por Chris Anderson, no livro que escreveu em 2006 sobre o conceito de "**cauda longa**", quando era o editor da famosa revista *Wired*.

Para Chris Anderson, com a maior praticidade (ou facilidade) para encontrar os mais variados produtos culturais pela Internet, o consumidor se tornará imune ao *marketing* das grandes empresas. Dessa forma, haveria uma distribuição mais homogênea e pulverizada das vendas em todos os setores. Por exemplo, se muitas pessoas têm agora mais de 100 canais de televisão para assistir, dificilmente algum deles terá uma intensa preferência – digamos 30% da audiência – a não ser que os programas de todos os outros sejam sofríveis...

Anita Elberse salientou que o gráfico da "cauda" (uma montanha de poucos títulos que ganham uma dinheirama que vai se afinando lentamente) não mudou. Para as empresas, o que dá lucro é a "cabeça", e não a cauda e por isso quem pode procura ficar na zona de alto retorno.

Em seu *Blockbusters,* ela citou alguns motivos porque grandes acontecimentos culturais continuam dominando as paradas. Um deles é que o grosso do mercado não é formado por *connaisseurs* ("conhecedores"), e no caso dos EUA, o norte-americano vai ao cinema em média seis vezes por ano (estatística de 2013), sendo que a média mundial é mais baixa ainda. E para que ele escolha um filme, é preciso investir muito em *marketing.* A mesma situação ocorre com os livros, com as músicas etc.

"Após o lançamento do seu CD, com a capa feita pelo artista norte-americano Jeff Koons, a cantora Lady Gaga passou a dizer frases de efeito como: 'A cultura *pop* estava na arte; agora a arte na cultura *pop* está em mim!!!'. No entanto, isso não levou o seu disco a um grande sucesso."

JSTONE / SHUTTERSTOCK.COM

Segundo a autora, é possível chegar ao topo sem grandes verbas publicitárias, mas com um grande esforço. Porém, depois de virarem estrelas, artistas têm que recorrer a significativas verbas de *marketing* para continuarem em evidência. Esse, por exemplo, foi o caso da cantora Lady Gaga. Seu primeiro *hit* (grande sucesso), *Just Dance*, demorou 26 semanas para alcançar a posição de **número um** da *Billboard*, uma das trajetórias mais lentas da história.

Nesse período, Troy Carter, ex-empresário e considerado o estrategista da carreira da cantora, a fez dar centenas de entrevistas e participar de muitos *shows* (mais de sete por semana). A dupla apostou muito fortemente na interação com os fãs pela Internet, para que eles ajudassem a divulgá-la e isso deu certo... Já os seus discos subsequentes foram anunciados com meses de antecedência e os lançamentos envolveram uma rede de distribuição que só é possível a quem tem dinheiro para investir em propaganda. Portanto, o conselho de Anita Elberse é que quem tem poder econômico deve colocar os seus ovos em poucas cestas!!!

Blockbusters foi lançado nos EUA em outubro de 2013 e, logo em seguida, produtos milionários foram mal no mercado, o que, sem dúvida, **contrariou** as teses do livro. Assim, o disco de Lady Gaga *ARTPOP* não foi bem, como também o público para ver os seus *shows* diminuiu bastante... Por outro lado, o filme *O Cavaleiro Solitário* custou à Disney US$ 375 milhões e em dois meses a sua bilheteria não ultrapassou US$ 220 milhões e tudo indica que dará prejuízo, algo próximo de US$ 150 milhões.

No entanto, não é o que está acontecendo com Beyoncé, cuja fama continua, sendo ela uma cantora talentosa e muito bonita, que está ganhando cada vez mais adeptos no mundo todo. Sem aviso prévio, ela lançou, no final de 2013, seu quinto álbum, com 17 vídeos musicais (custava cerca de R$ 30 no iTunes).

Em uma era digital, na qual um artista de segundo escalão mal consegue produzir um vídeo sem que o amigo de uma dançarina vaze todas as notícias, Beyoncé executou um milagre moderno: gravar 17 clipes mantendo sigilo. Assim, conseguiu lançar um álbum de surpresa quando o planeta todo esperava um novo disco seu!?!?

O título em letras maiúsculas *BEYONCÉ*, como se alguém saltasse sobre você vindo de um arbusto, tocando uma buzina, pode até significar que o álbum chegou tarde demais para entrar na maioria das listas de melhores do ano... Além de ignorar os críticos musicais, o lançamento tampouco contou

"Em 2014, a cantora Beyoncé foi eleita pela revista *Time* como uma das 100 pessoas mais influentes do mundo."

com divulgação de rádio ou na TV; não houve nem mesmo *teasers*, ou seja, amostras *on-line* prévias a fim de aguçar os apetites. Essa nova estratégia de lançamento do álbum foi um corajoso salto ao desconhecido da parte de uma superestrela, disposta a derrubar barreiras num momento no qual outros músicos parecem reforçá-las.

Pois é, a decisão de lançar um **álbum esperado de forma inesperada** funcionou para Beyoncé, e o seu disco vendeu 830 mil cópias nos dois primeiros dias, e isso só nos EUA. O grande triunfo da cantora não foi lançar seu disco sem *marketing*, tampouco explorando a vertente da "falta de *marketing* como *marketing*", mas – usando a imagem favorita de muitos fãs dela – "tirar da careca da derrota a peruca da vitória".

Esse álbum de fato deveria ter saído em meados de 2013, mas não se materializou, e os produtores continuaram a trabalhar. Beyoncé guiou o complicado processo de produção e conseguiu administrar o lançamento. Ao mesmo tempo, abriu mão do controle sobre aquilo que a indústria de música mais gosta, enquanto todo o resto muda: **a ideia de que grandes álbuns precisam de lançamentos grandiosos.**

Comparados ao lançamento-relâmpago de Beyoncé, os dois outros importantes álbuns *pop* de 2013 foram *Prism*, de Katy Perry, e *ARTPOP*, de Lady Gaga, pareceram ridiculamente cafonas.

Katy Perry divulgou o seu em um caminhão dourado nas ruas de Los Angeles e Lady Gaga começou a divulgar amostras de seu trabalho em 2012. Os dois vieram acompanhados de vídeos prévios, *downloads* (cópias) de faixas antecipadas e um monte de outras bobagens, com **resultados finais medíocres**.

A bênção e a maldição de ser uma estrela *pop*, como é o caso de Lady Gaga e Katy Perry na era digital, é que, embora seja possível usar o Twitter para informar aos seus 40 milhões de seguidores sobre um novo álbum, a maioria deles é parte de uma geração de jovens para quem a ideia de **comprar música é completamente ridícula**. É relevante e significativo que Eminem e Justin Timberlake tenham conseguido grandes vendas na semana de lançamento de seus álbuns em 2013, pois os fãs dos dois cresceram na era da compra de CDs.

A.RICARDO / SHUTTERSTOCK.COM

"Kate Perry tinha, no final de 2015, cerca de 73 milhões de seguidores no mundo, o que lhe ajudou muito a ganhar nesses anos quase US$ 140 milhões com os seus *shows*, suas canções e participação em publicidade."

Provavelmente, em 2016, e nos anos seguintes, tanto fãs quanto críticos poderão recalibrar sua ideia de que é realmente um sucesso, deixando de lado o critério de vendas!?!?

Beyoncé foi a grande responsável, provavelmente, pela restauração do entusiasmo da indústria da música, cujos trabalhadores, muitas vezes, estão tão entediados quanto os próprios fãs. Entediados por traços repetitivos da música, por campanhas de *marketing* iguais para todos os lançamentos, **pelo excesso de ruído**. Beyoncé ofereceu a todos que vão lançar álbuns, após esse seu lançamento "quase na moita", que por mais complexa que seja a música, deve-se buscar, o mais que puder, exibir clareza com ela!!!

3.11.2 – O NOTÁVEL DAVID ASSAYAG

Quando David Assayag canta, milhares de pessoas se agitam à sua esquerda e uma multidão se cala à sua direita. Ali, a esquerda veste **azul**, enquanto a direita traja **vermelho**. Enquanto azuis dançam, pulam e fazem coreografias perfeitamente sincronizadas, os que estão de vermelho procuram se conter e evitam até de bater o pé no chão para acompanhar o ritmo da música!!!

Quando David Assayag canta, ele coloca em movimento uma complexa engrenagem performática: cerca de 400 músicos batem tambores, entram em cena e uma lenda amazônica ganha vida, dramatizada por personagens em fantasias extravagantes e atrações exageradas.

Infelizmente, o cantor **não vê** o espetáculo que o cerca!!! Vítima de uma doença degenerativa, ele ficou **cego** depois de adulto.

Em 2015, David Assayag era o intérprete, ou levantador, de toadas do Boi Caprichoso, uma das duas organizações de boi-bumbá que se enfrentam todos os anos durante o Festival Folclórico de Parintins, realizado sempre no último final de semana de junho, na cidade de mesmo nome, no Estado do Amazonas, a 400 km da capital, Manaus.

Em uma analogia com o Carnaval de sambódromo, o **boi** é uma **espécie de escola de samba**, a **toada** é o **samba-enredo**, o **levantador**, um **puxador**. Ao contrário da festa popular mais famosa do Brasil – o Carnaval –, em Parintins apenas duas agremiações disputam o título. O Boi Caprichoso e o Boi Garantido se enfrentam durante três dias seguidos em um bumbódromo,

PATRÍCIA FONTOURA/AGÊNCIA BRASIL

"Apresentação do Boi Caprichoso no Festival de Parintins em 2015."

uma arena de formato circular que recebe os competidores por duas horas e meia. Nesse período, os bois encenam uma espécie de ópera que exalta vários elementos folclóricos da Amazônia.

Durante cada noite de competição, David Assayag, o cantor corpulento e cego, chega a cantar até 20 toadas diferentes. As músicas variam a cada ano. E o levantador é, sem dúvida, um dos indivíduos que mais trabalha na competição e também um dos que têm a maior responsabilidade.

Levantador do Caprichoso há cinco anos, a história de David Assayag em Parintins é antiga. Ele começou a cantar aos 14 anos, se arriscando por áreas menos exóticas que as toadas. Fã de Emílio Santiago e Tom Jobim, fazia *shows* de música popular brasileira (MPB) em barzinhos.

Nos anos 1980, tentou a vida em São Paulo, cantando na noite. Foi só quando voltou para Parintins, alguns anos mais tarde, é que ele começou a se aproximar do gênero que o consagrou. Lembrou David Assayag: "Resisti muito até entrar na toada. Depois a assumi como um ritmo oficial. É uma música com conteúdo e dá oportunidade de cantar as suas próprias composições."

Ele, entretanto, não foi azul desde o início, ou seja, durante 13 anos, de 1995 a 2008, David Assayag vestiu **vermelho**, foi o levantador oficial do Boi Garantido!!! Cantando nele, ganhou sete títulos no festival e tornou-se um ídolo regional a ponto de que em Parintins, jantar com ele era considerado equivalente a ter jantar com Roberto Carlos, sem dúvida, o **mais famoso e popular cantor brasileiro**.

O prestígio do cantor e a grande rivalidade entre os bois explicam a comoção que tomou Parintins quando David Assayag anunciou que trocaria o vermelho pelo azul. Foi algo similar se no passado Zico anunciasse que estava saindo do Flamengo e se transferindo para o Vasco da Gama!?!? Na época, David Assayag alegou que tinha problemas com a diretoria do Boi Garantido e que não trocou de bois por puro capricho...

Coube a Sebastião Júnior, hoje com 29 anos, a responsabilidade de substituir o ídolo quando tinha só 23 anos e foi jogado aos "bois na arena". Ele, jovem e esguio, pulando, dançando, tocando violão e sabendo cantar, foi escolhido faltando pouco tempo para o festival. Recordou Sebastião Júnior: "Estreei cantando junto com a Daniela Mercury. Eu estava muito nervoso. Mas ela também!!!"

Sebastião Júnior podia ser jovem, mas não lhe faltava experiência no meio musical, pois ele gravou seu primeiro disco tocando violão com apenas 13 anos. Como ocorreu com David Assayag, também peregrinou em muitas apresentações, no esquema de ficar sentado num banquinho, tocando violão e cantando músicas de gente como Djavan, Caetano Veloso e Jorge Vercillo. Ele já trabalhou como produtor musical e foi funcionário da prefeitura de sua cidade natal, Juriti, no Estado do Pará, onde montava a agenda cultural de *shows*. Declarou Sebastião Júnior: "Cheguei a levar o David para cantar em Juriti. Sempre fui fã dele, porque a toada é um dos ritmos mais difíceis de ser cantado."

O período de trabalho dos levantadores com seus bois costuma durar de janeiro a junho, quando ocorre o festival. Entre as temporadas, Sebastião Júnior faz *shows* de MPB pelo Nordeste do País. Ele diz que o público nas suas apresentações aumentou significativamente depois que entrou para o Boi Garantido. Claro que ele é ainda novo no universo toadeiro, não tendo uma relação tão intensa com o ritmo como David Assayag, mas salienta: "O meu desejo é aproveitar esse embalo do boi-bumbá para lançar alguns discos com as minhas composições, que estou guardando há algum tempo."

Infelizmente, o resultado da 50ª edição do Festival de Parintins, ou seja, a de 2015 não terminou bem... Um dia após os jurados decretarem a vitória do Boi Caprichoso, o Ministério Público abriu uma investigação para apurar o suposto uso indevido de dinheiro público investido na festa, na qual o governo aplicou R$9,6 milhões. A polêmica começou após o vazamento de uma interceptação telefônica, cuja legalidade também entrou na mira da promotoria, com a suposta negociação de **compra de votos de jurados** pelos diretores do Boi Caprichoso.

O vazamento do áudio antes da decisão fez o Boi Garantido pedir a anulação do festival, mas sem sucesso. Após o resultado, que deu ao Caprichoso seu 21º título, o Garantido (dono de 30 troféus) acionou o Ministério Público. O Garantido questiona, além da suposta negociação de suborno, uma nota máxima obtida pelo Caprichoso em uma apresentação que ocorreu de **forma incompleta** por causa da forte chuva.

O presidente do Caprichoso, Joilto Azêdo, que questionou a legalidade da gravação e negou a compra de jurados, afirmou: "Só eles, jurados, podem explicar a nota. Talvez tenham se sensibilizado pelo esforço dos artistas. Estamos muito tranquilos, essas polêmicas são tradicionais, um perde e outro ganha, pois só há dois competindo!!!"

O fato é que os integrantes do Boi Caprichoso flagrados na conversa telefônica pertenciam até 2014 ao boi rival!?!?

3.11.3 – INTELECTUAIS PRODUZEM PEÇAS MUSICAIS

Do alto dos seus 80 anos – ou quase lá –, os autores Zuenir Ventura (83 anos), Luiz Fernando Veríssimo (78 anos) e Ziraldo (82 anos), **não sabem escrever sobre velhos**, e como brincou Veríssimo: "Não temos experiência nisso. A gente não se sente velho!!!" Por sua vez, com uma expressão gaiata, Zuenir Ventura salientou: **"Chegar à velhice é muito melhor do que não chegar!!!"**

Juntos, eles escreveram o ponto de partida de *Barbaridade*, comédia musical que estreou em 19/3/2015, no Rio de Janeiro, no teatro Oi Casa Grande. Eles acabaram inspirando personagens do texto de Rodrigo Nogueira – o autor de outros musicais sobre o *Rock in Rio* e *Chacrinha – O Musical*.

No espetáculo, metalinguístico, três autores vividos por Osmar Prado, Edwin Luisi e Marcos Oliveira tentam escrever um espetáculo sobre a velhice, mas sofrem com **bloqueio criativo**. Detalhou Zuenir Ventura: "A produtora do espetáculo Aniela Jordan me convidou para escrever a peça e eu chamei dois 'notáveis' para esse *ménage a trois*. Nós três temos uma visão ótima do tema. Nosso lema é o *carpe diem* ('aproveite o dia'), que significa não olhar para trás e nem fazer muitos planos para o futuro.

Nunca fomos de falar 'no meu tempo...'. O problema não é a velhice, e sim a falta de saúde. O Ziraldo tem sete *stents* para que o seu coração possa trabalhar, o Veríssimo toma 21 comprimidos por dia, eu tomo seis. Os maiores inimigos da velhice são as calçadas esburacadas e subir as escadas. A premissa que seguimos é a que tal 'bárbara idade', pode, sim, ter sua graça. E outra: que a proximidade maior da morte não deve ser uma ameaça à felicidade. Como gozou o Veríssimo: 'A morte é a última coisa que eu quero para mim!!!'"

É possível discernir as características dos três musos da nossa literatura nos personagens – um é mais sério, como Veríssimo, outro é mais abusado, com Ziraldo, e o Ventura o mais prático; entretanto, eles insistiram em afirmar que não se tratam de caracterizações fiéis.

O número de abertura do musical destaca, entre outras coisas, que "ser velhinho é tão bom, que inclusive se pode passar a mão na mulher que quiser!?!?" No musical há uma produtora, Daniela, interpretada pela atriz Suzana Vieira, que "esconde a sua idade desde criança e é viciada em tratamentos estéticos."

Suzana Vieira fez declarações um tanto provocadoras: "Não acho muita graça nessa visão, pois parece que a única preocupação do homem é de ter ficado brocha. Perdoem-me, mas eu cheguei aos 72 anos sem estar caquética. Esta peça foi feita para os homens. Futuramente, eu gostaria de fazer um musical sobre a velhice da mulher."

Rodrigo Nogueira buscou dosar a comédia e o tom reflexivo, o riso e a ternura com os momentos de melancolia. A nostalgia foi embalada por músicas do repertório de Frank Sinatra e é quebrada pela participação de música cantada pela Anitta. Salientou Rodrigo Nogueira: "O velho não vive essa velhice que a gente vê. Li os três a vida toda, o Ziraldo na infância, o Veríssimo na adolescência e o Zuenir, já adulto. Por ser bem mais novo, pois tenho agora 40 anos, tentei olhar através dos olhos deles. Assim me orientei no sentido de que se no teatro você pode ser tudo o que você quiser, na velhice também pode."

Para poder ser apresentado, esse musical, que envolveu 18 pessoas em cena, precisou ser ensaiado dois meses. Antes disso, toda a equipe teve conversas com a antropóloga Miriam Goldenberg, autora de estudos sobre o envelhecimento no Brasil.

Deu para perceber quanto trabalho, principalmente intelectual demanda a produção de um bom musical? É assim em praticamente todos os setores da EC, ou seja, é onde a presença do ser humano continua sendo necessária e é **aí que estarão e nascerão mais empregos**, nessa era em que muitos postos de trabalho vão desaparecendo, substituídos por "**máquinas inteligentes**".

3.11.4 – *ROCK IN RIO* EM LAS VEGAS

Em 7/5/2015, aconteceu a primeira edição do *Rock in Rio* em solo norte-americano, mais especificamente em Las Vegas, conhecida também como "**capital do entretenimento**". Esse festival musical teve a sua primeira edição no Brasil em 1985.

Foram dois dias de *shows* numa semana e mais dois dias na semana seguinte com uma escalação de artistas bem menor e até menos célebres e atraentes do que aqueles que atuaram na sexta montagem do evento no Rio de Janeiro em setembro de 2015.

A *Cidade do Rock* foi construída em uma área do complexo MGM, a gigante do entretenimento que se associou ao empresário Roberto Medina para levar o festival aos EUA, e que foi 30% maior que a brasileira. Foram colocados à venda 85 mil ingressos por dia, sendo uma parte destinada para a área VIP. O ingresso normal custou US$ 169 e o VIP US$ 498.

Roberto Medina vendeu metade do festival para o bilionário Robert Sillerman, dono do conglomerado STF/Live Nation, **a maior empresa do mundo no ramo do entretenimento ao vivo**, mas foi mantido como gestor do festival. A constituição dessa nova parceria foi vital, ou seja, o suporte necessário para a realização do *american dream*, isto é, a efetiva entrada no mercado norte-americano. A empresa compradora realiza, por exemplo, os famosos festivais de música eletrônica como *Tomorrowland, Mysteryland* e *Sensation*.

Roberto Medina enfatizou: "Para ser global, você tem estar nos EUA. Por isso também a abertura do *Rock in Rio* aqui ficou a cargo do Cirque du Soleil, um novo parceiro do projeto, além evidentemente, da MGM. Aqui em

"*City of Rock*, do *Rock in Rio*, realizado em maio de 2015 em Las Vegas (EUA)."

Las Vegas a área destinada a *City of Rock* ficou bem no miolo da metrópole conhecida também como '**cidade do pecado**', rodeada de hotéis famosos por seus cassinos.

Enquanto a *Cidade do Rock* no Rio de Janeiro é montada no Parque dos Atletas, na distante Barra da Tijuca, cujo acesso é sempre difícil, a versão norte-americana colocou o evento no centro da cidade, no seu trecho mais badalado, ou seja, no Las Vegas Boulevard, conhecido como *The Strip*."

A filha do empresário, Roberta Medina, complementou: "*Rock in Rio* não é um festival tradicional como aqueles que já existem por aqui, nos EUA, como os gigantescos *Lollapalooza* e *Coachella*. O nosso conceito é diferente e levamos para os EUA uma estrutura similar àquela do Rio de Janeiro, ou seja, com um palco principal e um outro menor, roda-gigante, tirolesa e a *Rock Street*, tudo isso reunido num espaço de 150 mil m^2. No lugar de se ter uma *Rock Street*, apresentamos três setores dedicados às culturas brasileira, britânica e norte-americana. Las Vegas também tem uma característica interessante: um perfil de pouco planejamento, ou seja, é uma cidade onde as pessoas que a visitam decidem o que vão fazer só na semana que estão na cidade. Las Vegas recebe, nos fins de semana, cerca de 350 mil turistas, o que significa que muitas entradas para *shows* só são compradas na própria semana em que o turista está aí."

Nesse primeiro *Rock in Rio* em Las Vegas, os nomes mais apreciados foram a cantora Taylor Swift, o cantor Bruno Mars e a única grande atração brasileira foi Ivete Sangalo, muito aplaudida. O sucesso do *Rock in Rio* foi indiscutível e o festival já está acertado para ocorrer novamente em Las Vegas, em 2017 e 2019, e será transmitido para China, com objetivo de abrir o mercado chinês.

Observação importante 1 – Pode-se sentir a popularidade de alguns **eventos musicais**, especialmente no Brasil, pela velocidade com que se esgotam os ingressos. Esse é o caso do *Rock in Rio* de 2015, realizado no Rio de Janeiro. Na edição de 2013, os quase 500 mil ingressos foram vendidos em **4 h**!!!

Em 2015, o festival, que ocorreu entre 18 a 27 de setembro de 2015, e na sua pré-venda, sem divulgar as atrações, foram adquiridos 100 mil ingressos em 1h40min, em 9/4/2015. Já com o programa conhecido e apesar das dificuldades operacionais com www.ingresso.com, em 8 h foram vendidos 445 mil dos 495 mil ingressos restantes, o que demonstra o prestígio que esse evento musical alcançou, trazendo entre as suas atrações Rihanna, Rod Stewart, Adam Lambert, Katy Perry, A-ha, entre outros. Aliás, a primeira hora de vendas foi descrita como um verdadeiro suplício pelo público, que penou no *site* www.ingresso.com para finalizar suas compras.

Em Las Vegas, dois palcos alternaram as performances, para fazer o público caminhar e aproveitar melhor a *City of Rock*, nome em inglês da *Cidade do Rock*.

ANDRE LUIZ MOREIRA / SHUTTERSTOCK.COM

"Uma vista do festival *Rock in Rio* realizado no Rio de Janeiro (24/9/2015)."

No dia que se apresentou a Taylor Swift, compareceram 42 mil pessoas e no dia da *performance* de Bruno Mars – um sábado –, a presença do público subiu para 48 mil pessoas.

Nos quatro dias, foram ao *Rock in Rio*, em Las Vegas, 172 mil pessoas, ou seja, um pouco mais que a metade da lotação, com seus 80 mil lugares por dia. Obviamente, isso fez com que houvesse menos filas, se bem que o sistema de pagamento, através de uma carga pré-paga em uma pulseira, ajudou muito na agilidade do atendimento. Entretanto, não se pode esquecer que, em Las Vegas, um copo de cerveja foi vendido a US$ 9, um valor muito elevado se fosse convertido em moeda brasileira, mas condizente com os outros preços cobrados em eventos musicais na cidade.

* * *

Observação importante 2 – Em 2015, o *Rock in Rio*, que começou em 18 de setembro e durou sete dias, atraiu cerca de 600 mil pessoas, tinha 70 patrocinadores, os fãs curtiram 150 atrações e o ingresso girou em torno de US$ 100 (que bela arrecadação só com as entradas obteve a organização do evento, não é?).

A primeira edição do evento ocorreu em 1985, e a Pepsi voltou ao *Rock in Rio* após 30 anos com o mote: "**Pode ser épico**". A marca fez uma pesquisa no início de 2015 para redefinir seu posicionamento no mundo da música e compreender melhor o que o consumidor espera dos patrocinadores e chegou à conclusão que eles queriam mais atrações e menos ativações (campanhas). Assim, a Pepsi ofereceu uma atração no evento, construindo uma lata de refrigerante com painéis de LED de 15 m de altura, com uma abertura para o palco e, nesse local, as fãs fizeram apresentações de karaokê com uma banda ao vivo.

A marca de bebidas Bacardi disponibilizou um estúdio no meio da *Cidade do Rock* e permitiu que bandas amadoras gravassem aí as suas músicas. A Sky apostou na montagem de uma exposição em um espaço de 350 m^2 dedicada a um dos maiores símbolos do *rock*: a guitarra Fender. Além de ter mostrado os instrumentos usados por artistas famosos, a empresa disponibilizou alguns artesãos para personalizar guitarras. Entre os clientes da Sky que se inscreveram, alguns deles ganharam algumas Fenders que custaram dezenas de milhares de dólares, cada uma. A Sky é famosa por concentrar boa parte de sua verba de *marketing* em *shows* de música e em 2015 investiu 15% mais no *Rock in Rio*. A Gol disponibilizou um *aeroselfie* no seu estande, que permitiu aos visitantes fazer um vídeo-*selfie*, com imagens 360° da *Cidade do Rock*. Por sua vez, o energético Fusion ofereceu maquiagens que brilhavam no escuro, isso ao lado do palco de música eletrônica, e sorteou prêmios entre aqueles que postaram suas fotos com esse embelezamento. Todos os outros patrocinadores também foram criativos, procurando "alegrar" de alguma maneira os que estavam no evento.

Pode-se dizer que a edição do *Rock in Rio* de 2015 será lembrada como aquela que ocorreu no momento em que o Brasil estava em **crise**, com a economia fragmentada, mas que procurou unir as pessoas para obterem energia para se ter um Brasil melhor!?!?

Foi também uma espécie de trégua em nome da música...

3.11.5 – *TOMORROWLAND* – O MAIOR EVENTO DO MUNDO DE MÚSICA ELETRÔNICA

Na gigantesca fazenda Maeda, em Itu, a 101 km de São Paulo, com 1,2 milhão de m^2 de área destinada ao festival belga de *electronic dance music* (EDM), envoltas numa espécie de universo paralelo, em cada um dos três dias, cerca de **60 mil pessoas dançaram e cantaram efusivamente**.

O maior festival de gênero do mundo, na sua primeira edição no Brasil, aconteceu nos três primeiros dias de maio de 2015, no parque Maeda. Boa parte do público veio fantasiada e bichos selvagens, como pandas, ursos e leões eram trajes comuns entre os homens. Já as garotas seguiram mais o estilo dos festivais de *rock and roll* da costa oeste dos EUA e abusaram também dos biquínis e *shorts* curtos, sendo que no embalo das músicas, diversas delas abriram as suas blusas e fizeram *topless* para as câmeras...

Tomorrowland parecia uma cidade cenográfica, uma versão alucinógena daquela de conto de fadas, só que mais colorida e com um fundo musical ensurdecedor, com diversos cogumelos brotando da grama e um arco-íris de plástico. Ele contou com sala especial de vigilância para garantir a segurança. Assim, 70 câmeras internas e outras 18 monitoraram tudo o que aconteceu no festival durante 24 h por dia. Uma equipe fez também o monitoramento das redes sociais para identificar possíveis problemas de roubo, furto, drogas e violência sexual.

"Um aspecto, em 2014, da *Tomorrowland* – festival de música eletrônica – realizado na cidade belga de Boom. Agora já temos a *Tomorrowland* no Brasil, realizada no parque Maeda, em Itu, a 90 km da capital paulista."

Segundo a organização, cerca de 200 mil latas de cerveja foram consumidas em cada dia e, claro, todo esse álcool acabou cobrando o seu preço: envelopes de Advil, para dor de cabeça, e Epocler, para o fígado, foram campeões de venda, e os remédios que custavam R$ 11 foram vendidos aos milhares...

Apesar de todo o monitoramento, ou seja, de se buscar tolerância zero para substâncias ilícitas, foi possível ver jovens engolindo pílulas de MDMA (*ecstasy*) e grupos fumando maconha... De acordo com o Corpo de Bombeiros, cerca de 1.000 pessoas foram atendidas ao longo dos três dias, a maioria por abuso de álcool e um pequeno percentual sob o efeito de drogas...

As únicas reclamações dos que compareceram ao festival foram as grandes filas (o que é até compreensível) e o alto preço de tudo, inclusive de um banho de 4 min que custava R$ 16.

Estima-se que cerca de 30 mil pessoas (metade da lotação) vieram de outros países, principalmente da América Latina, América do Norte e Austrália, o que prova que *Tomorrowland* é um grande sucesso e que vai ter outras edições aqui no País.

Michiel Beers e o seu irmão Manu foram os criadores desse festival, no qual procuraram juntar as músicas eletrônicas com a ideia de se estar num conto de fadas, ou seja, num **mundo mágico**. Assim nasceu o festival

Tomorrowland, em 2005, na cidade de Boom, na Bélgica. Ele tornou-se um grande sucesso e, em 2013, o festival passou a ser realizado em Chattahoochee Hill, no Estado da Geórgia, nos EUA.

Numa entrevista para Pedro Antunes, publicada no jornal *O Estado de S. Paulo* (4/3/2015), Michiel Beers explicou: "O festival ficou muito grande, mas não podíamos passar do limite de 70 mil pessoas por dia. Desapontávamos um número de pessoas bem maior do que aquelas que conseguiam comprar os ingressos! A opção que encontramos foi **expandir**.

Quase diariamente recebíamos convites de produtores que queriam levar o *Tomorrowland* para os seus países. Ao analisarmos os dados das nossas redes sociais, constatamos que o Brasil é o País de onde vinha a **maior parte** dos fãs. Foi, portanto, uma escolha óbvia!

Resolvemos montar um *camping* na fazenda Maeda, que já foi a arena em outros eventos, e conseguimos permissão para moldar um vale, para que ele se tornasse um anfiteatro perfeito. Estamos fazendo um trabalho enorme e não será apenas para uma edição. Queremos ficar aqui pelo menos nos próximos 15 anos. Não vamos conseguir tudo o que queríamos em um ano, mas vamos continuar aperfeiçoando tudo no ano seguinte. O nosso sonho é que as pessoas não precisem ir à Bélgica para sentir que estão no *Tomorrowland*."

Pode parecer surreal, pois o Brasil está vivendo um clima de incertezas no campo econômico, mas isso não afetou o *Tomorrowland*, que alguns meses antes de sua realização, **em três horas apenas**, vendeu **todos os 180 mil ingressos**. Dá para perceber que organizar festivais de música é um bom negócio, **não é**?

"As barracas montadas para que os fã de música eletrônica pudessem permanecer no parque Maeda durante os três dias do Festival *Tomorrowland*."

3.11.6 – CANTORAS INESQUECÍVEIS

→ **Edith Piaf** (1915-1963)

Ela era pequena, franzina e desbocada!!!

De origem pobre e temperamento irascível, Edith Piaf se tornou um símbolo da **canção francesa** sem nunca deixar as gírias que aprendeu nas ruas e bordéis onde cresceu.

PHOTOPROFI30 / SHUTTERSTOCK.COM

"Todas as mulheres queriam ser Piaf, pois invejavam a sua liberdade!!!"

Abandonada pelo pai, um acrobata, e pela mãe, também cantora, e negligenciada pela avó, encontrou acolhimento entre as prostitutas que trabalhavam em um estabelecimento onde a mãe cantava, em Bernay, na Normandia.

Edith Giovanna Gassion conheceu desde cedo o **valor dos amigos**, que carregou e que a carregaram durante uma vida tumultuada e breve, marcada por casos tórridos, saúde limítrofe e o vício em morfina. Dois dos mais próximos dos seus amigos, o casal Danielle e Marc Bonel mantém até hoje a própria casa como espécie de memorial da amiga que faleceu em 1963.

O autor do livro *Piaf de Môme a Edith*, Jean-Paul Mazillier, repete nele o que lhe contou Danielle Bonel: "A reforma que fizemos no fundo da casa era para recebê-la depois da última internação. Mas ela morreu sem saber disso."

Nesse livro, descontadas as reverências de admirador do autor, o compêndio traz muitas preciosidades. Letras e partituras de canções que Piaf nunca chegou a gravar, cartas de conteúdo muito pessoal, trocadas com gente como Federico Felini, Jean Cocteau e Yves Montand, um dos seus amantes que ela ajudou a subir na sua carreira. Muitos anos depois da morte de Piaf, Yves Montand, a propósito, negou ser uma criação dela!?!?

"Ela não me criou, ela me ajudou e, sobretudo, me amou, me apoiou e me magoou com tanta sinceridade, com tanta graça, que precisei de muitos anos para me recuperar", afirmou Montand.

A vontade de Jean-Paul Mazillier em embelezar e dourar a carreira de Piaf não foi, entretanto, suficiente para deixar de fora as contradições básicas de sua personalidade. Tudo em torno de Edith Piaf leva a muita comoção, como se pode perceber nos seus diários, nas anotações em páginas de cadernos escolares de uma francesa que quase nada teve de educação formal, mas que se dedicou em cada linha contada a dominar sua língua, para poder cantar de forma maravilhosamente clara e que internacionalizou a si e a própria França, com sua canção *La Vie in Rose* (*A Vida Cor de Rosa*).

Apesar de ser uma estrela, a parisiense Edith Piaf, com seus pouco mais de 1,40 m, não tinha nada dos padrões de beleza de sua época. Entretanto, os dentes proeminentes e o corpo entortado por uma artrite reumatoide galopante não a impediram de viver todos os amores que quis. Nem de assumi-los publicamente. Foi admirada assim por ícones da beleza, que invejavam da sua liberdade. Por exemplo, Rita Hayworth, muito próxima de Piaf, se queixava que os homens se aproximavam por Gilda (sua mais sedutora personagem), nunca por ela.

Vale a pena, como referência, ter em mente que é possível no mundo da música alcançar um grande sucesso sem ser um padrão de beleza!!!

→ **Billie Holiday** (1915-1959)

Sem dúvida, não houve na história da música norte-americana nenhuma cantora que passasse por tantas desgraças na sua vida como Billie Holiday. Ela passou por uma infância miserável, abusos sexuais em casa, prostituição aos 14 anos, surras e estupros de namorados, amantes e músicos que a acompanhavam, alcoolismo, consumo de drogas pesadas, principalmente heroína, tudo isso em 44 anos de vida.

"Billie Holiday, um fenômeno, talvez a maior cantora da música popular norte-americana."

Mas mesmo nessa breve vida, ela teve tempo para se tornar a maior e a **mais influente cantora da história do *jazz***; para alguns especialistas, a maior cantora da história da música popular norte-americana!!!

No fim da sua adolescência, ela trocou a prostituição pela música, embora no início da década de 1930, muita gente considerasse as duas atividades igualmente degradantes...

Ela conquistou logo o sucesso, por causa da sua esperteza e porque inovou totalmente o modo de cantar, e fez isso instintivamente. Billie Holiday começou a carreira na época que o microfone individual para o cantor se estabelecia como um novo padrão em *shows* e gravações de discos!!! Até então, todos berravam as canções como se estivessem em um teatro, para serem ouvidos até na última fila.

Com a voz que ela chamava, delicadamente, de "minha merda de voz", Billie Holiday percebeu que a potência do microfone trabalharia a seu favor. Dessa maneira, cantava com muita emoção, para compensar o seu pequeno alcance vocal.

Sua carreira foi voltada para *singles* até o início dos anos 1950, quando passou a gravar álbuns. Ainda na década de 1940, álcool e drogas transformaram a cantora em uma artista com seguidos problemas para cumprir seus compromissos profissionais. Foi detida muitas vezes por policiais – e chantageada por eles –, precisou ir diversas vezes para hospitais, no meio das madrugadas...

Quando ela morreu, de cirrose, deixou um disco autoral pronto, gravado quando já estava muito doente, com letras escritas quando estava no fundo do seu poço existencial. Esse *long play* (*LP*), *Last Recording*, saiu ainda em 1959, mas ouvir suas 12 faixas não é algo agradável... Ela sempre cantou o próprio sentimento e por isso recebeu o apelido de Nossa Senhora das Dores. Disse a escritora Elizabeth Hardwick: "Você precisa ter alguém do seu lado quando escuta Bille Holiday. Do contrário, você pode se matar."

John Szwed, autor do livro *Billie Holiday: The Musician and the Mith* (*Billie Holliday: O Músico e o Mito*), que foi publicado nos EUA em 7 de abril de 2015 (dia do centenário de nascimento da cantora) salientou: "Nessa biografia pretendi resgatar a vocalista de *jazz* do papel que os críticos lhe reservaram, ou seja, de **vítima**. Defendo a ideia de que o seu talento musical deve transcender a imagem de uma mulher negra e bissexual, viciada em drogas. Mas um hábito contemporâneo inibe novos pontos de vista. E as críticas enfatizam cada vez mais o estilo de vida dos artistas como se isso fosse suficiente para explicar a sua arte.

No caso de Billie Holiday, o foco no poder emocional das suas interpretações teria impedido o estudo metódico sobre o tamanho da sua criatividade e a sua importância para a história do *jazz*. Tudo o que hoje sabemos é determinado pelo que escutamos na sua música e pelo que os críticos escreveram sem nunca ter visto Holiday se apresentar. A percepção sobre a vocalista dependeria de onde e como um ouvinte encontra sua voz, num restaurante, na propaganda de um automóvel caro, numa trilha de filme ou através de um fone de ouvido. É o pioneirismo de Billie, que já foi inclusive encarado como um problema, explicou a sua longevidade.

A sua voz, menos pura do que das cantoras da sua geração, lhe permitiu sobreviver ao surgimento do *rhithm and blues* e do *rock and roll*. Até suas roupas, seu penteado e maquiagem parecem à frente do seu tempo. As canções, para ela, nunca tinham um andamento, um ritmo e um significado fixos. A sua preferência foi sempre por variar o volume das notas, comprimir ou simplificar uma melodia e enfatizar as nuances. Ela podia cantar mais rápido ou devagar do que as vocalistas da sua época!!!"

3.11.7 – NINGUÉM GANHOU MAIS DINHEIRO QUE MADONNA!!!

"Madonna, a cantora que ganhou mais dinheiro que qualquer outra..."

O professor Jamie Anderson, o artista Jörg Reckhenrich e o pesquisador Martin Kupp escreveram o excelente livro *A Fina Arte do Sucesso* (DVS Editora), no qual conseguiram exibir o mais alto e inspirador nível de troca mútua entre dois estilos de vida **arte** e **negócios**. A intenção deles foi proporcionar ao leitor o conhecimento de como os artistas de diversas áreas e épocas chegaram ao sucesso e apoiar-se nas suas estratégias para alcançar o sucesso, em especial nos diversos campos da EC.

A primeira artista apresentada é Madonna Louise Veronica Ciccone Ritchie que, sem dúvida, até agora, é a **cantora mais bem-sucedida de todos os tempos** segundo o livro de recordes mundiais *Guinness* e ela já está no Hall da Fama do *Rock and Roll*.

Um dos impulsionadores mais importantes do sucesso de Madonna foi seu desejo de chegar ao estrelato — sua **visão estratégica**. Madonna é a terceira de oito filhos. Sua mãe morreu de câncer de mama aos 30 anos, em 1963, quando Madonna tinha apenas 5 anos de idade. Ela sempre falou sobre o enorme impacto que a morte da mãe provocou em sua vida pessoal e profissional. Além disso, por ser a filha mulher mais velha de uma família católica, ela precisou carregar nos ombros uma carga maior de responsabilidades domésticas e emocionais.

Sua ambição para se tornar intérprete começou na escola secundária, onde tirou notas máximas (10) em todas as matérias e distinguiu-se muito no **esporte**, na **dança** e no **teatro**. Seu interesse pela dança manteve-se por breves períodos na faculdade, tanto em Michigan quanto na Carolina do Norte, e em 1977, Madonna tomou o rumo de Nova York, onde estudou com o notável coreógrafo Alvin Ailey e trabalhou como modelo. Dois anos depois, Madonna foi à França para participar de um espetáculo que foi estrelado pelo cantor Patrick Hernandez. Lá, ela conheceu o músico Dan Gilroy e, de volta a Nova York, a dupla formou a banda Breakfast Club. Madonna tocava bateria e cantava com a banda antes de montar o grupo *pop* Emmy em 1980 com Steve Bray, baterista de Detroit e ex-namorado. Juntos, Madonna e Bray compuseram faixas *club*, que lhe abriram espaço para um contrato de gravação com a Sire Records. Com Mark Kamins, proeminente *disc jockey* (DJ) de Nova York, ela gravou *Everybody*, que se tornou um sucesso em 1982.

Entre 1983 e 2015, ela produziu 13 álbuns gravados em estúdio, fez dezenas de turnês mundiais e apareceu em diversos filmes em papéis que ajudaram muito a consolidar a sua imagem e personalidade em mais de uma área de entretenimento: como atriz, cantora/compositora e descobridora de novos talentos. Ao perseguir sua visão, Madonna conseguiu também **ganhar muito dinheiro**, tornando-se a **artista feminina mais bem paga do mundo**!!!

O sonho de Madonna de se tornar estrela era cristalino, e seu espectro de atividades pessoais e profissionais — atuação no palco, aparições na televisão, álbuns, videoclipes, filmes hollywoodianos, livros e vínculos com

"Diversas fases da Madonna, como, brega (1984), *fashion* (1990), dominadora (1992) e esotérica (1998)."

instituições beneficentes — evidencia uma notável dedicação a um objetivo bem delimitado: **tornar-se a maior artista feminina do mundo**!!! E sem dúvida, ela conseguiu isso!!!

O sucesso de Madonna ancorou-se em seu profundo e criterioso **conhecimento** sobre seu **público** e o setor **musical**. A atuação de Madonna no Primeiro Prêmio Anual de Videoclipe da MTV em 1984, aos 26 anos de idade, pode ser considerada como o seu primeiro golpe de gênio, em uma carreira que apresentou muitos outros momentos excepcionais. Ela subiu ao palco para cantar *Like a Virgin* (*Como uma Virgem*) vestindo uma combinação de bustiê e vestido de noiva. Ao longo da apresentação, rolou pelo chão, deixando à mostra as meias de renda e cinta-liga e fazendo vários movimentos sexualmente sugestivos. Sua *performance* foi chocante para o público nessa época, mas só serviu para aumentar ainda mais sua popularidade junto a seu principal grupo-alvo, os **fãs adolescentes**. A MTV divulgou agressivamente a imagem de Madonna com uma combinação divertida e *sexy* da cultura *punk* e *pop*, e em pouco tempo ela se tornou uma íntima aliada da rede.

Madonna mostrou desde cedo a sua habilidade para compreender e moldar a indústria da música e sabia como ninguém fazer o seu próprio *marketing* – um ingrediente essencial para o sucesso em um setor em que a entrada de novos concorrentes é quase diária.

Outro importante componente do sucesso de Madonna foi sua capacidade para reconhecer suas **próprias aptidões** e seus **pontos fracos**. Quem examinar sua esplêndida carreira não poderá deixar de notar a sua aptidão mais notável, ou seja, a competência para reunir pessoas com diversos talentos e manter-se no centro. Utilizando sua extensa rede de pessoal de apoio, como músicos, técnicos, produtores, dançarinos e estilistas, ela conseguiu solucionar seus pontos fracos e contrabalançá-los.

"Madonna não temeu provocar o Vaticano."

Importante para Madonna foi o lançamento do livro *Sex* em conjunto com seu álbum *Erotica*, para difundir a parceria que tinha estabelecido com a Time Warner. Elaborado com o apoio de amigos famosos da música, do cinema e da alta-costura, o livro *Sex* foi bastante difícil de produzir e exigiu parcerias com várias gráficas e editoras.

As fotografias do livro foram tiradas por alguns dos fotógrafos da moda mais famosos do mundo — Steven Meisel, Fabien Baron, Stephen Callaghan e Darren Lew. *Sex* incitou enorme polêmica por apresentar imagens de sexo explícito, mas no prazo de **três dias** de sua publicação, vendeu 1,5 milhão de exemplares ao preço de US$ 50 a unidade. Isso o transformou no livro de mesa de **mais rápida vendagem de todos** os tempos, e milhões de exemplares adicionais foram depois impressos na França, no Japão e na Itália.

Em 2007, Madonna formou uma parceria com os artistas de renome mundial Justin Timberlake e Timbaland para criar o álbum *Hard Candy* (*Doce Duro*) mudando da música *disco* de *Confessions on a Dance Floor* (*Confissões em uma Pista de Dança*) para o *rhythm & blues*. Com *4 Minutes* (*Quatro Minutos*), produzido com Timberlake e Timbaland, Madonna alcançou um recorde de 37 músicas dos 100 mais da *Billboard*, ultrapassando Elvis Presley como o artista com mais canções entre as **dez melhores.**

Madonna também conseguiu manter-se no **topo** em virtude de sua surpreendente capacidade para **implantar suas estratégias.** Talvez mais impressionante seja o fato de Madonna não ser produto de nenhuma gravadora — seu sucesso deve-se em grande parte ao seu trabalho árduo e à sua capacidade de realização. Não obstante a crescente predominância de empresas multinacionais no setor de mídia global, como Warner Brothers, Sony, Bertelsmann e Vivendi Universal, Madonna manteve sua independência e ao mesmo tempo ampliou sua influência.

A despeito do sucesso de *Justify My Love* (*Justifique meu Amor*) nas rádios em 1990, o conteúdo sexual tanto da letra da música quanto do vídeo foi embargado pelos executivos da rede MTV. Em resposta, a gravadora da própria Madonna decidiu vender o vídeo como o primeiro "vídeo *single*" do mundo. Assim, foram vendidos mais de 400 mil cópias do vídeo e mais de 1 milhão de unidades do CD *single*.

Os interesses de Madonna no entretenimento são conduzidos, na sua maioria, por empresas de sua propriedade. Em 1992, Madonna criou a empresa Maverick, uma *joint venture* com a Time Warner. A Maverick era composta por uma gravadora (Maverick Records), uma produtora de cinema (Maverick Films) e também pelas divisões de publicação de música e livros, televisão e *merchandising*. O contrato de multimídia de sete anos

S_BUKLEY / SHUTTERSTOCK.COM

"Madonna, em 2013 recebeu muitos prêmios no evento da *Billboard*."

foi de US$ 60 milhões e concedeu à cantora total controle artístico sobre suas músicas — inclusive sobre o seu selo musical. Nesse pacote também estavam incluídos acordos para programas especiais de TV a cabo, livros e quaisquer outros projetos de livros que ela desejasse desenvolver, mais uma participação nos lucros gerados por outros artistas da Maverick. Mais tarde ela tornou-se a diretora executiva efetiva do selo Maverick.

Em 2007, Madonna anunciou a sua saída da Warner Bros. Records e celebrou um novo contrato de US$ 120 milhões, com dez anos de duração, com a empresa de gerenciamento de eventos Live Nation. Atuando principalmente como promotora de *shows*, a Live Nation "contrata" artistas como "selo musical", mas funciona predominantemente como promotora, e não como "proprietária das músicas". A empresa promove ou produz milhares de eventos, como *shows* musicais e teatrais e outros eventos, chegando a ter um público total no ano todo próximo de 55 milhões de pessoas!!!

No período 2008 a 2009, Madonna partiu para a sua turnê mundial *Sticky and Sweet* (*Pegajoso e Doce*) com o objetivo de promover o álbum *Hard Candy*, que foi seu primeiro grande empreendimento com a Live Nation. Essa foi até então a turnê de maior receita bruta de todos os tempos, conduzida por uma artista solo com uma renda bruta de US$280 milhões, ultrapassando o que foi arrecadado com a sua turnê *Confessions on a Dance Floor*.

Um outro ingrediente que explica o sucesso de Madonna é a sua capacidade para sempre **renovar sua popularidade**!!! Um ano depois do fiasco comercial de seu álbum *American Life* (*Vida Norte-Americana*), ela partiu para a turnê *Re-Invention World* (*O Mundo em Reinvenção*), durante a qual realizou 56 *shows* ao redor do mundo. Essa foi a turnê com maior receita bruta de um artista em 2004, arrecadando mais de US$ 100 milhões.

"Quem quiser mais detalhes sobre a carreira da cantora que mais ganhou dinheiro até hoje deve ler o livro de Lucy O' Brien, *Madonna – 50 Anos*."

Ao se comparar Madonna com outros artistas, percebe-se claramente que a sua produção musical nunca envelhece. A frequente reinvenção do estilo e das músicas de Madonna indica uma percepção aguçada sobre a mudança constante de estilos, normas sociais e atitudes em um setor em que o relógio voa.

Desde o seu visual *punk-pop* no início da década de 1980, seus fãs testemunharam múltiplas **reencarnações** que incluíram o visual *glam rock* do final da década de 1980, o *look* retrô de Marilyn Monroe, sua imagem pornô menos agressiva do início da década de 1990 (com o seu filme documentário *Na Cama com Madonna* e o lançamento de seu *best-seller Sex*, mostraram Madonna como ponto focal em fotografias que retratam várias fantasias sexuais), seu visual *high fashion* na metade da década de 1990, e seu visual *disco* associado com o lançamento de *Confessions on a Dance Floor*. Claro que tendo feito tudo isso (e continuado a fazer...), não é nenhuma surpresa Madonna ter se tornado conhecida nos círculos musicais como a "**rainha da reinvenção**".

Alguns podem até defender a tese de que Madonna não tem a voz de Anastasia, a capacidade de atuação de Nicole Kidman ou o talento de Justin Timberlake como letrista. Embora Madonna esteja em excelentes condições físicas, poucos a achariam tão atraente como a Jennifer Lopez, Beyoncé ou Mariah Carey.

Seus diversos papéis como atriz também não geraram elogios, mas sim críticas mordazes, e o álbum lançado em 2003, *American Life*, foi surrado pelos críticos, que afirmaram que isso era um sinal de que Madonna "estava precisando de férias" em vista do estresse de sua carreira.

Contudo, não obstante as aparentes lacunas em algumas de suas habilidades e um ocasional contratempo, Madonna conseguiu reencarnar e redirecionar sua carreira diversas vezes. Após mais de três décadas no auge de sua profissão, há poucos indícios de que a carreira de Madonna esteja perdendo a força.

É verdade que ela "sofreu" bastante para lançar adequadamente o seu 13º álbum. Madonna conviveu com diversos problemas antes do lançamento oficial do seu 13º álbum, *Rebel Heart* (*Coração Rebelde*), com 19 faixas, que foi antecipado por controvérsias, vazamentos, *performances* grandiosos até inclusive um tombo espetacular no Brit Awards durante a apresentação de *Living for Love*, o novo sucesso da cantora que, ironicamente, fala de cair, levantar e seguir em frente.

Em 2/12/2014 Madonna deu uma entrevista ao mágico David Copperfield e fez um ensaio sensual para a revista *Interview*, já falando sobre o álbum. Em uma das fotos, apareceu com os seios de fora e tornou-se alvo de críticas pela postura "não adequada" para a sua idade.

Muitas mulheres saíram em sua defesa, especialmente as apresentadoras do programa americano *The View*. Aliás, Nicolle Wallace disse no programa que, se tivesse aquele corpo, "ficaria nua o tempo todo"!!!

No dia 17 de dezembro 2014, noticiou-se que houve de fato o vazamento de algumas músicas de *Rebel Heart*. Nessa ocasião, Madonna foi às redes sociais pedindo que os seus fãs não ouvissem o material e chamou o vazamento de "**estupro artístico**". Mas algumas pessoas chegaram a comentar que o vazamento talvez tenha sido proposital,

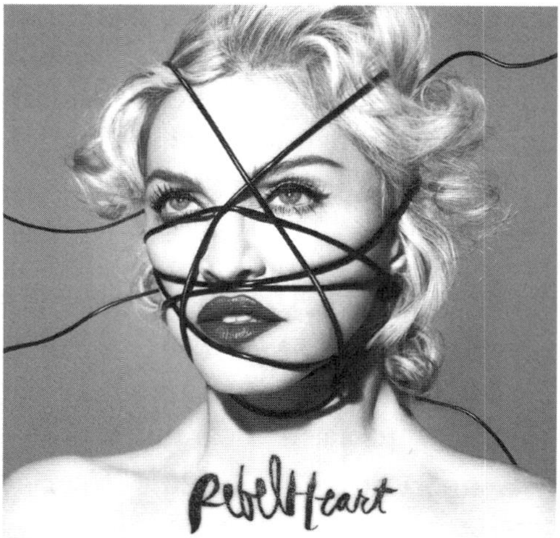

"A criativa capa do disco *Rebel Heart* de Madonna que vazou na Internet no final de 2014. Isso foi feito de propósito?"

ou seja, uma jogada de *marketing*. Assim, ela própria fez um pré-lançamento de seis versões finalizadas das músicas que vazaram no iTunes Store; deu entrevistas para publicações importantes de música, como as revistas *Rolling Stone* e *Billboard*, negando que tenha soltado propositalmente as *demos* como teste.

Madonna disse: "**Foi um roubo**!!!"

No entanto, a estratégia funcionou e nos dias seguintes as novas músicas se alternaram entre os primeiros lugares nas paradas de 40 países do mundo.

Em 24 de dezembro de 2014, mais 14 *demos* do álbum vazaram, entre elas *Two Steps Behind Me* (algo como *Dois Passos Atrás de Mim*), em que se fala de uma pessoa que gostaria de ser como é a Madonna, que a copia, mas que está sempre a dois passos dela...

O mundo interpretou isso como uma crítica a Lady Gaga, mas, sem citar nomes Madonna, foi ao Instagram e disse: "Pessoas com muito ódio criam rixas que não existem entre artistas. Nós ainda vivemos em um mundo que discrimina mulheres (...). Eu nunca desejei mal a nenhuma artista feminina e nunca o farei!!! O mundo é grande o suficiente para todas nós!!!" Seu empresário, por sua vez, colocou no Twitter que Madonna ouviu o dueto de Gaga com Tony Bennett e adorou.

Em 6 de janeiro de 2015, a arte da capa de *Rebel Heart* viralizou na Internet e fãs da cantora começam a colocar fotos deles imitando a imagem em que Madonna apareceu com fios pretos trançados pelo rosto, o mesmo que já aconteceu com fotos de personalidades mundiais. A cantora começou a republicar suas preferidas no Instagram e foi acusada de "apropriação cultural" ao mostrar montagens de líderes negros como Martin Luther King e Nelson Mandela. Novamente ela respondeu: "Sinto muito. Eu não estou me comparando a ninguém. Estou apenas admirando e reconhecendo-os. Isto não é um crime ou um insulto racial! Eu estou dizendo que eles foram cabeças rebeldes também. E eu não fiz isso. Meus fãs fizeram. E meus fãs não são racistas. Se eles me colocam na mesma categoria que essas pessoas, agradeço muito. Estou muito lisonjeada e espero um dia realizar um centésimo do que elas realizaram!!!"

Em 21 de janeiro de 2015, o serviço secreto israelense prendeu o *hacker* que teria vazado e vendido as versões *demo* de *Rebel Heart* e músicas de outros artistas. Apesar disso, em 3 de fevereiro de 2015, vazaram as 25 músicas finalizadas da versão *Super De Luxe* do álbum. Madonna e a imprensa internacional ignoram o fato e ela se limitou a publicar uma foto sua com as mãos no rosto dizendo: "**Que tempos esses em que vivemos**!?!?"

Finalmente em 5 de fevereiro de 2015, Madonna lançou o clipe de *Living for Love (Vivendo para o Amor)*, o primeiro *single* de *Rebel Heart*, no Snapchat, uma rede social de troca de imagens usada predominantemente por jovens. No vídeo, ela apareceu vestida de toureira e fez uma citação a Nietzsche no final. Novamente foi criticada, desta vez pela grafia errada do nome do filósofo no fim do vídeo.

Em 9 de fevereiro de 2015, a *performance* de Madonna para *Living for Love* foi ovacionada na cerimônia do Grammy, que, segundo a revista *Forbes*, foi a maior audiência do evento. No entanto, o que mais chamou atenção foi a sua passagem pelo tapete vermelho. Usando um traje de toureira preto, da grife Givenchy, a cantora ergueu a parte de trás mostrando a sua bunda. A foto rapidamente viralizou e novamente começaram as críticas ao fato de que a cantora "não ter agido de acordo com sua idade".

Mais tarde, em entrevista à *Rolling Stone*, ela disse que fez o que fez para as pessoas verem como é a bunda de uma mulher de 56 anos!!! O repórter retrucou, dizendo que aquele não era um padrão de bunda de mulher de 56 anos, mas depois completou: "Mas quer saber? Um dia pode vir a ser!!!"

De fato, Madonna provocou um certo *frenesi* ao mostrar seu *bottom* (em inglês também é sinônimo de bunda), ou seja, passando uma nova imagem de tiazona dona de bordel... Sem dúvida, um grande feito que se deve atribuir a Madonna é que ela, com suas atitudes, conseguiu decretar obsoletas muitas conquistas do feminismo. Ela declarou: "Sou a única dona do meu nariz. Faço, por isso mesmo, exatamente o que eu quero. E o que quero é fazer exatamente o que o dinheiro mandar. Isso é que é independência, é o que todos devem entender, viu? E quem me questionar sobre isso considero um macho branco opressor!!!"

Especialistas destacam que comunicação não é o que você **fala**, é o que o outro **ouve**!?!? Na terminologia sadomasoquista, o dominador é *top* (fica por cima) e o dominado é *bottom* (fica por baixo ou então é...). O discurso recente de Madonna é de *top*, mas a prática artística é de *bottom*. Sob o discurso de empoderamento, Madonna na realidade, nunca passou do que sempre disse ser: *boy toy* ("**brinquedo de um menino**").

O jornalista André Forastieri, no seu artigo *Bumbum submisso* publicado no jornal *O Estado de S. Paulo* em 15/2/2015, destacou: "Incrível, mas todas as grandes estrelas de 2015 imitam Madonna e atuam de biscatinha, tudo por

DFREE / SHUTTERSTOCK.COM

"Nicki Minaj, que nasceu como Onika Maraj, em Trindade e Tobago, em menos de uma década transformou-se em *rapper*, estrela da música *pop*, atriz, ícone da moda e mogul."

uns dólares amassados na calcinha. Uma é mais isso, outra mais aquilo, mas todas iguais na penumbra. Britney Spears, Lady Gaga, Rihanna, Ke$ha, todas exibem o mesmo clima de zona. Não foi por acaso que recentemente Jennifer Lopez e Iggy Azalea gravaram uma música chamada *Bunda* (*Booty*), e Nicki Minaj ficou só de fio dental para cantar a *Anaconda* de seu amante. Até Shakira, a roqueira colombiana, 'precisou' tirar a roupa, malhar, aloirar e aderir ao geme-geme para estourar. E todas elas com o mesmo exatíssimo discurso de empoderamento feminino de Madonna: **autocongratulatório, interesseiro, mentiroso**.

Criticar Madonna 30 anos atrás era passar recibo de careta. Hoje, no caso dela, é pior, porque evidenciaria o preconceito contra os velhos, isto é, *ageism!!!* Lamentavelmente, ou não, Madonna adotou o papel de prostituta, assumiu essa marca e fez *marketing* disso, travestida como uma figura de liberação feminina. E fez escola, que se tornou a única para muitas estrelas das gerações posteriores.

Entretanto, nessa 2ª década do século XXI, ela sabe que não pode mais competir fisicamente com todas as suas afilhadinhas. Então, ela trocou a imagem de ninfeta à venda pela de **tiazona, dona do bordel.** Apareceu como uma marafona aposentada, com um bumbum magrelo à mostra sob diáfano véu, à disposição para clientes seletíssimos, algo como *old toy for old boys* ('velho brinquedo para meninos idosos')..."

Madonna por sua vez explicou: "Quando fiz meu livro *Sex* não era a mulher de bunda padrão. Quando fiz *Na Cama com Madonna*, continuei não sendo padrão... Então, se eu tiver que ser a pessoa que abriu as portas para as mulheres abraçarem a ideia de que elas podem ser sexualmente atraentes aos 50 ou aos 60 anos como eram aos 20 anos, que assim seja!!!"

"A cantora Miley Cyrus tem atraído a atenção da mídia pelas suas danças provocantes e pelas suas poses repletas de ingredientes eróticos."

Em 19 de fevereiro de 2015, aconteceu uma decisão bem desfavorável para Madonna, quando a Rádio 1 do grupo BBC de Londres decidiu não incluir em sua *playlist* (lista de canções) a música *Living for Love* por considerá-la "irrelevante" e "sem mérito musical e velha" para seu público predominantemente jovem. Uma fonte do jornal londrino *Daily Mail* explicou: "É natural que, conforme um artista envelheça, seu público se disperse, e a Rádio 1 está refletindo sobre isso." Claro que os fãs da Madonna não perdoaram isso e inundaram a caixa postal da rádio pedindo a execução da sua música.

Em 25 de fevereiro de 2015, a aguardadíssima apresentação de *Living for Love* no Brit Awards, o Grammy britânico, transformou-se em um **pesadelo,** quando Madonna levou um tombo espetacular. De repente, a letra da música se tornou profética, já que a cantora caiu exatamente na frase: **"Baixei a guarda e caí em seus braços"** e, para surpresa da plateia atônita, ela retomou o *show* bem no verso: **"Agora que tudo acabou, vou seguir em frente."**

Apesar da violência da queda, a cantora terminou a sua apresentação visivelmente nervosa, mas sob aplausos. Aliás, no dia seguinte, ela já estava gravando um programa de TV e na sua entrevista declarou: "Fui andando ao topo da escada e puxei o cordão, só que o laço não se desfez. Tinha duas opções: eu poderia ser estrangulada ou cair. Escolhi cair. Nunca mais escrevo uma letra a respeito de cair e levantar. Isso foi a vida me dando uma lição..."

Em 2 de março de 2015, em entrevista para o *site Pitchfork*, especializado em música, Madonna ressaltou: "Meus filhos também têm me criticado por certas atitudes. Ficam o tempo todo dizendo: 'Não mãe. Pare!!! Oh, lá vai ela de novo...' Para calá-los digo que devem ficar quietos, pois é esse meu comportamento que permite que consiga pagar todas as contas, inclusive os gastos com eles..."

Em 5 de março de 2015, numa entrevista para o jornal *The New York Times*, como é dito numa de suas novas canções *Wash All Over Me* (*Purifique Tudo sobre Mim*), Madonna ressaltou: "Sinto-me cada vez mais estranha em um mundo que está mudando. Estamos todos cada vez mais digitais, estamos todos vulneráveis e tudo se transforma instantaneamente. Vivemos tanto o sucesso imediato como o fracasso instantâneo. Descoberta instantânea, destruição instantânea, construção instantânea. É tudo esplêndido e maravilhoso, como é também devastador. Honestamente, para mim, é a morte do artista de muitas maneiras."

Em 27 de março de 2015, constatou-se que *Rebel Heart* **teve a pior semana de lançamento da cantora em duas décadas**. O seu 13º álbum vendeu "**apenas**" 116 mil cópias na primeira semana. Para comparação, o

YAKUB88 / SHUTTERSTOCK.COM

"Madonna, a grande diva da música *pop*, durante um *show* da sua turnê *Rebel Heart*, mostrou que já está lidando com inteligência com o seu envelhecimento, apesar de ainda estar sendo muito bem paga pelos seus *shows* e as suas canções ouvidas e tocadas."

12º álbum, *MDNA*, de 2012, fez a sua estreia com a venda de 359 mil cópias na primeira semana. Apenas *Bedtime Stories* (*Histórias de Ninar*), de 1994, teve receita inferior ao disco atual.

Esse novo trabalho também se tornou o primeiro álbum de Madonna que não permaneceu no topo dos mais vendidos desde *Ray of Light* (*Raio de Luz*), de 1998. Em sua segunda semana nas lojas, as vendas caíram em quase 80%, com apenas 22.800 mil cópias negociadas, fazendo o disco cair de segundo para o 21º lugar na lista dos mais vendidos. Destaque-se que *Rebel Heart* contou com as participações de Chance The Rapper, Nicki Minaj, Nas e Alicia Keys e foi lançado oficialmente em 10 de março de 2015.

Madonna não se deixou abater por esses números e buscou imediatamente outras formas de divulgação, indo a diversos programas de televisão, compareceu a várias apresentações e lançou o *single Ghosttown* (*Cidade Fantasma*). Mas tudo indica que está se iniciando um certo declínio da atração e do prestígio de Madonna com os seus fãs, não é?

3.11.8 – TAYLOR SWIFT, A CANTORA QUE NÃO TEM MEDO DE RECLAMAR!!!

JSTONE / SHUTTERSTOCK.COM

"Taylor Swift: uma cantora que se emocionou com os fãs mais do que eles com ela, detentora do recorde do *Guinness* – ganhou um disco de platina em uma semana – do álbum digital feminino que mais rapidamente vendeu."

Os Beatles disseram algumas décadas atrás que eram mais populares que Jesus Cristo e provocaram um verdadeiro escândalo que acabou na sua excomungação...

Talvez a comparação não seja válida, mas muitas pessoas também estremecerem ao ler que o baixista da banda britânica Blur, Alex James, disse que a **cantora Taylor Swift é mais importante que os Beatles**!?!? Mas com suas palavras, Alex James quis dizer que atualmente as solistas se impõem às bandas. E isso é verdade!!! Além disso, atualmente, a popularidade de um cantor e o impacto social que ele provoca está superando os limites da imaginação.

Esse é o caso de Taylor Swift, uma mulher muito bonita, mas que tem demonstrado que sabe como colocar-se bem contra situações que considede-

360B / SHUTTERSTOCK.COM

"Em 1966, alguns acharam que os *Beatles* (a partir da esquerda, Paul McCartney, Ringo Starr, John Lennon e George Harrison) seriam um modismo passageiro, mas, 50 anos depois, continuam sendo ouvidos e imitados..."

ra opressoras ou danosos para aqueles que vivem da música. Ela resolveu desafiar a Apple, que disse que não iria pagar os artistas durante os três primeiros meses de teste de sua nova plataforma, a Apple Music, que poderia ser acessada gratuitamente durante este tempo!!!

Então, Taylor Swift, que não tem nada de "loira tonta", explicou: "Não estou reclamando só por minha causa desse flamante serviço de *streaming* (fluxo de mídia) da Apple Music. Por sorte, já lancei meu quinto álbum e posso manter a mim, a minha banda e todo o pessoal da minha equipe fazendo *shows* ao vivo. Estou reclamando para que as novas artistas ou bandas que acabam de gravar o seu primeiro *single* possam sobreviver, ou melhor, tenham a possibilidade de obter uma compensação no início da sua carreira. Não pedimos *iPhones* de graça a Apple,, não é? Por favor, não nos peça que disponibilizemos nossa música sem qualquer pagamento."

Sendo a Taylor Swift a principal força da música *pop* atual – com quase 70 milhões de seguidores no Twitter, mais de 80 milhões no Facebook e outros 45 milhões no Instagram, isso sem contar os seus clubes de fãs – a Apple prestou muita atenção na sua reivindicação e voltou atrás de sua decisão e **decidiu pagar as artistas**.

Essa controvérsia e a publicidade decorrente desse posicionamento da Taylor Swift acabaram sendo muito positivas para a Apple Music, que estreou em 100 países, inclusive no Brasil, em 30/6/2015.

A chegada da gigante Apple estava sendo esperada com ansiedade no mercado de *streaming*, o qual é dominado pela empresa sueca Spotify que tem quase 100 milhões de usuários ativos, entretanto, apenas 30 milhões de pagantes!!! A Apple Music espera chegar "rapidamente" a 100 milhões de assinantes com o seu serviço de *streaming* musical, e o preço que ela começou a cobrar nos EUA é de US$ 9,99 por mês,e US$ 4,99 no Brasil, quando suas concorrentes cobram R$ 14,90.

Taylor Swift nasceu em 1989 no Estado da Pensilvânia e mudou-se no início da sua adolescência para Nashville, capital do Estado do Tennessee. A ideia era morar num Estado com mais tradição em sua grande paixão: a música *country*. Aos 15 anos, tornou-se a mais jovem artista a assinar contrato com a gravadora Sony/ATV.

Suas primeiras músicas falavam dos desafios de ser adolescente esquisita na escola, de paixonites mal resolvidas e de dilemas sobre o que esperar da vida adulta. Ao longo do tempo, as letras evoluíram com a vida da moça. A partir dos 20 anos, a inspiração da cantora passou a vir de seus relacionamentos. Foram muitos. Ela fez canções para o ator Jake Gyllenhaal e o cantor John Mayer, entre os mais famosos. Mesmo os seus namoros curtos serviram de inspiração para a cantora. O relacionamento de três meses com Harry Styles, da banda One Direction, rendeu o *single Out of the Woods* (*Fora de Perigo*).

A cantora, que foi exibindo a sua vida nas músicas, se tornou a musa de uma geração que também exibe a sua vida nas redes sociais. O disco *1989* marcou uma virada importante em sua carreira. Taylor Swift praticamente abandonou o *country*, optando pela música *pop* cheia de coreografias e refrões pegajosos. Também mudou de cidade e o estilo das letras que se tornaram mais adultas, sarcásticas e até engraçadas. Em *Welcome to New York* (*Bem-vindo a Nova York*), ela conta a sua mudança de Nashville para a Big Apple e diz: "Você pode querer quem você quiser. Meninas e meninos / meninas e meninas..."

Na música *Bad Blood* (*Sangue Ruim*), ela protagoniza uma improvável parceria com o *rapper* norte-americano Kendrick Lamar. Para participar do videoclipe, cheio de efeitos especiais, convidou um grupo de amigos composto por atrizes de Hollywood, cantoras e modelos.

O crítico da revista *Rolling Stone*, Rob Sheffield comentou o *1989*: "Profundamente estranho, emocionalmente febril e entusiasmante, *1989* soa exatamente como Taylor Swift, mesmo sem parecer com nada do que ela já fez até hoje."

FEATUREFLASH PHOTO AGENCY / SHUTTERSTOCK.COM

"Taylor Swift tem sido premiada, pois os seus discos são os mais vendidos e admirada por ser defensora dos direitos autorais, em particular dos cantores iniciantes."

De fato, Taylor Swift amadureceu como cantora e também como personalidade pública. Ela comprou uma cobertura avaliada em US$ 70 milhões em Nova York, para onde se mudou. Mantém, entretanto, a sua casa em Nashville, onde seus pais moram, além de apartamentos em Los Angeles e Londres. Tornou-se uma filantropa. Ajuda diversas entidades e lidera campanhas de arrecadação de recursos para os necessitados. Passou a se relacionar com uma turma de jovens feministas, como a atriz Lena Dunham, da série *Girls* e a defender a **igualdade de gêneros**. É querida entre artistas por ser simpática e parecer **autêntica**. Nas premiações, sempre rouba a cena como a mais empolgada e sorridente dos convidados.

Numa entrevista para a revista *Time*, Taylor Swift disse: "Quando você publica um diário de sua vida para o mundo ver por uma de suas músicas, acaba incorporando no meio do caminho novos temas. É um alívio saber que as pessoas não acham mais que tudo o que faço é ficar em casa escrevendo músicas para me vingar de garotos."

Pois é, levou um pouco menos de uma década para Taylor Swift construir uma das carreiras mais sólidas da indústria fonográfica e não faltam superlativos para ela. Em nove anos de carreira, lançou cinco álbuns e vendeu um total de 140 milhões de cópias – o que a coloca próxima de gente como Frank Sinatra e da banda U2. É a artista que mais vendeu música digital até hoje. Seu último disco, *1989*, bateu a marca de 1,3 milhão de cópias em uma semana. Somente o clipe da música *Shake it Off* (*Deixar pra Lá*), publicado no YouTube em agosto de 2014, somou já quase **1 bilhão de visualizações**. Taylor Swift foi eleita em 2015 a personalidade do ano pela importante revista norte-americana *Billboard*.

Essa atividade toda se traduz, também, numa grande fortuna, com a revista *Forbes* estimando que, em 2015, Taylor Swift deverá faturar cerca de US$200 milhões entre vendas de discos, *shows* e *merchandising*. Tudo indica que ao menos uma parte do segredo do sucesso de Taylor Swift, na sua carreira de cantora e para além dela, está na maneira como ela lida com os seus fãs, chamados de *swifties*. Especialmente pelas redes sociais, a jovem todo-poderosa do entretimento conversa com admiradores como se estivesse batendo papo com as pessoas próximas.

Durante o pré-lançamento de álbum *1989*, Taylor Swift escolheu pelas redes sociais um **grupo de 89 fãs** para jantar em sua casa e ouvir as músicas com ela!!! Em retribuição, muitos fãs costumam trabalhar como seus **fiscais**, denunciando quem faz pirataria de suas músicas na Internet. E ela também passou a ser admirada pelas artistas independentes, por causa de sua luta para que as empresas de tecnologia que distribuem as músicas criem formas de remuneração mais justas.

3.11.9 – ADELE DEMORA, MAS QUANDO SOLTA UM ÁLBUM, ELE VIRA UM GRANDE SUCESSO!!!

FEATUREFLASH PHOTO AGENCY / SHUTTERSTOCK.COM

"A incrível compositora e cantora Adele, uma grande vendedora de discos e com canções e letras que mexem com as emoções das pessoas."

Quase no final de 2015, chegou o terceiro álbum da compositora e cantora britânica Adele, chamado *25*. Esta repleto de muita emoção, como explicou a própria cantora: "Para que eu me sinta confiante com uma das minhas canções, ela precisa mexer comigo. É assim que eu sei que compus uma música boa – é quando eu começo a chorar."

Essa emoção escancarada, transmitida por uma linda voz, é que faz de Adele uma das cantoras e compositoras mais adoradas do século XXI. Adele, cujo sobrenome é Adkins, ganhou o Grammy de **melhor artista iniciante** com seu álbum de estreia, *19*, em 2008, quando tinha 20 anos. Ela multiplicou seu público com o álbum *21*, de 2011, cheio de canções sobre seus rompimentos amorosos – raivosos, arrependidos, solitários, virtuosos –, no qual se valeu de modernos toques de produção em torno de vocais.

Ela já vendeu cerca de 32 milhões de cópias do *21* no mundo todo, o que, obviamente, a deixou com uma boa conta bancária. Além do poder da sua voz e do cuidado musical, *21* comunicou uma urgência palpável, a sensação de que as suas feridas ainda estavam abertas. Após pelo menos dois anos de construção surgiu *25*, um tanto esquizofrênico, muito cérebro lógico e não tão sentimental.

Em *25*, a raiva e a mágoa de *21* foram substituídas pela saudade: saudade da conexão, da juventude, da reconciliação e dos vínculos vitalícios. Nesse disco não se deixou espaço para sombras na voz da cantora. Isso porque a temática mudou, assim como a vida dela.

LUKAS DAVIDZIUK / SHUTTERSTOCK.COM

"No seu álbum *25*, Adele destacou a saudade da conexão, da juventude, da reconciliação e dos vínculos vitalícios."

"Adele sendo premiada no teatro Dolby em Hollywood (EUA)."

A canção *Hello* abriu o álbum e só não é a melhor porque tem algumas fortes concorrentes nele mesmo. Quando *Hello* foi lançada, em 29 de outubro de 2015, mais de 1,1 milhão de pessoas pagaram para baixar a música na sua primeira semana só nos EUA, e dezenas de milhões ouviram a música ou assistiram ao clipe por *streaming*.

Como as outras músicas do álbum *25*, *Hello* é preenchida com pensamentos sobre a distância e a passagem do tempo. Musicalmente, tem versos com voz e piano, seguidos por refrãos fortes e sonoros, e dessa forma o álbum alterna baladas orgânicas e acústicas e um *pop* moderno e retumbante.

Ao compor o álbum, Adele já não era mais a vingadora dos corações partidos que fora em *21*, havia se tornado uma estrela aos 23 anos, uma mãe, pois em outubro de 2012, nasceu o seu filho Angelo, cujo pai é Simon Konecki.

Adele reservou tempo para criar seu bebê enquanto avaliava o que faria. Foi abalada ainda por problemas de saúde, incluindo uma hemorragia vocal que ameaçou danificar sua voz, o que a obrigou a cancelar uma extensa turnê em 2011. Aí Adele dedicou grande parte do seu tempo para coisas normais, como passear num parque, ir a um museu, fazer compras num *shopping* etc.

Determinada para ser conhecida por sua música, ela teve coragem para recusar patrocínios e projetos que a teriam mantido mais visível nesse período que ficou de certa forma recolhida. Ela comentou: "Todo mundo achava que eu simplesmente desapareci, mas isso não era verdade. Apenas voltei à vida real, porque precisava compor um álbum sobre a vida real, pois de outra forma como é que você consegue se identificar? Poderia ter escrito sobre como é ser famosa, mas acho que isso é uma tremenda arrogância e, além disso, no final me sentiria muito mal."

25, de certa forma, encerra uma jornada sombria pela qual Adele passou. É como se os discos *19* (2008), *21* (2011) e *25* (2015) constituíssem a

trilogia da compreensão da dor. Versos de sentimentos ainda confusos do primeiro álbum ganharam uma paleta menos colorida em *21*, o momento mais difícil (até agora...) do luto amoroso. Abriu-se assim um espaço para a raiva, os arrependimentos e todos aqueles sentimentos agressivos e revoltosos que preenchem o peito de angústia. *25* veio para iluminar aquela condição sombria. O passado ainda é responsável por assombrar e trazer dias escuros, por mais que o sol brilhe intensamente do lado de fora. O passar dos anos, contudo, traz um grande alívio para a dor. Traz melhor compreensão sobre os erros cometidos e os outros praticados. No álbum *25*, o *pop*, às vezes, soa mais genérico do que deveria. A alma sofrida de Adele não é tão sofrida assim, e *25* é bem adulto nesse sentido.

Graças a Deus, a vida aconteceu para Adele e para todos nós podermos nos sentir mais positivos ao ouvir as canções de *25*!!!

3.11.10 – NA CHINA, O GOVERNO "APOSTOU" NUMA CANTORA INTERNACIONAL!!!

O criador do badalado conceito *soft power* ("*poder suave*"), Joseph Nye, disse: "O poder é como o amor: é mais fácil de sentir do que definir ou medir." Pode-se também associar ao *soft power* a capacidade de um país influenciar os outros por seus **atrativos culturais**, **sem pressão militar** ou **econômica**. E nesse jogo de sedução global, nada é mais eficaz do que uma linda canção de amor. É por isso que o governo da China investiu no desenvolvimento da cantora Ruhan Jia.

"Ruhan Jia, a cantora chinesa que está procurando ter uma penetração internacional."

Nesse jogo de sedução global, nada é mais eficaz do que uma canção de amor, cantada por Ruhan Jia, pensaram algumas importantes autoridades do Partido Comunista Chinês (PCC) e estimularam para que ela se tornasse uma Celine Dion, Ivete Sangalo, Taylor Swift, Beyoncé, ou seja, uma diva chinesa em **escala mundial**.

Ruhan Jia foi a primeira contratada da Earth Music, uma produtora criada pelo governo chinês em 2011, para promover artistas chineses com potencial de sucesso internacional, isto é, desenvolveu-se uma iniciativa por parte do próprio regime para tentar criar *soft power*, uma obsessão num país que já tem a economia que mais cresce no mundo, com uma presença global cada vez mais forte em tudo, **menos na área cultural**!?!?

Assim, os EUA têm Hollywood e os mais variados entretenimentos musicais, esportivos e culturais; a França, a sua gastronomia; o Brasil, o futebol (!?!?) e a imagem de um povo de bem com a vida – basta ver a participação popular no Carnaval de rua em 2016, apesar da crise econômica – entre alguns exemplos de países atrativos que **fazem os outros quererem ser como eles**.

➛ **E a China, que imagem estabeleceu?**

O poder conquistado pela China na sua ascensão levou sempre a pensar mais no *hard power* (poder duro ou militar). Atualmente, Ruhan Jia anda vestida de forma elegante, mas continua com modos muitos contidos, deixando transparecer a disciplina adquirida sob a rígida educação da sua mãe. Entretanto, ela não consegue segurar o riso quando perguntada sobre a responsabilidade de ter sido escolhida como um dos rostos e vozes do *soft power* chinês. Ela diz apenas: "**Sou uma cantora, leal só à minha música**!!!"

E devido ao seu sorriso, simpatia sem afetação ou peso de diva, Ruhan Jia até que já demonstrou possuir um **poder suave**. O que surpreende, porém, é a sua franqueza ao declarar: "O governo talvez fale em conquistar o mundo, mas eu nunca penso nisso. Tenho a ambição de conquistar o mundo, **sim**, mas com **minha música**!!!"

Projetos destinados a transformar a China numa **potência cultural** e **esportiva** estão por toda parte nesse país, destacando-se a contratação de jogadores famosos de futebol de outros países, em especial do Brasil, e a construção de uma Hollywood chinesa na cidade costeira de Qingdao.

Ruhan Jia demonstrou um pouco de ceticismo em relação a essa estratégia: "Uma potência cultural não se faz apenas com grandes construções. O verdadeiro *soft power* são as pessoas. É preciso educá-las."

Quando canta, Ruhan Jia deixa a política de lado e se concentra em mostrar o seu virtuosismo de soprano construído em uma vida inteira dedicada à música, desde as lições de piano aos quatro anos por pressão da mãe. O projeto de transformá-la em diva mundial teve um forte apoio do governo, mas não muito dos pais da cantora – um funcionário público e uma professora universitária de música – que preferiam que ela seguisse uma carreira acadêmica. Mas o treinamento rígido e o forte impulso do governo já fizeram dela uma das principais promessas de **internacionalização da cultura chinesa**.

No seu álbum mais recente, *Smile*, gravado entre Xangai e Paris, Ruhan Jia cantou em chinês, italiano, inglês e francês. O seu repertório é eclético, talhado para se encaixar nas paradas internacionais. Entre as dez faixas, há desde uma rara canção étnica chinesa até uma nova versão de *Ave Maria*.

A versão digital do álbum foi lançada no Brasil e o próximo passo é a sua vinda para uma turnê no Brasil. Ruhan Jia adorou essa ideia, destacando: "O Brasil é o país dos meus sonhos. Lindo, sol o ano inteiro, pessoas glamorosas. E tem uma música *sexy*, cheia de paixão. Bossa nova é o meu estilo favorito. Quero por isso mesmo incluir canções brasileiras em meu repertório. O '**poder suave**' brasileiro me atrai muito."

Curiosamente, o que Ruhan Jia está encontrando dificuldade é de encantar definitivamente o público do seu próprio país. O incrível é que ela já conquistou um razoável destaque no exterior, mas, na China, o gosto musical do público não está ainda bem desenvolvido para apreciar a beleza do som e da sua voz!!! Comentou Ruhan Jia: "Fiz recentemente uma apresentação no Arco do Triunfo, em Paris, e os franceses me adoraram. Mas no meu país, as pessoas dizem que a minha música é bonita, mas quieta demais. O que eles apreciam é o bum, bum, bum, aquele bate-estaca das canções mais populares. Ainda levará algum tempo para o gosto do meu povo se refinar."

Observação importante 3 – Michel Teló já ultrapassou a marca de 1 bilhão de visualizações no YouTube, tornando-se o primeiro artista brasileiro a bater essa marca. Até agosto de 2015, no Brasil, apenas a Galinha Pintadinha e o Porta dos Fundos já haviam conseguido essa façanha.

Michel Teló passou com sobras de 1 bilhão de visualizações principalmente devido aos clipes com o seu *Ai Se Eu Te Pego, Fugidinha* e *Humilde Residência*, sendo que a primeira música já foi vista por mais de 750 milhões de pessoas, cantada em Paris, Moscou, Tóquio, Istambul, Buenos Aires etc., e, naturalmente, em todas as partes do Brasil. Aliás, *Ai Se Eu Te Pego* está envolvida em uma grande disputa, pois as estudantes paraibanas Marcella Quinho Ramalho, Maria Eduarda Lucena dos Santos e Amanda Borba Cavalcanti de Queiroga querem tirar de Sharon Acioly o direito de ser uma das autoras da canção e inserir os nomes delas. Já Sharon Acioly diz que ela e mais três amigas – Karine Vinagre, Amanda Cruz e Aline Medeiros – fizeram a música numa brincadeira no palco do Axé Moi, em Porto Seguro. Originalmente, elas contam que fizeram no ritmo de *funk*, mas depois Michel Teló e Antonio Dyggs transformaram em sertanejo.

"Michel Teló, chegou a todas as partes do mundo com o *single*, *Aí Se Eu Te Pego*."

Como a autoria do *hit* está sendo discutida, a Justiça bloqueou a arrecadação da música, que já ultrapassa R$ 10 milhões. O advogado de Sharon Acioly, Jonas Lopes de Carvalho Neto, está também movendo uma ação contra a empresa de Michel Teló, pois, segundo ele, não existe uma prestação de contas de toda a arrecadação de *Ai Se Eu Te Pego*. Com todo esse sucesso mundo afora, sua cliente recebeu pouco mais de R$ 100 mil de tudo o que a música arrecadou, o que é muito pouco, pois ela tem venda em *ringtone* na loja Apple Store, em DVDs etc.

* * *

Observação importante 4 – Segundo o levantamento da Crowley, empresa que monitora a audiência radiofônica no país, as **22 primeiras músicas** mais tocadas entre as 100, no primeiro semestre de 2015, no Brasil, foram as **sertanejas**. Aliás, as dez primeiras colocadas foram:

1ª) *Suíte 14*, da dupla mato-grossense Henrique e Diego, em parceria com o funkeiro MC Guimê.

2ª) *Agora (Ahora)*, cantada por Bruno e Marrone.

3ª) *Escreve Aí*, interpretada por Luan Santana.

4ª) *Mudando de Assunto*, cantada por Henrique e Juliano.

5ª) *Toca Um João Mineiro e Marciano*, nas vozes de Jads e Jadson.

6ª) *Um Degrau na Escada*, cantada por Leonardo e Eduardo Costa.

7ª) *Hoje Eu Tô Terrível*, com Cristiano Araújo.

8ª) *Vai Vendo*, com Lucas Lucco.

9ª) *Presto Pouco*, interpretada por João Neto e Frederico.

10ª) *Você Mente*, com Zé Felipe.

"Henrique e Diego com a música mais tocada no Brasil."

Os números que envolveram o mundo da música sertaneja são bem altos: tanto em relação ao público, quanto aos cachês recebidos pelos artistas. E foi a morte prematura, num acidente automobilístico, do cantor Cristiano Araújo, em 24 junho de 2015, que trouxe isso à tona, pois com um cachê de R$ 200 mil, ele atraía milhares de pessoas para os seus *shows*, a maioria deles em cidades do interior do País.

Entretanto, o topo da lista dos mais bem pagos com música sertaneja tem outros cantores, sendo liderado pela dupla Jorge e Mateus, cujo cachê em cada *show* é de R$500 mil, o mesmo que a exuberante Ivete Sangalo e abaixo do "rei" Roberto Carlos, que fatura R$1 milhão por *show*. Em 2º lugar vem a dupla Fernando e Sorocaba, que canta os sucessos *Madri, As Mina Pira, Da Cor do Pecado* etc., com um cachê de R$350 mil.

Luan Santana recebe a medalha de bronze com R$ 300 mil. Esse jovem surgiu arrebatador como um *Meteoro*, seu primeiro sucesso, ostentando ainda o título de galã da música sertaneja. Segundo a revista *Forbes*, é a nova celebridade brasileira mais seguida nas redes sociais.

Com um cachê de R$250 mil, têm-se os representantes da nova safra de sertanejos, Paula Fernandes e Gusttavo Lima, que empatam com os veteranos Chitãozinho e Xororó e Zezé Di Camargo e Luciano. Na faixa de R$200 mil estão: Michel Teló (que já teve cachê maior na época em que estourou com *Ai Se Eu Te Pego*), Daniel, a dupla Victor e Léo, Lucas Lucco. Finalmente, na faixa de R$ 150 mil há muita gente, entre eles: Henrique e Juliano, que cantam *Até Você Voltar*; Marcos e Belluti, com *Domingo de Manhã*, os quais têm milhões de curtidas no Facebook.

E a cada mês surgem novos cantores de música sertaneja que têm como objetivo, um dia, ganhar mais do que recebem Jorge e Mateus, e com isso também acabam empregando um grande contingente de pessoas envolvidas na realização dos seus *shows*, comprovando o potencial da EC.

O incrível é que entre os dez cantores mais ricos do Brasil, cinco são sertanejos: A dupla Zezé de Camargo e Luciano está em primeiro lugar e ocupa o **3º lugar entre os cantores mais ricos do Brasil** (perde para Roberto Carlos e Xuxa, que não é bem uma cantora...). É verdade que o patrimônio milionário da dupla não se deve somente aos *shows* que fizeram, mas também da arrecadação de direitos autorais, venda de discos (mais de 22 milhões), empresas, e a criação de gado de elite que Zezé de Camargo possui.

A dupla Chitãozinho e Xororó está em 2º lugar entre os cantores sertanejos mais ricos, e isso porque os irmãos estão entre os que aparecem mais em campanhas publicitárias, tornaram-se líderes em venda de discos desde os anos 1990 – no auge da música sertaneja romântica – e até hoje o cachê da dupla é bem elevado.

Em 3º lugar está o cantor Leonardo, que nos últimos tempos tem dito que vai diminuir a sua agenda de *shows*, alegando que isso não é pelo fato de estar rico, pois, segundo ele: "Dinheiro nunca é muito!!!"

O que você acha dessa declaração?

No 4º lugar está Daniel, que após 30 anos de carreira tornou-se um dos artistas mais bem-sucedidos do Brasil, com milhões de discos vendidos ainda quando cantava em parceria com João Paulo (falecido em um acidente automobilístico em 12 de setembro de 1997), na participação de novelas, filmes e na sua carreira solo.

O 5º sertanejo mais "abastado" é Luan Santana, líder em campanhas publicitárias e que conquistou a sua fortuna em pouco tempo, com apenas 5 anos de sucesso contínuo como cantor, o que indica que vai enriquecer muito mais e, em breve, poderá estar em **primeiro lugar**!!!

Como se nota, tornar-se um bom cantor ou uma boa cantora é um grande negócio, bem como ser autor(a) das músicas que serão cantadas ou ainda estar envolvido(a) na apresentação dos *shows* desses artistas!!!

É a EC que possibilita todo esse sucesso e, no mínimo, uma boa qualidade de vida para aqueles que de alguma forma estiverem vinculados ao entretenimento oferecido por esses admirados cantores.

* * *

Observação importante 5 – Segundo um levantamento da empresa de consultoria PriceWaterhouse, a indústria da música mundialmente faturou algo próximo de US$ 49 bilhões. Esse mercado inclui músicas gravadas, os direitos autorais e a sincronização.

Acredita-se que em 2018 esse valor chegue a US$ 54 bilhões, apesar de estar ocorrendo um declínio no mercado tradicional de discos, o qual vem caindo desde 2005, e nos últimos anos principalmente pela oferta de serviço de *streaming*.

Mas onde há um grande crescimento de faturamento é nos *shows* ao vivo dos cantores, com a participação de dezenas de milhares de pessoas, como foi o caso do *Olé Tour* dos Rolling Stones, em fevereiro e março de 2016, passando por Santiago, Buenos Aires, Montevidéu, Rio de Janeiro, São Paulo, Porto Alegre, Lima, Bogotá e Cidade do México, com cerca de 55 mil pessoas em média em cada apresentação. Aliás, a turnê terminou de fato com um *show* histórico grátis, em 25/3/2016, em Havana. Isso, obviamente, fez com que muitas pessoas fossem empregadas para a realização de espetáculos desse tipo, não é?

"A partir da esquerda, Ron Wood, Mick Jagger, Charlie Watts e Keith Richards foram a Cuba (25/3/2016) para apresentar um *show* histórico (e gratuito) em Havana, onde as músicas dos Rolling Stones foram proibidas porque a banda, no início dos anos 1970, ocupou as páginas policiais, principalmente pelo seu envolvimento com drogas."

3.12 PESQUISA E DESENVOLVIMENTO

3.12.1 – O ESTÍMULO À PESQUISA E DESENVOLVIMENTO (P&D)

Na realidade, pesquisa e desenvolvimento (P&D) é um setor de patentes, se bem que nem toda P&D leva à obtenção de uma, mas quase todas as patentes surgiram a partir de P&D ou precisam de um elemento de P&D para se preparar um pedido de patente bem-sucedido.

"Nathan Myhrvold, que trabalhou muito tempo na Microsoft, sendo um dos confidentes de Bill Gates, além de ter mais de 50 patentes próprias, acumulou discretamente um tesouro de mais de 20 mil patentes e pedidos de patentes."

P&D também é, ainda de forma secundária, uma atividade ligada aos direitos autorais. Dessa maneira, os cadernos de anotações de um pesquisador são fundamentais para contar a história da pesquisa.

A publicação em revistas científicas também caracteriza os elementos de propriedade intelectual. A P&D torna alguns pesquisadores muito ricos, mas dificilmente os transforma em estrelas (claro que existem exceções...).

"Quem trabalha na área de P&D busca 'enxergar' o que os outros já sabem e como eles explicam as diversas questões... Será que a forma para 'perceber' é a ilustrada nessa imagem?"

Ashlee Vance escreveu um artigo muito interessante na revista *Bloomberg Businessweek* (3/1/2014) com o título *Não é fácil transformar cientistas em estrelas*, no qual ressaltou: "Thomas Edison ficou famoso em 1877 com a invenção do fonógrafo. Talvez houvesse mais espaço para coisas grandiosas na época, ou talvez menos o que **enaltecer**. Em todo caso, nenhum cientista alcançou tal fama como Edison (que inventou muitas coisas) nos dias de hoje.

Yuri Milner, o investidor russo que fez fortuna apostando em companhias como o Facebook e o Twitter, fez o seguinte comentário provocativo: "Se você perguntar a uma pessoa na rua se ela conhece algum cientista vivo, ela não conseguirá mencionar nenhum nome."

O incrível é que Yuri Milner, Mark Zuckerberg (cofundador do Facebook), Sergey Brin e Larry Page (criadores do Google) e Jack Ma (fundador do Alibaba), tinham, todos juntos, no início de 2014, um patrimônio superior a de US$ 160 bilhões, ou seja, são muito ricos, mas não são para pessoas comuns **"estrelas"** como uma Beyoncé, Lady Gaga, Justin Bieber etc.

"O fundador e CEO do Facebook, Mark Zuckerberg – é um dos patrocinadores do Breakthrough Prizes."

Os bilionários citados e alguns outros vêm tentando transformar cientistas em celebridades. No fim de 2012 começaram a conceder os *Breakthrough Prizes* (algo como prêmios Avanço Revolucionário ou de Ruptura), dando US$ 3 milhões às pessoas que resolveram os problemas mais difíceis de física e nas ciências da vida.

Em 12 de dezembro de 2013, esse grupo anunciou um segundo time de vencedores e a criação, a partir de 2014, de um prêmio para a matemática. A cerimônia foi realizada no Ames Research Center, da NASA, em Mountain View, no Estado da Califórnia. Muitos magnatas do setor de tecnologia compareceram a essa nova e tão útil premiação, e, além deles, algumas celebridades de Hollywood como Glenn Close, Anna Kendrick, Rob Lowe e Kevin Spacey. Juntou-se realmente um "grupo improvável" de pessoas para celebrar alguns dos maiores especialistas em degradação intracelular de proteínas e estímulos cerebrais profundos.

Esse evento foi organizado por Don Mischer, que também produz a premiação do Oscar. Para isso, ele escolheu um antigo hangar de balões dirigíveis do *campus* da NASA e fez ali um salão de banquetes temporário. A iluminação da faixa de aterrissagem existente na parte de trás do hangar orientou os participantes, que deixaram seus carros no estacionamento. A única maneira de entrar foi desfilar por um tapete vermelho, enquanto fotógrafos miravam grandes empresários, atores e cientistas em *smokings* e mulheres em elegantes vestidos.

O comediante e apresentador Conan O'Brien fez um monólogo de 10 min que incluiu algumas piadas sobre passar a noite em um lugar parecido com um abrigo para dirigíveis.

Para dar um efeito exótico ao evento, Don Mischer "sequestrou"' os jornalistas e os levou para uma tenda provisória erguida ao lado do evento principal, fazendo com que eles ficassem de olho em duas pequenas telas de TV, enquanto os convidados aproveitavam as refeições servidas pelo *French Laundry*, do *chef* Thomas Keller, chamado de **"o melhor restaurante do mundo"** pelo *chef* Anthony Bourdain. Obviamente, isso fez os jornalistas salivarem muito, mas depois eles também puderam degustar as iguarias servidas aos convidados principais...

Os organizadores desse evento esperavam uma agitação digna da entrega do Oscar – a maior premiação do mundo para as produções cinematográficas –, **mas não conseguiram chegar lá**!?!?

Não é fácil o desafio de transformar cientistas em ídolos.

Leslie Berlin, historiador responsável pelos *Arquivos do Vale do Silício*, da Universidade Stanford, comentou: "Décadas atrás, os moradores mais famosos da área, como os cofundadores da Intel, Robert Noyce e Gordon Moore, galgavam degraus e com frequência ampliavam os limites da ciência. Na época, você tinha físicos, químicos e engenheiros químicos que construíam a base de grandes produtos e empresas. Uma porcentagem muito alta dos fundadores das empresas tinha Ph.D. (abreviatura do latim medieval *Philosophiae Doctor*, ou seja, uma sumidade em algum campo do conhecimento tendo doutorado).

Hoje em dia, um tipo diferente de empreendedor é celebrado: sujeitos como Kevin Systrom, que foi um dos fundadores do aplicativo de compartilhamento de fotografias Instagram e o vendeu para o Facebook por US$ 1 bilhão, ou então e Evan Spiegel e Robert Murphy, que iniciaram outro aplicativo de compartilhamento de fotos, o Snapchat. Suas inovações – como os filtros coloridos e arquivos que desaparecem rapidamente depois de ser postados – não ampliaram as pesquisas científicas, mas tornaram seus fundadores ricos. Tal sucesso incentiva outras mentes brilhantes e jovens a perseguir objetivos parecidos, que, entretanto, não acrescentam muita coisa à compreensão do mundo físico."

Bem, Yuri, Milner, que ficou rico com a nova engenharia praticada no Vale do Silício, enfatizou que os *Breakthrough Prizes* são um esforço para fazer o pêndulo oscilar de volta para o velho modelo.

Disse Milner: "Acho que é hora de enfatizar algumas outras prioridades. Vamos bancar isso por muito tempo, e a ideia é provocar um **grande impacto**; se possível, criar algo para a ciência a partir de um movimento social. Já existem muitas premiações científicas, começando pelo Nobel, embora os vencedores do Nobel da Paz tenham uma visibilidade muito maior que os vencedores do Nobel de Física e Química. Também vale mencionar que os ganhadores do Nobel recebem apenas cerca de US$ 1,2 milhão. Com prêmios maiores, certamente será possível direcionar as atenções da opinião pública mais para os cientistas.

Os vencedores dos *Breakthrough Prizes* de 2013 incluem James Allison, que desenvolveu terapias contra o câncer; Richard Lifton, pelo descobrimento dos genes que estão por trás da hipertensão; Michael Hall, que descobriu um ingrediente do crescimento das células; Robert Langer, cujo trabalho levou a novos biomateriais; Mahlon DeLong, pelo estímulo profundo do cérebro, que poderá ajudar na cura do mal de Parkinson; Alexander Varshavsky, pela degradação das proteínas; e Michael Green e John Schwarz, pela física fundamental.

Todos esses agraciados com os prêmios em 2013 fazem parte agora de um comitê que vai escolher os vencedores de 2014, que se agregarão a eles para a escolha dos ganhadores em 2015 e assim sucessivamente. Assim, vamos formar o nosso quadro de cientistas que ainda não conseguem mostrar-se como 'estrelas' quando desfilam, exibindo um evidente constrangimento no tapete vermelho."

O evento de entrega dos *Breakthrough Prizes*, que ocorreu no dia 27 de dezembro de 2013, no centro de pesquisa da NASA, foi exibido na TV norte-americana pelo Science Channel, porém, obviamente, está muito longe ainda da cobertura que consagra o Oscar...

Será que é realmente possível transformar **cientistas em ídolos** ganhando muito dinheiro com premiações e transmitindo a cerimônia de entrega desses prêmios pela TV para o mundo todo?

A opinião de Frank Wilczek, um vencedor do Nobel e professor de física do MIT, é: "Tenho ouvido de colegas – e essa opinião é quase unânime –, é que o dinheiro poderia ser aplicado de maneiras muito melhores e mais inteligentes. Preferiria ver o dinheiro canalizado diretamente para o financiamento de pesquisas sobre a matéria escura ou as ondas gravitacionais espaciais. Mas não quero ser um desmancha-prazeres e desejo sorte aos idealizadores de *Breakthrough Prizes*."

De fato, o maior desafio para a consolidação dos *Breakthrough Prizes* não é de chegar a verdadeiras inovações. Jonathan Huebner, um físico que trabalha no Naval Air Warfare Center de China Lake, no Estado da Califórnia, como projetista de armas, defende há muito tempo que **os seres humanos estão esgotando as invenções com capacidade de transformar o mundo**!?!? Salientou Jonathan Huebner: "Acredito que as grandes descobertas já foram feitas!!!"

É muito limitante essa opinião do físico Jonathan Huebner, mas de fato fazer alguma descoberta radical é cada vez mais difícil. Mas justiça seja feita, Michael Green e John Schwarz, que receberam em 2013 o seu prêmio no evento *Breakthrough Prizes*, surgiram com uma nova teoria sobre gravidade quântica, o que é bem mais significativo do que fizeram Evan Spiegel e Robert Murphy, com o Snapchat, não é?

Em 9/11/2014 foram anunciados os agraciados com os *Breakthrough Prizes* de 2015. Na categoria ciências da vida foram premiados: C. David Allis, Victor Ambros, Alim Louis Benabid, Gary Ruvkun, Jennifer A. Doudna e Emmanuelle Charpentier. Na categoria física fundamental, os indicados foram Saul Perlmutter, Brian P. Schmidt e Adam Riess. Na categoria matemática foram agraciados Simon Donaldson, Maxim Kantsevich, Jacob Lurie, Terence Tao e Richard Taylor. Houve outros vencedores, mas cabe agora ao leitor(a) mexer-se um pouco e pesquisar na Internet tanto o motivo pelo qual esses citados foram indicados, bem como completar a lista com os outros premiados. **Esse é um exercício de pesquisa, viu?**

No mundo avançado, a P&D está também sendo feita com orçamentos bilionários, os quais, infelizmente, não temos ainda no Brasil. Isso está ocorrendo no campo das fibras ópticas e entrando no campo dos satélites, *drones*, balões, IA etc., que são as apostas mais altas das empresas poderosíssimas como Google, Facebook, Amazon etc. para levar principalmente a Internet de banda larga para **todos os pontos do planeta**.

Muita gente ainda está desconectada da Internet!?!?

A União Internacional de Telecomunicações, um órgão ligado a ONU estimou que no início do segundo semestre de 2015, 4,15 bilhões de pessoas (aproximadamente 58% da população mundial) **não tinham acesso à Internet**. Claro que isso mostra de forma evidente que a *Web* ainda não chegou a todos os cantos do mundo.

Atualmente, é possível conectar-se à *Web* via satélites geoestacionários, mas eles ficam ao redor da Terra a uma distância tão grande – cerca de 35 mil km – que o sinal não dá conta de tarefas simples, como acessar Netflix, Skype ou Facetime.

Para agilizar um encontro virtual entre bilhões de desconectados (permitindo-lhes estar a par do que ocorre no mundo, oferecer-lhes mais entretenimento e possibilitar-lhes que entrem no *e-commerce*, entre outras vantagens), algumas das empresas mais inovadoras do mundo estão apostando outros tantos bilhões de dólares na disputa pela ocupação de órbitas médias e baixas para fazer a banda larga cair – **veloz** – do céu para esses ainda desfavorecidos na era digital.

O pioneiro dessa nova corrida espacial é o norte-americano Greg Wyler, que obteve sucesso fornecendo Internet e telefonia móvel em Ruanda, na África, o que lhe possibilitou compreender o quanto a *Web* muda a vida das pessoas e que cabear o mundo todo custará muito caro!!! Há quem diga

"Uma das últimas invenções radicais que tem revolucionado as regras existentes ao oferecer diversos serviços, alguns que invadem até a privacidade, é o uso indiscriminado dos *drones*."

que só o Google irá gastar cerca de US$ 500 bilhões se realmente seguir seu projeto de instalar fibra ótica nos EUA todo.

Greg Wyler fundou a One Web, uma empresa cujo objetivo é lançar 600 satélites, ao custo de US$ 2 bilhões, para fornecer Internet de alta velocidade a qualquer lugar da Terra! E o sinal será captado por receptores que custariam algo em torno de US$ 250, dispensando antenas, fibra ótica e qualquer outra infraestrutura terrestre. Aliás, esses seus satélites são mais simples, baratos e prometem conexão até 25 vezes mais rápida que a Internet via satélite convencional. Esse ganho de desempenho se obterá pelo fato dos equipamentos da One Web operarem a uma altitude de 1.200 km. O sinal de Internet precisa partir do solo, bater no satélite e voltar para a superfície do planeta, e a localização dos aparelhos em órbitas relativamente baixas diminui essa viagem em quase 70 mil km em relação aos satélites geoestacionários. A meta da One Web é ter isso em funcionamento até 2019, se não surgirem contratempos em P&D.

Enquanto isso não ocorre, uma outra empresa, que foi fundada por Greg Wyler, já está obtendo bons resultados. Trata-se da O3b, que ele criou em 2007 e deixou sua direção em 2009, com ela começando a colher resultados a partir de 2014. Tendo recebido investimentos na ordem de US$ 1,4 bilhão, a empresa já possui 12 satélites em órbita (estão a 8.062 km da superfície terrestre e cada um consegue cobrir até 10 áreas com diâmetro de 700 km), transmitindo dados para operadoras de telecomunicações e provedores em solo, que retransmitem o sinal a seus clientes. O foco da empresa, por enquanto, é distribuir grandes pacotes de dados a governos, empresas e navios como aqueles da Royal Caribbean, uma das maiores companhias de cruzeiros do mundo.

O seu plano é aumentar a rede nos próximos anos; entretanto, essa é uma tarefa demorada, visto que em 8 anos foram lançados três foguetes, com quatro satélites cada um, e o próximo lançamento está marcado para 2017.

Greg Wyler tem agora um competidor de nível que também sonha alto. Trata-se do bilionário Elon Musk, cofundador do sistema de pagamentos PayPal, da fabricante de carros elétricos Tesla Motors, e da SpaceX, empresa aeroespacial que envia suprimentos para a Estação Espacial Internacional (EEI) que se encontra de 320 a 435 km da Terra.

TAINA SOHLMAN / SHUTTERSTOCK.COM

PHIL STAFFORD / SHUTTERSTOCK.COM

"Elon Musk, fundador da Space X e da Tesla Motor espera com o seu *Model S,* um carro elétrico desenvolvido pela sua empresa, torná-la a maior montadora do tipo no mundo."

Elon Musk deseja criar um serviço semelhante ao da OneWeb, entretanto, com nada menos do que **4 mil satélites**. Esse sistema talvez entre em operação por volta de 2020 e só em P&D necessita de um investimento de US$ 10 bilhões.

Muito ambicioso e um tanto arrogante, ele já disse que as receitas desse negócio ajudarão a SpaceX a fundar uma cidade em Marte. Para um dos investidores da One Web, o bem-sucedido empresário britânico Richard Branson, fundador do grupo Virgin, amigo inclusive de Greg Wyler e Elon Musk, a corrida para a inclusão digital plena, via Internet, já tem um favorito: "Não acho que Musk consiga fazer algo competitivo. Se ele quer entrar no ramo, o mais lógico seria associar-se a nós."

Só que ainda pairam muitas dúvida em relação aos quase 5 mil objetos extraterrestres que O3b, OneWeb e SpaceX planejam enviar ao espaço. Isso porque o número de satélites, incluindo os desativados, vai mais que dobrar, chegando talvez a totalizar mais que 9.000.

3.12.2 - AS GIGANTES DA TECNOLOGIA DIGITAL DISPUTAM OS ACADÊMICOS GENIAIS

Google, Facebook, Amazon e outras empresas de tecnologia estão correndo para ampliar as fronteiras da **inteligência artificial** (**IA**) e nesse esforço estão criando seus próprios centros de pesquisa com acadêmicos de renome e **doutorandos**.

IA é um campo acadêmico amplo que engloba técnicas destinadas a dar aos computadores a habilidade de tomar decisões, baseadas na análise de dados que um ser humano talvez tomasse... Aprendizado de máquina e outros subgrupos são disciplinas mais específicas dentro da área de IA.

Como nunca antes, as empresas de tecnologia estão investindo em universidades especializadas nesse outrora obscuro campo da ciência, isto é, a IA. A Universidade de Washington (UW), sediada no Estado norte-americano de mesmo nome, onde também estão instaladas as empresas Microsoft e Amazon, já há muito tempo é um centro de excelência na ciência da computação, inclusive na área da IA.

Atualmente, Microsoft, Intel Google, Amazon etc. financiam de alguma forma de pesquisa de IA na UW. Assim, por exemplo, o departamento de ciência da computação da UN recorreu à Amazon quando quis "roubar" o brasileiro Carlos Guestrin, um especialista em IA, da Universidade Cornegie Mellon, que também é especializada em ciência e tecnologia. Aí a Amazon, a gigante norte-americana de comercio eletrônico, colocou à disposição uma verba de US$ 2 milhões para financiar a contratação de dois professores: Carlos Guestrin e sua esposa, que também trabalha na área. Para fechar o negócio, o diretor-presidente da Amazon, Jeff Bezos, reuniu-se com o casal durante uma visita à universidade em que trabalhavam antes.

Carlos Guestrin, que hoje ocupa a cátedra Amazon de Aprendizado de Máquina na UW, relatou: "A conversa com Jeff Bezos foi muito interessante, pois é um indivíduo muito inteligente, apesar de ter uma risada meio maluca. Ele imediatamente levou o diálogo para as questões técnicas perguntando-me:

- No que eu estava trabalhando na área de aprendizado de máquina em larga escala?
- Como eu poderia causar impacto na Amazon?
- O que isso poderia significar para o negócio de dados?

Notei que ficou bem satisfeito com as respostas que lhe dei sobre todas as perguntas que me fez."

A UW foi alvo de caça das empresas do Vale do Silício e antes da contratação de Carlos Guestrin pela Amazon - que construiu sua reputação criando ferramentas relacionadas a IA para desenvolvedores - a universidade perdeu sete professores de IA para o Google.

Está ocorrendo uma batalha generalizada nos EUA pelos profissionais talentosos da área de IA. Esse foi o caso de Oren Etzioni, que solicitou licença da faculdade de IA da UW e se transferiu para o Instituto Allen da IA, situado em Seattle, a maior cidade do Estado de Washington. Esse instituto é uma organização sem fins lucrativos criada por Paul Allen, um dos fundadores da Microsoft.

Praticamente qualquer professor do departamento de ciência da computação da UW já foi "namorado" por algumas empresas, e isso com propostas bem tentadoras... Só a Amazon está anunciando mais de 50 vagas de IA nos EUA e Europa, focando-se obviamente em profissionais com doutorado nas áreas de aprendizado de máquina, ciência da informação e estatística.

Em 2014, o Goggle comprou a Deep Mind, uma *start-up* fundada por um formando da Universidade de Cambridge (Reino Unido). Depois de ser adquirida pelo Google, a Deep Mind absorveu dois negócios de IA, oriundos da Universidade de Oxford (Reino Unido).

Como parte da transação, o Google concordou em fazer uma parceria com o programa de ciência da computação da Universidade de Cambridge. Os usos comerciais da IA ainda são limitados. Entre suas primeiras aplicações estão textos preditivos e reconhecimento de voz, como o Siri, assistente digital do *iPhone*. Mas o potencial dessa área da ciência explodiu com a redução do custo de computação e a rápida expansão da habilidade de coletar e processar dados, ou seja, a análise de *big data*.

As grandes empresas de tecnologia, como Facebook e Google, agora capturam um imenso volume de dados que devem passar por processamento para ajudar as máquinas a tomar **"decisões inteligentes"**. Assim, a Microsoft está trabalhando na **compreensão** do contexto em **interações humanas**. A empresa norte-americana já obteve uma patente para óculos que podem detectar e interpretar emoções de pessoas dentro do seu campo de visão em tempo real e fornecer *feedback* ao usuário. A Microsoft entrou com o pedido de patente para o "o sistema vestível de detecção de emoções e *feedback*" em outubro de 2012 e obteve a **aprovação** em 28 de abril de 2015!!!

"Em 12 de outubro de 2015, ocorreu a maior transação já registrada entre empresas que atuam na área de tecnologia, com a fabricante Dell adquirindo a EMC, empresa especializada em soluções para armazenamento e análise de dados *(big data)*. Michael Dell, fundador da Dell, após a integração, continuará na posição de CEO e presidente do conselho de administração da empresa, agora mais poderosa..."

Aí vão os nomes de três pessoas que poderão chegar, com o auxílio das suas equipes, a grandes avanços na IA.

- **Yann LeCun**, diretor de pesquisa de IA no Facebook e professor de ciência da computação na Universidade de Nova York (EUA). Ele desenvolveu o reconhecimento da escrita, sendo pioneiro em aprendizagem automática, visão computacional e processamento de linguagem.

Yann LeCun.

- **Geoff Hinton**, pesquisador do Google e professor de ciência da computação na Universidade de Toronto (Canadá), é considerado o "pai da aprendizagem automática".

Geoff Hinton.

- **Andrew Ng** é o líder da IA no Baidu e professor associado da Universidade de Stanford (EUA). Ele criou o projeto Google Brain antes de se transferir para o Baidu. Tudo indica que ele vai ser, em breve, uma das principais figuras em pesquisa de IA.

Andrew Ng.

Mas a relação entre gigantes da tecnologia e o mundo acadêmico tem seus percalços. Muitos acadêmicos têm reclamado que as empresas de tecnologia não estão fazendo o suficiente nas muitas iniciativas de colaboração em andamento. Uma grande queixa: as empresas não estão dispostas a compartilhar o vasto volume de dados que conseguem coletar. Tudo indica que o alto valor desse trabalho incentiva as empresas como o Google a manter seus "progressos" em segredo...

Os gestores das universidades norte-americanas, de uma forma geral, não se ressentem do "roubo" dos seus acadêmicos em decorrência da sua contratação pelas empresas de tecnologia, pois, em muitos casos, elas acabam estabelecendo parcerias com as IESs, com o que esses professores continuam trabalhando em tempo parcial nas mesmas, trazendo para a sala de aula um pouco dos seus avanços nas pesquisas...

Por exemplo, foi no fim de 2013 que o Facebook contratou Yann LeCun, um dos mais proeminentes acadêmicos em IA do mundo. Nos anos 1980 e 1990, como engenheiro da empresa telefônica At&T, LeCun ajudou a conceber um sistema pioneiro de reconhecimento de caligrafia usado por bancos para autenticar cheques. Ele é agora o chefe de IA do Facebook.

Como parte do acordo para contratá-lo, o Facebook deixou que ele mantivesse seu posto na Universidade de Nova York, a um quarteirão dos escritórios do Facebook. Assim ele ainda trabalha para a universidade em tempo parcial. Por seu turno, o Facebook fez uma parceria com a instituição em um novo centro dedicado à ciência de dados, um elemento vital da pesquisa de IA.

"Será que para ver o que os outros já vislumbraram em P&D devemos aprender a olhar desse jeito?"

Outros cientistas do Facebook também dão aula na Universidade de Nova York e estudantes de doutorado da mesma podem se candidatar a estágios de longo prazo no laboratório de IA da empresa.

O diretor-presidente do Facebook, Mark Zuckerberg, leu alguns do trabalhos de LeCun antes de se reunir com ele para tentar a sua contratação. Comentou Yann LeCun: "Saber que o Facebook estava valorizando os meus estudos e os resultados obtidos me conquistou completamente para trabalhar na organização."

3.12.3 - AS VIOLAÇÕES DE PROPRIEDADE INTELECTUAL NA CHINA

Muita gente também acha que a China não é capaz de inovar e, além disso, que os chineses vivem violando a propriedade intelectual em muitos setores. Nesse gigantesco país da Ásia nota-se a proliferação de muitos negócios baseados na pirataria, o que provaria também que as empresas chinesas são incapazes de criar produtos. Muitos no Ocidente duvidam da inventavidade chinesa e que isso não será revertido pelos políticos de fomento do governo chinês.

Aliás, num artigo publicado em 2014 na revista *MIT Sloan Management Review* sustentou-se que as violações de propriedade intelectual na China custam US$ 300 bilhões ao ano às empresas norte-americanas. Mas em outras duas publicações de respeito: o livro do consultor Edward Tse, *China's Disruptors* (*Os Disruptores da China*), e o relatório *The China Effect on Global Innovation* (*O Efeito China na Inovação Global*), do McKinsey Global Institute (MGI), um centro de estudos da consultoria McKinsey, argumenta-se que a **inovação** nas empresas chinesas é **bastante promissora**. O MGI não cai no equívoco de confundir **inovação** com **invenção**, destacando que a prova de que uma empresa está sendo bem-sucedida em sua inovação é o **aumento do faturamento** e a **elevação dos lucros**, e não a obtenção de patentes das quais muitas nunca chegam a ser usadas ou o lançamento de produtos que não dão retorno.

O autor de *China's Disruptors* salienta que o setor privado da economia chinesa se tornou dinâmico graças às suas políticas estatais. A equipe do MGI analisou dados financeiros de 20 mil empresas da China (e de outros países), a fim de verificar se elas criam valor para seus consumidores e acionistas. A ideia foi a de avaliar em que medida isso é feito investindo em **pesquisa básica**, alocando grande número de engenheiros para a solução de determinados problemas (como fazem, de maneira exemplar, empresas como a fabricante de equipamentos de telecomunicações Huawei) e aprimorando os processos industriais.

A China dedicou vários anos para se tornar uma **"esponja de inovação"**, capaz de absorver tecnologia estrangeira. Apesar disso, observam os autores do estudo do MGI, o país ainda está atrasado em relação ao Ocidente no desenvolvimento de medicamentos de primeira linha, aviões comerciais e automóveis, mas já não deve nada a ninguém nos TAVs. Por outro lado, os analistas do MGI também concluíram que a China está assumindo a **liderança mundial em duas áreas de inovação**: no aprimoramento de bens de consumo e de modelos utilizados para comercializá-los; e no desenvolvimento de processos industriais baratos, rápidos e eficientes. Foi por isso que as empresas chinesas conquistaram maior participação de mercado que suas concorrentes em segmentos como os de eletrodomésticos, *softwares* para Internet e eletrônicos.

É bem verdade que ter um mercado interno tão vasto, como o chinês, ajuda bastante. Mas os chineses também não são de marcar passo. Os consumidores do país são entusiastas de *smartphones*, mídias sociais e comércio eletrônico, além de, ao comprar um produto, prestarem muita atenção no seu preço e **não darem a mínima para a sua marca**. Daí, todo fabricante de bens de consumo que consegue ser bem-sucedido na China é capaz de se dar bem em qualquer lugar do planeta.

"O atual livro escrito pelos gestores da empresa de consultoria BCG, Silverstein, Singhi, Liao e Michael, explicando como proceder para que a empresa estrangeira possa fazer bons negócios com o chineses e os indianos."

No Ocidente, as companhias *on-line* geram a maior parte de suas receitas com **publicidade**. Entretanto, o mercado publicitário chinês tem, aproximadamente, um oitavo do tamanho do norte-americano. Por isso, as empresas digitais chinesas precisam encontrar novas maneiras de ganhar dinheiro.

Edward Tse constatou que na China existe, atualmente, um setor privado vibrante, mas em diversas áreas as empresas não têm como arcar sozinhas com os investimentos vultosos para estimular a inovação. Assim como as verbas destinadas pelo governo norte-americano às universidades impulsionaram o surgimento das primeiras "estrelas" do Vale do Silício, a China também acredita que "o Estado precisa tomar a frente e mostrar o caminho para se chegar à inovação". Atualmente, a China está gastando mais de **US$ 200 bilhões** por ano em P&D, um montante bem superior ao que destinam para o mesmo fim as nações que fazem parte da UE.

Muitas são as evidências na China que mostram como a sua estrutura regulatória e jurídica está se tornando favorável à inovação. Por exemplo, o Baidu, o maior mecanismo de buscas da China, tornou-se famoso por abrigar músicas e vídeos pirateados. Mas graças a medidas repressivas, a empresa transformou-se numa grande e legítima distribuidora de programas de TV estrangeiros.

Sem dúvida, as empresas chinesas já demonstraram que têm condições para inovar e talvez já seja hora do seu governo notar quando o seu auxílio não é mais benéfico, inclusive em diversos casos está se tornando uma intromissão contraproducente.

3.12.4 - CANADÁ COM UMA POLÍTICA CLARA EM P&D

Na acirrada disputa global pelo investimento em inovação, o Canadá está se desdobrando para atrair empresas estrangeiras, acenando com mão de obra altamente educada, impostos mais baixos, incentivos tributários para gastos em pesquisa P&D e acesso garantido aos mercados dos EUA e do México!!! Um dos setores mais importantes é o de TIC, que engloba segmentos como os de serviços de *software* e computação, telecomunicações e multimídia, que fazem parte da EC.

Atualmente, existem no Canadá cerca de 38 mil empresas, muitas de pequeno e médio porte, que empregam mais de 530 mil pessoas, num país que tem cerca de 36 milhões de habitantes espalhados em grandes cidades como Montreal, Ottawa, Toronto e Vancouver, nas quais, somadas, tem-se uma população de 14 milhões de pessoas. Assim, por exemplo, a empresa britânica Framestore, especializada em efeitos visuais, abriu um escritório em Montreal em 2013, atraída principalmente pela facilidade de contratar empregados especializados. A Grande Montreal conta com muitas empresas que atuam no setor de multimídia e além de cinco universidades bem conceituadas, o que ajuda bastante no processo de recrutamento. Esses profissionais precisam ser bem pagos, porém seus salários são **menores** do que aqueles nos EUA ou então no Reino Unido.

A Framestore, que já ganhou dois Oscars, tinha, em 2015, cerca de 200 pessoas trabalhando na unidade de Montreal, responsável por parte dos efeitos visuais que foram vistos no filme *Robocop*, a refilmagem de 2014 dirigida pelo brasileiro José Padilha. Os impostos mais baixos e custos competitivos também ajudaram a Framestore a se decidir pela cidade canadense, na qual inclusive a maioria das pessoas fala inglês e francês!!! O nível de escolaridade da população é um dos trunfos usados por Montreal e outras cidades canadenses como Winippeg, Quebec, Calgary etc., além das já citadas para atrair investidores estrangeiros.

Metade da população do Canadá em idade de trabalhar (mais de 22 anos) tem educação completa de terceiro grau (!!!), sendo assim é a força de trabalho mais bem educada entre os países da Organização para a Cooperação e o Desenvolvimento Econômico (OCDE).

Naturalmente, o ambiente educacional tem um peso decisivo para a forte presença das empresas tecnológicas no Canadá, e isso possibilita que muitos canadenses se tornem também empreendedores tecnológicos em campos como a realidade aumentada para aplicação industrial ou tecnologia interativa em três dimensões (3D).

A existência de renomadas universidades como a de Colúmbia Britânica (UBC, na sigla em inglês), em Vancouver, ou McGill, em Montreal, é muito relevante, pois todo ano forma-se uma grande contingente de engenheiros, especialistas em computação, técnicos em multimídia etc., bastante talentosos e competentes. As vantagens tributárias também contribuem para trazer empresas estrangeiras ao Canadá. O imposto de renda corporativo é consideravelmente mais baixo que nos EUA, sendo o segundo menor do G7 (os sete países mais ricos do mundo), maior apenas que o do Reino Unido.

Além do fato de já ter clientes canadenses, impostos mais baixos foram um dos motivos que atraíram a sueca Syntronic para Ottawa, assim como o crédito tributário que pode ser obtido devido aos gastos com P&D. Especializada na elaboração de *software* eletrônico, técnico e administrativo para vários setores da indústria, a Syntronic abriu um centro de P&D em Ottawa, em dezembro de 2014, com 30 funcionários, mas tem planos para que nos próximos 5 anos eles se tornem 120. O diretor-geral da unidade da Syntronic em Ottawa, Hans Molin, comentou: "A capital canadense tem uma grande concentração de empresas em setores como tecnologia médica, serviços financeiros, ciências da vida e tecnologia limpas e energia renovável, que são importantes para a companhia. Aqui é possível abrir uma empresa em média em **cinco dias**, e apesar do mercado interno ser razoavelmente pequeno (**36 milhões de habitantes**), o fator importante é que temos também o acesso franqueado devido ao Acordo de Livre Comércio da América do Norte (Nafta, na sigla em inglês) aos EUA e ao México, com o que o número total de consumidores chega a 480 milhões numa região com PIB chegando a casa de US$ 20 trilhões! Temos escritórios em alguns países da Europa, também na China, na Malásia e na Indonésia, mas para ter o seu primeiro escritório na América do Norte, a Syntronic optou por uma cidade do Canadá."

Por seu turno, Kaiser Ng, diretor-sênior de operações da Dena, empresa de origem japonesa instalada em Vancouver, que desenvolve jogos para *tablets* e celulares, declarou: "Sem dúvida, os custos mais baixos no Canadá são um importante fator para atrair as empresas para cá. Um bom engenheiro de *software* ganha em média por ano 80 mil dólares canadenses (o equivalente a US$ 62,5 mil), porém, em Los Angeles, nos EUA, para um profissional da mesma competência é preciso pagar o dobro.

Nós temos agora 90 empregados. Claro que se levou em conta que aqui os impostos são mais baixos, existem incentivos tributários para gastos em P&D e principalmente porque a cidade já é um importante polo de *videogames*, estando aqui empresas como Nintendo, Disney e Microsoft entre outras. O nosso ambiente é bem informal e logo na entrada da Dena há uma mesa de pingue-pongue que é bastante usada!

Na província da Colúmbia Britânica, onde fica Vancouver, estão instaladas cerca de 630 empresas apenas na área de **entretenimento digital** e **interativo**, empregando algo em torno de **17 mil pessoas**. Escritórios em ambientes amplos e abertos com sofás espalhados em diversos lugares são uma das características comuns a muitas das empresas de tecnologia do Canadá. Localizados em edifícios com pé direito alto, muitas com jeito de galpão, as sedes dessas organizações buscam engajar os seus funcionários no trabalho coletivo, ou seja, em equipe.

Este é, por exemplo, o caso da Moment Factory, empresa instalada em Montreal, especializada na produção de ambientes multimídia, que combinam vídeo, iluminação, arquitetura e efeitos visuais sonoros. A empresa tem cerca de 150 funcionários de diversas nacionalidades, com uma idade média próxima de 30 anos. Tem entre os seus clientes o Cirque du Soleil, a cantora Madonna e empresas gigantes como Sony, Microsoft, Disney etc. No seu amplo espaço, o objetivo é estimular a criatividade e a colaboração, fazendo com que os empregados se sintam à vontade. Na empresa circulam alguns cães de funcionários, que se dão bem com os outros colegas de trabalho, e alguns empregados chegam para trabalhar usando *skates*!!! A Moment Factory foi fundada em 2001 e foi a empresa que fez, em 2012, um espetáculo deslumbrante com a sua iluminação e o som na fachada da igreja Sagrada Família, projetada por Gaudí, num festejo em Barcelona.

Um outro exemplo é o da empresa You.i Engine, localizada em Ottawa, que tem um escritório bem amplo, com pouquíssimas divisórias, mas repleto de sofás bem confortáveis. Declarou Stuart Russell, um dos fundadores e diretor de tecnologia da empresa: "A ideia é termos aqui na You.i Engine um ambiente dinâmico, sem lugares fixos. O que se almeja com isso é proporcionar aos nossos mais de 100 empregados o espaço mais agradável possível, que estimule a sua criatividade e incremente a cooperação entre eles. A empresa nasceu em 2007, como inclusive alguns dos principais clientes tais como Roger Communications, Adobe, Sony Crackle etc., atuando hoje nos segmentos de comunicação sem fio, telefonia, televisão a cabo e Internet. Temos tido um razoável sucesso no desenvolvimento de vídeos que funcionam em qualquer aparelho, como *tablets*, *smartphones*, consoles de *videogames* e aparelhos de televisão inteligentes."

"Moment Factory transformou o Royal Ontário Museum em Toronto (Canadá), num verdadeiro espetáculo caleidoscópico."

A proliferação de empresas que investem pesadamente em P&D no Canadá se deve em parte a instituições como o centro de inovação Mars, localizado em Toronto, que tem por objetivo estimular companhias **focadas em inovar**, oferecendo consultoria especializada, auxiliando-as a encontrar financiamento e até mesmo alugando instalações no próprio centro. Os recursos da instituição para bancar pesquisas somam o equivalente a US$ 780 milhões por ano (um montante significativo, não é?).

Os programas do Mars contam com financiamento público, dos governos do Canadá e da província de Ontário, do setor privado e de fundações. Além disso, a organização também gera parte de seus recursos com o aluguel de espaços em sua sede. Nas instalações do centro há cerca de 100 inquilinos, entre *start-ups*, companhias de médio porte e multinacionais, além de investidores, pesquisadores e empresas que prestam serviços. A ideia é que todo esse ambiente facilite a inovação, permitindo o relacionamento entre companhias, governos e as IESs.

O diretor de parcerias do Mars, Earl Miller, explicou: "A nossa instituição é, sem dúvida, **uma aceleradora de negócios**, pois busca apoiar as empresas no desenvolvimento de seus produtos e serviços e em conectá-los ao mercado. Trata-se de um denso local de inovação, que serve como incubadora para pequenas empresas. O Mars tem como foco os setores de TIC, saúde e tecnologias limpas."

Em Vancouver, é a Wavefront que funciona como aceleradora de empresas da área de tecnologia sem fio, contando com recursos do governo da província de Colúmbia Britânica e do setor privado. Essa instituição também ajuda as companhias a definir a estratégia e o mercado, auxiliando na obtenção de financiamento e na descoberta de clientes e parceiros globais, assim como na construção e teste dos produtos e serviços.

Bem, aí está uma descrição bem sintética de como está evoluindo a P&D no Canadá, que deveria servir de exemplo para que os nossos centros tecnológicos seguissem o mesmo caminho e obtivessem uma produção relevante no campo das inovações.

3.12.5 - O PROCESSO DE INOVAÇÃO ONTEM E HOJE!!!

Parece que no século XIX os inventores eram os verdadeiros heróis. Assim, por exemplo, George Stephenson (projetou a locomotiva a vapor),

Samuel Finley Breese Morse (inventor do código Morse e o telégrafo com fio) e Charles Goodyear (descobridor da vulcanização da borracha), entre outros formaram a tropa de choque da Revolução Industrial. Suas ideias contribuíam muito para tirar a humanidade de uma certa pobreza agrária para a riqueza manufaturada.

Hoje, contudo, superestrelas da invenção, mesmo não estando ausentes, são **raras**. Isso porque, em parte, o processo P&D que leva à invenção mudou bastante desde o século XIX. Não se observou uma desaceleração do número de patentes expedidas anualmente, porém a introdução de **classes de tecnologia fundamentalmente novas** é mais **rara** do que no **passado**!!!

A TIC foi a responsável pela **transformação radical** do momento presente. Porém, deve-se entender que as ferrovias, o telégrafo elétrico, a fotografia, a telefonia fixa, o automóvel e os setores químicos e de siderurgia, cada um separadamente, produziram transformações muito importantes, se bem que talvez não tão radicais e para uma população que o planeta nunca teve antes (cerca de 7,2 bilhões de pessoas) que a TIC. Alguns especialistas até acham que o processo de invenção tenha sido realmente mais heroico, em especial na primeira metade do século XIX, até porque não havia tantos elementos como agora para apoiar melhor a P&D, em especial no que se refere a cálculos e análises de dados.

A invenção tem origem de duas maneiras. A lâmpada de Thomas A. Edison, por exemplo, não foi tanto produto de um momento de descoberta, do **"estalo"**, do **"Ahá!"**. Ela, que se tornou metáfora da criatividade, vem da junção de componentes pré-existentes – **eletricidade**, um **filamento aquecido**, o **vácuo** e um **invólucro de vidro**!!! Nada disto era novidade nos anos 1870, só que na cabeça e nas mãos artesanais de Edison a combinação transformou-se numa **invenção patenteável**.

Contrariamente, o transistor de William Shockley, inventado em 1948, envolveu muitos elementos da **nova física,** na qual Shockley e seus colegas tiveram de se aprofundar por si próprios. Entretanto, ambos os dispositivos tiveram grande importância para o progresso da humanidade, sendo que o de Shockley tornou-se o elemento com base no qual a TIC foi criada. Juntos, eles exemplificam os dois aspectos que existem, em diferentes proporções, em qualquer invenção de sucesso: **descoberta** e **recombinação**.

Para se entender melhor o que é invenção, vale a pena conhecer o conceito usado pelo United States Patent and Trademarks Office (USPTO), ou seja, o Escritório de Marcas e Patentes dos EUA, para se entender o que vem a ser **inventividade**. Os seus técnicos separam os documentos das patentes em dois grupos com base no assunto comum. Dessa maneira, classificam as várias tecnologias responsáveis pela novidade do invento usando uma combinação meticulosa de códigos. Cada grupo de assuntos no programa do USPTO inclui um componente maior chamado **classe** e um menor chamado **subclasse**. Uma classe diferencia uma tecnologia de outra. As subclasses delineiam processos, características estruturais e funcionais da tecnologia naquela classe particular. Por exemplo, o par classe/subclasse, digamos 135/206, significa para a classe 136 (baterias termoelétrica e fotoelétrica) e a subclasse 206 (tipo energia solar). Esse é um código único e cada patente é identificada por pelo menos um desses códigos.

Esse departamento dos EUA tem registros de tais códigos que remontam a 1790. No geral, esses registros cobrem 474 classes e mais de 160 mil códigos. Somente quando chega uma proposta de patente que não pode ser inserida na classificação existente é que uma nova é criada.

Especialistas que examinaram os arquivos de patentes do USPTO descobriram que quase metade das patentes expedidas pelos EUA durante o século XIX foram para invenções **de um único código**. Hoje, ao contrário, 90% das invenções combinam **dois códigos**. O número de códigos e o número de patentes cresceram exponencialmente nos EUA (e também em outros países desenvolvidos do mundo...) até os anos 1870 (mais ou menos à época da invenção da lâmpada de Edison). Depois disso, o número de códigos novos criados **diminuiu fortemente** e o de novas patentes

"Será que um dia será possível ter uma árvore da qual se possa tirar todas essas frutas (maçã, pera, cereja, ameixa etc.)? Parece uma loucura, não é? Mas a biotecnologia promete que avanços incríveis serão realizados daqui algumas décadas!?!?"

ligeiramente. Mas a introdução de novas combinações de códigos continuou a expandir em sintonia com o número de patentes outorgadas. Isso sugere que hoje a invenção avança principalmente por meio da **recombinação de tecnologias**, o que é **coerente** com a noção de que as invenções foram, num certo sentido, mais **fundamentais no passado** do que **hoje**!?!?

Essa explosão combinatória reflete em parte o fato de que o número de possíveis combinações cresce mais rápido do que o número de códigos nos quais elas se baseiam. Mas que isso tenha realmente ocorrido não havia sido demonstrado antes.

O que ainda precisa ser averiguado é se a biotecnologia mudará radicalmente as coisas. Até agora, muitas invenções foram baseadas na física ou na química. Hoje, o entendimento que temos da biologia é ainda rudimentar, ou seja, mais ou menos similar à compreensão das ciências físicas no século XIX. Há, portanto, muito a evoluir na biologia com o auxílio de computação e assim ela está pronta para produzir um novo grupo de classes de patentes – possivelmente para as coisas tão inimagináveis (O que acha de um computador neurológico?) para os dias atuais quanto seria o telefone celular para um soldado francês do exército napoleônico na terrível batalha de Waterloo.

Então, talvez, surja também uma nova geração de **inventores heroicos**!!!

3.12.6 - OS OITO ELEMENTOS ESSENCIAIS E OS DEZ MANDAMENTOS DA INOVAÇÃO

Na excelente revista *McKinsey Quarterly* (nº2 de 2015), os responsáveis pelos escritórios da empresa em Amsterdã (Holanda), Londres (Reino Unido) e Xangai (China), respectivamente Marc de Jong, Nathan Marston e Erik Roth escreveram o artigo *The eight essentials of innovation*, no qual indicaram os **oito elementos** fundamentais para que ocorra a **inovação** tanto no que se refere à natureza estratégica e criativa bem como no tocante à organização e à implementação da mesma. Esses oito elementos são:

"A excelente revista editada pela McKinsey na qual se apresentam artigos sobre como anda a economia global."

- **Almejar** – Para que ocorra a inovação no ambiente corporativo não basta apenas **inspirar** os seus funcionários. É preciso introduzir um alvo ou objetivo que todos almejem alcançar ou executar e que **não exista a crença que inovação** é o trabalho **só de alguns empregados da organização**.
- **Selecionar** – Para se chegar a inovação é vital ter *insights* (discernimentos) criativos e lamentavelmente em muitas empresas não há uma estrutura para gerar novas ideias. E mesmo quando elas aparecem é preciso ter bons critérios para selecionar aquelas iniciativas que levem de fato a uma inovação bem-sucedida.
- **Descobrir** – Para se chegar a descobrir novos processos ou novas formas de negócios convém ouvir a **voz dos clientes**, estar muito atento às novas tendências tecnológicas, bem como acompanhar da melhor forma possível o que estão fazendo os concorrentes (o que talvez signifique espionar eticamente...). Uma maneira de incrementar o processo de *insight* e descoberta é através da constituição de parcerias com outras empresas.
- **Expandir** – Uma das formas de promover a inovação é por meio da **expansão dos seus negócios**, buscando atender tanto os clientes como relacionar-se com seus fornecedores de formas diferentes. Deve-se, portanto, sempre pensar numa intensa inovação no seu portfólio de produtos e/ou serviços.
- **Acelerar** – **Antecipar-se** ou **acelerar** os seus processos de inovação é a maneira bem eficiente para vencer a concorrência. Para conseguir isso, as empresas devem ter bons gestores da inovação, que saibam estabelecer corretamente o orçamento, o tempo para entrar no mercado, bem como todas as outras especificações para que consigam lançar (introduzir) suas novidades antes dos competidores.
- **Fazer de acordo com a escala** – Algumas ideias como as voltadas para os artigos de luxo ou então os vários aplicativos (*apps*) para os diversos *smartphones* são destinadas para mercados de nicho. Outras, como aquelas para as redes sociais, podem ser aplicadas em escala global. É imprescindível levar sempre em conta a **magnitude correta** e o **alcance de uma ideia** para garantir para a mesma os recursos, bem como avaliar os riscos envolvidos ao buscar a sua implementação.

- **Ampliar-se colaborativamente** – Em poucos anos, todas as empresas irão notar que para promover uma inovação necessitarão de colaboradores externos, isso porque os fluxos de talentos e de conhecimentos estão cada vez mais transcendendo os limites geográficos e também os empresariais. As empresas economizarão muito nas inovações se valerem-se das **competências e talentos** que existem em outras **partes do mundo**.
- **Mobilizar** – Aí a questão é: os seus funcionários (colaboradores) estão motivados, organizados e remunerados para seguir **inovando repetidamente**? Pois é, isso não é fácil, mas as melhores empresas são aquelas que encontram e praticam as técnicas mais eficazes que possibilitam embutir a inovação em todos os setores da organização, ou seja, desde a alta administração até os colaboradores mais periféricos.

Como é que estão esses oito elementos na sua empresa? Qual dos "verbos" é necessário tornar mais dinâmico? Uma empresa mundial que usa muito bem os oito elementos é a Du Pont!!!

"A notável presidente da Du Pont, Ellen Kullman, que ao assumir a presidência da empresa em 2009 estabeleceu a missão de direcioná-la para a P&D nos setores de energia limpa e alimentação, e de fato alcançou seu objetivo. Não se pode esquecer que a Du Pont já tem mais de dois séculos de invenções e possui cerca de 41 mil patentes."

Todo aquele que lida com a inovação acaba entendendo que, mais cedo ou mais tarde, é necessário sistematizar para que de fato a inovação ocorra. Senão, fica-se naquela de ter muitas ideias – vindas de *brainstorms* (reuniões para desenvolver ideias) – que acabam sendo inúteis, pois nenhuma leva a mais inovação de fato.

Aí vão **10 possíveis mandamentos do inovador**:

1º) Não confundirás nunca inovação com invenção.

Algo só é inovador quando soluciona uma demanda dos clientes, do mercado; portanto, não se trata apenas de uma descoberta (invenção) ou um novo conhecimento.

2º) Não pensarás só em tecnologia.

Não se pode pensar em inovação como sendo algo proveniente exclusivamente de P&D de um produto, sendo uma criação tecnológica. Inovação é um conceito bem mais amplo.

3º) Terás sempre objetivos claramente estabelecidos.

A inovação deve estar sempre inserida na estratégia de uma organização, com objetivos claros para ganhar mercado, conquistar vantagens competitivas ou recrutar e atrair novos talentos para a empresa.

4º) Mudarás a cultura da sua empresa.

As organizações acabam se burocratizando, o que é um grande complicador para surgirem as inovações. Os seus profissionais talentosos, em especial, precisam de liberdade para poderem experimentar, estabelecer hipóteses e chegar a inovações inúteis, mas sem sofrerem punição por isso.

5º) Terás disciplina.

É necessário criar métodos internos na organização para que a inovação ocorra de forma sistemática, ou seja, saber diagnosticar os problemas, descobrir as possibilidades de solucioná-los e escolher a forma para executar isso.

6º) Tirarás o olho do próprio umbigo (olhando para ele só de vez em quando).

É muito complicado criar algo totalmente inédito estando sozinho. É vital estabelecer parcerias com outros e recorrer a muitas fontes externas de inspiração.

7º) Buscarás saber o que o mercado necessita.

Para se tornar de fato uma inovação, um produto ou serviço deve se adaptar para atender às demandas dos clientes (ou então criar neles essa demanda). De qualquer forma, é essencial saber quais são os hábitos e necessidades dos potenciais clientes.

8º) Procurarás obter resultados financeiros.

Obviamente, o objetivo final de uma inovação para uma organização é ter um melhor desempenho econômico proveniente da introdução da inovação.

9º) Se apoiarás sempre sobre métricas.

Todo esforço da inovação precisa ser mensurado em aspectos como o financeiro, o de captação de recursos, patentes obtidas, satisfação de funcionários etc.

10º) Não dependerás só do apoio financeiro do governo.

Não se deve esquecer que uma excelente ideia que pode se transformar em inovação nem sempre dá para ser transformada em um projeto para atender às especificações de alguma linha de fomento de governo, com o que não se conseguem os recursos para se chegar à inovação.

O inovador deve ser **ousado**, mas também **persistente,** e lutar para conseguir outras fontes de financiamento, recorrendo ao setor privado, endividando-se com os bancos ou conseguir convencer alguns investidores--anjo a financiar seu projeto. O inovador é aquele indivíduo persuasivo que tem as características de uma pessoa **matadora**, **socializadora**, **exploradora** e **realizadora** ao mesmo tempo!

"Você sabe quais são os 10 diferentes tipos de inovação? Não? Então deveria ler o livro de Larry Keeley, da DVS Editora."

3.12.7 - O BRASIL PRECISA TER MAIS CIENTISTAS

Um grande diferencial das nações mais inovadoras do planeta é o fato de que a esmagadora maioria de seus pesquisadores estar na iniciativa privada (com a China fugindo um pouco dessa realidade, pois muitas das suas grandes empresas ainda são estatais...). Esse não é o caso do Brasil, onde cerca de **sete** de cada **dez** cientistas estão nas universidades ou nas IESs, algumas delas privadas. Nos EUA, só 20% dos pesquisadores ficam na academia e cerca de 80% estão nas empresas. Na Coreia do Sul 67%, no Canadá, na França e na Inglaterra cerca de 60%.

Alterar essa má distribuição da massa cinzenta, ou seja, dos cérebros geniais, é crucial para que o País cresça de forma consistente, com base no conhecimento. É a P&D que permite que países e empreendedores encontrem atalhos para usufruir vantagens competitivas no mercado internacional.

Uma empresa inova quando coloca no mercado, com êxito, produtos, serviços ou processos que **não existiam anteriormente**. Essa é uma **inovação radical**.

É possível inovar também modificando alguma característica de algo que já existe e pode-se até chamar essa inovação de **tecnológica**, visto que ela se baseia num conhecimento científico existente para a sua realização. Por exemplo, foi o caso, no Brasil, do **motor biocombustível** que foi desenvolvido quase que simultaneamente, mas de forma independente, por diversas empresas automotivas. E isso porque houve estímulo oficial por meio da redução de impostos para que as empresas se envolvessem na P&D desse setor.

É a indústria que deve ter o papel mais relevante na criação de conhecimento. Os países que hoje são os mais adiantados do mundo fizeram isso há um bom tempo. Pode-se dizer que isso começou na segunda metade do século XIX, com o surgimento da indústria química na Alemanha. Ela estava fortemente baseada em inventores que vendiam ou licenciavam suas criações para as empresas. As companhias perceberam que seria mais eficaz ter seus próprios pesquisadores e começaram a contratá-los. Isso aconteceu com a Bayer e a Hoeschst, depois com a Siemens. E aí a passou para as grandes empresas norte-americanas como General Electric (GE), AT&T e a DuPont. Foi, sem dúvida, a P&D que tornou essas (e algumas outras...) empresas gigantes globais.

No Brasil, formamos cerca de 10 mil doutores por ano, e esse número é similar ao da Inglaterra, da Índia ou da Coreia do Sul, porém a fragilidade brasileira está no seu perfil, pois relativamente poucos são doutores em engenharia e ciências naturais, que são áreas importantes para o incremento da inovação. E para estes últimos temos um outro problema: há poucas oportunidades para que eles trabalhem nas nossas empresas em P&D e tenham a estrutura adequada nessa ocupação além de uma remuneração condizente.

Não se deve esquecer que no Brasil, na década de 1980 e no início de 1990, tivemos uma inflação estratosférica, que também inibiu as nossas empresas de investirem em P&D. Os empresários precisam ter segurança para aplicar recursos em P&D porque a maturação desse investimento é de longo prazo. Como muitas regras têm mudado no Brasil, eles pensam: como é que vamos investir em P&D com tanta instabilidade, em especial na abertura do mercado?

É verdade que nos últimos 25 anos está se percebendo uma mudança de atitude das universidades (IESs) brasileiras, as quais têm procurado interagir mais com as empresas, não achando estas que sua função seria apenas de educar, mas também fazer avançar o conhecimento. Parou-se de pensar que um pesquisador em um laboratório industrial teria tarefas apenas rotineiras. Aliás, vários prêmios Nobel já foram dados a pesquisadores empregados em organizações privadas. Nos EUA, principalmente, muitos laboratórios industriais possuem um ambiente intelectual cativante e entre esses exemplos estão os do Google Labs e a Microsoft Research.

Para levar os "cérebros" brasileiros para as empresas é fundamental que o Estado promova um conjunto de ações que estimule as empresas privadas a envolveram-se com P&D, como a redução de seus impostos, um financiamento com taxas de juros baixas, subsídios etc. E as empresas brasileiras precisam enxergar o mundo como um grande mercado, pois é isso que nos permite a era da globalização. Elas têm que se abrir e espalhar cada vez mais pelo mundo, como fizeram a Embraer, a Vale e a Friboi.

A exposição ao comércio internacional, a um ambiente competitivo no qual vencem as melhores ideias, é fundamental para a inovação. No Brasil, temos um problema que se inicia no **registro de patentes**, que é lento e problemático, o que significa que se deve agilizar o trabalho no INPI. Ninguém vai investir em P&D sem ter a certeza de que a legislação e o sistema jurídico vão lhe garantir o benefício de ter sido primeiro a criar alguma coisa.

A subvenção é fortemente utilizada nos EUA e nos países mais desenvolvidos da Europa, com o governo direcionando as suas compras em algumas empresas e nesse caso "diz-se" que estão sendo feitas **encomendas tecnológicas**. Foi isso que aconteceu para que fosse desenvolvido o programa espacial norte-americano. Esse tipo de projeto, além de mandar para o espaço muitos foguetes e satélites, teve o mérito de desenvolver a tecnologia da indústria local. As empresas aprendem a fazer coisas que, posteriormente, serão usadas pelos consumidores comuns. Foi assim que surgiram dezenas de inovações como, por exemplo, o sistema GPS (Global Positioning System, ou seja, sistema de posicionamento global).

O Brasil já fez algo semelhante com a Embraer, com a Força Aérea Brasileira (FAB) encomendando aviões não só para aumentar a sua frota, mas para ajudar a criar um fabricante de aeronaves de classe mundial, e **criou**!!! No Proálcool, o governo também incentivou a P&D. E por mais polêmicas que iniciativas desse tipo tenham sido, precisamos encontrar uma maneira razoável de continuar realizando as mesmas para que o consumidor brasileiro acabe beneficiado.

"Eis um aspecto da Tech City de Londres (Reino Unido). Para que a P&D evolua num país, ela deve ter a colaboração e o envolvimento dos setores público e privado, pagando bem especialmente os pesquisadores."

De fato, o MCTI atualmente afirma que a P&D e a inovação são prioridades do governo, mas alocação de verbas é ainda diminuta e a velocidade com que estão sendo obtidos novos resultados é baixa. Houve uma certa turbulência, por exemplo, nos trabalhos da Embrapa (Empresa Brasileira de Pesquisa Agropecuária) quando se procurou sindicalizar a instituição e criou-se um certo antagonismo ideológico com o agronegócio. Esse mal-estar parece que já foi desfeito, mas a Embrapa continua com orçamento muito limitado e a entidade perdeu um pouco da sua capacidade de articulação.

Ainda existe uma grande oportunidade escancarada na nossa frente: a geração de energia por meio de fontes renováveis, e no caso do Brasil a maciça produção de etanol. E a nossa vantagem no etanol não foi construída só pela sorte (muita água, sol e boas terras). Somos líderes nesse setor porque conseguimos criar uma tecnologia inovadora. Os outros países têm se especializado no uso de transgênicos, e nós aqui no Brasil ainda estamos um tanto quanto refratários a isso. Essa postura tem que mudar.

3.12.8 - O CENTRO DE PESQUISA DA HYUNDAI NO BRASIL

A Hyundai, que em 2015 era a quinta marca de automóvel mais vendida do País, começou a construir um centro P&D na sua fábrica de Piracicaba, no interior paulista, com investimento de R$ 100 milhões, que deverá estar concluído em 2016, tornando-se o quinto centro de pesquisa da empresa no mundo – os outros estão em operação na Coreia do Sul, sede do grupo, nos EUA, no Japão e na Alemanha.

O objetivo inicial será o desenvolvimento dos motores *flex* (usando dois combustíveis) que equipam os automóveis produzidos pela marca no País. O investimento, dessa maneira, está vinculado ao InovarAuto, o regime automotivo que cobra das montadoras maior eficiência dos propulsores, mas que também concede a elas incentivos fiscais em projetos como o executado pela Hyundai. Recorde-se que após investimentos de US$ 700 milhões do grupo sul-coreano, a fábrica começou a produzir, em setembro de 2012, com o objetivo de montar, no máximo, 150 mil carros por ano.

De nona marca do mercado brasileiro, a Hyundai, em 2015, só ficou atrás das quatro empresas mais antigas do pelotão de frente da indústria: Fiat, GM, Volkswagen e Ford – e o seu *HB20* figura na terceira colocação entre os carros de passeio mais vendidos do País, excluindo da análise a picape *Strada* da categoria leve.

Com a possibilidade de uso desse centro de P&D, a Hyundai espera se tornar mais competitiva ainda, pois os seus produtos deverão ter mais qualidade, o que atrairá certamente mais clientes...

3.12.9 - AS NOVAS IDEIAS E AS INOVAÇÕES QUE DEVEM FAZER SUCESSO DAQUI PARA FRENTE!!!

"Rohit Talwar, o consultor que tem procurado explicar as inovações que terão sucesso no futuro..."

Rohit Talwar, autor de dezenas de relatórios sobre o futuro da tecnologia para o governo britânico e consultor de grandes corporações, salientou: "Em dez anos, o fluxo de dados aumentará em mil vezes, com bilhões de objetos produzindo informações, e não teremos só *big data*, mas sim *gigantic data*. E o grande desafio será gerenciar esses dados e extrair *insights* deles.

Tudo indica que em não mais que 30 anos os computadores serão capazes de processar as mais variadas informações com mais agilidade que o cérebro humano. E aí será necessário criar regras para os robôs, como é o caso do debate que está sendo desenvolvido sobre o uso de *drones*.

O que se pode esperar de 2015 em diante é pelo menos as seguintes inovações: um robô incrível desenvolvido pelo Google; o uso de nanossatélites que monitorarão por fotos regiões inteiras do planeta quase em tempo real; os painéis solares vão ter enormes ganhos de eficiência e seus preços vão despencar; as baterias vão durar o dobro e surgirá o ultrassom de bolso, do tamanho de um *smartphone*, com imagens 3D."

Observação importante 1 - **Ideias** e **inovações** são dois dos "8 Is" sobre os quais se fala no livro *A Roda da Melhoria* (DVS Editora), de Victor Mirshawka e Victor Mirshawka Jr., cujo objetivo é incrementar o desempenho de qualquer pessoa, fazendo com que ela siga sempre o **"ciclo da melhoria imbatível"** – **iniciativa**, **informações**, **ideias**, **inovações**, **insistência**, **integração**, **implementação**, **introspecção.**

Aí vão alguns exemplos de sucesso provenientes de P&D:

1º) Já vivemos numa bolha de dispositivos inteligentes?

Estamos vivendo numa intensa proliferação ou numa bolha, em que a frase que mais se ouve ou lê no *marketing* é: "O primeiro (...) inteligente do mundo!!!"

E aí se inclui a **primeira escova dental inteligente do mundo**, o primeiro prato, garfo, sapato, camisa, meia, aquário, frigideira inteligente do mundo!!! Aliás, todos os dispositivos mencionados são reais, inclusive o último, que atualmente tem um protótipo em funcionamento e o inventor procura captar recursos através do Kickstarter, *site* de financiamento coletivo.

Em seguida, surgirá também o primeiro detector inteligente de gases humanos do mundo! Chamado de CH_4 (a fórmula química do metano), ele é encaixado no bolso traseiro da calça e conectado a um aplicativo que correlaciona a frequência da produção de gases humanos com o que se come.

Christopher Mims, no seu artigo *A bolha dos supostos dispositivos inteligentes*, do jornal *The Wall Street Journal*, publicado no jornal *Valor*

Econômico (6/5/2015) destacou: "Veja a equipe de *marketing* da Vessyl, que lançou o primeiro copo inteligente do mundo com um vídeo promocional bastante exagerado, salientando que ele **vai mudar o mundo**!!! Isso, inclusive, foi satirizado pelo comediante norte-americano Stephen Colbert. Mas Nic Barnes, o diretor de *marketing*, comentou que a aparição do produto no programa de televisão de Colbert levou a um salto nas vendas e inspirou muitos a defender o copo da Vessyl, que possui um mostrador de *LED* que acende, por exemplo, com a palavra **'cerveja'**, que fica piscando enquanto estiver sendo ingerida.

O argumento de venda da Vessyl é que, ao registrar tudo o que você bebe, o copo também informa exatamente a quantidade de calorias e cafeína consumidas por dia. E também determina o seu nível de hidratação."

Pois é, estamos vivendo numa era em que todos os empreendedores têm a ideia fixa de colocar *chips* em quaisquer objetos para torná-los inteligentes, isto é, servirem para monitorar ou dar certas informações aos seus usuários. Foi assim que surgiram muitos produtos inteligentes bem ridículos! Esse talvez não seja o caso da frigideira inteligente – ***Pantelligent*** –, criada por Humberto Evans. Ela já está em estágio de produção e faz uma coisa que é realmente útil. Ela pode informar a temperatura exata da frigideira. Mas essa frigideira *Pantelligent* precisa de um *smartphone* para fornecer essa informação por meio de uma conexão sem fio.

"A frigideira inteligente *Pantelligent*."

Humberto Evans, criador da *Pantelligent*, explicou: "Acho que a *Pantelligent* tem a capacidade de ser bem mais que um simples produto. Estamos falando sobre o conhecimento das pessoas de como cozinhar e entregando este conhecimento através de uma frigideira, por exemplo, informando quanto tempo o salmão precisa ser cozido a partir da espessura do mesmo..."

Você gostaria de ter uma frigideira ou um copo inteligente?

2º) Os advogados estão sendo substituídos por robôs?

Isso não é algo fantasioso ou irreal!

Diversos escritórios de advocacia nos EUA já estão usando muita tecnologia para ajudar seus advogados a identificar a informação relevante. Percebe-se uma certa tendência de que, em breve, muito do trabalho feito pelos advogados será executado simplesmente pelos computadores. E aí o candidato mais apto para passar no exame da Ordem dos Advogados do Brasil (OAB) provavelmente será o Watson, um computador da IBM no qual a multinacional já investiu mais US$ 360 milhões no desenvolvimento de um **sistema de IA**.

O Watson trabalha com um sistema computacional cognitivo que, como os humanos, aprende a linguagem da sua área, as respostas para determinadas questões e fornece as melhores soluções para um problema de uma forma mais rápida e com base num manancial de informações que o homem é **incapaz** de memorizar.

Ralph Losey, especialista em tecnologia na firma de advocacia norte-americana Jackson Lewis, numa entrevista para o canal de televisão CNN, disse: "Watson – o **advogado** – está chegando. Ele pode não pensar em soluções criativas, mas nas tarefas regulares executadas pelos advogados, vai superá-los tranquilamente!"

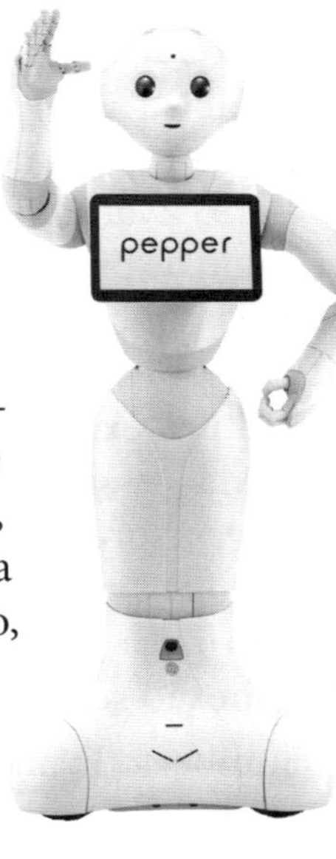

"O Japão tem se destacado no mundo com o desenvolvimento de seus robôs, como foi o caso do *Pepper*, inicialmente usado como atendente nos saguões das grandes corporações."

Em breve, o robô poderá analisar toda a informação pertinente para um caso jurídico, aconselhar se é pertinente avançar com um processo e, inclusive, prever o resultado final. Não é por acaso que a empresa de advocacia Winston & Strawn, com sede em Chicago, usa um sistema de codificação preditiva para facilitar o trabalho dos seus 850 advogados. É um programa que permite a análise de todos os documentos de um caso e, de acordo com os dados marcados pelos juristas como relevantes, identifica provas potencialmente importantes.

Sem dúvida, é uma ajuda e tanto para os advogados numa época em que o número de documentos para analisar disparou de forma incrível. Ainda assim, os especialistas não acreditam que a profissão esteja em perigo, pois, segundo eles, será sempre necessário que um ser humano tome a **decisão final** e se responsabilize por ela.

De passagem, convém citar que a empresa japonesa Soft Bank, no final de 2014, apresentou o seu robô amigo, o *Pepper* (custando algo próximo de R$ 7 mil), que sabe ler e reagir às emoções humanas. Ele conta anedotas e coloca a canção preferida de um ser humano quando percebe que ele está triste! Pois é, ele pode ser o amigo perfeito de Watson ou até dar uma ajuda ao robô-advogado!

3º) *Smartphone*: o suprassumo da criatividade!

Se alguém conferir o que foi feito em P&D a partir de 1865 até agora, ou seja, nos últimos 151 anos, verá que o mundo recebeu a invenção do telefone, do fonógrafo, da lâmpada incandescente, do rádio, da televisão, do computador e da Internet. E por incrível que pareça, tudo isso (e muito mais...) está a nossa disposição nesse maravilhoso aparelho chamado *smartphone*.

"*Smartphone:* o suprasumo da criatividade."

O *smartphone* conseguiu reunir em um só aparelho todas as invenções que foram citadas (e outras...) para tornar-se algo muito especial, um "companheiro" inseparável da maioria das pessoas, em especial dos jovens.

Seguramente, nem a mais criativa das mentes em 1865 poderia imaginar que tanta coisa poderia convergir num pequenino aparelho! Há trinta anos, ninguém poderia imaginar as muitas coisas que o *smartphone* nos oferece agora. Assim, hoje é possível saber onde você está exatamente (ou para onde quer ir) com o GPS, basta ter esse aplicativo instalado nele, graças a dezenas de satélites orbitando em volta do planeta. Você também pode divertir-se com vários *videogames* instalados no seu *smartphone*. Ele, inclusive, tem cada vez mais funções para controlar a nossa saúde, desde medir a nossa temperatura e pressão até ser um verdadeiro "médico digital", controlando todas as nossas ações, bem como a nossa dieta.

Extraordinária a criatividade do ser humano, que conseguiu concentrar tanta coisa útil nesse que, para muitos, passou a ser o "brinquedinho inseparável": o seu *smartphone*!!!

Caro(a) leitor(a), com que frequência você troca o seu *smartphone*?

4º) Você sabia que a Lego quer ter bloquinhos plásticos desenvolvidos a partir de plantas?

A fabricante dinamarquesa de brinquedos Lego esta fazendo a **primeira transformação** em seus blocos coloridos desde 1963. Porém, o resultado final dessa P&D vai demorar pelo menos 15 anos, e se tudo correr como a empresa quer, ninguém vai notar a diferença!?!?

Os executivos da Lego montaram uma equipe de cientistas para buscar uma alternativa de base biológica para o plástico derivado do petróleo usado há décadas para produzir as suas peças. Isso porque os populares blocos de montar são grandes contribuintes das emissões de carbono da Lego.

Esse processo deverá ser lento, estendendo-se até 2030, porque nenhuma das alternativas aos plásticos existentes hoje, como os produzidos com matérias-primas derivadas de plantas, atendeu às exigências da empresa para dar aos blocos da Lego sua aparência e tato característicos.

Tim Guy Brooks, diretor sênior de sustentabilidade ambiental da Lego explicou: "O nosso prêmio final será não conseguir distinguir um bloquinho do outro quando se compararem com as peças de Lego antigas, feitas de acrilonitrila butadieno estireno (ou ABE), com as novas peças que a empresa eventualmente espera produzir.

E é claro que não se pode esquecer que cada uma dessas peças, sejam os blocos básicos ou as peças giratórias de personagens que integram conjuntos, deve se unir com outras peças com uma **precisão invariável**. Produzir peças Lego é um trabalho incrivelmente preciso. Aliás, nós as modelamos até cerca de quatro milésimos de milímetro. ABE é muito durável, segura bem a cor, tem até mesmo um som próprio, e a nova peça biológica tem que atender a todas essas condições."

Com a queda contínua dos preços do petróleo, parece que com essa P&D a Lego está indo contra a corrente econômica para um negócio centrado no plástico. Mas a atenção para plásticos baseados em produtos derivados de plantas cresceu significativamente há cerca de 10 anos, quando os preços do petróleo explodiram, levando as empresas a procurar alternativas aos produtos derivados do petróleo. Mas para muitas dessas organizações, a urgência transitoriamente desapareceu quando os preços do petróleo começaram a cair (em 2015, chegou a pagar apenas US$ 30 por um barril de petróleo).

Mas segundo uma pesquisa da empresa Nielsen, cerca de 55% de consumidores globais *on-line* afirmaram que eles pagariam mais por produtos e serviços de empresas comprometidas com um impacto ambiental menor.

A Lego está melhor posicionada que muitas empresas que usam plástico para liderar P&D, pois o plástico, no momento, está no centro de seu negócio e a Lego é uma empresa integrada verticalmente. A Lego, que usou 77 mil toneladas de petróleo para produzir 60 bilhões de blocos e outras peças para seus conjuntos em 2014, planeja recrutar cerca de 100 pessoas para trabalhar em P&D para chegar à invenção que possibilite fabricar as suas peças a partir de vegetais. Uma das intenções da Lego é chegar a um novo plástico seja derivado de **materiais descartados**, como talo de milho ou lixo agrícola, isto é, que não sirva para qualquer outra coisa!!!

5º) O que é *Spot*?

Spot tem quatro pés, anda com facilidade sobre terrenos acidentados, sobe escadas e corre tranquilamente em terreno molhado. Caso seja empurrado ou chutado com força, *Spot* aguenta o baque e não perde o equilíbrio.

Spot lembra muito seu cachorro (tem tamanho de um *rottweiller*), mas ele é, na verdade, o mais novo robô criado pelos engenheiros da Boston Dynamics, que não explicaram ainda com que finalidade vai ser usado. A empresa, fundada em 1992, foi comprada pelo Google em dezembro de 2013 por valor não revelado.

Com um histórico de projetos em parceria com o departamento de Defesa dos EUA, a Boston Dynamics, agora sob a batuta do Google, está procurando desenvolver produtos para o mercado consumidor.

Com um peso de 70 kg, com pernas hidráulicas, sensores na cabeça, o *Spot* é movido à eletricidade. Mas ele não é o único robô da Boston Dynamics que lembra fisicamente um animal, pois a empresa tem também o *Big Dog* e a "onça" mecanizada *WildCat*. E na categoria de máquinas humanoides, a fabricante está desenvolvendo o *PetMan* e o *Atlas*.

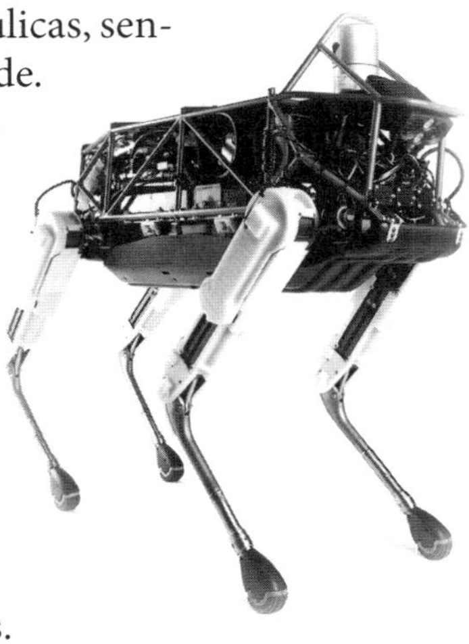

"*Spot*, o cão robô!!!"

Bem, quem continua pensando no Google como sendo apenas uma poderosa ferramenta de busca deve mudar essa concepção e perceber que essa empresa está investindo poderosamente em outros campos. Assim, a partir do final de 2013, o Google fez uma série de aquisições de empresas do setor de robótica. Além da Boston Dynamics, foram alvos da empresa as companhias Industrial Perception, Redwood Robotics, Meka Robotics, Holomni e Bot&Dolly, todas sediadas no Estado da Califórnia (EUA).

Fora do território norte-americano, o Google adquiriu a empresa japonesa Schaft, que trabalha no desenvolvimento de robôs humanoides. Estima-se que nesses últimos dois anos o Google já gastou cerca de US$ 17 bilhões em aquisições, mais do que a Apple, Microsoft e a Amazon juntas!!!

Como se nota, o Google está se diversificando e muito!!!

6º) Você conhece ass vantagens e os perigos da IA?

O filósofo sueco Nick Boström, professor na Universidade de Oxford, no Reino Unido, autor do livro *Superintelligence: Paths, Dangers, Strategies* (algo como *Superinteligência: Caminhos, Perigos e Estratégias*) soou o alarme: "Se criarmos inteligências superiores à nossa, poderemos nos tornar obsoletos."

"Nick Boström, o filósofo que alerta sobre os perigos do surgimento de máquinas inteligentes."

Realmente, se máquinas mais inteligentes e poderosas do que nós existirem, nossa sobrevivência dependerá delas.

→ **O que garante que elas nos preservarão?**

Em entrevista para a BBC de Londres, o famoso físico britânico Stephen Hawking profetizou: "O desenvolvimento de uma IA completa poderia significar o fim da raça humana. A evolução das máquinas ocorreria em uma velocidade crescente contra a qual os humanos não conseguiriam competir."

Por seu turno, o notável empreendedor Elon Musk, que está envolvido com projetos ousados, que já doou US$ 10 milhões para o instituto Future of Life, que monitora os possíveis riscos da IA de nível humano, declarou: "É preciso ser supercuidadoso com a IA, a qual, para mim, é potencialmente mais perigosa do que a energia nuclear."

Já o especialista brasileiro em temas científicos Marcelo Gleiser salientou: "É bem mais provável que o futuro da inteligência esteja dentro do cérebro humano, e não fora. Seremos nós, ou nossos híbridos, a nos tornarmos superinteligentes, estendendo nossa capacidade mental através da união do biológico com o cibernético. O futuro não está nas máquinas, mas na inteligência humana artificialmente ampliada.

Não estamos desenhando nosso fim, mas uma nova espécie, capaz de transcender os limites evolucionários que determinam o funcionamento do cérebro e do corpo. Com isso, não devemos temer o futuro da pesquisa em IA, mas vê-la como uma oportunidade de emancipação, de crescimento da espécie. Certamente, nossos descendentes serão mais inteligentes e, esperemos, mais sábios!!!"

E você, caro(a) leitor(a), o que acha que será de nós se as máquinas também pensarem?

7º) Os algoritmos podem contratar melhor que os especialistas de RH

Há quem pense que **avaliar**, **recrutar** e **contratar pessoas** pode parecer uma das funções que não sejam passíveis de **automação**! É por isso que os que trabalham no departamento de Recursos Humanos (RH) acham que as suas habilidades **nunca serão substituídas** por computadores (ou robôs), que não terão condições para manter uma conversa com alguma pessoa ou então interpretar certas dicas sociais. Mas as pessoas que têm entre as suas funções entrevistar candidatos a emprego numa empresa apresentam os seus vieses e predileções, que fazem com que tomem decisões **erradas** sobre as melhores pessoas para certos postos numa organização.

Elas tomam decisões de contratar, muitas vezes inconscientemente, com base em similaridades que não têm nada a ver com os requisitos do emprego – tais como se o candidato tem um amigo em comum, frequentou a mesma escola ou gosta dos mesmos esportes. Esta é uma razão porque alguns pesquisadores dizem que o preenchimento tradicional de empregos está repleto de falhas. **É por isso que muitas empresas iniciantes estão desenvolvendo** *softwares* com algoritmos que permitem que o tempo de entrevista seja menor, mais barato e melhor utilizado, gerando dados que auxiliam os recrutadores a completar o seu trabalho conversando só com os candidatos mais adequados para os postos de trabalho abertos.

Por enquanto, os dados colhidos pelos algoritmos de contratação são apenas recursos adicionais ou ferramentas para que os recrutadores as usem, informando-lhes como os candidatos estudaram, seus conhecimentos culturais, suas crenças etc., mas a *expertise* humana é ainda necessária para a decisão final. Porém, tudo indica que em breve esses algoritmos serão tão sofisticados que o recrutamento e a contratação se tornem **totalmente automatizados**.

Vamos torcer para que isso não aconteça logo, pois muitas pessoas vão **perder seus empregos, não é**?

Não se pode esquecer a reflexão de Steve Wozniak, criador, junto com Steve Jobs, na década de 1980, dos microcomputadores Apple I e Apple II, que acredita que nós, humanos, vamos acabar se tornando **animais de estimação dos robôs**, quando a IA ultrapassar a nossa.

"O futurista Ray Kurzweil, guru de IA e consultor do Google, acredita que até 2029 as máquinas serão tão inteligentes quanto nós e nos passarão em 2045!?!? E você, o que acha?"

Para ele, robôs vão cuidar da gente para preservar a natureza, da qual fazemos parte. Steve Wozniak disse recentemente que a evolução cada vez maior da IA seria muito ruim para a humanidade, e que os robôs iriam se livrar de nós por sermos lentos e ineficientes. Esse medo de que a IA torne a humanidade obsoleta é muito próximo do temor de que as máquinas acabem com o trabalho dos seres humanos!?!?

O computador Watson, da IBM, já pode ser treinado para atividades como atendimento a clientes, diagnóstico de pacientes e análise de risco para instituições financeiras. Claro que o desafio atual é criar sistemas inteligentes de uso geral. Já carregamos nos celulares assistentes pessoais como *Siri,* da Apple e *Google Now*, se bem que eles estão muito longe do *Samantha*, o sistema operacional com a voz de Scarlett Johamsson do filme *Ela*.

O jornalista Kevin Kelly por seu turno ressaltou no seu livro *Para Onde nos Leva a Tecnologia* que conforme os robôs vão assumindo nossas atividades, ficaremos com mais tempo para criar novas tecnologias.

→ **Mas o que irá acontecer quando as próprias máquinas se tornarem criativas?!?!**

Observação importante 2 - A robótica focada no atendimento de pessoas idosas tem crescido em um ritmo acelerado, o que fez com que a Comissão Europeia começasse a discutir uma lei específica – EURobo-Law – para determinar quais são as tarefas que poderão ser transferidas das **"mãos quentes"** (humanas) para as **"mãos frias"** (máquinas).

Não é por acaso que as projeções de vendas de robôs para finalidades domésticas nos próximos dois anos cresceram em algo próximo de 60%. De acordo com um relatório recente da International Federation for Robotics, estima-se que sejam de cerca de 35 milhões de unidades vendidas só de **"robôs cuidadores"** ou **"companheiros"**. A esses dados – bem preocupantes, pois esses robôs irão reduzir os empregos para os seres humanos – deve-se agregar que chegam continuamente ao mercado diversos modelos de robôs, especialmente para o setor de serviços. São essas máquinas "humanoides" que estão proliferando em bancos, nas recepções dos hotéis e hospitais de muitos países.

Os pesquisadores europeus já começaram a desenhar uma rede colaborativa para promover o intercâmbio de informações e acelerar o avanço da inovação em robótica, em regime de *open source*, da concepção criativa à produção industrial.

Em agosto de 2015, a Aldebaran Robotics, líder mundial em robôs humanoides, vendeu mil exemplares do seu robô *Pepper*, caracterizado como um robô social pois conhece e reage a emoções da pessoa com quem conversa. A Aldebaran Robotics é uma empresa do grupo japonês SoftBank, com sede em Paris, que tornou-se conhecida no Brasil pelo seu robô *NAO*, com 58 cm de altura, que foi usado, em 2012, na novela da Rede Globo, *Morde e Assopra*, do qual já foram vendidos (ou alugados) mais de 5.500 unidades de diversos países.

É verdade que esse modelo foi considerado pelos pesquisadores mais como um brinquedo, e não como um companheiro ou colaborador para executar algumas tarefas domésticas ou monitorar a saúde e o bem-estar de uma pessoa. Entretanto, a Aldebaran já está desenvolvendo o *Romeo* e o *NAOqi* com finalidades mais específicas de cuidar de idosos, para competir com o *Care-o-Bot*, da alemã Fraunhofer IPA, sendo usado em alguns hotéis dos EUA como camareiro, e o norte-americano *PR2*, da Willow Garage, sediada no Estado da Califórnia, cujo *slogan* é: **"Ele frita uma omelete"**.

Com *Romeo* – que tem 1,40 m e pesa um pouco mais de 40 kg – a Aldebaran pretende alcançar a liderança nas áreas de assistência a idosos e serviços pessoais. Seu corpo, feito de fibra de carbono e borracha, foi projetado para evitar o risco de ferir a pessoa. Ele anda, enxerga o ambiente em três dimensões, ouve e fala. Os primeiros testes em condições de mundo real estão programados para 2016 e o objetivo final é ter as primeiras unidades atendendo em casas de repouso entre 2018 ou 2019.

Esse mercado vai crescer substancialmente nos próximos 20 anos, como destacou o relatório *Growing the Silver Economy in Europe* (algo como *Estimulando a Economia da Longevidade na Europa*), publicado pela Comissão Europeia como base para a Primeira Conferência de Cúpula Europeia sobre Inovação para o Envelhecimento Ativo e Saudável, realizada em Bruxelas, em março de 2015, na qual foram elaboradas ideias para atender às necessidades de uma sociedade envelhecida.

Claro que houve também o debate ético sobre o uso do robô para cuidados assistenciais mobilizando gerontólogos, psicólogos e profissionais de saúde, principalmente.

- **Afinal, até onde o robô pode ser usado?**
- **As famílias, legalmente responsáveis por cuidar dos idosos, poderão delegar essa tarefa a uma máquina!?!?**

Por enquanto, a conclusão é que a tecnologia terá um papel importante, mas **nunca substituirá o cuidador**!

- **Será que essa ideia vai prevalecer?**

No Brasil, talvez não estejamos ainda preparados para que os idosos ou mesmo os mais jovens sejam atendidos para robôs humanoides, apesar de que isso está se transformando na **onda do momento**. Nos experimentos feitos até agora, de fato notou-se uma reação nas pessoas de um certo **medo** em relação à possibilidade de movimentos bruscos dos robôs, podendo até machucá-las.

"As pessoas estão se rendendo cada vez mais aos robôs, sendo que aqueles semelhantes aos seres humanos (dois olhos, dois braços, duas pernas etc.) são aparentemente aqueles que têm a maior aceitação."

Obviamente, isso depende muito da aparência da altura do robô.

É por isso que a indústria, na construção de seus primeiros modelos, deu-lhes um formato mais "amigável", e eles pareciam um pouco com brinquedos. Não foi por acaso que encantaram as crianças, como mostrou-se no filme *Frank e o Robô*, de Jake Schreier. O ator Frank Langella, nesse filme vive um idoso que, na ausência dos filhos, passa a ser cuidado por um robô. Sua primeira reação é de repulsa. Em pouco tempo, porém, desenvolve uma relação amistosa, de cumplicidade e sentimento com a máquina.

"No Toyota Kaikan Museu, um solo de violino executado por um robô em 13/11/2015.'"

Uma coisa é indiscutível: os robôs já estão maciçamente presentes no ambiente industrial, e com grandes investimentos em P&D que já estão sendo feitos, eles conquistarão a sua ascensão em muitos serviços e um deles é o de cuidador.

Nessa segunda década do século XXI, as insinuações já não são fantasiosas, pois o "sistema" – seja ele qual for robôs, *softwares* instalados em computadores etc. – invadiu sem dó o "espaço" dos humanos no mundo do trabalho. O grave é que no raciocínio de muita gente a pergunta não começa mais com **"se"** esta ou aquela função será substituída, mas **"quando"** isso acontecerá!!!

Os pesquisadores da Universidade de Oxford (Grã-Bretanha), Carl B. Frey e Michael A. Osborne, construíram uma escala de risco e identificaram que **47%** das ocupações humanas poderão ser automatizadas em até uma década. E o que preocupa mais não é

Gill Pratt.

"Em novembro de 2015, a fabricante japonesa Toyota revelou que vai investir US$ 1 bilhão em P&D em IA, tendo para isso um laboratório próximo da Universidade de Stanford e outro perto do MIT, e para isso vai contratar cerca de 200 cientistas. O líder desse centro, Gill Pratt, disse: 'O objetivo inicial desse Toyota Research Institute é, por meio da robótica e da IA, tornar mais fácil o ato de dirigir.'"

só a data, mas a forma ou o processo com qual as diferentes tarefas serão automatizadas.

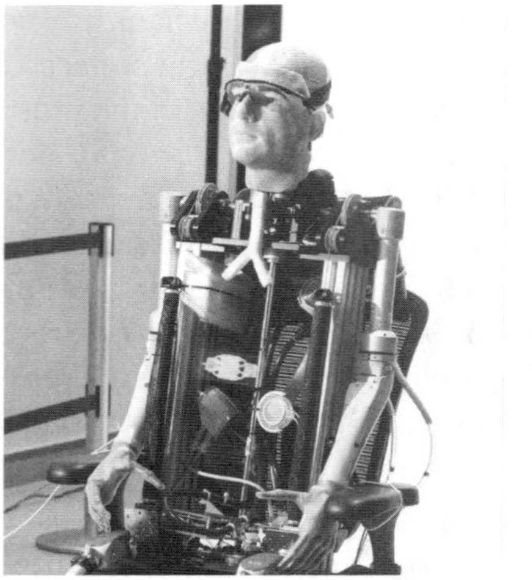

"Ao custo de R$ 2 milhões em 2013, os cientsitas britânicos criaram *Rex*, o homem biônico mais completo do mundo (!?!?), o qual tem muitos órgãos artificiais (coração, rim etc.) e sangue sintético circulando no seu corpo..."

Num artigo escrito por Frey e Osborne em 2013, eles analisaram a natureza da tarefa humana, discutindo a sua padronização. E o que esta possibilitando esse exame é o *big data* (grande conjunto de dados). Basta pensar no "carro sem motorista" para compreender melhor isso. Todos os dados que constroem a decisão do motorista digital surgem da "padronização" dos dados acumulados e transmitidos do *big data*. E o incrível é que isso não é muito diferente da função de análise de crédito, redação de um contrato jurídico, a leitura de exame laboratorial sobre a saúde de uma pessoa, fazer uma música, criar uma receita de um alimento, elaborar uma piada ou até escrever um poema!!!

Pois é, de posse do *big data*, pode-se padronizar inclusive as tarefas que exigem intuição, persuasão e criatividade!?!?

Com a percepção desta possibilidade, Frey e Osborne observaram as **903** ocupações listadas no Departamento do Trabalho dos EUA e, cruzando dados com as possibilidades da automação, notaram que **702** das ocupações enfrentavam "grandes riscos" de padronização e portanto serem ocupadas por robôs!!!

Muita gente alerta que o grau de resistência dos humanos é a única coisa que pode alterar o "quando" vai ocorrer a substituição dos homens pelas máquinas. Entretanto, convém não subestimar o poder do *big data* e da capacidade dos envolvidos em P&D da IA, que acabará levando a uma maior eficiência e redução de custo na execução de muitas tarefas pelas próprias máquinas.

3.12.10 – A NOTÁVEL CARREIRA DE SEBASTIAN THRUN

"O supercriativo Sebastian Thrun."

Atualmente, uma das pessoas mais notáveis no campo da P&D, é Sebastian Thrun, um deslumbrado com o avanço das máquinas, fascinado pela interação entre pessoas e robôs.

Em 1967, ele fazia pós-graduação na Universidade de Bonn (Alemanha), quando projetou o *Rhino*, um robô capaz de explorar o ambiente de um escritório em que nunca havia estado antes, construir um mapa digital do piso do lugar e localizar itens como latinhas de bebidas ou bolinhas de papel. Como não tinha braços, a máquina se limitava a fazer uma tremenda algazarra pra indicar sua **intenção** de limpar a sujeira ou, talvez, para estimular os humanos que estivessem por perto a fazer essa limpeza.

Em 1994, Thrun inscreveu *Rhino* numa competição organizada pela Associação em Prol do Avanço da Inteligência Artificial, em Seattle (EUA). O seu robô fez muito sucesso não somente ajudando a limpar a sala de conferências, onde acontecia a disputa, mas também saindo pelos corredores para **procurar mais lixo**!!!

Depois do *Rhino*, ele criou uma dupla de robôs-guias experimentais que tinham voz, sorriam e faziam caretas, enquanto ofereciam explicações a visitantes de museus de Washington (EUA) e Bonn.

Essas inovações chamaram muito a atenção dos gestores da Universidade de Stanford (EUA), que em 2004 convidou Thurn para ser o gestor do seu revitalizado Stanford Artificial Intelligence Laboratory (SAIL).

Com um grupo de estudantes entusiasmados, talentosos e com ampla liberdade para "mudar a maneira como entendemos o mundo", Thrun optou por se concentrar na 2ª edição de *Grand Challenge*, uma corrida *off-road* ("fora da estrada") para veículos autoconduzidos, organizada pela divisão de P&D do Pentágono, a Darpa. Comentou Sebastian Thurn: "Na época, eram poucas as pessoas que se empolgavam com a ideia de transformar o mundo desenvolvendo **carros que se autodirigissem**!!! Era um grupo de pesquisadores universitários e entusiastas com recursos escassos; por isso mesmo seus carros não apresentaram bom desempenho."

Dessa maneira, no primeiro *Grand Chalenge*, realizado em 2004, um deles capotou antes da largada e não demorou para que outros quebrassem ou ficassem presos em algum ponto do trajeto. Os melhores modelos completaram somente 11 km dos 240 km do percurso.

Mas em 2005, a história foi diferente, pois a equipe liderada por Thrun equipou um SUV Volkswagen com um equipamento que funcionava como um radar, que usava o reflexo de ondas luminosas, e não de rádio, para se orientar melhor no espaço, construindo imagens bem mais minuciosas do ambiente no qual se encontrava. O carro, apelidado de *Stanley*, também tinha câmeras de vídeo, sensores nas rodas e um sistema de navegação GPS. *Stanley* levou menos de 7 h para cruzar em primeiro lugar a linha de chegada de um percurso de 212 km, que era um pouco menos complicado que o de 2004. Foi durante essa corrida no deserto que Thrun fez amizade com Larry Page, um dos fundadores do Google.

Stanley e seus adversários se mostraram tão competentes que, em 2007, a Darpa organizou uma terceira corrida para carros autônomos, a *Urban Challenge*, e, dessa vez, os veículos teriam de percorrer 96 km em vias urbanas, evitando o tráfego e obedecendo às leis de trânsito!!!

O carro do SAIL, uma perua Volkswagen, que recebeu o nome de *Junior*, ficou na 2ª colocação, entretanto, enquanto trabalhava em seu desenvolvimento, Thrun descobriu que câmeras *on-board* ("a bordo"), apontadas em todas as direções, permitiam que sua equipe compreendesse com mais facilidade o desempenho de *Junior* e corrigisse seus defeitos.

→ **E aí o que aconteceu?**

Larry Page convenceu Thrun a sair de Stanford e começar a trabalhar no Google um projeto para fotografar o mundo, ou seja, o Google Street View, que se tornou o maior banco de imagens já compilado. E em seus registros foram se acumulando mais do que simples marcos arquitetônicas e fachadas de prédios comerciais, mas ficaram gravadas cenas de manifestantes políticos, gente tomando sol, pessoas sendo presas e até indivíduos saindo de casas de *strip-tease*, o que levou, inclusive, o Google a enfrentar ações judiciais, pois interferiu na privacidade de muita gente no mundo todo...

O passo seguinte foi usar essas imagens panorâmicas para ajudar as pessoas a se locomoverem melhor. Foi aí que o Google tomou a decisão de fabricar um **carro autônomo**!!! Para isso, Thrun reuniu uma equipe de engenheiros do Vale do Silício, e o Google adquiriu uma pequena *start-ups* da cidade de Berkeley, a 510 Systems, que desenvolveu um Toyota *Prius* que se autodirigia. O veículo se tornou o núcleo de uma nova frota de *Prius* híbridos de condução autônoma que pouco tempo depois andavam de cá pra lá em uma grande área, usando a tecnologia de mapeamento de Thrun.

"O carro autônomo da Google."

Sebastian Thrun sempre teve em mente um carro que se guiasse de forma totalmente independente e por isso dizia: "Calcule quantas semanas ou meses de vida uma pessoa desperdiça em congestionamentos. Centenas de milhares de horas que poderiam ser usadas de maneira mais produtiva ou para ler um livro, assistir a um filme ou, inclusive, para dormir. Então pense o seguinte: se existissem carros que fossem sozinhos, sem ninguém dentro, até onde a pessoa está, será que alguém ainda iria querer ser proprietário de um automóvel? Poderíamos viver numa sociedade muito melhor se menos pessoas tivessem os próprios carros.

As pessoas usariam seus veículos apenas durante uma pequena fração do tempo, e mesmo as estradas que parecem congestionadas, boa parte delas têm ocupação física menor que 30%.

Carros inteligentes, capazes de se conduzirem sozinhos, utilizariam de forma mais eficiente a capacidade das malhas viárias urbanas, o que reduziria a necessidade de alargar ruas e avenidas e diminuiria a quantidade de automóveis em circulação e de terrenos ocupados por estacionamentos. Entretanto, a grande promessa dos carros autocondutores é a sua provável capacidade de evitar acidentes que atualmente matam mais de **1 milhão de pessoas por ano em todo o mundo!?!?**

Nesse ponto, posso afirmar com alegria e satisfação que os automóveis do Google são **motoristas incomparavelmente melhores do que eu**."

Com os carros autônomos se desenvolvendo com rapidez, Thrun recebeu o encargo de **desenvolver** outros conceitos inovadores numa nova e enigmática divisão do Google. Entre os projetos já divulgados dessa divisão estão aqueles das turbinas eólicas aéreas (mantidas no ar sem a sustentação de torres), lentes de contato diagnósticas, fornecimento de Internet sem fio em áreas remotas, fazendo uso de balões em altas altitudes e robôs cirúrgicos.

Thrun salienta que a maior diferença entre o Google e uma instituição de pesquisa tradicional é a determinação com que o Google se dedica para transformar em **produto acabado** as ideias que surgem.

Foi também Thrun que criou o projeto do Google Glass, que foi elogiado e ridicularizado. Até agora, o Google Glass – um computador que a pessoa usa no corpo, ou seja, é um par de óculos – teve uma reação morna, mas isso vai levar a outros dispositivos capazes de registrar, digitalizar e transcrever a vida inteira de uma pessoa!!!

Sebastian Thrun fez as seguintes observações: "Mais cedo ou mais tarde, as máquinas vão deixar os seres humanos para trás, em todos os aspectos. Elas estão se tornando mais competentes e mais rápidas que as pessoas, e não vai demorar muito para que nos ultrapassem.

Os motoristas profissionais certamente serão aqueles que em breve vão perder o seu lugar para os robôs, e, por sinal, praticamente nenhuma profissão está a salvo. Já há jornalistas robóticos. Claro que eles ainda não são muito bons, mas vêm se aperfeiçoando mais rapidamente do que os jornalistas humanos. E é a educação a melhor ferramenta para lidar com as grandes transformações que devem resultar da adoção generalizada do IA e da robótica. Porém não é a educação tal como as pessoas a conhecem. Convivemos até hoje com um sistema educacional desenvolvido nos séculos XIX e XX. No século XXI, as necessidades mudaram, e o que também mudou foi a nossa capacidade de usar mídias digitais. Hoje, temos condições inéditas de oferecer educação de primeiro nível, na casa, ou onde estiverem as pessoas".

Em 2012, Sebastian Thurn deixou de trabalhar em tempo integral no Google para fundar a Udacity, uma *start-up* que pretende reinventar a educação no século XXI. Dessa maneira, os "nanocursos" da Udacity combinam videoaulas *on-demand*, pequenos testes *on-line* e projetos mais sofisticados, que são elaborados com empresas de alta tecnologia. A finalidade dos cursos da Udacity é que qualquer pessoa com alguns minutos livres possa entrar no seu *site* e obter, no próprio ritmo, o aprendizado de algo.

Os cursos da Udacity realmente são diferentes dos Massive Open Online Courses (MOOCs – cursos gratuitos *on-line*, dirigidos ao grande público) e dos programas de palestras digitais oferecidos por várias IESs. A Udacity analisa os dados da aprendizagem de cada aluno (com recursos de IA), na tentativa de aumentar suas taxas de retenção e conclusão. Comentou Sebastian Thrun: "Conseguimos aplicar os princípios da engenharia reversa para decodificar o processo de aprendizagem do cérebro humano e entender o que leva a pessoa a se comprometer com seu aprendizado. Meu sonho é tornar a aprendizagem tão viciante quanto um *videogame*. As nossas aulas *on-line* e os testes automatizados são gratuitos, mas os alunos pagam para receber *feedbacks* (orientações ou explicações extras) e para obter certificados de conclusão. Os nossos professores, em geral, são os recém-formados da própria Udacity, e não docentes tradicionais, com o que é possível manter os preços dos cursos na ordem de algumas centenas de dólares por mês, o que representa cerca de 10% do preço de um curso universitário comum nos EUA.

O incrível é que na Udacity aproximadamente 60% dos alunos concluem seus cursos, frente a aproximadamente 10% dos que completam os MOOCs!?!?

De acordo com a complexidade do assunto, os nanocursos são pensados para durarem períodos que vão de quatro a, no máximo, 12 meses. Esses programas mais curtos são mais adequados ao ritmo acelerado de trabalho dos dias de hoje. Além do que, o sonho do emprego para a vida inteira acabou. Na minha área, qualquer coisa que você aprenda, em cinco anos já está **obsoleta**.

Se as pessoas levarem só seis meses para conseguir o primeiro diploma, no lugar de quatro anos ou mais, que em média são necessários para se obter um canudo universitário, estarão atualizados, aptas a aplicarem esses conhecimentos no momento certo e terão mais condições de voltar a estudar mais tarde para se requalificarem.

Vivemos um momento em que está se ampliando a distância entre os profissionais qualificados e as pessoas sem qualificação. A Udacity é a minha resposta ao desenvolvimento da IA. A missão que estabeleci para mim mesmo, de educar todo mundo, na realidade é uma tentativa de adiar o que a IA vai acabar fazendo com todos nós, pois acredito, sinceramente, que os seres humanos devem ter essa possibilidade. Se considerarmos que estamos presenciando o início de uma batalha entre a IA e a humanidade, estou 100% ao lado das pessoas."

Como é, deu para perceber o quanto Sebastian Thrun já contribuiu no campo da P&D e também como ele está preocupado em **garantir**, pelo menos por algumas décadas, o trabalho para as pessoas nesse intenso clima de substituição dos seres humanos pelas máquinas?

Bem, a Udacity já tinha, no final de 2015, cerca de 4,3 milhões de usuários registrados no mundo inteiro e cerca de 62 mil alunos inscritos em cursos destinados à obtenção de diplomas – número superior, no conjunto, ao da maior universidade dos EUA. Atualmente, porém, são apenas seis cursos, todos eles relacionados com **programação de computadores**, o que é um reflexo da grande demanda por formação na área de ciência da computação.

Aliás, seguindo um estudo do MGI, a unidade de pesquisas da empresa de consultoria calcula que em 2020, o mercado de trabalho no mundo terá um excedente de 105 milhões de indivíduos com baixa qualificação, para os quais não haverá emprego, e 85 milhões de vagas destinadas a profissionais qualificados, para as quais faltarão trabalhadores.

3.12.11 – *START-UP* UNICÓRNIO PROVOCA DESCONFIANÇA!?!?

A empresa de biotecnologia Theranos tornou-se um dos mais **badalados unicórnios** (uma *start-up* de capital fechado que vale mais de US$ 1 bilhão) do Vale do Silício nos EUA. Ela pretende revolucionar o **mercado de exames de sangue**, que só nos EUA movimenta US$ 75 bilhões por ano!!!

No início de outubro de 2015, a fundadora e a CEO da Theranos, Elizabeth Holmes, uma moça de 31 anos, se transformou provavelmente na mais jovem mulher a ficar bilionária às próprias custas e apareceu na capa da revista *Inc* com a chamada: **"A próxima Steve Jobs!!!"**. Mas logo em seguida começaram a surgir reportagens negativas, motivadas pela suspeita de que a tecnologia de análises clínicas de sua empresa **não faz tudo o que diz fazer**!?!? Numa matéria publicada no renomado *The Wall Street Journal* se salientou que a Theranos exagerou o alcance e a confiabilidade de sua tecnologia. O entusiasmo com a empresa de Elizabeth Holmes estava relacionado com sua suposta capacidade de realizar uma grande variedade de exames laboratoriais com apenas algumas **gotas de sangue**, dispensando a coleta de amostras maiores com agulhas padrão.

A Theranos prometia também que seus exames seriam mais baratos e práticos e que dispensariam pedidos médicos!?!? E aí no *The Wall Street Journal* se enfatizou que os exames da Theranos não são confiáveis e destacou-se também que a empresa realizou apenas alguns deles com seus próprios aparelhos, recorrendo à tecnologia de outras companhias para executar a maioria de suas análises laboratoriais.

Claro que Elizabeth Holmes contestou tudo o que foi dito no jornal e defendeu com veemência a confiabilidade dos exames da Theranos, mas isso não foi suficiente para arrefecer a onda de cetismo. Assim, no final de outubro de 2015, a Food and Drug Administration (FDA, agência de vigilância sanitária dos EUA) divulgou relatórios sobre as inspeções que conduziu na Theranos e a acusou de distribuir **"um equipamento laboratorial que não foi submetido à aprovação prévia"**. E, em paralelo, a gigante do setor farmacêutico Glaxo Smith Kleine, para a qual a Theranos diz ter realizado exames, declarou que há dois anos não faz negócios com a *start-up*.

"A notável empreendedora Elizabeth Holmes, a primeira mulher a se tornar bilionária, sem ter se beneficiado de uma polpuda fortuna herdada, graças à sua empresa Theranos, a qual é voltada para exames diagnósticos usando apenas 1% da quantidade de sangue colhido em análises tradicionais. Sua fortuna está próxima de US$ 5 bilhões."

Sob diversos aspectos, o Theranos é uma empresa incomum no setor de tecnologia. Foi constituída em 2003, logo depois de Elizabeth Holmes abandonar, ainda no 2º ano de graduação, os seus estudos na Universidade de Stanford. A empresa **não levantou** capital com os atores que costumavam apostar em *start-ups* nas áreas de medicina e tecnologia. Entre os fundos de capital de risco mais importantes, apenas o Draper Fisher Jurvetson (DFJ) investiu na Theranos; no que foi acompanhado, entre os nomes mais conhecidos, somente por Larry Elison, um dos fundadores da gigante da tecnologia da informação Oracle. Diversos de seus investidores são figuras menores, sem *expertise* comprovada no setor. No seu conselho de administração estão dois ex-secretários de Estado dos EUA, George Shultz e Henry Kissinger, e dos oito assentos restantes, apenas dois são ocupados por pessoas com alguma formação na área de medicina.

A vontade de inovar surgiu na mente de Elizabeth Holmes quando ela era ainda bem pequena. Assim, aos nove anos, ela escreveu a seguinte carta para seu pai: "O que eu realmente quero da vida é descobrir algo novo, algo que a humanidade não sabia que era possível fazer." A inspiração da menina, para seguir na área de medicina, veio do seu avô Christian Holmes, um cirurgião. Mas havia um grande problema, pois ela tinha pavor de **agulha**. Certamente isso foi o que o influenciou a começar a Theranos.

Então, Elizabeth decidiu entrar em Stanford para estudar engenharia química. Quando era caloura, recebeu uma bolsa de US$ 3 mil para um projeto de pesquisa. No 2º ano decidiu fundar sua própria companhia, desistiu da faculdade e começou a trabalhar na Theranos em um porão. Por uma década, Elizabeth Holmes passou a construir sua empresa de modo bem discreto e chegou a levar três ex-funcionários à Justiça acusando-os de terem divulgado segredos da *start-up*.

Ela não dedica tempo para romances ou com amigos, não namora, não tem o hábito de ver televisão e não tira férias há 10 anos... Ela é vegana, e várias vezes ao dia, bebe uma mistura de pepino, salsa, couve, espinafre, alface e aipo.

Atualmente, Elizabeth Holmes já tem 84 patentes no seu nome (18 nos EUA e 66 internacionais, sendo que aos 31 anos é dona de pouco mais da metade da Theranos, com um patrimônio estimado em US$ 4,6 bilhões, estando na lista dos 300 bilionários dos EUA, divulgada na revista *Forbes* em 2015). Sua empresa já está licenciada em todos os Estados dos EUA para funcionar.

A Therenos é realmente um fenômeno até agora...

Entretanto, um fato não pode ser esquecido. Virou moda, pelo menos nos EUA, surgirem *start-ups* que prometem revolucionar determinadas atividades lucrativas e que passam a ter seu valor calculado menos com **base na realidade do momento** do que em fantasias sobre seu potencial!!!

É tamanha a ansiedade dos investidores em adquirir uma participação em toda e qualquer *start-up* promissora que surja, que muitas acabam caindo na conversa fiada dos empreendedores, e os que fazem muitas perguntas "inconvenientes" arriscam-se a serem excluídos da rodada de captação, sendo substituídos por indivíduos mais crédulos.

Isso ajuda a explicar um pouco a atual inflação dos valores atribuídos a empresas de tecnologia de capital fechado, como a Theranos, que tem um valor implícito de US$ 9 bilhões. É possível, entretanto, acreditar que a Theranos, apesar de estar enfrentando mais reveses e obstáculos do que esperavam seus investidores e os observadores, com o tempo, a sua tecnologia se desenvolva o suficiente para justificar o valor fabuloso atualmente atribuído à empresa.

Existe, inclusive, uma "suspeita" de que se fosse **um rapaz** que estivesse tentando revolucionar algo no setor de saúde, talvez não fosse alvo de tantas críticas como estão sendo feitas à Elizabeth Holmes.

→ Mas é melhor nem pensar que isso esteja acontecendo, não é?

Aliás, os homens devem se preparar para conviver no século XXI cada vez mais com mulheres mais criativas, mais poderosas e melhores administradoras dos negócios!!!

"Nenhum animal foi tão fotografado no século XX quanto a ovelha Dolly, clonada a partir de células de um animal adulto, numa experiência revolucionária consumada em 1997, fruto da P&D.
A ovelha foi imortalizada numa fusão de fotos – quase uma obra de arte produzida pelo francês Rémi Benali e o norte-americano Stephen Ferry. Esse quadro reverencia o cientista Ian Wilmut, autor da experiência, que debruçado admira Dolly, que se encara no espelho e se duplica. É uma síntese do fantástico avanço da ciência."

"Hoje já existe uma competição internacional de futebol – a *Robocup* – muito apreciada... Aí estão os robôs, prontos para um passar a bola para o outro..."

3.13

PUBLICIDADE E PROPAGANDA

3.13.1 - PUBLICIDADE E PROPAGANDA GERANDO RESULTADOS DESEJÁVEIS

Embora usados como sinônimos, os vocábulos **publicidade** e **propaganda** não significam rigorosamente a mesma coisa. Publicidade deriva de público (do latim *publicus*) e designa a qualidade do que é publico. Significa o ato de vulgarizar, de tornar público um fato, uma ideia, enquanto propaganda é definida como a propagação de princípios e técnicas.

A palavra propaganda foi traduzida pelo papa Clemente VII, em 1957 – quando fundou a Congregação da Propaganda com o intuito de **propagar a fé católica** pelo mundo – como derivação do latim *propagare*, que significa reproduzir por meio de *mergulhia*, ou seja, reprodução de vegetais que consiste em enterrar um ramo ou caule rastejante, a fim de que enraíze e possa ser separado da planta que o originou, formando uma nova planta. *Propagare* seria então a propagação de doutrinas religiosas ou princípios políticos de algum partido.

"Foi com esse cartaz que se buscou divulgar o Festival Brasileiro de Publicidade, ocorrido no Rio de Janeiro em novembro de 2008. Ele fez sucesso, viu?"

Comercialmente falando, anunciar visa promover vendas e para vender é necessário, na maior parte dos casos, convencer por meio da difusão de uma ideia sobre um determinado produto ou serviço. Em virtude da origem eclesiástica da palavra, muitos preferem usar publicidade em vez de propaganda; contudo, hoje em dia, ambos os termos são usados **indistintamente**, particularmente no Brasil.

Antes do advento do rádio, o conceito era de que **"publicidade é arte de vender pela letra impressa"**. O rádio invalidou-o e a evolução do conceito de vendas deu lugar a novos conceitos sobre publicidade. Assim, entende-se hoje que publicidade é um meio para tornar conhecido um produto, um serviço ou uma marca. Seu objetivo é despertar, nos consumidores, o desejo pelo que foi anunciado ou destacar os aspectos que diferenciam o produto (serviço) de seus concorrentes ou o aumento do seu valor junto ao público-alvo.

A publicidade é feita de forma aberta sem encobrir o nome e as intenções do anunciante, sendo que é preciso comumente pagar pelos anúncios.

A publicidade é uma técnica de comunicação em massa, paga, com a finalidade precípua de fornecer informações, desenvolver atitudes e provocar ações benéficas para os anunciantes, geralmente para vender produtos ou serviços. Sem publicidade não teria sido possível o surgimento de nossos grandes mercados de consumo, que permitiram o aparecimento da fabricação em série, base do desenvolvimento da indústria moderna.

A publicidade brasileira é reconhecidamente **uma das melhores do mundo** – basta ver os prêmios que conquistam as nossas agências no Festival de Cannnes – e, não apenas no aspecto criação, estando ligada ao progresso industrial e social.

O anúncio é uma das grandes peças do imenso tabuleiro publicitário para comunicar algo com o propósito de vender produtos ou serviços, criar uma disposição, estimular um desejo de posse ou para divulgar e tornar conhecido algo novo e interessar aos consumidores, ou parte deles.

O **bom anúncio** baseia-se no conhecimento da natureza humana. Para atrair a atenção, é imprescindível saber como captá-la; para **interessar**, é necessário conhecer cada uma das reações humanas, seus instintos e sentimentos.

O publicitário deve ter algo de **psicólogo**, precisa ter uma sólida base técnica, conhecer os princípios da comunicação e saber as limitações im-

"Você acha que HBO conseguiu atrair os telespectadores para a sua série com essa foto? Esse é um bom anúncio?"

postas pelos diferentes meios de comunicação com seus públicos. Ele deverá possuir um amplo conhecimento da estrutura e dos fatores do anúncio para que este seja potente, atrativo e alcance seus objetivos práticos: vender o produto ou serviço anunciado, destacar uma marca, persuadir os clientes.

O perfil de um profissional de publicidade e/ou propaganda é de alguém muito criativo dinâmico, geralmente um indivíduo bem atento aos detalhes, ou seja, que entende as pessoas, acompanha a evolução da cultura, as mudanças e as relações sociais. Bons anúncios podem ter efeito nulo em virtude de uma construção deficiente ou por algum defeito que reduza consideravelmente sua eficiência.

Ser publicitário não é uma missão fácil, e por muitos motivos. Primeiro, pelo estigma que lhe foi cunhado por ser uma profissão de loucos e irresponsáveis, o **que absolutamente não é verdade**!!! Poucas são as pessoas que conhecem os bastidores da área, acreditando ser a publicidade apenas algo que se cria para auxiliar as vendas de um produto/serviço. Acreditam na criação como um dom de poucos e privilégio daqueles que possuem um relacionamento mais íntimo com o Criador do universo. Segundo, porque todos os profissionais das mais diversas áreas de conhecimento entendem um pouco de propaganda!?!? O dedo indicador mostrando-se ágil para impor: mude aqui, altere lá... Infelizmente, o achismo ainda predomina, deixando de lado o conhecimento empírico e científico.

Terceiro, por ter que conhecer não só as técnicas de publicidade, como também as peculiaridades da área administrativa. O desenvolvimento de campanhas de sucesso com **anúncios diferenciados** e eficientes exige **talento**, mas também muita dedicação e trabalho. O renomado publicitário Julio Ribeiro afirmou: **"São necessárias muitas horas de transpiração para equilibrar minutos de inspiração e boas ideias."**

Em publicidade, o que tem valor são as ideias e experiências, e não frases e *slogans*. As ideias são propagadas, não importando como, onde ou quando, desde que **impactem** de maneira efetiva no consumidor.

- **Mas afinal de contas o que é um bom anúncio?**

Os cínicos ou sarcásticos sustentam que um bom anúncio e aquele que o cliente aprovou, ou seja, **"a melhor campanha publicitária é a campanha aprovada".** Na prática, esse é sempre o primeiro passo, mas que não deve ser nunca o único motivo. Para ser eficiente, o anúncio precisa preencher os seguintes requisitos:

- **Ser original**, isto é, destacar-se no apelo, na forma, na ilustração, no *layout*, na apresentação etc.
- **Ser oportuno**, ou seja, deve ser atual, atingir a pessoa no momento mais adequado, da forma mais conveniente.
- **Ser persuasivo**, necessitando passar credibilidade, para que o leitor (espectador) acredite na mensagem.
- **Ser persistente**, visto que em publicidade não adiantam muito os esforços isolados. O anúncio deve ir sedimentando-se na mente do público, ir incutindo o hábito.
- **Impulsionar a motivação** e com o seu apelo responder aos anseios, aos desejos dos clientes, declarando que o sonho deles pode-se transformar em realidade.

No caso de televisão, os seus anúncios ainda devem ser **atrevidos, insinuantes** e **provocantes**. Porque se assim não forem, eles não prenderão a atenção dos telespectadores e não cumprirão seu papel. Serão **anúncios inúteis**, e essa é a última coisa que um anúncio pode ser. É preciso "prender a atenção" do telespectador com o seu comercial, pois você tem, em média, apenas 30s para contar toda a história. É preciso vender um produto em 30s, entre dezenas de anúncios, entre uma novela e outra, entre um intervalo de um programa esportivo, entre centenas de outros anúncios, quem sabe, até o final da noite. É por isso que o anúncio para a TV deve ser também **agressivo**, **rápido**, **persuasivo** e **objetivo**. Para ser lembrado, um anúncio de TV deve mexer com os nossos sonhos bons e com a nossa fantasia. Na televisão, a imagem é que deve contar a estória. O que se mostra é mais importante do que o que se diz. Palavras e imagens devem caminhar juntas, reforçando-se mutuamente. A única função da palavra é explicar o que a imagem mostra, se **necessário**. Pesquisas comprovam que se alguma coisa for dita e não for também ilustrada, o telespectador esquece isso rapidamente. Portanto, não vale a pena dizer algo que não vá também se mostrar.

Um teste interessante é passar um comercial para a TV com o som desligado. Se ele não agradar sem som, provavelmente será ineficaz mesmo quando for explicado. Lamentavelmente, muitos comerciais confundem o telespectador com uma torrente de palavras.

"Estamos definitivamente vivendo a 'era do bumbum', narcisicamente celebrado em prosa, verso, música, *shows*, clipes e *selfies*, destacando-se essa apoteose da Kim Kardashian. Será que esse espumante vai vender?"

Ao se anunciar em jornais e revistas é preciso começar por atrair a atenção do leitor, mas na televisão, o telespectador já está prestando atenção e o **problema é não afugentá-lo**!!! Por exemplo, as pesquisas comprovam que os comerciais para TV que começam introduzindo um problema e aí entra o produto para resolver o problema, e depois se exibe uma demonstração disso convenceu **quatro vezes** mais pessoas do que os comerciais que se limitam a apregoar o produto. Existem, além disso, outros fatores que devem ser explorados para alcançar sucesso com um comercial na TV como:

- Colocar no anúncio **personalidades** como apresentadores conhecidos, atores, esportistas famosos, testemunhando a favor de um produto/serviço.
- Utilização de um **personagem**, um **tema**, um **motivo** ou uma **ideia central** durante longos períodos, modificando-se a apresentação e a periferia comercial, mas mantendo o núcleo central.

Observação importante 1 – Quando se deve recorrer a um boneco para diminuir a queda na procura de um produto?

Claro que essa é uma questão com resposta bem complexa, mas os especialistas em P&P do Japão, ao notarem uma queda continuada na demanda por peixe – apesar do país ter levado o *sushi* e o *sashimi* às mesas de jantar do planeta – especialmente entre os seus jovens consumidores que estão dando as costas aos frutos do mar e optando por hambúrgueres e frango frito, recorreu ao boneco *Kirimi chan*, muito famoso entre os nipônicos. Essa personagem foi criada pela Sanrio, a companhia que criou a marca *Hello Kitty*. Aliás, o Ministério da Pesca japonês espera que esses anúncios com o *Kirimi chan* – personagem em forma de filé de salmão, lançado pela Sanrio em 2014 e que já conquistou cerca de 350 mil seguidores no Twitter como embaixador favorável ao consumo do peixe, ajude a sustentar a demanda e a recuperar os clientes jovens perdidos pelas peixarias e pelos supermercados. Por seu turno, um porta-voz do Ministério da Pesca do Japão salientou: "Em nossa opinião, um personagem bonitinho como o *Kirimi chan* pode obviamente ajudar a mudar a imagem dos frutos do mar, ou seja, torná-los alegres e divertidos."

A Sanrio divulgou que o *designer* que criou o personagem queria que as pessoas **comessem mais peixe** e informou que *Kirimi chan* é bastante popular especialmente entre as mulheres de 15 a 24 anos.

Os frutos do mar historicamente são uma **parte importante da dieta japonesa**. Os peixes e derivados introduzidos no cardápio do país incluem de tudo, de lesmas do mar a esperma de bacalhau e venenosos baiacus, além de atum e salmão usados para o *sushi*. Entretanto, aconteceu no Japão a ocidentalização das dietas, com as pessoas comendo mais carne bovina e laticínios, o que provocou uma diminuição do consumo de peixe que, além disso, está cada vez mais caro.

No Japão, foi em 2006 que o consumo de carne *per capita* superou o de peixe, e de acordo com o Ministério da Pesca, o consumo anual *per capita* de peixe caiu em praticamente um terço do pico de 40 kg/ano, em 2001, para 27 kg/ano, em 2013, entretanto, ainda acima da média mundial que é de 20 kg/ano. Essa queda na demanda japonesa pelo peixe foi também influenciada pelas mudanças de estilo de vida, bem como pelas preocupações de segurança causadas pelo acidente na usina nuclear de Fukushima (que ocorreu em 11 de março de 2011) e pela redução da capacidade pesqueira do país provocada pelo terremoto e *tsunami* que destruiu muitas instalações voltadas para a pesca, além dos problemas na usina nuclear...

Não se pode esquecer que a população do Japão está diminuindo e cada vez mais envelhecida, o que afeta a demanda por frutos do mar, pois as donas de casa começaram a rejeitar pratos feitos com peixe, que são mais difíceis para preparar. Nesse sentido, o Ministério da Pesca, os processadores de peixe e o varejo estão tentando desenvolver produtos de consumo mais simples e mais fáceis de cozinhar em casa.

Bem, vamos acompanhar se a propaganda usando o *Kirimi chan* vai ter o efeito desejado, ou seja, que os jovens japoneses voltem à culinária tradicional, que se apoia justamente sobre os frutos do mar...

* * *

- Uma **música**, um *jingle* e quando se tem pouco a dizer sobre um produto ou serviço, funciona **cantar** algo sobre o mesmo.
- Valer-se de algum **elemento visual** (*look*) para ficar gravado na memória de quem a ele foi exposto e que acaba sendo a primeira (e última) impressão que sobra na mente das pessoas depois de algum tempo, funcionando como um lembrete mnemônico.

  Esse elemento pode ser um desenho, um ângulo de apresentação de um produto/serviço, uma expressão dos atores ou apresentadores, uma sequencia sequência visual e até mesmo um breve momento do comercial.
- Não esquecer nunca da importância da **palavra** (*word*) certa, da frase ou de uma expressão criativa que acaba representando, em termos de memorabilidade, a mesma coisa que o *look*.
- Um comercial precisa ser **engraçado**, porém deve-se tomar cuidado com o uso do **humor**, que se generalizou, pois pode levar a resultados expressivos, mas também a negativos, visto que as pessoas lembram dele e por extensão da marca do produto divulgado.

  Uma das características de um comercial humorístico é que ele deve oferecer um momento de equilíbrio, de leveza, diante de uma realidade muitas vezes tão complexa e dura com as pessoas. É o comercial engraçado que tem se tornado um instrumento eficaz para evitar (ou diminuir) o efeito *zapping* (mudança acelerada de canais, com o uso do controle remoto, principalmente nos intervalos comerciais).

Mas o objetivo principal de um comercial não é o de fazer o telespectador rir – **ele tem que vender!!!** O bom comercial engraçado é aquele no qual o humor contribui para incrementar as vendas, ou seja, a venda vem em primeiro lugar, e a comédia, em segundo.

Não se pode esquecer que o humor utilizado precisa ser de uma espécie que a maioria das pessoas vá entender e ao qual vai reagir. Esse humor tem que ter algo a ver com a época em que se vive, isto é, o momento em que vive sua audiência.

Os melhores comerciais cômicos não devem fazer pouco caso das pessoas que vão comprar o produto/serviço, mas sim referir-se de forma jocosa aos próprios produtos/serviços. Apesar de ser uma tática perigosa, não se pode esquecer que o espírito do consumidor de hoje é que a propaganda atualmente não é nada boa e aí você também deve aproveitar essa onda!?!?

Crie um comercial que caçoe da atividade de fazer comerciais, como muitas agências já fizeram isso. Dê a entender que o seu produto não é o melhor do mundo (!?!?), não seja pomposo e nem antiquado. Apresente, entretanto, um anúncio com o qual o consumidor tenha que concordar com algo que oferece o seu produto.

Finalmente além do humor, outras abordagens são bem eficientes e eficazes quando colocados num anúncio, entre elas:

1ª) Cenas da vida real – A vida real apresenta situações – namorados brigando, marido chegando em casa com amigos sem avisar, fila no supermercado etc. –que, bem captadas, tornam um comercial atraente.

2ª) Testemunhal – É o caso de pessoas (às vezes bem conhecidas), que se dizem usuárias do produto (serviço), dando o seu testemunho sobre as vantagens do mesmo.

3ª) Demonstração – O produto em ação, demonstrado de forma simples, direta e clara, pode tornar-se um comercial atrativo.

4ª) Problema-solução – Aí mostra-se um problema que tem o público-alvo e, em seguida, o produto/serviço é comunicado como a salvação para a situação embaraçosa.

5ª) Cabeças falantes – Um apresentador empático com o público-alvo (*target group*) tem grande probabilidade de convencê-lo sobre a utilidade de um produto/serviço.

6ª) Personagem – Cria-se um personagem que acompanhe o produto/serviço o qual torna-se símbolo vivo do mesmo. Claro que isso tem um perigo, pois o personagem pode cansar o público...

7ª) Líder de opinião ou celebridade – Tem uma certa semelhança com o tipo de personagem, porém aí se escolhe uma pessoa identificada com o uso do produto ou especializada no setor, como, por exemplo, um jogador renomado fazendo a divulgação de um tênis ou uma bola.

8ª) Vídeoclipe – Uma grande trilha, uma sequência de imagens encadeadas no ritmo e pronto, pode-se assim chegar a um bom comercial. Porém, é preciso de bastante criatividade para se fazer um bom clipe que tenha um conceito sofisticado e transmita uma mensagem atraente e memorável para quem o assiste.

9ª) Emoção – As coisas emotivas impressionam a maioria das pessoas, por que então não colocá-las no vídeo? Uma ideia é despertar no consumidor aquele nó na garganta, aqueles olhos marejados de lágrimas!!! Realmente, as emoções positivas que se agregam ao produto/serviço num comercial funcionam, explorando uma espécie de boa vontade (*good will*) do telespectador.

10ª) *Mix* - Pode-se mesclar alguns dos atributos anteriores em vários tipos de comerciais (humor com testemunhal, demonstração com emoção etc.).

Valendo-se um pouco da similaridade que existe entre **publicidade** e **propaganda,** vamos recordar alguns dos conceitos e ensinamentos que o renomado administrador, publicitário e profissional de *marketing* Francisco Gracioso apresentou no seu livro *Propaganda - Engorda e Faz Crescer a Pequena Empresa* (2002).

Já há um bom tempo que a Associação Norte-Americana de Agências de Propaganda estabeleceu a seguinte definição: "Propaganda é a mensagem divulgada em veículos de grande penetração (TV, rádio, revistas, jornais etc.) e patrocinada (isto é, paga) por um anunciante que tem por objetivo criar ou reforçar imagens ou preferências na mente do consumidor, predispondo-o favoravelmente em relação ao produto, serviço ou empresa patrocinadora."

Parece complicado, mas não é.

O que se diz nessa definição é que a função principal da propaganda não é vender, mas sim **predispor o indivíduo** à **compra**, criando na sua mente a vontade de adquirir e a preferência por um produto/serviço ou por uma loja ou ainda uma marca. Em outras palavras, significa criar, mudar ou reforçar **atitudes mentais** que vão influir no comportamento das pessoas. Portanto, pode-se dizer que é com a **propaganda** que se procura influir no comportamento das pessoas.

→ **O que se pode e deve esperar de uma boa propaganda?**

No mínimo, o seguinte:

1º) Ela é útil para demonstrar as vantagens de um produto/serviço para muitos milhões de consumidores, por um custo relativamente baixo.

2º) Ela possibilita mexer com as emoções do consumidor.

3º) Permite obter o endosso da opinião pública.

4º) Consegue prolongar por mais tempo o período lucrativo do ciclo vital de um produto/serviço.

5º) É o grande canal quando você quer divulgar uma notícia importante, ou seja, de impacto.

→ **E o que não se pode e nem deve esperar da propaganda?**

Aí vão cinco "conselhos" que não devem ser esquecidos:

1º) "Não gaste vela com mau defunto", ou seja, não acredite que a maneira mais rápida de acabar com um mau produto é fazer uma boa campanha de propaganda para ele!

2º) Não espere milagres da propaganda.

3º) Não encare a propaganda como um investimento para garantir a venda do seu produto/serviço a longo prazo.

4º) Não use a propaganda para promover *me-too products*, isto é, produtos absolutamente iguais aos dos concorrentes principais.

5º) Não acredite que a propaganda, por si mesmo, possa criar novas necessidades ou estilos de vida.

Todos os conselhos há pouco emitidos são bastante polêmicos, pois há um significativo contingente de pessoas que dirigem e trabalham nas agências de propaganda que não aceitam essas restrições ou recomendações!?!?

Quando se fala em **propaganda**, é inevitável associar a ela a ideia de que está vinculada a alguma **agência de propaganda**. Embora a legislação não obrigue que um anunciante faça uso de uma agência, os **grandes anunciantes sempre trabalham com agências** e também são raras as empresas de médio porte que não recorram aos serviços de uma agência, por menor que ela seja.

É verdade que anunciantes muito pequenos (ou que querem economizar...) só tem fôlego para anunciar em classificados, normalmente deixam a produção dos seus anúncios a cargo do próprio meio de comunicação que irá veicular sua mensagem. Isso, de fato, é mais fácil e rápido, embora não necessariamente mais barato e eficiente.

Mas então o que é exatamente uma agência de propaganda e como ela funciona?

Uma agência de propaganda nada mais é que, pura e simplesmente, uma **prestadora de serviços**. A agência não produz quase nada de fisicamente palpável e também não coloca nada de "concreto" à sua disposição que não seja talento, experiência e criatividade. Em suma, produz ideias e oferece os meios necessários para concretização dessas ideias.

Aí está bem claro por que P&P é um setor criativo, não é?

Pois é, nesse **setor criativo** que no século XXI os jovens terão cada vez mais espaço para criar os anúncios, os comerciais que ajudarão as empresas a vender seus produtos/serviços. A execução física destas peças criadas na agência de propaganda fica a cargo de terceiros, os **fornecedores**, como são chamados no meio publicitário as empresas que operam em uma ou outra especialidade: produtoras de áudio e vídeo, gráficas, estúdios de fotografia, ilustradores etc., onde há espaço também para se ter novos empregos relacionados com a EC.

Para veicular anúncios, é a agência de propaganda que fará os contatos com os veículos de comunicação e distribuirá os mesmos com a frequência e a intensidade que julgar apropriadas.

Vivemos na 2ª década do século XXI, quando o que interessa ao novo anunciante é a **globalização**, pois com isso se faz o produto/serviço de uma empresa conhecida no mundo e o mundo todo fica aberto para essa empresa.

Fazer propaganda através da Internet significa aproveitar uma oportunidade jamais vista, e cada vez mais obrigatória por estas simples razões:

1ª) A sua empresa se torna mais competitiva, oferecendo produtos e serviços para muito além do bairro ou cidade onde se encontra, ou seja, para todo o planeta!!! Mas, se quiser, também, dá para ficar só em um bairro, o que a configura como extremamente maleável em distribuição geográfica.

2ª) Com investimentos bem pequenos, dá para chegar ao cliente em qualquer lugar onde ele esteja ou vice-versa.

Tudo instantaneamente e, o que é melhor, podendo eliminar intermediários, atravessadores e uma série de itens que normalmente acabariam por transformar seus produtos em artigos muitas vezes pouco competitivos, em termos de preço final.

3ª) Não importa seu ramo de atividade ou tamanho da clientela. Você poderá chegar a todos os seus prováveis consumidores, conhecê-los melhor e relacionar-se com eles da forma mais produtiva valendo-se das redes sociais.

4ª) Não adianta se lamentar (ou chorar): Internet veio para ficar (até rimou, não é?). Mesmo que a tecnologia transforme radicalmente suas características aparentes e *modus operandi*, a Internet está mantendo o seu conceito fundamental de agilidade com baixos custos de operação. Por isso, é cada vez mais fundamental conhecer como anunciar eficazmente na Internet e aproveitar-se de todos os benefícios que ela pode trazer para você. Não esqueça, porém, que não há coisa mais chata que entrar em *site* cujas informações já estejam mais que ultrapassadas. Portanto, **planeje a frequência de atualização de seu sítio**, de acordo com as necessidades do seu mercado ou características do seu negócio: diária, semanal, mensal etc.

Com um pouquinho de planejamento, assim que a nova versão estiver pronta, poderá substituir imediatamente a anterior, poupando o internauta de encontrar aquela animaçãozinha chatérrima de um indivíduo trabalhando com uma pá abaixo da inscrição: "Estamos reformando nosso *site*. Agradecemos a compreensão." Gostaria de saber quem foi que disse que um visitante é sempre tão compreensivo!?!? Ora, ele tem milhares de outras opções interessantes na Internet. Sabe quando ele irá voltar espontaneamente? Talvez, naquela famosa data religiosa: o dia de são Nunca!!!!

Finalmente, jamais deixe de pensar em como aproveitar melhor sua comunicação na Internet e, especialmente, em como divulgar seu *site*.

Isso é importantíssimo, obrigatório!!!!

A divulgação de um *site*, aliás, deve, ser feita inicialmente pela mídia convencional que você utiliza. Anúncios em jornal, revista, televisão, *out-*

door, embalagens do seu produto, cartão de visita, cartão de natal, brindes, notas à imprensa, notas fiscais, adesivos em automóveis, enfim, em todos os lugares que puder. Onde for possível divulgue o seu *site*, no qual está a sua propaganda!

Observação importante 2 – No dia 20 de novembro de 2015, o publicitário brasileiro Nizan Guanaes vendeu o controle do grupo ABC para os norte-americanos da empresa Omnicom por R$ 1 bilhão, que se **tornou o maior negócio do mercado de propaganda** do País, desde que teve início o movimento de internacionalização das agências de propaganda, há quase três décadas. A venda foi uma forma de acelerar o processo de capitalização em um momento de consolidação dos principais conglomerados de propaganda do mundo, como: Publicis (França), Interpublic (EUA), WPP (Reino Unido) etc., que fizeram agressivas aquisições no mundo e no Brasil.

Pelo contrato, inicialmente nada muda na gestão do grupo ABC, com Nizan Guanaes e Guga Valente no comando da operação. O grupo ABC, além deles, tem como sócios o fundo Kinea e o grupo Icatu, controlando as agências África, Loducca, DM9, CDN entre outras. A venda do controle do grupo ABC para a Omnicom, provavelmente, é o último grande negócio do setor e encerra o ciclo de aquisições no País.

O Brasil sempre atraiu agências de fora, que aqui se instalaram acompanhando a chegada de empresas multinacionais. Até então, as agências brasileiras dominavam o mercado, principalmente as contas do governo. A MPM, que liderou o mercado naquela época, foi comprada em 1991 pelo grupo indiano Lintas, que depois virou Mullen Lowe Lintas, cujo controle foi vendido para o grupo Interpublic, um dos quatro maiores do mundo. Em 2003, Nizan Guanaes relançou a MPM, que em 2009, se fundiu com a Loducca – agência cujo controle, o grupo ABC de Guannes, havia adquirido um ano antes.

O jogo das aquisições começou a mudar radicalmente, assim a WPP e a Omnicom, dos EUA, passaram a realizar ofertas agressivas para todo o mundo, dando início do atual processo de consolidação. A Publicis também entrou nesse jogo adquirindo diversas agências no mundo, e em 2010, aqui no Brasil, comprou a Talent, que acabou se associando à francesa Marcel, também do grupo Publicis.

3.13.2 - ALGUMAS CARACTERÍSTICAS DO *MARKETING*

É muito comum as pessoas ainda confundirem os três termos publicidade, propaganda e *marketing*. Sobre os dois primeiros já se falou bastante, inclusive se procurou estabelecer algumas distinções.

Há ainda os que se prendem no conceito "exagerado" de que publicidade é **apenas** a **divulgação gratuita e espontânea. É**, por exemplo, o caso do *buzz marketing* (divulgação boca a boca), as notícias publicadas sobre uma empresa ou produto gratuitamente pela mídia etc. Isso até ocorre, porém, em uma proporção bem pequena, e se essa publicidade trouxer algum outro tipo de vantagem para o veículo de comunicação ou a pessoa que faz a mesma....

Marketing envolve as formas de comunicação empresarial e, além disso, é uma filosofia de negócio, uma forma de enxergá-lo pensando em construir relacionamentos, identificar e satisfazer as necessidades do consumidor e manter-se líder no mercado.

O *marketing* é muito abrangente envolvendo o estudo no mínimo dos cinco os Ps (produto, praça, preço, promoção e paixão), os cinco fatores que compõem a sua estratégia de *marketing*. Se bem aplicadas, constantemente e por um período de tempo suficiente, acabam se tornando parte da marca de sua empresa. O problema até agora que não se chegou de fato a um consenso sobre quais são os Ps mais importantes, pois essa lista pode incluir **pessoas**, **produtos**, **preço**, **promoção**, **paradigma**, **perspectiva**, **persuasão**, **paixão**, **posicionamento**, **pacote**, ***performance*** etc. Sem dúvida, um P é muito importante, ou seja, **promoção** do *marketing*, pois não é por acaso que existem até faculdades de **publicidade** e **propaganda**.

Um especialista em *marketing* tem que saber planejar a promoção de uma empresa ou dos seus produtos ou serviços e executá-la bem. Claro que o objetivo é difundir uma ideia ou conceito, e para isso se usará a propaganda. O perfil de um profissional desta aérea é de alguém muito criativo e dinâmico. Um bom publicitário é aquele que "entende as pessoas, acompanha a evolução da cultura, as modificações e as relações sociais." É uma pessoa que sabe fazer bem os cinco movimentos ou ações concretas para ter sucesso com o *marketing*.

1º) Movimento para cima.

Você se movimenta para cima quando **proporciona valor primeiro**!!!

Quando você tem uma ideia excelente, envie a mesma para seus clientes potenciais. Com isso, você abre uma porta com os mesmos e está pronto para mover-se para cima. Não é o preço que gera clientes, mas sim o valor que se oferece aos mesmos. Assim, até de **graça** não deixa de ter um nível de preço poderoso!?!? E é natural que ao se oferecer sem cobrar nada isso também tem um certo fator **uau!**, mas só se você oferecer algo pelo qual as outras empresas cobram. **Mover-se para cima quer dizer ser mais valioso!!!**

2º) Movimento para dentro.

Mover-se para dentro significa aproximar-se mais de seus clientes. Nesse sentido, é fundamental visitar alguns clientes potenciais, ir até empresas locais, falar com seus contatos nos setores que servem e obter algumas informações, em primeira mão, sobre o que estão acontecendo no mundo deles. **Mover-se para dentro, portanto, implica em aproximar-se**.

3º) Movimento para frente.

Mover-se para frente significa ir além do que a maioria das empresas e seus executivos estão fazendo. Pode-se chamar este processo de *dollarising*

"Hoje vivemos numa época que muitos filmes publicitários são executados com o auxílio dos *drones*. Aliás, com os drones dá para se mover para qualquer lugar, não é?"

(em tradução livre "dinheirização", algo semelhante à "monetização"). A "dinheirização" é uma das mais poderosas técnicas de vendas porque uma vez que você mostra retorno sobre o investimento (o quanto o valor gasto em *marketing* gerará de lucro, economia etc.), basicamente, muda a conversa de vender aquilo que está vendendo para **vender dinheiro**. É possível "dinheirizar" praticamente qualquer benefício ou ponto de distinção de qualquer produto ou serviço que se vende. Para isso, entretanto, é necessário elaborar um planejamento, reflexão e, em alguns casos, dispor de números específicos fornecidos por seu cliente potencial.

Mover-se para frente que dizer ser mais inteligente.

4º) Movimento para o lado.

Ir para o lado diz respeito a encontrar seu nicho e exibir sua *expertise* em uma área estrita de especialidade. Em bom português isso significa que o profissional do *marketing*, quer se tornar "o cara" para seu tipo específico de produto ou serviço, ou seja, o extremo oposto de um "pau para toda obra".

Mover-se para o lado significa especializar-se!!!

5º) Movimento para fora.

Você estará movendo-se "para fora" se estiver fazendo algo que simplesmente não é feito no seu setor, os seus clientes contam para outras pessoas o que as está encantando no seu produto ou serviço; está indo contra a sabedoria convencional (senso incomum); os outros (inclusive seus competidores) acham que é "loucura"; os outros (inclusive seus concorrentes) estão com medo de copiar o que faz!!! **Bem, mover-se para fora é ser notado!!!**

Os investimentos publicitários no País têm crescido, e assim, em 2014, foram 8% maiores do que aqueles em 2013, chegando a R$ 121 bilhões de acordo com o estudo Retrospectiva e Perspectiva de Ibope Media. Segundo esse relatório de gastos com a propaganda no Brasil, o destaque de 2014 foi o setor de alimentação, impulsionado pela categoria Carnes, Aves e Derivados, que cresceu 133% em relação a 2013. Já em relação aos outros setores Comércio e Varejo, seguiu na liderança, com 18% dos investimentos, vindo depois Higiene Pessoal e Beleza com 10%, Serviços ao Consumidor (10%) e Mercado Financeiro e Seguros (8%).

De acordo com o balanço, a Via Varejo, dona das Casas Bahia e Ponto Frio, foi a maior anunciante de 2014 com investimento de R$ 4,27 bilhões. A Unilever Brasil ficou em 2º lugar, com R$ 3,79 bilhões. Em seguida, apareceram a Genomma (R$ 3,4 bilhões), a Caixa Econômica Federal (R$ 2,29 bilhões) e a Ambev (R$ 1,69 bilhão). Completou essa lista das *top 10* em propaganda pela ordem: Hypermarcas, Petrobras, Telefonica, Banco do Brasil e Reckitt Benckiser. Entre os meios de comunicação utilizados, a TV aberta permaneceu como a primeira colocada no volume de publicidade (56%), com R$ 67,5 bilhões de investimentos. Veja quanto trabalho isso não proporcionou às agências de publicidade e propaganda, particularmente na produção de vídeos.

O jornal, com mais de R$ 17,9 bilhões (15%), e a TV por assinatura, com R$ 11,4 bilhões (9%), apareceram em seguida. A Internet recebeu R$ 5,2 bilhões (4%). A cidade de São Paulo continua liderando os mercados monitorados que se quer abranger com as divulgações com 25% de participação em relação ao total, seguido por Rio de Janeiro (11%) e o interior do Estado de São Paulo (6%).

No primeiro semestre de 2015, os investimentos publicitários subiram apenas 0,8% em relação a 2014, chegando a R$ 61 bilhões.

3.13.3 - EM 2014, A PROPAGANDA NA TV DO BRASIL MUDOU POUCO

"Fausto Corrêa da Silva – o Faustão – já está mais de 25 anos só na TV Globo, que tem a maior audiência no País, sem dúvida é um prestigiado vendedor dos produtos que anuncia no Brasil."

Pois é, ao se analisar a propaganda que se apresentou na televisão brasileira em 2014, percebeu-se que nas principais campanhas de publicidade poucas ações surgiram com personagens desconhecidos, ou de baixa exposição, isto é, prevaleceram os rostos conhecidos (veja Tabela 3.4).

A lista dos novos velhos rostos da propaganda com mais inserções na televisão sofreu pequenas alterações nos últimos dois anos, ou seja, mais da metade das pessoas mais bem classificadas no *ranking* é constituída pelos mesmos cantores, atores ou modelos de 2013. As duas grandes novidades nesse *ranking* são, sem dúvida, João Cortes, que ficou em terceiro lugar, logo abaixo de Gisele Bündchen e de Neymar, mas na frente de Ronaldinho Fenômeno e da atriz Tatá Werneck, que ficou famosa pelo seu último desempenho na novela da TV Globo. O levantamento foi feito pela consultoria Controle da Concorrência, que fez a pesquisa de janeiro a dezembro de 2014, nas cinco redes de TV: Globo, Record, SBT, Bandeirantes e rede TV!

O presidente da Grey, Tor Myhren, comentou: "De fato, no mundo todo a busca das marcas por um rosto famoso aumentou muito em 2014, e, com isso, a nossa publicidade está simplesmente imitando a cultura das celebridades. Jamais deveríamos confundir uma celebridade com uma ideia de marca, mas o contrário está ocorrendo..."

Nome	Inserções
1º) Gisele Bündchen	7.082
2º) Neymar	6.095
3º) João Cortes	5.000
4º) Ronaldinho Fenômeno	4.304
5º) Vitor Belfort	4.058
6º) Rodrigo Faro	3.874
7º) Fátima Bernardes	3.664
8º) Ivete Sangalo	3.220
9º) Zezé Di Camargo e Luciano	3.112
10º) Tatá Werneck	2.925
11º) Bruno de Luca	2.700

Tabela 3.4 – Personagens que mais apareceram nas campanhas de publicidade da TV brasileira em 2014

Tudo isso indica que, para uma agência, acaba sendo um caminho seguro e cômodo investir numa celebridade, pois isso geralmente acaba dando certo e vendendo o produto ou serviço divulgado por essa personagem. Mas deve-se ter claro que é possível criar algo que funciona por meio de uma boa história, com uma boa produção e uma direção competente, sem ter ninguém famoso envolvido no anúncio. Aliás, isso geralmente também sai mais barato para quem quer fazer a propaganda.

3.13.4 - O FACEBOOK RECEBEU US$ 11,3 BILHÕES EM 2014 DO MERCADO PUBLICITÁRIO GRAÇAS A CAROLYN EVERSON

Há quem diga que o Facebook tem várias "armas secretas" e uma delas é Carolyn Everson.

"Carolyn Everson, que fez o Facebook lucrar muito com a propaganda."

Enquanto o fundador da rede social Mark Zuckerberg cuida da parte estratégica e Sheryl Sandberg, seu braço direito e diretora de operações, comanda o dia a dia do negócio, Carolyn Everson é responsável pelo que a companhia **recebe do mercado publicitário**. Em outras palavras, é ela quem faz com que o dinheiro dos anunciantes seja colocado na rede social.

Na verdade, foi ela quem construiu as pontes que ligam os dois mundos e acelerou, de forma espantosa, o avanço do Facebook nos últimos anos. Desde a sua chegada, em fevereiro de 2011, a receita da companhia saltou de US$ 2 bilhões, para quase US$ 11,3 bilhões em 2014.

Carolyn Everson esteve no Brasil em dezembro de 2014, quando se reuniu com publicitários para discutir ideias e levantar sugestões de novas funcionalidades e formatos dos anúncios. O seu currículo é invejável, com passagens por empresas importantes como Microsoft, Disney e MTV, e nesta, em 2005, comandou a área de publicidade, quando chegou a sugerir que a MTV adquirisse o Facebook.

Carolyn Everson comentou: "Com a possibilidade de vender anúncios fora de suas cercas, o Facebook aumentou muito o impacto que uma campanha pode ter. Estamos ajudando os anunciantes a fazerem uma publicidade direcionada e, com isso, encontrar pessoas de verdade fora do Facebook. Vivemos numa época com muita restrição de verbas por conta da turbulenta situação econômica global, a qual não se torna um problema para o crescimento do Facebook, pois com ele é possível fazer uma publicidade bem eficiente com menos verba!"

Caro(a) leitor(a), você acredita que os anúncios no Facebook trazem um bom retorno?

3.13.5 - UM ATLETA ESPETACULAR ALAVANCA ATÉ HOJE UMA DAS MAIS BEM-SUCEDIDAS CAMPANHAS DO MUNDO

São poucas possibilidades dos amantes do esporte terem oportunidade de ver um atleta como Michael Jeffrey Jordan, que para muitos foi **o maior jogador de basquete de todos os tempos**!!!

LANDMARKMEDIA / SHUTTERSTOCK.COM

"Michael Jordan, considerado o mais versátil jogador de basquete da história e que tornou-se uma 'alavanca' de venda de muitos produtos. em particular os esportivos."

Desde que foi inventado, em 1891, o basquete nunca tinha visto um gênio como o maestro do Chicago Bulls, onipresente em toda a quadra, **parar por intermináveis segundos no ar antes de encestar a bola**. Foi esta habilidade, sobrenatural segundo seus adversários, que há exatos 30 anos levou o marqueteiro de Jordan, David Falk, a bater às portas da Nike em Beaverton, no Estado do Oregon (EUA), propondo a criação do *Air Jordan*, que viria a ser uma espécie de Cadillac dos tênis esportivos.

O "J", como é chamado, não é apenas um par de tênis, e aos pés do seu criador tornou-se um divisor de águas: ajudou a levar o basquete para multidões de espectadores e gerou uma revolução no *marketing* esportivo, que culminou com o *slogan* conhecido no mundo todo: "**Just Do It**" ("Apenas faça").

Com o *Air Jordan*, a Nike provocou uma verdadeira ebulição na confluência entre *marketing* e os esportistas. Larry Miller, presidente da divisão Air Jordan, explicou: "Durante estes últimos 30 anos, o basquete e o mundo do calçado esportivo sofreram grande mudanças, mas do que a Nike mais se orgulha é que a missão da marca *Air Jordan* não mudou. Continuamos estimulando a inovação em termos de *perfomance* e estilo. Michael Jordan continua a ser a estrela que guia a marca, e outros atletas patrocinados por nós – cerca de 120 nestes últimos 30 anos – continuam mantendo acesa a tocha deste legado de grandiosidade."

Há quem estime que a linha dos tênis *Air Jordan* ainda é responsável por 10% da receita da Nike que em 2014 foi de US$ 27,7 bilhões.

3.13.6 - UM COMERCIAL DE 30S CUSTOU US$ 4,5 MILHÕES NO *SUPER BOWL 49*

O título do *Super Bowl 49* foi decidido no dia 1º de fevereiro de 2015 entre o New England Patriots e Seattle Seahawks (com a vitória do Patriots por 28 a 24), em um evento que praticamente "paralisou" os EUA com mais de 100 milhões de pessoas acompanhando o jogo na televisão. Agora, com uma colaboração cada vez mais significativa de telespectadores em outros países.

Devido a essa enorme audiência, o preço de um comercial de 30s chegou ao recorde de US$ 4,5 milhões. Em vista do alto valor e enorme alcance de potenciais clientes, os anunciantes buscaram caprichar nas suas mensagens, procurando enfatizar a unidade, a festividade e o triunfo sobre a adversidade.

Foi possível ver muitos comerciais bastante criativos com boas pitadas de humor. Assim, por exemplo, a cerveja Budweiser, que em 2014 se deu bem com um comercial sentimental sobre um cachorrinho acompanhado por seus tradicionais cavalos Clydesdale, retomou o tema. E o seu novo comercial, *Cachorro Perdido*, estava no topo do *ranking* da iSpot, que rastreia o número de vezes que um vídeo foi visto e comentado nas mídias sociais. Esse vídeo foi assistido por mais de 8 milhões de vezes no YouTube.

ERIC BRODER VAN DYKE / SHUTTERSTOCK.COM

"Realmente a enorme audiência do *Super Bowl* faz com 30s de propaganda na televisão, ao se transmitir o evento, custem cerca de US$ 4,5 milhões!!!"

O comercial protagonizado pela estrela dos *reality shows* Kim Kardashian para a T-Mobile foi muito apreciado também. Ela, zombando da sua forma, alertava para o fato de que outras operadoras cortam cotas de dados não utilizadas que os usuários podem empregar para ver fotos dela, enquanto a T-Mobile permite que os usuários mantenham seus dados por até um ano.

A NFL procurou injetar seriedade e responsabilidade no seu anúncio de serviço público, em que apelou pelo fim da violência doméstica, questão que perturbou a liga em 2014. Mas, cada um com o seu gosto, talvez o anúncio mais atraente tenha sido "passeio" de uma loira escultural, fazendo a divulgação de tudo que é natural e no final o telespectador é convidado a comer um hambúrguer!

Você viu esse comercial?

Não!!!

Então, mexa-se, entre na *Web* e aprecie-o.

Quem bolou esse anúncio, sem dúvida, recebeu um merecido bônus, ou seja, uma boa grana...

Como foi dito na seção 3.8 – Entretenimento –, em 2016, na decisão do *Super Bowl 50*, o custo de 30s de um anúncio subiu para US$ 5 milhões.

3.13.7 - A PUBLICIDADE DIGITAL ESTÁ CRESCENDO NOS *SMARTPHONES*

À medida que os *smartphones* se tornaram cada vez mais comuns no Brasil, novas possibilidades de uso dos celulares para as pessoas e as empresas foram criadas.

O proprietário de um *smartphone* pode atualizar-se lendo as últimas notícias sobre fatos importantes no Brasil e no mundo, consultar a previsão do tempo em algum lugar para o qual vai viajar daqui a dois dias, achar o restaurante mais próximo com boa comida italiana, o melhor caminho no trânsito através do uso de um aplicativo e dispõe de mais uma grande variedade de outras "utilidades".

Atentas a todas essas "vantagens" que um usuário de um *smartphone* tem à sua disposição, as empresas estão investindo cada vez mais para divulgar suas marcas em campanhas *mobile*, incrementando a receita dos veículos que oferecem conteúdo ou serviço no celular.

De acordo com a empresa de consultoria eMarketer, o investimento em anúncios nos celulares e *tablets* no Brasil chegou a R$ 760 milhões em 2014, quase quatro vezes o valor gasto em 2013. A publicidade *mobile* representou algo próximo de **9,4%** dos gastos com *marketing* digital, mas a previsão é que até 2018 a fatia das campanhas em dispositivos móveis chegue a **60%**!

João Carvalho, diretor geral da Hands Mobile e presidente do comitê de *mobile* do Interactive Advertising Bureau (IAB Brasil), explicou: "O celular é um meio atraente para os anunciantes, porque está com o consumidor 24h por dia, sete dias por semana". O celular trouxe muitas opções para as agências de propaganda poderem segmentar melhor o público que recebe as campanhas que a Internet fixa.

Um exemplo típico é o que fez a Reckitt Benckiser, que no verão de 2015, pelo terceiro ano consecutivo, fez uma campanha no celular para o inseticida SBP voltada a um público bem específico: mulheres, mães, que estivessem no litoral ou em cidades no interior de São Paulo com alta incidência de mosquitos (com todas essas alarmantes notícias sobre o aumento de pessoas com dengue...) e também nas estradas que levaram ao litoral. Assim, o *banner* da SBP foi divulgado nos diversos aplicativos ou *sites* acessados pelo celular por essas pessoas.

Para distribuir o anúncio às pessoas certas, a agência Adsmovil cruzou dados das operadoras de telefonia, dos perfis de navegação na *Web*, das redes sociais com informações geradas por diversos aplicativos – como localização e interesses específicos. E assim esse *marketing* foi muito bem direcionado e obviamente o inseticida SBP notou que houve um crescimento nas suas vendas em relação ao trimestre anterior...

3.13.8 - COREIA DO NORTE EXAGERA NA PROPAGANDA

"Transformemos o país em uma terra encantada socialista por meio da união entre o Exército e o povo!"

Essa frase faz parte de cerca de 300 outros *slogans* que foram divulgados no dia 12/2/2015 na Coreia do Norte para marcar o 70º aniversário da independência do país e da fundação do Partido dos Trabalhadores da Coreia (PTC), o único **permitido pelo regime**!?!?

Os *slogans* versam sobre variados temas, desde as virtudes da **dinastia** Kim – Kim Il-sung (1912-1994), seu filho Kim Jong-il (1941-2011) e o neto

Kim Jong-un (1983 -) – que há décadas governa o país, até a ousadia no esporte, passando pelas vitórias do Exército norte-coreano. Aí vão alguns deles:

- "Mais uniformes escolares estilosos para nossas crianças."
- "Façamos do nosso país uma nação de *champignons* por meio do cultivo científico e industrial."
- "Façamos com que as verduras cresçam de forma intensa em nossas estufas."
- "Pratiquem esporte de forma ofensiva."
- "Que os ventos fortes da piscicultura soprem pelo país."

Outras mensagens foram dirigidas com ameaças à vizinha Coreia do Sul e aos EUA, vistos como inimigos pelo regime e assim tinha-se a frase: "Aniquilaremos até o último homem."

O regime norte-coreano é altamente centralizado e a política do governo, ditada pelo PTC, costuma chegar à população na forma de **propaganda estatal**. Os *slogans* são bastante comuns nesse país. Um exilado, que vive hoje na Coreia do Sul, relatou: "Nós vivíamos continuamente enterrados sob uma avalanche de *slogans*. E precisávamos memorizar muitos para demonstrar lealdade ao regime, mas aos poucos eles foram perdendo sentido."

"O governo da Coreia do Norte faz uma propaganda incrível da sua organização através de desfiles incríveis!!!"

Outros exilados contaram que alguns *slogans* inclusive acabaram virando piada, como foi um de 1998: "Que eles riam se quiserem, mas por que nos obrigam a rir junto?".

No entanto, esses lemas todos acabam divulgando as preocupações do regime norte-coreano e os problemas que ele está enfrentando continuamente como a escassez de alimentos e a insuficiente oferta de eletricidade.

3.13.9 - NOVAS FERRAMENTAS DE LEITURA FACIAL PODEM SE TORNAR PERIGOSAS

"O psicólogo Paul Ekman que conseguiu interpretar milhares de expressões faciais."

O psicólogo Paul Ekman, certamente o maior especialista em interpretar as expressões faciais, que já na década de 1970 elaborou um catálogo de mais de 5 mil movimentos musculares para mostrar que o mais sutil enrugar de um nariz ou arquear de uma sobrancelha revelam emoções ocultas, pode estar preocupado agora, pois seu trabalho talvez resulte em uma "**ferramenta tenebrosa**". Isso porque um grupo de jovens empresas norte-americanas (com nomes como Emotient, Affectiva e Eyeris está se valendo da pesquisa de Ekman como espinha dorsal de uma tecnologia que usa algoritmos para analisar os rostos das pessoas e, dessa maneira, descobrir os seus **sentimentos mais profundos**!!!

Juntas, essas empresas estão acumulando um enorme banco de dados visuais de emoções humanas, buscando padrões que possam prever reações e comportamentos emocionais em grande escala.

Paul Ekman, que hoje está com 80 anos, concordou em ser consultor da Emotient, mas diz que está dividido entre o forte potencial de coletar todos esses dados e a necessidade de garantir o uso responsável deles, sem infringir **questões de privacidade**.

A Emotient já desenvolveu um *software* que pode identificar emoções a partir de um banco de dados de microexpressões que ocorrem em uma fração de segundo e já trabalhou para clientes do porte da Honda Motors e Procter & Gamble para avaliar as expressões das pessoas em testes de produtos.

O atlas desenvolvido por Paul Ekman já foi usado extensivamente por psicólogos, pela polícia e as forças armadas norte-americanas — inclusive em interrogatórios na prisão de Abu Ghraib, no Iraque, além de ter inspirado a série na TV que passou no Brasil com o nome de *Engana-me se Puder* (*Lie to Me*).

Para aprimorar o algoritmo do seu *software*, a Emotient registrou reações faciais de um grupo de centenas de milhares de pessoas de várias etnias que participaram de uma pesquisa de *marketing* de seus clientes por meio de um *chat* de vídeo.

O *software* extrai de cada quadro pelo menos 90 mil pontos de dados, representando desde configurações abstratas de luz até minúsculos movimentos musculares que são separados em categorias emocionais como raiva, nojo, alegria, surpresa ou tédio.

Bem, com essas pesquisas em desenvolvimento, em breve, com o auxílio de um *software* desse tipo, em uma entrevista de emprego que use a leitura facial, vai ser possível detectar todas as afirmações mentirosas de um candidato.

Observação importante 3 – As campanhas de publicidade muitas vezes também desagradam um significativo contingente de pessoas e com isso corre-se o risco de com essa divulgação afastar os clientes dos produtos (serviços) de uma empresa. Foi o que aconteceu parcialmente com a campanha divulgada de Dia dos Namorados pela maior rede de varejo de perfumes e cosméticos do País – O Boticário – em junho de 2015.

A polêmica propaganda, criada pela agência AlmapBBDO, com o título *Casais,* tinha como proposta abordar, com respeito e sensibilidade, a ressonância atual sobre as mais diferentes formas de amor – independentemente de idade, raça, gênero ou orientação sexual – representadas pelo prazer em presentear a pessoa amada no Dia dos Namorados!?!?

Obviamente, os "abraços" de pessoas do mesmo sexo, comemorando o seu amor geraram reações de muita insatisfação com os internautas expressando isso com mensagens de: "Não gostei", com também receberam apoio de um significativo contingente postando "Gostei".

Tanto a AlmapBBDO quanto O Boticário estavam conscientes das eventuais reações negativas que o vídeo poderia causar. Ao decidir se juntar à lista das empresas que incluem relações homossexuais em suas propagandas, O Boticário se uniu a marcas como o bombom Sonho de Valsa, que incluiu um casal de lésbicas em um filme sobre beijos, e a empresa aérea Gol, que mostrou um casal *gay* em sua campanha de Dia das Mães.

Em outros países Google, Facebook, Coca-Cola, Starbucks e Disney estão entre as empresas que assinaram petições a favor do casamento *gay*.

O que se destacou nessa campanha de O Boticário foi a força de veiculação, pois a campanha foi exibida em rede nacional na TV, nos horários de maior audiência. Tudo indica que a intenção da campanha foi a de ser a mais abrangente possível, falar sobre todas as formas de amor, enaltecer que todo o tipo de amor é possível. Se hoje ainda existe um receio sobre tomar uma posição, O Boticário não teve esse medo e assumiu a **propaganda** como **politicamente correta**!!!

"Fantástica ideia da agência chinesa Assyria para um comercial de lentes de contato que correu o mundo e ganhou no Brasil uma versão maia atrevida com a modelo Jaqueline Khury. Conseguiu acompanhar todo o *strip-tease* ou precisou valer-se do uso de lentes de aumento."

3.14

SETOR EDITORIAL

3.14.1 - GENERALIDADES SOBRE O SETOR EDITORIAL

Os chineses inventaram o papel e outros elementos do processo de impressão, mas os europeus foram os primeiros a juntar papel, tinta com capacidade de se fixar no papel, uma prensa e tipos móveis reutilizáveis. Gutenberg e outros imprimiram na Alemanha o primeiro livro da era moderna, o *Livro dos Salmos* em 1457. Os norte-americanos imprimiram o seu primeiro documento (*Freeman's Oath*) em 1639.

Impressão e publicação formam ainda o maior setor de mídia do mundo, e o proeminente segmento dos direitos autorais deu ao mundo as duas palavras-chave: **autor** e **direito autoral**, que são base da lei de propriedade intelectual em setores tão diversos como produção cinematográfica e *softwares*.

O setor ainda se baseia no simples processo universal da cópia direta, mas ao longo do tempo surgiram diversos formatos e processos de negócios diferentes para atender à necessidade de desenho específicas e a hábitos culturais nacionais.

Os livros possuem uma característica que os distingue de outras criações. De todos os produtos criativos, eles foram os mais dados como presente (o que está mudando radicalmente...). Seu apelo visual, tamanho, variedade de preços e respeitabilidade cultural os tornaram um presente bem aceito em quase todas as circunstâncias. Um livro novo ou *best-seller* vem com o *status* de ineditismo e moda.

Agora, com tantos *tablets* cada vez mais sofisticados que são excelentes *e-readers* (leitores eletrônicos), além de terem outras funções, dar livros físicos de presente é um hábito que em breve talvez vá desaparecer, pois é grande a probabilidade que no futuro vão predominar os *e-books* (livros eletrônicos).

Na história da literatura existe, ao que tudo indica, uma enorme sucessão de "roubos criativos". Os exemplos são quase que infindáveis. William Shakespeare buscou o material para as suas peças nas obras de Ovídio e Chaucer, em lendas italianas e crônicas históricas inglesas, entre outras diversas fontes. Do pensador francês Pascal já foi dito que escrevia com um volume de *Ensaios* de Montaigne aberto na sua frente tal a profusão de citações e "apropriações" que fez daquela obra. O poeta francês Charles Baudelaire utilizou diversos versos do norte-americano Edgar Allan Poe. A *Vida de Pi*, do canadense Yann Martel, narra a história de um garoto indiano que, depois do naufrágio de seu navio, divide o bote com um tigre feroz, que acabou também se transformando em um filme de grande bilheteria. A suposta fonte desse livro pode ter sido *Max e os Felinos*, de autoria do brasileiro Moacyr Scliar, em que um rapaz alemão passa por um naufrágio e divide o bote com um jaguar. O suposto plágio ganhou evidência depois que Yann Martel venceu o prestigioso prêmio Booker, em 2002. O autor, porém, admitiu ter retomado a ideia original de Moacyr Scliar e telefonou ao autor brasileiro para pedir desculpas.

A escritora J.K. Rowling, é hoje detentora da maior fortuna construída por uma mulher a partir do zero, tendo mais de US$ 1,5 bilhão, praticamente tudo fruto da série *Harry Potter* na qual narrou as aventuras de um bruxo. Ela lançou também o livro *Morte Súbita* (*The Casual Vacancy*) que vendeu bastante – teve uma tiragem inicial de 2 milhões de exemplares –, mas nada próximo às centenas de milhões de livros da série *Harry Potter*. Em seguida vieram *O Chamado do Cuco* e *O Bicho-da-Seda*, com vendas regulares... Mas existe uma forte suspeita de que ela se **"inspirou"** no livro *The Legend of Rah and the Muggles*, da escritora norte-americana Nancy Stouffer que tem um personagem chamado Larry Potter. Em 2002, Nancy Stouffer processou J.K. Rowling pelo uso de nomes e termos criados em seu livro. Porém, uma corte de Nova York (EUA) deu ganho de causa para J.K. Rowling e ainda multou Nancy Stouffer por má fé!?!?

Mas talvez um dos casos mais famosos tenha sido o processo contra o romancista norte-americano Dan Brown, que foi acusado de plagiar um ensaio histórico, *Holy Blood, Holy Grail* (*O Santo Graal e a Linhagem Sagrada*), de autoria de Michael Baigent, Richard Leigh e Henry Lincoln, que é uma pesquisa pretensamente "séria" sobre a descendência de Jesus Cristo para, desse jeito, poder escrever o seu *O Código da Vinci*, que se tornou um espetacular *best-seller*.

FEATUREFLASH PHOTO AGENCY / SHUTTERSTOCK.COM

"Muita gente acusou Dan Brown, autor do *best-seller O Código da Vinci*, de 'roubar' muitas ideias de outros livros."

Na realidade, Henry Lincoln não entrou na disputa, mas os outros dois autores queriam uma reparação. Eles alegaram que *O Código da Vinci* roubou a proposta central – ou como eles preferiram dizer, a **"arquitetura"** – de seu texto: a ideia de que Jesus Cristo teve filhos com Maria Madalena e de que a descendência do casal, protegida por uma irmandade secreta, se estenderia até os dias de hoje.

Em um lance teatral da acusação, Dan Brown foi confrontado com o seu próprio exemplar de *Holy Blood*. O estado do seu livro, gasto e repleto de anotações nas margens, deveria provar que ele devorou a obra enquanto escrevia o seu *thriller* (romance de suspense).

Claro que uma sentença contrária a Dan Brown poderia suspender a venda do livro que até o início de março de 2006 tinha vendido mais de 40 milhões de exemplares no mundo e prejudicar sensivelmente o filme de Ron Howard, baseado na obra, previsto para maio de 2006. Porém, no final de março de 2006, o juiz Peter Smith deu por encerrada as apresentações das provas e em abril decidiu que Dan Brown não **cometeu plágio**!!! Ele seguiu a doutrina mais aceita do direito autoral, que o que deve ser protegido é a **forma de uma obra, não suas ideias**. Ou seja, o processo contra Dan Brown só teria algum sentido se houvesse copiado trechos de *Holy Blood*.

SHELLY WALL / SHUTTERSTOCK.COM

"Ken Follett, um dos escritores que mais vende livros (apesar de não se um dos *top 10*) no mundo, que, finalmente, com *No Limiar da Eternidade* (lançado em 2014), encerrou a sua trilogia dedicada ao século XX, no qual aborda a queda do Muro de Berlim."

Na realidade, não existe ainda uma **definição jurídica convincente** do que é de fato o **plágio**. Bem, até o início de 2015, estima-se que *o Código da Vinci* tenha vendido 85 milhões de cópias, e o autor Dan Brown faz sucesso agora com o seu novo livro *Inferno*.

Observação importante 1 – Você sabe quais os escritores mais ricos do mundo que estão vivos?

Segundo levantamentos feitos em 2015, os dez mais ricos estão na Tabela 3.5.

Colocação	Escritor (a)	Fortunas estimadas em dólares norte-americanos
1º	J.K. Rowling	1,1 bilhão
2º	Paulo Coelho	600 milhões
3º	Stephen King	430 milhões
4º	James Patterson	395 milhões
5º	Danielle Steel	380 milhões
6º	Nora Roberts	350 milhões
7º	Tom Clancy	310 milhões
8º	John Grisham	220 milhões
9º	Jackie Collins	195 milhões
10º	Dean Koontz	165 milhões

Observação importante 2 – Sem dúvida, Paulo Coelho, agora com 68 anos, é o autor brasileiro mais conhecido, mais lido e mais influente do mundo. Ele já vendeu mais de **130** milhões de livro em **160** nações. Nenhum autor brasileiro, em nenhum momento da história, chegou perto dessa cifra. O segundo colocado, Jorge Amado, o escritor brasileiro que mais contribuiu para a imagem externa do País, alcançou, no início de 2016, a marca de 37 milhões de exemplares!!!

Certamente, o livro *O Alquimista* foi o que alavancou muito a carreira de Paulo Coelho, pois foi lido e elogiado por personalidades como o ex-

-presidente dos EUA Bill Clinton e sua filha Chelsea, e cantores e artistas do renome de Madonna, Julia Roberts, Sharon Stone, Will Smith, Russell Crowe entre outros.

Em *O Alquimista*, Paulo Coelho apresentou a história do pintor que sonha com um tesouro e sai a procurá-lo. O livro remonta a um pequeno conto de um dos mais famosos poetas da Pérsia, civilização que deu origem ao Irã, ou seja, a Jalaluddin Mohammed Rumi (1207-1273), criador de uma ordem religiosa e autor de *Masnavi*, coleção de versos e histórias sobre a doutrina islâmica. Paulo Coelho comentou: "Não conhecia Rumi e, na realidade, para escrever *O Alquimista* inspirei-me no conto *História dos Dois que Sonharam*, do meu ídolo, o escritor argentino Jorge Luis Borges." Até o início de 2016, *O Alquimista* vendeu 68 milhões de cópias, sendo o livro de autor brasileiro mais vendido de todos os tempos.

No seu livro *O Zahir*, pode-se perceber claramente o ambiente de fama internacional em que Paulo Coelho estava vivendo, ou seja, é uma obra bem autobiográfica.

No *O Zahir* conta-se a história de um casal que vive um relacionamento aberto. Logo na primeira página, o marido – o escritor – é abandonado pela mulher. Ele suspeita que ela fugiu com um místico do Cazaquistão. Para escrever a obra, Paulo Coelho fez uma pesquisa de campo e chegou a participar, de águia em punho, de caça à raposa, uma tradição local. Ele jurou, entretanto, que não disparou um único tiro na ocasião.

"Paulo Coelho: o autor brasileiro que mais vendeu livros na mundo tem sido reverenciado pelas nossas mais importantes revistas."

O Zahir foi lançado mundialmente em 20/3/2005 no Irã, o país do mundo onde dizem que há mais edições piratas do Paulo Coelho. Na oportunidade, Arash Hejazi, dono da editora Caravan, que publicava o autor brasileiro em persa, comentou: "A única maneira de minimizar a pirataria é lançar o livro, primeiro aqui em Teerã, assim ele passa a ser considerado um romance nacional e recebe proteção das leis locais de direito autoral!!!"

Todos os escritores podem (e devem) sonhar em tornar-se um novo Paulo Coelho, porém, para chegarem a essa condição, devem assimilar uma característica dele, ou seja, a sua **obsessão**!!!

Eles sempre quis ser conhecido no mundo inteiro antes de fazer sucesso com seu primeiro livro. E uma história ocorrida em 1994 ilustra isso. Paulo Coelho foi lançado na França graças à iniciativa da editora Anne Carrière – que decidira publicar o livro *O Alquimista* depois das recomendações de amigos.

Após o lançamento, Anne Carrière disse a Paulo Coelho: "Pena que você não fala francês; caso contrário, poderíamos fazer uma turnê pelo país."

O escritor não se fez de rogado, voltou para o Brasil e mergulhou num curso intensivo do idioma de Molière. Três meses mais tarde estava dando conferências e entrevistas em 21 cidades francesas.

Conclusão: o sucesso não ocorre por acaso, mas sim é o resultado de muita persistência e trabalho focado em uma ideia criativa!!!

3.14.2 - ESCRITORES BRASILEIROS RECLUSOS E RABUGENTOS

No Brasil, nós temos dois escritores que já são bem idosos, bem rabugentos, reclusos, mas que conseguiram **bastante sucesso**, pelo menos o comercial, vendendo muitos livros e **ganhando bastante com direitos autorais**. Um deles é **José Rubem Fonseca,** que nasceu em 11 de maior de 1925 em Juiz de Fora, no Estado de Minas Gerais.

Pode-se dizer que ele renovou o conto brasileiro no século XX. Tornou-se muito criticado pelos jornalistas, pois tomou a decisão de não conversar com eles sobre sua obra, algo que vem mantendo há muitas décadas...

Conhecido por aceitar convites para eventos no exterior na mesma proporção em que os recusa no Brasil, porém, o autor de *Feliz Ano Novo*, de 1975, e *A Grande Arte*, 1983, que foi inclusive adaptado para o cinema, per-

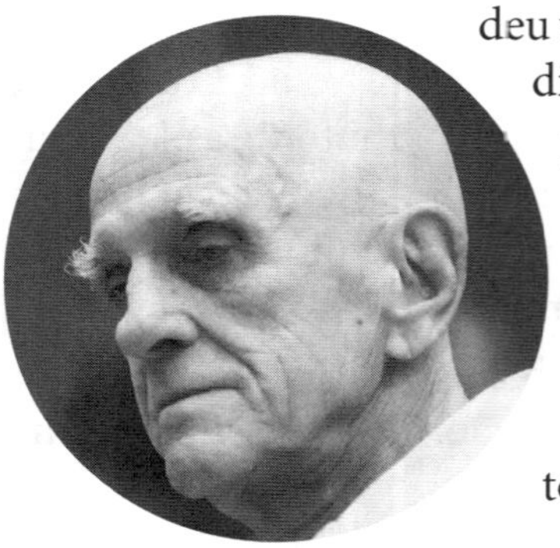

"Rubem Fonseca, um escritor que conseguiu muito sucesso no Brasil."

deu um bocado de mistério nos últimos anos, com a divulgação de alguns vídeos de eventos dos quais participou no exterior.

Ao completar 90 anos em 11 de maio de 2015, ele continua morando sozinho, desde que tornou-se viúvo em 1997, quando morreu a sua mulher Théa Maud Komel. É verdade que ele tem **"muitas amigas"**, como informa todo mundo que o conhece. Aliás, já na casa dos 80 anos ele disse a alguns amigos: **"Não bebo, não fumo, mas fodo**!!!"

Hoje, esse mineiro radicado no Rio de Janeiro desde a infância reduziu o ritmo de suas caminhadas pelo Leblon, mas escreve todos os dias e faz musculação três vezes por semana numa pequena academia, à qual chega antes das 7h da manhã.

A redução dos passeios no calçadão decorreu de uma artrose num dos joelhos, que começou a incomodá-lo bastante há uns quatro anos. Esse problema o levou a incluir uma bengala ao visual, há décadas composto por um boné cobrindo a careca (Rubem Fonseca raspa os fios das laterais, o que lhe dá um aspecto mais jovem), óculos de sol, camiseta, calça comprida e tênis.

No início de maio de 2015 ele estava muito feliz, pois é vascaíno fanático e a sua equipe tinha se tornado campeã estadual, mas que no segundo semestre de 2015 estava lutando para não cair novamente para série B, mas caiu...

No Brasil, ele já recusou três vezes de participar da Flip, ou seja, a festa literária de Paraty, e pensou durante uma semana antes de declinar o convite para representar o Brasil na Feira de Frankfurt (Alemanha) em 2013.

Por outro lado, em 2012, circularam vídeos de um evento que ele participou em Lima (Peru), no qual aparece falando no mais perfeito portunhol, pedindo perguntas ao público: "Vamos, minha gente, estão com medo de mim? *Yo soy* um homem *peligroso.*"

A explicação dele, para esse comportamento, segundo a filha Bia Corrêa do Lago: "O assedio atrapalha meu pai. Ele acha que se aparecer demais, acaba perdendo sua matéria-prima, **que é seu poder de observar**!?!?"

Realmente, Rubem (ou Zé, ou Zé Rubem, como preferem os amigos) não dá entrevista, mas ajuda para que saiam divulgadas algumas opiniões suas!!! Repassa à editora e à filha respostas a dúvidas de alguma reportagem

– embora elas só sejam oferecidas para verificar com ele temas amenos, como de séries de TV que ele gosta (*Law & Order* é a sua preferida). Chega a sugerir fontes para a leitura como a do amigo de décadas Deonísio da Silva, autor de *O Caso Rubem Fonseca*, e Arnaldo Jabor, que filmará o conto *O Livro dos Panegíricos*.

Em relação a temas delicados, sobre a vida do escritor os seus amigos desconversam, como se tivessem recebido o alerta Rubem Fonseca sobre alguma indiscrição que não deveria ser revelada... Por exemplo, sobre a sua saída da Companhia das Letras, em 2009, pouco se sabe, e o mais que se revelou é que o rompimento talvez tenha ocorrido devido à recusa da editora em publicar *Gonzos e Parafusos*, romance de Paula Parisot, amiga e pupila indicada por Rubem Fonseca.

Naquela ocasião, a situação já não era das melhores. Rubem Fonseca vinha se queixando, pois estava se sentindo desprestigiado na editora, na qual, ao longo de 20 anos, vendera **840 mil exemplares dos seus livros**. Chegara, inclusive, a pedir um adiantamento alto, o qual foi recusado...

Disputado por sete editoras, acabou fazendo um acordo com a Agir por mais de R$ 1 milhão e depois sua obra passou para a Nova Fronteira, do mesmo grupo Ediouro.

Bem, Rubem Fonseca é um excelente exemplo de um escritor que se dedicou a vida inteira a publicar textos e conseguiu com eles fama e uma razoável fortuna.

O outro é **Dalton Jérson Trevisan**. Ele nasceu em Curitiba, em 14 de julho de 1925, de uma família de classe média alta dedicada ao ramo da vidraçaria e tornou-se um contista paranaense. É falante e bisbilhoteiro, muito tímido e ao ser abordado em público, como ficou tão famoso, afirmou "não ser quem é".

Em 1940, ele fundou o jornal estudantil *Tinguí* que circulou até 1943. Dalton era seu editor, repórter, crítico e cronista, escrevendo com os pseudônimos Notlad, De Alencar, Don Nada, Faminto, Rapaz. Em 1945 publicou o seu primeiro livro, *Sonata ao Luar*, um trabalho que seria depois renegado (!?!?) pelo autor, assim como o segundo livro, *Sete Anos de Pastor* (1948).

"Dalton Trevisan, bem jovem, que tornou-se bem famoso, principalmente pela sua vida reclusa e recatada."

Em 1946, Trevisan fundou com seus amigos a revista modernista *Joaquim*, cuja publicação circulou até 1948, teve 21 edições e contou com a colaboração de nomes como Antonio Candido, Mário de Andrade e Drummond.

Foi em 1959 que saiu seu primeiro livro em edição comercial, *Novelas nada Exemplares,* e em 1964 foi publicado o *Cemitério de Elefantes*. Foi em 1965 que Dalton Trevisan publicou um dos seus clássicos, *O Vampiro de Curitiba*, que são 15 contos protagonizados por Nelsinho, o "vampiro", um curitibano obcecado por sexo que persegue velhinhas e virgens. Aí, Dalton Trevisan, por ser muito reservado, ganhou a alcunha de **"vampiro de Curitiba"**.

Em 1968, ele venceu o 1º Concurso Nacional de Contos no Paraná. Ao ser entrevistado por Luiz Vilela para o *Jornal da Tarde*, fez uma definição nada lisonjeira do próprio ofício: "O escritor é uma pessoa que não merece nenhuma confiança. Um amigo chega e me conta as maiores dores; eu escuto com atenção, mas estou é recolhendo material para um conto. (...) Sei que estou fazendo assim e não desejaria fazer, mas não há outro jeito." Em 1976, estreou o filme *Guerra Conjugal*, dirigido por Joaquim Pedro de Andrade, adaptado de um livro homônimo de Dalton Trevisan.

Dalton Trevisan foi agraciado em 1996 com o prêmio Ministério da Cultura de Literatura pelo conjunto de sua obra. Em 2003, ele venceu a primeira edição do prêmio Portugal Telecom de Literatura com o livro *Pico na Veia*. Finalmente, em 2012, recebeu o prêmio Camões, o mais importante da língua portuguesa, que José Rubem Fonseca já tinha ganho em 2003.

Dalton Trevisan é um homem de hábitos arraigados e o mais marcante (e famoso) deles é o de isolar-se. **Foge de exposição como um vampiro da cruz**!!! Concedeu sua última entrevista à imprensa há mais de 40 anos. Não aparece em eventos literários. Fotos, antigas ou recentes, são raríssimas. Pouquíssimos sabem o número de seu telefone (e os que sabem evitam ligar).

O círculo de seus amigos é bastante restrito, sendo regido por um código interno bem severo, ou seja, falar publicamente sobre ele pode acarretar o rompimento da amizade. Esse foi o caso com o escritor Miguel Sanches Neto, há uns 15 anos, um ex-pupilo, com quem a relação chegou ao fim porque Dalton atribuiu a ele informações sobre seus hábitos passadas a um jornalista.

Um pouco depois, Miguel Sanches Neto começou a escrever *Chá das Cinco com o Vampiro*, publicado em 2010, romance que enfoca, com muitos detalhes verídicos, o ambiente literário de Curitiba e especialmente refere-

-se a Dalton Trevisan. O "vampiro" partiu para o ataque no poema *Hiena Papuda*, no qual chama Sanches Neto de **"delator premiado"**.

Juntando várias notícias e informações recentes pode-se concluir que Dalton Trevisan mora sozinho, ainda escreve todas as manhãs, antes do almoço sai para caminhadas no centro da cidade, é bastante cuidadoso com sua alimentação e não tem problemas sérios de saúde... Há quem diga que Dalton Trevisan tem uma namorada de menos de 30 anos, pesquisadora da obra dele.

"Zíbia Gasparetto: a escritora espírita que ao atingir 90 anos conseguiu vender 17,5 milhões de cópias dos seus livros no mundo todo. Muito expressivo, não é?"

Ele foi casado por mais de 40 anos com Yole Maria Bonato Trevisan, tia do atual prefeito de Curitiba, Gustavo Fruet. As raras pessoas que foram próximas ao casal contam que o casamento passou por muitos percalços porque Dalton "era uma pessoa muito difícil". Tiveram duas filhas, Rosana e Isabel. Yole morreu de câncer em maio de 1998, aos 66 anos. Isabel, filha com quem tinha mais afinidade, morreu da mesma doença um pouco antes, com menos de 40 anos.

Em Curitiba moram os dois irmãos do escritor, a filha e duas netas, mas Dalton Trevisan também não mantém muito contato com nenhum deles. Tudo indica que ele vive no mundo da própria imaginação, que é muito rica por sinal. **Essa foi a vida que ele escolheu para si**!!!

3.14.3 - O GRANDE SUCESSO DO LIVRO DE ANTOINE DE SAINT-EXUPÉRY

Um dos **mais famosos personagens da literatura universal**, o Pequeno Príncipe já estampou uma grande variedade de produtos – de sandália a joia, de chocolate a caderno. Em 2015, estava em evolução uma campanha para que a história virasse um brinquedo de montar. Como curiosidade vale ressaltar, se 10 mil pessoas votarem a favor do projeto no *site* da Lego, a ideia será avaliada pela empresa.

Publicado originalmente em 1943, nos EUA e na França, o livro de Antoine de Saint-Exupéry (1900-1944) não saiu de moda, nem passa algum ano sem figurar nas listas de mais vendidos.

No Brasil (onde as pessoas não gostam muito de ler...), em 2014, foram vendidos quase 142 mil exemplares de *O Pequeno Príncipe*, ficando em primeiro lugar na categoria **infantil**, **juvenil** e **educacional**, deixando para trás fenômenos atuais como *Divergente*, *Convergente*, de Veronica Roth, e *Diário de um Banana*, de Jeff Kinney. No *ranking* geral, ficou na 8ª posição. Nada mal para um título de mais de 72 anos (no Brasil, 64 anos) e que já está em sua 50ª edição.

Em 2015, apesar de existirem diversas versões da obra, no total, vendeu-se quase **230 mil exemplares**, provavelmente graças ao filme que foi visto no semestre semestre, *O Pequeno Príncipe*, uma nova adaptação feita por Mark Osborne.

Ele, que já colhera na DreamWorks o megassucesso com sua animação *Kung Fu Panda*, explicou: "Eu conhecia o livro muito bem. Quando eles (os produtores) me propuseram a adaptação, achei que seria muito difícil fazer uma que fosse fiel. Mas, depois, pensei como o material era bom e que seria uma tolice desperdiçar essa chance. Naturalmente, aceitei um duplo desafio, pois a proposta não foi só adaptar um livro cultuado, mas também fazê-lo de forma independente longe do guarda-chuva protetor de um grande desafio. Sem dúvida, o desafio foi imenso, mas essa oportunidade de adaptar um livro tão amado (e também tão polêmico) não podia ser perdida. *O Pequeno Príncipe* já foi traduzido para **253** línguas e dialetos e vendeu cerca de **160 milhões de exemplares no mundo todo**.

HELGA ESTEB / SHUTTERSTOCK.COM

"A atriz Angelina Jolie no teatro chinës Grauman, em Los Angeles, no lançamento do filme *Kung Fu Panda II* em 22/5/2011."

Esse convite me foi feito em 2010 e a estreia mundial foi fixada para 2015. *O Pequeno Príncipe* não apenas ficou pronto, como fez uma bela figura no tapete vermelho de Cannes, no seu Festival em maio de 2015.

Precisei desenvolver a própria estrutura. Foi como construir os trilhos com o trem já andando, e isso foi assustador. Fiquei um bom tempo com aquele friozinho na barriga, me perguntando se ia dar certo e depois me convencendo de que, sim, ia dar certo. A vantagem de se construir uma estrutura é que você pode inventar. Aliás, no livro, o próprio Saint-Exupéry nos convida a imaginar."

Vale lembrar que Antoine-Jean-Baptiste-Marie-Roger Foscolombe de Saint-Exupéry foi um escritor, ilustrador e piloto francês, terceiro filho do conde Jean de Saint-Exupéry e da condessa Marie Foscolombe. Apaixonado por mecânica desde criança, resolveu ser piloto. Entrou para a Societé Latecoère, que se tornou conhecida como Aéropostale. Fez a linha Toulouse/Casablanca/Dacar, voando sobre o deserto na equipe de pilotos lendários como Mermoz e Guillaumet. Suas experiências inspiraram livros como *Correio do Sul* e *Terra dos Homens*. E, aí, veio *O Pequeno Príncipe*.

No Brasil, houve uma época em que virou moda escarnecer de Saint-Exupéry e de seu personagem.

Quem lê o livro aprende coisas como: "O essencial é invisível para os olhos" e "Você é responsável por aquilo que cativa". São pensamentos profundos, mas, banalizados, que viraram o livro de cabeceira das misses nos anos 1950. Nos anos 1970, o cinema já tentara uma primeira adaptação, em formato de musical, mas embora o diretor fosse o ótimo Stanley Donen, não funcionou.

Na entrevista que deu no decorrer do Festival de Cannes de 2015 Mark Osborne explicou: "O grande desafio para mim foi transformar as delicadas ilustrações do livro em figuras tridimensionais. Uma ideia passou a me perseguir – a de que, para ser fiel ao original, eu deveria me distanciar um pouco dele?!?! E aí surgiu essa história de Mark Osborne, uma garota que troca de vizinhança, como ocorre também na animação *Divertida Mente*, e descobre esse vizinho, um velho piloto que tem um avião enferrujado. Ele lhe conta como encontrou o Pequeno Príncipe no deserto. Volta a voar com a menina. E ela, que acha que o Pequeno Príncipe ficou na Terra e cresceu, parte à procura dele.

A sacada de Mark Osborne foi perceber o quanto a história de Saint-Exupéry é íntima e frágil. Para dar-lhe sustentação, ele a inscreveu numa história maior, que desenvolveu segundo duas técnicas diferentes.

Complementou Mark Osborne: "Fizemos a parte da menina utilizando computação gráfica de última geração. Para a do Príncipe, usamos a *stop motion*, em que pequenas figuras de papel são filmadas e animadas quadro a quadro. Dessa forma, conseguimos reproduzir o visual peculiar das ilustrações do livro.

No total, 250 pessoas trabalharam na animação. Formamos realmente uma família. Foi muito bom termos criado a nossa estrutura!!!"

3.14.4 - A REVISTA QUE VIROU A CABEÇA DO HOMEM: *PLAYBOY*

Pode-se mesmo afirmar que se Deus criou a **mulher**, o editor norte-americano Hugh Hefner a reinventou nas páginas da revista *Playboy*. Com o perdão dos fiéis mais ortodoxos, a comparação figurativa entre os dois "criadores" é **justa**!!!

Hefner revolucionou as publicações masculinas em diversos aspectos. Ao explorar com criatividade novas tecnologias (daquela época...) da indústria gráfica a partir do lançamento da revista, em novembro de 1953, ele rompeu com a fórmula que limitava o conteúdo das revistas masculinas a piadas chulas e machistas e fotos de garotas em poses sensuais – a maioria atrizes, dançarinas e prostitutas.

Playboy mudou o conceito e o preconceito sobre a nudez feminina ao mostrar que as **mulheres ditas sérias gostavam de sexo,** e muito...

A importância de Hugh Hefner, no entanto não se limitou ao feminismo. *Playboy* foi além, do

"Hugh Hefner, o notável criador da revista *Playboy*."

TINSELTOWN / SHUTTERSTOCK.COM

rótulo de revista de mulher nua, quando deu ao leitor o pretexto de desfrutar muitos dos melhores textos e entrevistas da imprensa norte-americana.

Suas reportagens, artigos e entrevistas impulsionaram a revolução sexual que tomou conta da América e dos outros países do Ocidente a partir da década de 1950. Mobilizaram também a opinião pública nos EUA contra o racismo, denunciaram o alto preço que o país estava pagando para manter a guerra no Vietnã (é verdade que os norte-americanos não aprenderam muito com isso, e duas décadas depois envolveram-se numa guerra no Iraque e região, na qual gastaram mais ainda...) e fizeram oposição à direita reacionária.

Ao lançar a *Playboy*, Hugh Hefner também criou uma das publicações mais bem-sucedidas economicamente do século XX. No início do século XXI, sua tiragem média superava os 3,5 milhões de exemplares por mês só nos EUA, sem contar as quase duas dezenas de edições no mundo inteiro.

É verdade que em 2016 a situação mudou muito e é bem preocupante agora.

Muitos livros foram publicados sobre a história de Hefner e sua revista, entre eles *O Livro da Playboy* e *O Livro das Playmates*, ambos da jornalista Gretchen Edgren.

Para descrever o empreendedorismo de Hefner, Gretchen Edgren priorizou o uso da iconografia sobre o texto, fato que facilitou a explicação sobre a enorme popularidade e a influência que a revista alcançou nas quatro últimas décadas do século XX.

Os dois volumes se completam. Um conta a história da revista (*O Livro da Playboy*) e o outro (*O Livro das Playmates*), o *glamour*, as curiosidades e as revelações das estrelas que desfilaram nas suas páginas.

Os dois títulos têm a mesma estrutura e foram divididos em capítulos por décadas, com destaque para o esforço de Hefner em consolidar no mercado uma publicação combatida pela repressão moral e política, marcada pela corrida armamentista da Guerra Fria e que se estendeu pela contracultura dos anos 1960 e 1970, pelos movimentos contra racismo e pela guerra do Vietnã até a contraofensiva conservadora na era Ronald Regam da década de 1980.

A "aventura" de Hugh Hefner começou quando ele tinha 17 anos e apenas US$ 500 para montar uma revista de 54 páginas. E ele fez quase tudo **sozinho** – textos, edição, diagramação e montagem. Também empregou seu dinheiro para adquirir os direitos de publicação na revista de alguns calendários da ascendente estrela Marilyn Monroe.

"A primeira *Playboy* lançada no mundo tendo a Marilyn Monroe na capa."

Para quem imaginava que o **número um** da *Playboy* se esgotou por causa da Marilyn, a repetição nos dois números seguintes provou o contrário. E as vendas não pararam de crescer.

Em dois anos, a *Playboy* superou a *Esquire* em tiragem, e no final da década de 1950 passou a **um milhão de exemplares mensais**.

Hefner foi muito inteligente ao associar os artigos da *Playboy* com as conclusões do famoso *Kinsey Report*, ou seja, um relatório que descrevia a emergente revolução sexual, na qual se buscou enfatizar sexo e ascensão social!!! Nessa época, os EUA tornaram-se o país exemplo do progresso econômico e social para o mundo!!!

Apesar do seu sentido consumista, a revista sofisticou o homem norte-americano, ajudando-o a cuidar da sua aparência, de gostar de roupas, perfumes, esportes e carros.

As capas da revista *Playboy* se tornaram uma atração à parte em razão da criatividade com que foram elaboradas. Discretas, para não provocar **os vigilantes da moral**, traziam colagens, montagens, ilustrações e fotos, sempre com o coelhinho como tema.

Hugh Hefner comentou: "Antes da *Playboy*, a arte comercial e as belas artes existiam em dois mundos diferentes. O nosso diretor de arte Arthur Paul modificou essa ideia ao recorrer a artistas plásticos para ilustrar os artigos e contos da revista, estimulando-os a experimentar diversas técnicas e estilos. É verdade que a inovação diante do humor previsível das revistas foi influenciada pela irreverência da revista *Mad*, lançada em 1955.

Arthur Paul também apostou na produção de *cartoons* e deu a seus autores liberdade para ousar sem restrição quanto aos temas tratados. Assim, ao expor com humor a condição humana, a revista acabou satirizando o sexo e a sociedade, homens e mulheres, trabalho e diversão, luxúria e lamento."

Não se pode esquecer de destacar que, nos anos 1960, a *Playboy* encontrou no herói invencível do cinema, James Bond, interpretado inicialmente pelo ator Sean Connery, o tipo ideal do *bom vivant* ("pessoa que sabe aproveitar a vida"), que tinha tudo a ver com sua imagem: emprego excitante, jeito sedutor e mulherengo, que sabia se vestir bem e com licença para matar!?!?!

A revista publicou, em capítulos, nada menos que quatro livros do seu autor, Ian Fleming. O sucesso ajudou Hugh Hefner a investir em um concurso para escritores e a manter colaboradores ilustres e nos dois casos acabou tendo sucesso com os textos de Carl Sandburg, Henry Miller, Vladimir Nabokov, Philip Roth, John Cleever, Truman Capote, John Updike entre outros.

Hefner foi o primeiro editor a gozar de fama mundial. Vivia com extravagâncias ao lado de belas garotas. Não demorou muito para que seus desafetos o relacionassem a um mulherengo gastador e excêntrico.

A partir de 1962, ele respondeu a essas críticas em 25 capítulos, publicados durante os dois anos e meio seguintes, nos quais definiu o que chama de *Playboy philosophy* (filosofia da *Playboy*). Com todo esse material, provocou um violento debate sobre moral nos EUA, o que causou muita polêmica.

Nessa época surgiu uma outra marca definitiva da revista: **as entrevistas escandalosas**. Os temas das longas conversas não tinham restrições e variavam do picante ao escandaloso, do polêmico ao revelador. Dessa maneira, *Playboy* descobriu que uma boa polêmica ajuda a vender revista. Assim, Hefner se arriscou ao entrar em brigas que dividiam as opiniões no seu país, como a luta contra o racismo e ao publicar as ideias de políticos racistas, simpatizantes nazistas e de líderes negros como os pastores Malcolm X e Martin Luther King. Por exemplo, sobre a questão racial, o famoso ator John Wayne disse: "Não podemos de repente nos ajoelhar e desistir de tudo para os negros. Acredito na supremacia branca até que os negros sejam educados a um ponto de ter responsabilidade."

As discussões políticas nas páginas de sua revista levaram Hefner a colecionar reações bem violentas em forma de censura, e inclusive ser preso e tornar-se um dos principais inimigos do então presidente dos EUA, Richard Nixon.

Um fato que ninguém pode contestar é que Hugh Hefner nunca assexualizou a mulher. Muito ao contrário, tirou-lhe a condição de mero objeto da pornografia machista e a estimulou a fazer a revolução sexual.

Claro que a partir da revista *Playboy* Hugh Hefner conseguiu desenvolver muitos outros negócios ligados a teatros, hotéis, clubes, roupas, acessórios etc., ou seja, surgiu a Playboy Enterprises, que foi administrada de 1988 a

2009 pela filha de Hugh Hefner, Christie Hefner, agora afastada, trabalhando em 2015 como a *chairman* da Hatch Beauty.

Hugh Hefner ainda "tentou" comandar a Playboy Enterprises, cujo CEO atual, Scott Flanders, procurou desenvolver novos negócios, explorando a marca inclusive na China. Isso não está fácil, particularmente com a propaganda negativa que surge de livros, como o de *Down The Rabbit Hole: Curious Adventures And Cautionary Tales Of A Former Playboy Bunny* (algo *como Dentro da Toca do Coelho: As Curiosas Aventuras e Impressionantes Contos de uma ex-Coelhinha da Playboy*), lançado em junho de 2015 pela modelo e ex-coelhinha Holly Madison, no qual ela contou que pensou em suicídio durante o namoro com o excêntrico milionário Hugh Hefner.

Holly Madison, a ex-namorada de Hugh Hefner, que ficou conhecida por meio do *reality show The Girls Next Door (As Garotas na Porta ao Lado)*, chocou o mundo ao fazer declarações polêmicas e chocantes como o uso de drogas, sexo desvairado e loucas festas promovidas pelo dono da *Playboy*. Aliás, tudo isso está no seu livro, no qual revelou que a vida na famosa mansão *Playboy*, em Los Angeles, não era um sonho, mas que transformou-se em um grande pesadelo.

A modelo viveu anos com Hefner na conhecida mansão e no programa de TV que exibia o dia a dia do namoro. Ela foi conhecida como a **número 1** do empresário. Ela era a única que dividia o quarto com ele, enquanto as outras possuíam dormitórios próprios. Durante o relacionamento, ela dividia o namorado com as outras duas beldades: Bridget Marquardt e Kendra Wilkinson.

No livro, Holly Madison discorreu a dura rotina que as três tinham que seguir, as manipulações e brigas "preparadas" com as outras coelhinhas que frequentavam a mansão e, principalmente, as "excentricidades" às quais eram submetidas por Hugh Hefner.

No Brasil, a situação da revista *Playboy* ficou muito ruim, ou seja, ela está indo ladeira abaixo. Aliás, em maio de 2014, ela sentiu um sabor bem amargo ao ter assinado um contrato com a ex-BBB (programa *Big Brother Brasil*) Amanda Gontijo, que participou da 14ª edição do *reality show* da TV Globo, de R$ 800 mil para estrelar a capa da revista e essa foi a edição **menos vendida**!?!?

Nos seus 39 anos da revista, essa foi a primeira edição que ficou abaixo dos 100 mil exemplares. Foram apenas 99 mil exemplares (é verdade que daí para frente as vendas da revista continuaram despencando...). E não se deve esquecer que metade dos exemplares vendidos é de assinantes, com o que o panorama de declínio começou a se evidenciar a partir desse número.

O incrível é que Amanda Gontijo declarou que só aceitaria posar nua por um cachê de R$ 800 mil, sempre lembrando que seu "diferencial" era ser uma ruiva natural, "da cabeça aos pés". Aliás, Amanda deu esse tipo declaração ainda dentro do programa, antes mesmo de negociar com a revista. Levando em conta que a revista conseguiu negociar com as outras ex-BBBs valores que não passaram de R$ 100 mil, se pagou para Amanda o que ela disse, assim, acabou ocorrendo uma evidente relação custo-benefício **nada vantajosa** para a *Playboy*.

A recordista de vendas da *Playboy* foi a edição com Joana Prado, a eterna Feiticeira, que ao todo, no seu primeiro ensaio, vendeu 1,2 milhão de exemplares em 1999. A segunda no *ranking* da revista foi a edição com a Tiazinha, que vendeu apenas 2 mil a menos que a Feiticeira.

Em agosto de 2015, a revista *Playboy* do Brasil completou 40 anos e na edição comemorativa foi preciso fazer algo especial do início ao fim. Seria difícil definir "a mulher que mais impressionou os leitores nesses 40 anos." Loira, morena, negra, oriental, quem seria ela? Ninfeta ou uma beleza clássaica? Famosa ou uma adorável revelação?

O fato é que em 40anos a *Playboy* depiu quem o Brasil mais desejava e tirou a roupa de quem o Brasil nem sabia que existia. Assim, a capa da revista dos 40 anos foi uma homenagem ao **ato de despir**.

Mas em 14 de novembro de 2015, a Editora Abril anunciou que deixaria de publicar as revistas *Playboy*, *Mens´s Health* e *Women´s Health*. Em abril de 2016 saiu a 1ª edição da nova revista *Playboy* editada pelo grupo PBB Enterntainement após a Editora Abril desistir do título no final de 2015.

A atriz brasileira Luana Piovani foi a estrela dessa nova edição que, segundo o *publisher* André Sanseverino, não recebeu cachê pelo ensaio, pois **'corpo de mulher agora não tem preço'.**

E você, acreditou nisso?

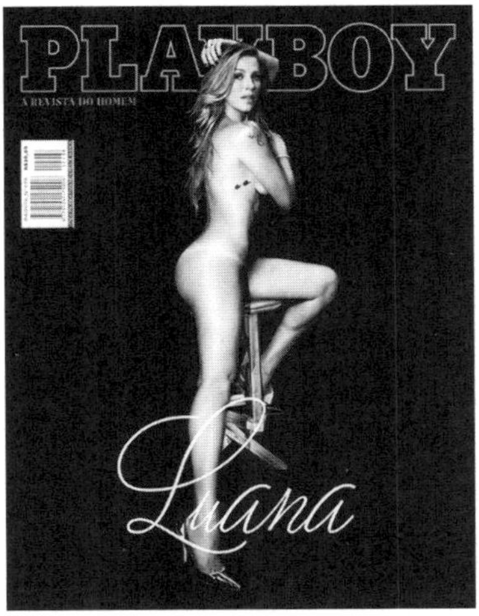

"Luana Piovani, convidada pelo *publisher* André Sanseverino, foia a capa da nova *Playboy*, agora editada no Brasil pelo grupo PBB Enterntainement. Será que a revista vai sobreviver muito tempo?"

Observação importante 3 – A *Playboy* dos EUA, revista lançada em 1953 com uma capa particularmente *sexy* de Marilyn Monroe, anunciou, em outubro de 2015, que em face da concorrência de *sites* pornográficos, iria parar de publicar fotos de mulheres nuas!?!? Essa decisão foi tomada em uma reunião com o fundador da revista, Rugh Hefner, de 89 anos, que ainda consta como o seu editor-chefe!!!

Scott Flanders, executivo da *Playboy*, explicou: "Vamos continuar a publicar fotos de mulheres em poses provocantes, simplesmente, elas **não vão mais estar nuas**!!! A revista vai construir uma imagem nova e afastar do que se exibe em *sites* pornográficos que oferecem gratuitamente todos os atos sexuais imagináveis. Na nossa concepção, a publicação de fotos com mulheres nuas está totalmente ultrapassada."

No Brasil, houve, além disso, uma outra mudança significativa, pois a revista *Playboy* deixou de ser editada pelo grupo Abril e a empresa norte-americana *Playboy* Enterprises passou esse direito para uma *start-up*, a PBB Entertainment (cuja a sigla significa *Playboy* Brasil), constituída por investidores sem experiência no ramo editorial...

Comentou o principal sócio da PBB Entertainment, Edson Marcos de Abreu: "A nossa ideia é trazer as divas de volta à revista, que ultimamente esteve focada em celebridades instantâneas. O objetivo é que a mulher na capa dispense apresentações.

A edição impressa da *Playboy* funcionará como base de uma estratégia em que o **digital** ganhará prioridade e visibilidade, assim, além de um novo *site*, a nossa ideia é lançar aplicativos usando a marca. A nova *Playboy* também deverá incluir um negócio de eventos."

Em março de 2016, o jornal *The Wall Street Journal* divulgou que a *Playboy*, pode ser vendida.

3.14.5 - *BOOKTUBERS* FAZEM SUCESSO NA *WEB* COM VÍDEOS SOBRE LIVROS DE PAPEL!!!

O termo *booktuber* surgiu em 2011, usado pelo australiano de apelido Bumblesby como denominação para pessoas que faziam críticas e comentários sobre lançamentos editoriais no YouTube — inclusive ele. Portanto, os *booktubers* são as pessoas, na sua maioria jovens, que se dedicam a resenhar livros de papel em vídeos no You Tube.

A professora de inglês Tatiana Feltrin foi a primeira a fazer vídeos falando de livros no Brasil. Ela relembrou: "Comecei esse trabalho em meados de 2007, e fazia isso sozinha. Até 2011, eu conseguia estar inscrita em todos os canais brasileiros sobre livros, que eram cerca de uns 50. Hoje em dia isso é impensável, pois o número cresceu muito.

Tatiana Feltrin é prova de que o nicho se transformou em sucesso de audiência. Ela tem quase 10 milhões de visualizações em seu canal, o Tiny Little Things, no qual aborda de Carl Sagan a Sêneca, com o que consegue faturar em média R$ 1,2 mil por mês em anúncios. Porém, seus ganhos maiores vem das participações em eventos, palestras e vídeos pagos pelas editoras!!!

Tatiana Feltrin disse: "A comunidade tende a crescer mais, mas não tenho uma visão otimista. Estou vendo muita gente começando um canal para entrar na onda, ganhar notoriedade e livros de graça das editoras!!!"

A Livraria Cultura, por exemplo, no dia 2 de junho de 2015, promoveu, no seu auditório, um encontro dos *booktubers* e os seus fãs, do qual também participaram 12 editoras que enviaram livros e materiais promocionais. A DarkSide Books foi uma delas. Apostando em uma ampla divulgação nas redes sociais e criando uma boa relação com *booktubers*, a editora tenta fortalecer sua presença na *Web*.

"O *booktuber* Cristiam Oliveira que colabora com o seu trabalho na popularização da literatura."

Christiano Menezes, sócio-fundador da DarkSide Books disse: "A nossa empresa não existiria sem a Internet. Essa relação entre Internet e literatura traz novas possibilidades para criar, ler, discutir, interagir. Assim, buscamos ter um DNA totalmente *on-line*. Esta aproximação com os leitores pela *Web* é o caminho para as editoras tradicionais conseguirem melhor divulgação. Porém isso deve ocorrer a partir de diálogos verdadeiros; caso contrário não funciona."

Vários autores também estão usando a *Web* como parceira na divulgação de seus livros, sendo assim os próprios *booktubers*.

A Internet e a literatura não são inimigas, mas também não se trata de gêmeos univitelinos. Claro que a obrigação inicial de um escritor é a de elaborar um bom texto para só depois se preocupar a divulgá-lo na Internet. Naturalmente, se ele(a) já tem alguns livros, é possível criar inclusive clubes de fãs. Esses fãs dão um *feedback* muito útil para os autores.

Os *booktubers* representam a democratização da opinião literária na Internet. Qualquer um pode criticar, e é de igual para igual.

Tudo indica que se vive numa nova fase da literatura na Internet, a qual vai dar um maior fôlego aos livros.

Com a popularização dos *blogs* e *booktubers*, a literatura é que ficou em **evidência**!

3.14.6 - CENSURA PRÉVIA A BIOGRAFIAS

No dia 10 de junho de 2015, em votação unânime, o STF (Supremo Tribunal Federal) liberou a publicação de biografias não autorizadas no Brasil, alvo de uma das maiores polêmicas da área cultural da história recente do País.

Os nove ministros presentes no plenário consideraram **inconstitucional a exigência de aprovação prévia** do biografado ou de seus familiares para a publicação da obra. O STF entendeu que não se aplicam a esse tipo de obra dois artigos do Código Civil que autorizavam a proibição.

As exigências, decidiram os ministros, representam **censura** – o que é incompatível com a liberdade de expressão garantida pela Constituição. Segundo a Corte, se alguém se sentiu ofendido, há mecanismos para recursos ao Judiciário garantidos em lei, como indenizações, pedidos de resposta e retratações.

Proibições de biografias são notícia no Brasil há tempos. Nos últimos anos, o debate ficou associado à figura do cantor Roberto Carlos, que obteve a **interdição** de uma biografia sobre ele em 2007 e depois virou uma espécie de porta-voz da causa.

Roberto Carlos foi um dos criadores do Procure Saber, associação que reuniu ainda Caetano Veloso, Gilberto Gil e Milton Nascimento, entre outros artistas, representados pela produtora Paula Lavigne. O grupo, que encampou a tese da autorização prévia, perdeu apoio na opinião pública e se distanciou da causa à medida que o debate tornou-se nacional e avançou no STF. Por seu turno, em 2012, a Associação Nacional de Editores de Livros (Anel) entrou com uma ação na corte questionando a constitucionalidade da autorização prévia.

A relatora do caso, a ministra Cármen Lúcia, considerou que o direito a ampla liberdade de expressão não pode ser suprimido pelo direito das pessoas públicas à privacidade. Disse a ministra: "Censura é uma forma de cala-boca. Pior ainda, de calar a Constituição. O que não me parece constitucionalmente admissível é o esquartejamento da liberdade de todos em detrimento da liberdade de um. Cala a boca já morreu, é a Constituição do Brasil que garante."

Ela apresentou um voto recheado com frases e ditados populares. Encerrou o voto com a clássica citação do escritor Guimarães Rosa (1908-1967): "Há risco de abusos, não somente no dizer e no escrever. Mas a vida é uma experiência de riscos. A vida pede de cada um de nós coragem."

O julgamento foi acompanhado pelo jornalista e biógrafo Paulo Cesar de Araújo, autor do livro *Roberto Carlos em Detalhes* – a obra vetada pelo cantor. Ele comemorou a decisão do STF e disse que pensa em escrever uma versão atualizada da biografia – que foi retirada de circulação após acordo entre cantor, autor e editora. Araújo declarou não ter tratado do tema com nenhuma editora e que inicialmente precisa consultar seu advogado, pois alguns especialistas dizem que a decisão do STF não é retroativa e, portanto, ao menos em tese, **aquele livro não poderia voltar a ser publicado**.

O biógrafo pensa diferente e salientou: "É o mesmo que, no dia seguinte à Lei Áurea, o senhor de escravos dizer que tem uma carta da Justiça que lhe dá direito a possuir aqueles escravos."

O biógrafo premiado e processado, Fernando Morais, falou sobre a decisão do STF: "Foi uma vitória da luz contra a treva, da civilização contra a barbárie. Não é uma vitória dos autores ou dos editores, mas sim da sociedade, que recupera seu direito de saber de sua própria história. Trata-se não apenas de uma vitória das biografias, mas de toda a produção de não ficção."

"A notável coleção escrita por Lira Neto sobre Getúlio Vargas."

Autor de trilogia sobre a vida de Getúlio Vargas, o escritor Lira Neto, comentou: "O que pouca gente percebeu é que não apenas o gênero biográfico que estava sob inadmissível ameaça. Afinal de contas, o famigerado artigo 20 do Código Civil não restringia, textualmente, a proibição e a censura apenas às biografias não autorizadas. Até então, qualquer narrativa histórica ou jornalística, tese acadêmica publicada em forma de livro e posta à venda em uma livraria, filme, documentário, minissérie ou mesmo qualquer simples notícia de jornal, tudo poderia ser enquadrado no obscurantismo da **exigência da autorização prévia**."

Ruy Castro, que já escreveu sobre pessoas célebres, entre outras, Garrincha e Nelson Rodrigues, também falou sobre o futuro: "Espero que façam logo as biografias do Chico, do Caetano, do Gil, mas biografias para valer, e não os panegíricos que saíram até hoje. Serei o primeiro a comprar."

Não se pode esquecer que, há cerca de dois anos, esses cantores se posicionaram contra obras não autorizadas!?!?

Roberto Feith, vice-presidente da Anel, responsável pela Ação Direta de Inconstitucionalidade, comemorou o resultado emocionado, dizendo: "Não imaginávamos, há três anos, que esse julgamento ganharia a repercussão que tomou. Sou muito grato por ver que o debate chegou à sociedade e que, agora, ganhamos. Com essa vitória, acredito que o mercado editorial vai viver um momento de publicação efervescente de biografias."

Deve-se recordar que Roberto Carlos, em 2007, deixou o grupo Procure Saber e fundou o Instituto Amigo. Foi essa entidade que o representou no julgamento do STF como *amicus curiae*, ou seja, a parte interessada na causa.

Ela divulgou a seguinte mensagem: "Ficamos muito satisfeitos com o resultado na Corte, mesmo que o veredito derrote a posição encampada originalmente por Roberto Carlos. Este equilíbrio entre o direito à informação e o direito à dignidade da pessoa, com a proteção de sua honra, privacidade e intimidade são exatamente os valores que o Instituto Amigo e Roberto Carlos defenderam desde o início de **sua luta.**"

Observação importante 4 - Um exemplo típico de quanto se consegue ganhar com os direitos autorais é a publicação do quarto volume da série *Millennium*, criada pelo sueco Stieg Larsson (1954-2004), aclamada como uma das franquias literárias de maior vendagem da história.

Os manuscritos das três novelas que originalmente constituem a série foram publicados depois da morte de Larsson em 2005. Agora, seus herdeiros – pai e irmão – contrataram um escritor – o sueco David Lagercrantz – para produzir a continuação da franquia que já vendeu mais de 80 milhões de exemplares.

Assim, no dia 27 de agosto de 2015, com muita pompa, foi lançado o 4º volume da saga *Millennium, A Garota na Teia de Aranha*, no qual estão figuras da NSA, a agência norte-americana de segurança, atuando a serviço de interesses privados em conluio com grupos criminosos.

Com muito sexo, violência, autismo, IA e uma enorme tatuagem de um dragão, ou seja, por meio de uma descomunal barafunda que o jornalista David Lagercrantz elaborou o seu *A Garota na Teia de Aranha*. Ele leu e releu todas as tramas produzidas por Larsson, para decorar tudo, recriar

"Você acha correto contratar um novo autor para continuar a trilogia de *suspense* e ação *Millennium*, ou seja, de Stieg Larsson (foto ao lado), para escrever um quarto volume *A Garota na Teia de Aranha*.
Nesse livro novamente se destaca a jovem *hacker* Lisbeth Salander, interpretada, em 2011, por Rooney Mara no filme *The Girl with the Dragon Tattoo*."

o trabalho dele e colocar algo próprio na nova história. Comentou David Lagercrantz: "No tempo em que Larsson escreveu, os *hackers* – inclusive a super-*hacker* do livros, Lisbeth Salander – eram indivíduos fora da lei. Hoje em dia, como mostrou recentemente Edward Snowden, quem faz a espionagem são as corporações, os Estados, com o que o trabalho das pessoas como Lisbeth Salander é cada vez mais necessário.

Tive que superar muitos desafios, e o principal foi encontrar uma trama, inclusive adequando-a aos novos tempos. Fiz o livro com muita paixão e é o trabalho da minha vida. Talvez até escreva um quinto livro, mas, depois, vou para outros desafios literários..."

A companheira de Larsson, Eva Gabrielsson, que não é herdeira legal do escritor, condenou a sequência, classificando-a como uma mera manobra para faturar mais algumas dezenas de milhões de dólares, pois o livro *A Garota na Teia de Aranha* foi lançado simultaneamente em dezenas de países (inclusive no Brasil), com uma tiragem mundial inicial de cerca de **2,7 milhões de exemplares**.

Joakim e Erland Larsson, pai e irmão de Stieg, negaram a intenção. Dizem que não se trata de fazer dinheiro rápido e que os lucros serão repassados (uma parte deles...) para a *Expo*, revista antirracismo da qual Stieg foi cofundador.

As críticas dos especialistas sobre o livro *A Garota na Teia de Aranha* foram boas, mas isso não significa que haverá um quinto livro, como não houve até agora o segundo filme para seguir o primeiro: *Millennium: Os Homens que Não Amavam as Mulheres* (2011), que teve como atores principais Daniel Craig e Rooney Mara, película orçada em US$ 90 milhões e que faturou no mundo **"só"** US$ 135 milhões. Ou seja, não foi um fiasco, mas também não estourou.

Vamos acompanhar o que ocorrerá com esse livro de David Lagercrantz e se haverá um quinto volume, não é?

De qualquer forma, dá para sentir a força da EC, com um escritor recebendo um significativo montante com os direitos autorais da venda de milhões de seus livros.

Isso, porém, não é nada fácil de conseguir!!!

Observações importante 5 - No século XXI, com tantas mutações no setor editorial e com a crise econômica que abalou muito os negócios no Brasil, uma referência no mercado de livros de arte de luxo, a Editora Cosac Naify, por decisão de seu fundador, o editor Charles Cosac, **encerrou as suas atividades** no final de 2015, isso quase **20 anos após o seu nascimento!?!**

Com cerca de 1.600 títulos no catalogo de clássicos, como de Tolstoi a monografias de artistas, passando por romancistas estrangeiros, como o espanhol Enrique Vila-Matas e o português Valter Hugo Mãe, a Cosac Naify surgiu como editora do livro *Barroco de Lírios*, de Tunga, e vai encerrar sua historia com o livro do artista pernambucano que esta na elaboração final...

Charles Cosac explicou: "Estou fechando a editora não por causa da crise econômica atual, se bem que ela tem também o seu peso. Só o meu desejo para que a editora existisse não justificaria a sua manutenção, pois os nossos projetos culturais estão muito ameaçados neste momento.

Estamos em uma situação deficitária devido ao alto investimento que demandam os nossos projetos editoriais, alguns com produção gráfica sofisticada e sem a garantia de retorno financeiro. Somos uma editora *cult*, cujos livros são destinados a professores acadêmicos e estudantes de arte, e não gostaria de ver nossa linha editorial desvirtuada.

Meu interesse inicial, como um editor que estuda e coleciona obras de arte, foi produzir monografias para divulgar a produção contemporânea brasileira, como foi o caso mais recente do livro dedicado à artista carioca Elizabeth Jobim, filha do compositor Tom Jobim.

Para poder manter outras coleções, investimos na publicação de alguns clássicos da literatura de domínio público, como os de Tolstoi – um dos *best-sellers* da editora até hoje – ou como ocorreu recentemente como o lançamento de *Novelas Exemplares*, de Miguel de Cervantes.

Entretanto, isso não foi suficiente...

Não se pode manter uma editora vendendo meia dúzia de títulos, como foi o caso da coleção de artes da Yale University, lançada logo no início, ou então buscar edições experimentais, múltiplos de luxo, numerados, que na sua maioria não deram certo, pois o nosso País não tem essa tradição.

Vejo, assim, a editora se descaracterizando, se afastando daquilo que fez dela tão querida, e prefiro encerrar as atividades a ter de buscar uma solução que possa comprometer o seu passado.

Não criei a editora para recauchutar obras em domínio público. Quero que ela termine como começou, não gostaria que ela entrasse em decadência.No final de tudo, para mim, o balanço foi muito positivo, pois conheci muitos autores, publiquei outros que amava, como Goncharov, e só lamento em não ter editado algumas outras obras, mas espero que surja alguém entusiasmado para preencher o nicho que ocupamos e encontre um ambiente mais favorável para as obras voltadas para a arte e cultura."

Uma grande perda para o Brasil é esse desaparecimento da Editora Cosac Naify e, em especial, para aqueles que militam em alguns dos setores de EC!!!

360B / SHUTTERSTOCK.COM

"Na Feira do Livro de Frankfurt 2015 escolheu-se o tema tolerância para homenagear inclusive o escritor Salman Rushdie, o que desagradou muito o Irã, cuja delegação oficial deixou o evento...
Ciente disso, Rushdie declarou: 'Publicar começa a parecer uma guerra. Mas uma editora e os escritores não são guerreiros, pois não temos armas ou tanques. Entretanto não podemos bater em retirada, pois somos os guardiões da liberdade de expressão.'"

3.15 *SOFTWARE*

3.15.1 - CONCEITOS GERAIS

"Tim Berners-Lee, o criador da *World Wide Web*."

Elaborar e criar programas de computador é uma atividade claramente criativa e Tim Berners-Lee, criador da *World Wide Web*, Richard Stallman e Linus Torvalds, inventores do *software* livre e do *Linux*, devem ser considerados como algumas das pessoas mais criativas do final do século XX.

Talvez faça sentido incluir cada tipo de *software* em um categoria relevante. Portanto, assim, a criação e a venda de *software* para um processo industrial seria incluso em P&D e o CAD (*computer aided design* ou projeto com auxílio de computador) seria incluído em *design*.

Porém, as pessoas que trabalham com computadores se veem em um ramo distinto e por isso devem estar em uma categoria separada. Isso inclui desde as grandes equipes criativas e talentosas que elaboraram o primeiro *Windows* e aperfeiçoaram, até a versão *Windows 10* (lançado em 2015), bem como todos aqueles (centenas de milhares de pessoas) que criam programas com as mais variadas aplicações, incluindo-se aí os *apps* (aplicativos) para os telefones celulares.

"O surgimento cada vez maior dos mais variados *softwares* ou aplicativos *(apps)* tornou o uso de *notebooks*, *tablets*, telefones celulares extremamente eficiente e útil."

Por exemplo, em um anúncio feito em 9/1/2015, a App Store divulgou que faturou US$ 15 bilhões com venda de aplicativos em 2014.

Dessa maneira, as receitas cresceram 50% em 2014, pois em 2013 a App Store havia faturado US$ 10 bilhões. Os desenvolvedores de aplicativos receberam US$ 10 bilhões com vendas de aplicativos durante 2014.

O impressionante é que apenas nos primeiros dias de 2015, a App Store já registrou dois recordes no novo ano. O dia 1º de janeiro foi o melhor dia da história da loja em faturamento. Além disso, a primeira semana de 2015 marcou os melhores sete dias de vendas da história da App Store: quase meio bilhão de dólares foi gasto na loja nos primeiro sete dias de janeiro.

Para cada dólar gasto na App Store, a Apple recebe 30 centavos.

Segundo a Apple, a empresa cria ou mantém mais de um milhão de vagas de trabalho nos EUA, sendo que dois terços desses empregos estão relacionados ao "ecossistema do *iOS*", como desenvolvedoras de *apps* para o sistema.

A Apple revelou também que, atualmente, os usuários dos seus dispositivos fazem cerca de 850 *downloads* de seus aplicativos por segundo, resultando, com isso, que bem mais de 110 bilhões de *downloads* já foram feitos desde que abriu sua loja de *apps*.

➛ **O que você acha caro(a) leitor(a), os desenvolvedores desses aplicativos ganham com os seus direitos autorais mais do que a grande maioria de autores de livros?**

Com certeza, pois recebem 70% do valor de venda desses aplicativos, os quais variam de US$ 1 até US$ 50, mas a quantidade negociada é tanta, que o montante de dinheiro que vai para eles é bem representativo. Atualmente, há no mundo todo centenas de milhares de desenvolvedores de aplicativos que alcançam sucesso e que vivem bem remunerados nessa era da EC.

Falando de *softwares* bem mais sofisticados e que fazem novamente empresas como o Google ou a Apple ganhar muito dinheiro, deve-se refletir sobre o que está ocorrendo com o *Android*, o *iOS* e *Mac OS*.

O número de *smartphones* e *tablets* que serão vendidos em 2015 com o sistema *Android* deverá ultrapassar a barreira de 1 bilhão, mais precisamente chegar a 1,2 bilhão de usuários, sendo que a maior demanda está ocorrendo em mercados emergentes como o Brasil. Já os sistemas *iOS* e *Mac OS*, da Apple, deverão estar em algo próximo de 400 milhões de novos *iPhones*, *iPads e Macs* em 2015.

Na grande mostra Consumer Electronics Show (CES), realizada no início de 2014, em Las Vegas (EUA), o presidente da Sony, Andrew House anunciou o lançamento oficial do serviço de *streaming* de *games*. Assim, o *Playstation Now* (*PSN*) permitirá aos jogadores ter acesso *on-line* aos seus *games* favoritos a partir dos consoles da empresa (*PS4*, *PS3* e o *PS Vita*) e também por meio de *tablets*, TVs e *smartphones*. Esse é o primeiro investimento em *streaming* feito por uma grande empresa do setor de *games* e tudo indica que a moda vai pegar...

No dia 19 de fevereiro de 2014, o Facebook, em resposta à tendência de migração de usuários jovens para aplicativos de mensagens instantâneas e ao uso cada vez maior de dispositivos móveis como *smartphones* e *tablets*, realizou o maior negócio em sua história de dez anos: comprou o WhatsApp por US$ 16 bilhões, pagando US$ 4 bilhões em dinheiro e US$ 12 bilhões em ações da empresa! Esse acordo pode chegar a US$ 19 bilhões, pois prevê um adicional de US$ 3 bilhões em ações que podem ser adquiridas pelos fundadores e funcionários do WhatsApp até 2017.

Em janeiro de 2015, o WhatsApp tinha mais de 700 milhões de usuários ativos, sendo o aplicativo de mensagens instantâneas com o maior número de adeptos no mundo até essa data. O serviço administra algo próximo de 27 bilhões de mensagens por dia!!!

Nunca um concorrente do Facebook pagou tanto em uma aquisição e entre eles estão o Google (US$ 12,5 bilhões pela divisão de celulares da Motorola depois vendida para a Lenovo); a Microsoft (US$ 8,5 bilhões pelo Skype); a Apple, que raramente pagou mais de US$ 1 bilhão por um negócio, mas que em 2014 comprou o fabricante de fones de ouvido Beats Electronics por US$ 3 bilhões.

O CEO e fundador do WhatsApp, o ucraniano Jan Koum, virou executivo do Facebook, fazendo parte de seu conselho de administração, mas após a venda, em um *post* no *blog* do Facebook, declarou: "Eis o que isso muda para vocês, nossos usuários: **nada**!!! A empresa permanecerá autônoma e independente e não haverá mudança nos preços do aplicativo."

O *app* criado por Jan Koum gera receitas ao cobrar pela instalação no *iPhone* (US$ 0,99) e uma anuidade de US$ 0,99 após o primeiro ano dos usuários do *Android* (sistema operacional do Google).

Essa compra do WhatsApp pelo Facebook reforça a dimensão do alcance dos aplicativos de mensagens em todo o mundo. Após superarem o

SMS (*short message service*) em número de mensagens enviadas em 2012, o uso dessas plataformas cresceu 203% em 2013 e continua crescendo... São serviços como o WhatsApp, Viber (adquirido pela japonesa Rakuten por US$ 900 milhões), Snapchat (que envia mensagens, imagens e vídeos que depois de lidos e vistos se destroem), WeChat, Line, Kakao Talk que estão proliferando cada vez mais.

Combinando elementos de mensagens de texto e redes sociais, esses serviços oferecem um caminho rápido e de baixo custo para troca de mensagens entre usuários de plataformas móveis; por isso a taxa de crescimento dos *apps* de mensagem triplica a cada ano e supera a de todas as outras categorias de aplicativos.

Esses resultados afetaram não apenas o lucro das operadoras, mas também o do Facebook, que começou a perder usuários para essas plataformas, especialmente os jovens, que tentam de todas as formas fugir da patrulha dos pais e professores na rede social.

Os jovens não querem gastar uma hora do dia para ficar a par do que aconteceu nas últimas 12h da linha do tempo deles. Eles querem ir direto ao ponto, aos perfis que querem acessar. Na realidade os jovens, mais que ninguém, estão sempre buscando filtros para chegarem mais rápido possível ao que lhes interessa. Naturalmente, com redes menores isso fica mais fácil.

Em sua página no Facebook, Mark Zuckerberg, fundador e executivo-chefe da rede social, postou que: "O nosso Facebook Messenger – um serviço de mensagens – é largamente usado para bater papo na rede, e o WhatsApp é para se comunicar com os contatos e com grupos pequenos de pessoas. Já que o WhatsApp e o Messenger servem para usos tão diferentes, vamos investir em ambos."

A presidente do Google para as Américas, Margo Giorgiadis ressaltou: "A tecnologia está possibilitando repensar boa parte de nossa vida, não apenas o consumo. Isso porque os eletrodomésticos que temos em casa, os carros, tudo está sendo conectado à Internet. E o objetivo disso é um só: **facilitar a vida das pessoas**!!! Por exemplo, os aplicativos para pedir um táxi são um sucesso no mundo todo, inclusive no Brasil, e a razão é muito simples: eles tornam a tarefa de encontrar um carro muito mais fácil.

Infelizmente, ainda mais de 90% do varejo mundial ainda é físico, isso porque as pessoas gostam de ver o produto antes de comprá-lo; entretanto, agora, quando chegam a uma loja já pesquisaram muito sobre o mesmo na Internet, sabendo inclusive quem o oferece pelo menor preço.

"Aí está Kris Duggan, presidente da Better Works, que fez um *software* para escritório que fundiu aspectos de redes sociais, monitoramento de atividades físicas e *videogames*, um sistema que visa manter funcionários mais engajados com seu trabalho e entre si."

Muitas coisas podem e vão ser melhoradas no tocante aos aplicativos. Para usar um aplicativo, seja ele de uma loja *on-line* ou não, é preciso pegar o celular, destravá-lo, procurar o aplicativo, abri-lo e colocar a senha. Essa sequência é enfadonha, uma barreira que precisa ser eliminada. Precisamos ter mais eficiência nesse processo. O ideal seria pegar o telefone, **falar** qual informação é necessária e receber uma **resposta assertiva**. É por isso que várias empresas têm investido em tecnologias de reconhecimento de voz.

Num futuro, não muito distante os aplicativos vão se interligar totalmente. Imagine uma pessoa que fez uma reserva num restaurante para encontrar um amigo. No caminho, depara com um tráfego intenso, vê que vai se atrasar e perder a reserva. No lugar de digitar o telefone do restaurante para desmarcar a reserva e o do amigo para avisar que os planos mudaram, o usuário vai resolver tudo com um único comando de voz que fará as duas comunicações depois...

As empresas, atualmente, na sua maioria, não conseguem comunicar-se de forma eficiente com seus clientes no mundo *on-line*. Por isso, serão os celulares a via primária de interação das empresas com os consumidores. As empresas mais bem-sucedidas são aquelas que já estão providenciando a transição do computador para o *smartphone*.

Apesar de em 2016 o Brasil estar enfrentando um momento de correção na sua economia, mesmo assim a sua classe média vai se expandir. Aliás, nesses últimos 12 meses houve uma venda significativa de *smartphones* no País."

Observação importante 1 - Você sabe que em breve um robô vai dobrar corretamente qualquer roupa?

Pois é, existe uma constatação que dona de casa japonesa **padrão gasta, em média, um ano da sua vida dobrando roupa**!!!

Tudo indica que, a partir de 2017, as famílias mais abastadas com condições de pagar US$ 10 mil por um robô, terão um que faça essa tarefa doméstica: **dobrar corretamente a roupa**.

No início de outubro de 2015, uma parceria das empresas Panasonic, Seven Dreamers e Daiwa House, apresentou, durante a principal feira de tecnologia do Japão – a Ceatec –, o *Laundroid*, ou seja, a primeira máquina (o robô) capaz de entregar a roupa dobrada, pronta para ser guardada no armário. Apesar de ter sido escondido dentro de um painel que o resguardou das observações da concorrência, o robô passou e dobrou uma camiseta básica de malha e foi só... Entretanto, o presidente da Seven Dreamers, Shin Sakane, explicou: "A nossa máquina já é capaz de manusear 40 diferentes peças de vestuário. O mais difícil foi ensinar a reconhecer como se devia dobrar cada roupa. Para isso ser conseguido, foram quase 10 anos de pesquisa."

Deve-se salientar que a Panasonic, parceira na empreitada com o *Laundroid*, gastou bem pouco dos 6% disponibilizados em sua receita mundial para os gastos em P&D no mundo todo.

Na feira Ceatec, filas enormes se formaram em frente ao estande da Panasonic, para conhecer sua casa integrada, na qual equipamentos sofisticados e câmeras atendem à voz do morador e nela o espelho pode informar para quem se coloca na sua frente, como está sua pressão e batimentos cardíacos, enquanto lhe sugere uma maquiagem ou um novo visual de barba ou bigode. Dá para perceber que a Panasonic está envolvida com P&D em muitos segmentos, não é?

3.15.2 - APLICATIVO ATERRORIZADOR, MAS POUCO EFICIENTE PARA ALGUNS...

Pois é, hoje já existem aplicativos incríveis que inclusive estão aptos a censurar aqueles que fazem uso deles...

No Vale do Silício, surgem a cada dia novos *softwares* e alguns deles servem, por exemplo, para controlar os gastos de uma pessoa, especialmente de alguém mais jovem, que geralmente é bem intrépido, que não sabe controlar seus impulsos de consumo e acaba se endividando.

Um aplicativo bem popular é o *Level Money*, muito usado por aqueles que têm dificuldade de controlar as suas finanças e que até o fim de 2015 já tinha sido baixado quase **1 milhão de vezes**.

Ele foi adquirido em 2015 pelo grupo Capital One, é **gratuito** e não exige dos usuários que eles abram uma conta bancária ou usem um cartão de débito especial.

Ben Steverman descreveu no *Bloomberg* a sua experiência com o *Level Money* da seguinte forma: "Aderir a ele e fazer o *link* com minha conta bancária e minhas contas no cartão foi **bem fácil**. Ele foi em frente e analisou meu extrato bancário, identificando meu contracheque e as despesas recorrentes – aluguel, serviços públicos, Netflix etc. – com apenas algum ajuste bem ocasional meu.

Deixou uma impressão inicial boa.

Então ele sugeriu: **separe dinheiro para sua poupança mensal**!

Tudo bem.

Ajustei um pequeno medidor para estabelecer meus níveis diário e mensal de poupança e gastos. A essa altura eu já estava um pouco desapontado com essa sugestão!

Quanto dinheiro devo economizar a cada mês?

Era justamente esta dúvida que eu esperava que o *Level Money* pudesse me responder. Então eu fiz uma suposição, e o *Level Money* imediatamente começou a observar meus gastos e me enviar informações um dia sim, um dia não... Foi como receber mensagens de um novo e sinistro amigo interessado demais nas coisas que fazia, obviamente com o meu dinheiro. Numa delas veio escrito: **'Estamos impressionados!'**, e em um outro **'Boomshakalala!'**

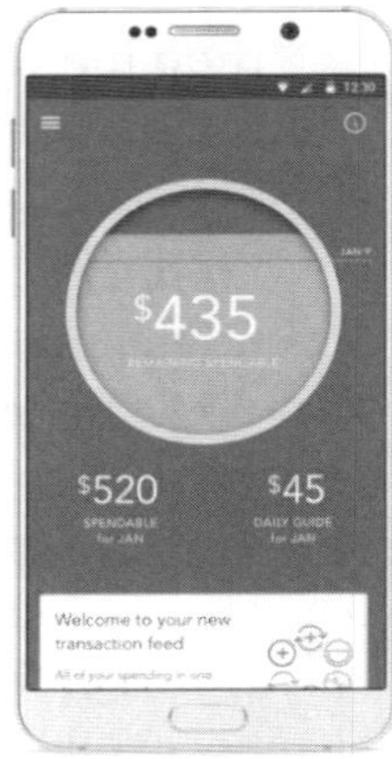

"Aí está o *Level Money* em ação!!!"

Como um *cyborg* que ainda não assimilou todos os idiomas humanos, ele rugiu: '**Furacões trovejantes! Estamos felizes em informá-lo que você**

gastou menos de 50% do dinheiro semanal disponível'. E isso era verdade, pois eu acabara de gastar US$ 240 com ingressos de teatro e reservara US$ 560 para um feriado prolongado.

'É um bom dia', disse-me o *Level Money* uma outra ocasião. 'Seu banco acaba de registrar um grande depósito!' Obviamente que ele registrou, pois eu havia acabado de depositar um cheque de US$ 290.

Um dia decidi transferir parte de minhas economias para um fundo. O *Level Money* interpretou isso como um gasto e reclamou severamente: 'Você está gastando demais este mês!' Aí comecei a gastar escondido (!?!?) do *Level Money*.

Quase sempre pago minhas contas nos bares em dinheiro – detesto a inconveniência de passar meu cartão de crédito para um balconista e pegá-lo de volta no fim da noite, e é mais fácil dar gorjeta em dinheiro vivo. Assim o *Level Money* ficou sem ter como saber o quanto eu gastava com cerveja e outras coisas...

Eu também queria saber quanto estava gastando com táxis, o Uber, roupas, livros e almoços fora de casa durante a semana. O *Level Money* também não foi de muita ajuda aqui, muito embora nesses casos eu geralmente usasse o cartão de crédito. Ele permite a você categorizar manualmente cada transação. Isso é muito mais trabalho do que eu queria ter. O problema é em grande parte técnico. Os sistemas de pagamento colocam as transações em uma categoria geral, com alimentos, entretenimento ou transporte, mas é perceptível que os dados não são confiáveis.

O *site* de finanças pessoais Mint.com mostra seus gastos por categoria, mas os usuários precisam fazer o *login* para corrigir as suposições do *software*. Aliás, neste mês, por exemplo, a minha conta no Mint.com classificou um gasto de US$ 100 como uma transação de 'restaurante', mas, na verdade, a despesa foi feita em uma loja de aluguel de bicicletas.

Ao usar o *Level Money* nas tarefas mais simples, como verificar meu saldo, recebi uma pergunta: 'Está gostando do *Level Money*?'

Francamente, não!!!

Após mais de um mês com o *Level Money* no meu celular, percebi que não havia mudado nenhum de meus hábitos. Não tinha ainda uma visão concreta dos meus gastos.

O *Level Money* monitorava meus gastos, mas eu já podia observar os altos e baixos de meus saldos da conta corrente e do cartão de crédito pelo aplicativo regular do meu banco."

Provavelmente, nem todos tem a opinião de Ben Steverman sobre o *Level Money* e há os que vão achar o aplicativo muito útil. Sem dúvida, numa era em que é fácil gastar com um simples clique, algumas pessoas certamente precisarão de uma ajuda extra para acompanhar seus gastos.

Segundo Jake Fuentes, executivo-chefe do *Level Money*: "O nosso aplicativo permite que o usuário tenha uma sensação de total claridade sobre como se desenvolve o processo de gastos e depósitos de dinheiro de uma pessoa."

Já Alex Sion, presidente do banco *on-line* Moven, salientou que já existem aplicativos melhores que o *Level Money* que podem ajudar as pessoas a serem "mais diligentes e manter um melhor controle de suas finanças". As pessoas querem algo mais do que ficarem atentas, ou seja, gostariam de ter dinheiro sobrando no fim do mês!!! Muitos indivíduos vivem ainda no mundo da fantasia de que com um aplicativo vai ser bem fácil economizar!?!?

Os seres humanos, de uma forma ingênua, ainda acreditam que como por mágica, guardando R$ 20 aqui e R$50 ali, vão acabar sendo milionários. Cortar esporadicamente um bom café da manhã numa padaria *premium* não irá influenciar significativamente o processo de acumular um montante de dinheiro para viver na aposentadoria tranquilamente...

Economizar, de fato, exige uma ponderação cuidadosa das prioridades nos gastos, dia após dia. É preciso abrir mão de alguns dias de férias em um *resort* sofisticado para poder pagar um bom plano de previdência. É necessário não ter muitas roupas de grife e no lugar disso ter dinheiro para comprar as coisas essenciais à vista, sem dessa maneira pagar juros elevados.

Isso é que leva a economias significativas!!!

É um processo chato e difícil, e não existe atalho para quem realmente quer poupar de forma regular, guardando quantias significativas.

Na vida das pessoas surgem grandes problemas que as impedem de economizar e que um aplicativo como *Level Money* não soluciona. Muitas pessoas ganham muito pouco e gastam demais em despesas grandes e recorrentes como aluguéis ou hipotecas.

As dúvidas que assombram ou aterrorizam essas pessoas estão nas seguintes perguntas:

- É melhor comprar um carro ou fazer *leasing*?
- Deveria voltar a estudar para me capacitar mais ou continuar torcendo para surgir um aumento de salário?
- Convém mudar para um apartamento mais barato ou ir viver e trabalhar numa outra cidade mais barata?

Bem, por enquanto essas questões ainda são muito complexas para que os aplicativos respondam!!!

3.15.3 - AS INFORMAÇÕES VITAIS SOBRE A SAÚDE HUMANA

Quem quer ficar impressionado com o que por enquanto ainda é ficção deve ler o livro *O Círculo*, do escritor norte-americano Dave Eggers, no qual a protagonista, uma jovem recém-formada, entra na **maior empresa de tecnologia do mundo**!!!

Além de trabalhar com as principais mentes do país e estar na vanguarda de todas as discussões tecnológicas e sociais, a moça tem direito a privilégios como um refeitório de primeira linha, eventos exclusivos para funcionários da Círculo e um plano de saúde que cobre praticamente tudo. A única condição para ter acesso a esse benefício é **engolir um sensor** que, uma vez dentro do seu corpo, possa monitorar todos os sinais vitais dela.

E a empresa tem acesso a essa informação 24h por dia!!!

Se você ainda acha que estamos um pouco longe dessa realidade imaginada, o cenário atual parece apontar exatamente para esse desfecho bem em breve...

Com o lançamento do *Apple Watch* e a incorporação do *app* de saúde do *iOS8*, a Apple – **empresa mais valiosa do mundo em 2015** – entrou de vez em um mercado que

"Dave Eggers, o autor de um livro – *O Círculo* – bem provocante!!!"

vem crescendo nos últimos anos e deve dominar as atenções pelos próximos: **o da coleta de dados a respeito do nosso corpo e saúde das pessoas**.

Dessa maneira, os médicos vêm usando acelerômetros para estudar atividades físicas desde os anos 1980, mas a partir da revolução dos *smartphones*, eles passaram a ser um item quase obrigatório nos *wearables*, isto é, dispositivos tecnológicos de vestir ou **vestíveis**.

Usando relógios, pulseiras, faixas e até meias especiais, é possível acompanhar alguns dados como a distância caminhada, o número de passos dados, estimar a queima de calorias e acompanhar a rotina de atividades físicas em geral. Dotados de acelerômetros, esses dispositivos podem dar uma boa ideia do nível de atividade realizada por seus usuários. Agora, já existem inclusive as mais diversas opções de *apps* (para registrar as horas dormidas, as refeições ingeridas, o tempo que se ficou em pé ou sentado etc.) e um contingente significativo que faz uso deles são os esportistas profissionais e amadores. Só nos EUA, em 2014 foram, vendidas 70 milhões de unidades de *fitness trackers* ("**seguidores de atividades físicas**"), movimentando algo superior a US$ 2,2 bilhões e as previsões de empresas especializadas é que em 2020 essa receita ultrapasse U$ 8 bilhões.

Como as pessoas querem viver mais e melhor, obviamente se inclinam a acompanhar os indicadores de com está a saúde delas. O *self-tracking* da saúde há um bom tempo não é novidade para portadores de certos problemas como pressão alta e diabetes, as quais devem ser monitoradas continuamente para se ter o seu controle.

Infelizmente, esses *gadgets* ("engenhocas") nem sempre fornecem dados 100% precisos, mas de qualquer forma, com os *trackers*, por exemplo, é possível obter dados relativamente precisos de como as pessoas se relacionam com os exercícios físicos. Com o tipo de equipamento que se usa hoje, consegue-se capturar toda a atividade física – todos os perfis de movimentos, em contextos diferentes. Muitos dados sobre hábitos, capacidade física e males de saúde estão sendo armazenados em servidores das empresas e dessa maneira de certa forma passamos a correr o risco das nossas entranhas serem expostas ao mundo, não é?

As empresas, claro, não acreditam em problemas; no entanto, devemos ter muita atenção quando formos dar as chaves do nosso "reino" aos *apps* de terceiros que podem não ter as melhores intenções ao utilizar os dados sobre a nossa saúde, por exemplo. Nossos dados não deveriam ficar envolucrados, ou seja, armazenados numa base de dados que não podemos controlar ou ter pleno acesso a ela. Como criadores desses dados, além do acesso aos mesmos, precisamos ter o seu controle! Ainda não está claro que tipo de consequências o acompanhamento de nosso corpo em **tempo real** pode ter, tanto para a **melhora de nossa saúde**, quanto para a nossa **privacidade**.

Para Dave Eggers, nós só estamos no começo de uma era de **monitoramento mais do que íntimo**. Ele explicou: "A inspiração para o meu livro *O Círculo*, no qual descrevo o que aconteceu na organização Círculo, surgiu do que já ocorreu nos EUA, em que a maioria das pessoas tem seguro-saúde através das empresas em que trabalham. E elas dão descontos se você se exercita com regularidade, se não fuma etc. A pessoa também ganha descontos se for bem comportada!!!

Dada a habilidade que temos agora de monitorar dados de saúde, pensei que seria apenas lógico que uma empresa como a Círculo começasse ela própria a monitorar os dados de saúde de seus empregados, e os **recompensaria** ou **puniria** por seus comportamentos. Acredito que isso tem uma grande possibilidade de virar parte da política de saúde das empresas num futuro próximo. Existe muito dinheiro em jogo.

Naturalmente, deve haver cuidado e até uma certa preocupação com essa coleta de dados de saúde das pessoas, pois elas podem ser divulgadas e usadas inapropriadamente. Logo veremos vazamentos de dados de saúde – a

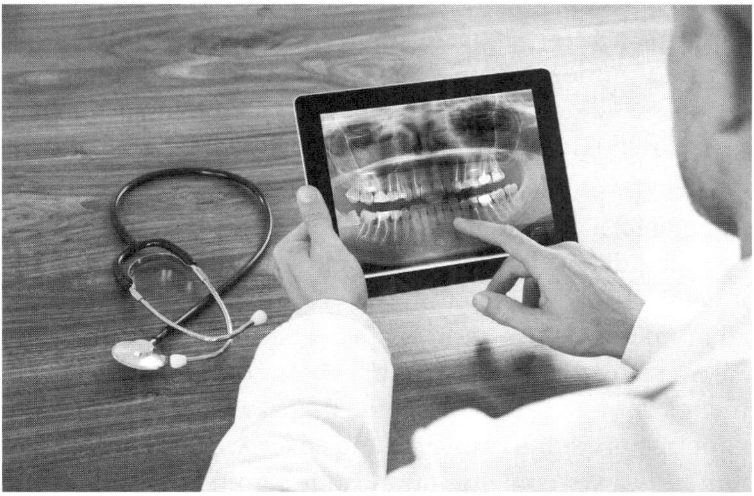

"Cada vez mais se desenvolvem *softwares* para a área de saúde, particularmente para gestão e processamento de imagens médicas digitais."

começar pelo tipo de invasão que almeja divulgação de intimidades sexuais de certas celebridades e que, aliás, até já se tornou comum...

Quando essas bases de dados sobre a saúde das pessoas se tornarem mais e mais centralizadas, então os *hackers* serão capazes de encontrar qualquer tipo de informação. Além disso, quando essa informação incluir o DNA, se entrará num território muito perigoso, pois os empregadores poderiam escolher alguém com um DNA por causa do que ele diz de sua saúde, níveis de risco para certas doenças, aptidão para certas tarefas etc.

O caso da organização Círculo é **extremo**, mas não é impossível que no futuro empresas, escolas e governos passem a obrigar a coleta de dados – tudo em **nome de prover o melhor cuidado da saúde com o menor preço**!!!

O incrível é que se tivéssemos dados minuto a minuto em todo mundo, a eficiência do cuidado médico iria melhorar muito e os custos dessa assistência diminuiriam de maneira significativa, porque problemas poderiam ser antecipados e tratados antecipadamente. Mas claro que todos esses dados gerariam um custo muito elevado: **a eliminação da privacidade das pessoas!!!**

Observação importante 2 – Você sabe o que é vestível ou *wearable*?

É a chamada tecnologia para vestir. São objetos conectados, usados como peças de vestuário ou acessórios que realizam funções, como monitoramento do corpo humano (batimentos cardíacos e outros) e suas ações (velocidade, quantidade de metros ou quilômetros percorridos). Assim, até o velho fone de ouvido é vestível na sua essência.

Recentemente, a tecnologia recebeu o acesso à Internet, o que ampliou muito as possibilidades de uso de um vestível. O especialista em produtos da área de celulares de LG Electronics no Brasil, Marcel Inhauser, explicou: "Chegou o momento de o mundo conhecer bem melhor o que é um *wearable*. O atual mercado de vestíveis pode ser comprado ao de *Smartphones*, há mais ou menos dez anos. A maioria das pessoas ainda olha para os relógios, pulseiras e outros produtos vestíveis e não enxerga a real necessidade deles!!! Vestível tem tudo a ver com ergonomia, que significa o estudo das relações entre homem e máquina. Os principais objetivos desses estudos visam garantir maior segurança ao ser humano ao desenvolver suas tarefas e trazer-lhe conforto, ampliando o seu bem-estar e garantindo mais produtividade."

A primeira tentativa de massificar os *smartwatches* (e a ideia dos *wearables*) ocorreu em 2014, mas as vendas deles em todo o mundo foram relativamente desanimadoras, pois ficaram próximas de 720 mil unidades. Mas isso não desanimou aqueles que estão envolvidos com os *wearables*. Assim, o relógio está sendo citado por diversos institutos especializados em tendências como sendo um candidato a principal produto de consumo de 2016, o que fortalece o argumento em ferver das vestíveis.

Este otimismo do setor de vestíveis aumentou mais ainda após o Consumer Electronic Show (CES), evento realizado em janeiro de 2015 em Las Vegas, quando duas apostas foram indicadas: **os relógios inteligentes** e **os óculos de realidade virtual**.

Os mais recentes relógios inteligentes lembram uma versão resumida do *smartphone*. Realizam as ações mais comuns de um celular, como enviar fotos, acessar a Internet e fazer ligações. Jogar é ainda um desafio, uma vez que a tela é pequena para essa função.

O ano 2015 foi importante para o futuro do relógio inteligente, que alcançou um sucesso relativo. Um dos maiores usos desse relógio foi na área da saúde, principalmente para o monitoramento de pacientes. Ele tem condições de identificar uma anomalia a partir de ingestão de açúcar em excesso, no caso de um diabético, ou o aumento da pressão após algum acidente caseiro. E essas informações são (ou devem ser) passadas ao enfermeiro ou outro profissional de saúde para que oriente o usuário do relógio sobre como proceder.

Existem muitas funções ainda impensadas para os *wearables*, que poderiam ser responsáveis pelo controle de equipamentos de uma casa conectada, serem a chave de segurança de contas *on-line* e até substituir os cartões de créditos!!!

O uso principal, por enquanto, dos óculos de realidade virtual é para entreter melhor os maníacos por jogos. Mas tal qual o *smartwatch*, os óculos ganharam uma nova chance na mente do consumidor após a inclusão da tecnologia que promete uma nova maneira de imersão na Internet. E, ao fazer isso, até mesmo o conceito do objeto se alterou: eles não são apenas virtuais e não servem apenas para entreter, mas ampliam a percepção de realidade e, provavelmente em breve, aprimorarão a comunicação entre as pessoas.

A ampliação da realidade permitiria, por exemplo, uma pessoa "entrar" na casa de um amigo que vive em outra cidade ou país. Ou seja, os nossos olhos viajariam por meio de uma fibra ótica ou qualquer outra forma de transmissão de dados. E essa forma de se relacionar já tem até um nome: **telepresença**. A ideia é unir a robótica, os óculos e o uso de câmeras.

3.15.4 - SIRI ATENDE AOS COMANDOS DE VOZ

Até o dia 8 de abril de 2015, os brasileiros donos de *iPhones* careciam de um importante traço de personalidade: **a voz**. Ou, pelo menos, uma voz que falasse português, como ocorre com o concorrente Google Now desde 2014...

Mas aí finalmente foi liberada a nova versão do sistema *iOS* para *iPad*, *iPhone* e *iPod touch*, e assim os seus usuários passaram a poder perguntar "Qual é a previsão do tempo?", ou enviar uma mensagem para alguém "Envie esse recado para o Victor" ou ainda dizer: "Marque uma reunião para mim às 10h."

Agora os resultados ficaram mais eficientes (não totalmente ainda...) porque são filtrados para conteúdo no Brasil.

Bem, a Siri da Apple, que permite obter diferentes informações, existia em inglês desde outubro de 2011, mas agora com sua voz feminina possibilita dar muitas informações úteis em português, como indicar a farmácia mais próxima de onde você se encontra, até manter diversos diálogos que podem terminar de forma muito engraçada...

Infelizmente, a Siri em português foi lançada com quatro anos de atraso e a única compensação é que chegou com um alto grau de confiabilidade e eficiência. A tecnologia de IA por trás da Siri foi criada pelo SRI, um instituto de pesquisa ligado historicamente à Universidade Stanford (EUA) e tem raízes também no projeto Darpa, de tecnologia militar do governo dos EUA.

Integrado a serviços *on-line* como Wikipédia, Twitter e Bing, o *software* se adapta conforme o uso para entender melhor as solicitações do seu **"dono"** no futuro.

O Google Now, valendo-se do *Android* e *Microsoft Cortana*, também tem a capacidade de se adaptar ao interlocutor. A Microsoft diz que a sua assistente – disponível no *Windows Phone* e no *Windows 10*, mas ainda sem versão em português – usa **sabedoria** coletiva de uma base de dados alimentada por todo usuário.

Claro que usar comandos de voz para acionar o telefone celular facilita diversas funções, entretanto será difícil passar um dia inteiro só "conversando" com o aparelho, sem digitar nele. Mas à medida que as respostas forem obtidas de forma cada vez mais rápida e eficiente o uso da digitação será cada vez menor. É verdade que é preciso antes vencer um costume, ou seja, não parecer alguém transloucado, falando com um telefone. Se bem que daqui alguns poucos anos todos (ou quase) estarão falando com seus *smartphones* e outros objetos inteligentes...

Mais do que uma brincadeira, já que responde de modo divertido a muitas questões de caráter social ou emocional como "Quer casar comigo?", Siri faz parte da estratégia competitiva da Apple. Ao facilitar a procura, por exemplo, de um bom restaurante, o sistema ajuda a Apple a competir com rivais como o Google. Isso posicionou a empresa na disputa pelas "buscas casuais", que envolvem uma necessidade momentânea do usuário. Esse sistema também dá acesso a recursos como reprodução de músicas, envio de mensagens e gerenciamento de calendário.

3.15.5 - *THE PIRATE BAY* DESATIVADO!!!

Por anos, o *The Pirate Bay* desbravou sete mares para escapar de processos e manter-se funcionando. Várias vezes o serviço de *downloads* saiu do ar, mas sempre ressurgiu minutos, horas, ou no máximo dias mais tarde – muitas vezes com um novo endereço, registrado em outro país.

Desta vez, no entanto, o naufrágio parece ter sido definitivo.

O maior serviço de compartilhamento de arquivos no mundo foi retirado do ar pela polícia sueca em uma manhã do início de dezembro de 2014. Computadores, servidores e equipamentos em que a página era rodada foram apreendidos. Essa operação pode ter finalmente posto fim à conturbada história entre o *The Pirate Bay* e a Justiça.

Criado em 2003 por membros do extinto coletivo sueco Piratbyran ("escritório pirata"), ou seja, por Peter Sunde, Fredrik Neij e Gottfrid Svartholm Warg, o *site* era atormentado por autoridades e companhias de Hollywood. O motivo da briga eram os direitos autorais de filmes, músicas, *games* e outros arquivos cujo *download* era grátis no *The Pirate Bay*. A página usava o protocolo BitTorrent – que permite aos usuários baixar, em pedaços, arquivos armazenados em outros computadores. Em 2014, atingiu a marca de 10 milhões de *uploads* (envios), apesar de oferecer apenas 3 milhões de arquivos à época do desligamento. Mesmo sem exigir cadastro, possuía

"Uma aspecto do *The Pirate Bay*."

cerca de 6,5 milhões de contas registradas, de acordo com o *site* especializado Torrentfreak. O número de visitantes, no entanto, era maior.

Em 2006, uma primeira operação policial contra o *The Pirate Bay* confiscou os servidores que mantinham o portal no ar, mas o tiro saiu pela culatra. Após três dias, a página voltou à ativa, virou notícia, e o número de usuários cresceu exponencialmente.

Como o *The Pirate Bay* era, tecnicamente, apenas um espaço destinado à indexação de arquivos – quem fazia os *uploads* eram os próprios usuários –, seus donos conseguiram ficar imunes às acusações legais por anos. Mas a pressão de empresas de Hollywood foi implacável.

Em 2009, num processo movido por Columbia, Disney e Universal Studios – entre outras companhias –, os três principais fundadores do *site*, Peter Sunde, Fredrik Neij e Gottfrid Warg, e mais o empresário Carl Lundström, que fornecia os equipamentos, foram condenados a um ano de prisão e a pagar US$ 3,62 milhões em multas por "promover a infração de direitos autorais por meio de outras pessoas".

O *site* passou a ser administrado por uma companhia misteriosa nas ilhas Seychelles, próxima a Madagascar, na África. Em setembro de 2012, Gottfrid Warg foi preso no Camboja. Em junho de 2014, Peter Sunde foi preso na Suécia e em novembro de 2014 Fredrik Neij foi preso na Tailândia. Na realidade, Peter Sunde foi solto após cumprir metade de sua pena e recentemente ele criticou o rumo que o *site* havia tomado após a saída de seus fundadores originais – quando os suecos foram condenados e ficaram foragidos vários anos em países asiáticos –, e a página passou a ser administrada por outra organização.

Ressaltou Peter Sunde: "Eu não era fã do que o *The Pirate Bay* havia se tornado. O *site* estava feio, cheio de erros, com código e *design* ultrapassados. Nada mudava, a não ser uma coisa: os anúncios, com os quais fiquei incomodado, pois muitas vezes eram pornográficos.

Não havia mais nenhuma alma no *The Pirate Bay* nos últimos anos. Eu sentia que ninguém se interessava em ajudar a comunidade se não fosse por dinheiro. Tudo começou a ficar contra os ideais pelos quais batalhei durante meu tempo no *The Pirate Bay*. Agora o navio jaz no fundo."

Mas, infelizmente, poucos dias após sair do ar, o *The Pirate Bay* ganhou uma série de clones na Internet que se predispuseram a reproduzir o conteúdo completo que estava hospedado no *site* de *torrents*. Muitas dessas cópias foram geradas a partir de uma iniciativa lançada pelo *isoHunt*, um dos concorrentes da página desativada pela polícia sueca.

Batizado de *Open Bay*, o projeto fornece os códigos e a base de dados para os usuários montarem suas próprias cópias do *site* pirata. O objetivo é inundar a *Web* com *backups*, impossibilitando que o *The Pirate Bay* morra de fato!!!

Pois é, isso é lamentável, ainda mais que a base de dados integral do *The Pirate Bay* estava disponível para *download* desde fevereiro de 2012, por iniciativa própria do *site*. Em uma semana, cerca de 400 cópias do serviço foram lançadas *on-line*, de acordo com cálculo feito pelo *site Torrentfreak*.

3.15.6 - AS BONEQUINHAS DA LUXÚRIA!!!

Um fabricante de **bonecas sexuais de luxo** está apostando na IA e na robótica para incrementar seu negócio. Trata-se do norte-americano Matt McMullen, CEO da companhia RealDoll, um negócio instalado em San Marcos, no Estado da Califórnia (EUA), que ele começou em 1997. Ele acredita que até o final de 2017 consiga lançar uma a versão de seu produto que seja capaz de **compreender o que o usuário diz e conversar com ele**.

A RealDoll fabrica bonecas articuladas de silicone em tamanho real para, digamos, os adultos poderem "brincar com elas". As mais baratas custam algo próximo de US$ 6.500 e McMullen as classifica como **obras de arte**. A sua empresa chega a vender 600 delas por ano, e elas já apareceram até em séries de TV norte-americanas.

Matt McMullen comentou: "O nosso próximo passo é a inclusão de muita tecnologia para que as pessoas possam interagir com as nossas 'bonecas' e assim irem se apegando cada vez mais a elas. Acredito, inclusive, que essas bonecas poderão cumprir diversos papéis, indo bem além do entretenimento adulto. Acredito que o seu 'dono' poderá ligar para a sua boneca e dizer-lhe

'Estou indo para Mumbai semana que vem, como está o tempo por lá?' A boneca irá acessar a Internet e lhe dar a informação!!! Será como falar com a Siri (a IA disponível nos *smartphones* da Apple); entretanto, ela terá um 'corpo' e um 'rosto'!?!?!"

"As ofertas no site da *Real Doll?!?!*"

McMullen está trabalhando de forma colaborativa com diversos especialistas em programação e robótica para desenvolver o sistema do que se denomina RealBotix, ou seja, uma cabeça robótica adaptada para suas bonecas.

Relatou McMullen: "Um dos grandes desafios do momento é o reconhecimento de voz. Não queremos que a boneca dê respostas simples e previsíveis, mas que ela perceba o humor do usuário em sua fala e ofereça respostas de acordo com essa condição.

A empresa, no segundo semestre de 2015, estava trabalhando num protótipo que era capaz de piscar e abrir e fechar sua boca, em paralelo com os sistemas computacionais da IA. Também já existe a possibilidade de interagir com a boneca por meio de óculos de realidade virtual.

Embora admita que recebeu vários relatos de diversos de clientes de suas *Real Dolls* – já foram vendidas mais de 9 mil bonecas – que evidenciam o desenvolvimento de um apego psicológico a elas, McMullen não teme que o efeito adicional da melhoria da comunicação faça com que essa afeição se torne maior do que deve existir entre os seres humanos. Ele afirmou: "Nós desenhamos as nossas bonecas sempre deixando bem evidente que elas são produtos industriais. Naturalmente, toda boneca nova é cada vez mais esteticamente agradável; entretanto, ainda assim, claramente não é um ser humano. Essa foi uma das formas que encontramos para contornar o efeito repulsivo que robôs quase humanos – mas imperfeitos em sua simulação – causam em quem interage com eles, algo que já havia sido descrito pelo pesquisador japonês Mashiro Mori nos anos 1970.

Não estou preocupado com possíveis debates éticos em torno dos nossos produtos. Estou muito confortável com o que fazemos!?!?"

A "preocupação" que já surge refere-se a como poderão ser essas bonecas daqui a daqui a duas ou três décadas. Será que lá para 2050 estaremos discutindo os **direitos das bonecas inteligentes**? O próprio McMullen não acredita nisso, mas a verdade é que nesse momento ninguém tem a resposta conclusiva para essa questão!!!

Atualmente, já existem os mais diversos *apps* que monitoram as atividades dos seres humanos e que permitem que as pessoas se comportem de maneira mais eficiente. Além do que, não se pode esquecer que os **números governam nossas vidas** e ter dados confiáveis nos permite tomar melhores decisões.

Certamente foi essa a intenção de Jakub Konik, que está criando uma empresa que vai desenvolver o aplicativo *Lovely*, que constará de um anel colocado em volta do pênis e um sistema que capta dados como duração, velocidade e as calorias queimadas durante o sexo e os transmite via *bluetooth* para o telefone celular. Explicou Jakub Konik: "Tive essa ideia logo depois de ter feito sexo, porque queria saber quantas calorias havia queimado. Como não encontrei nada que as medisse, resolvi criar um sistema. Assim surgiu o Lovely; entretanto, o cálculo das calorias é apenas um dos seus critérios ou captadores de informações."

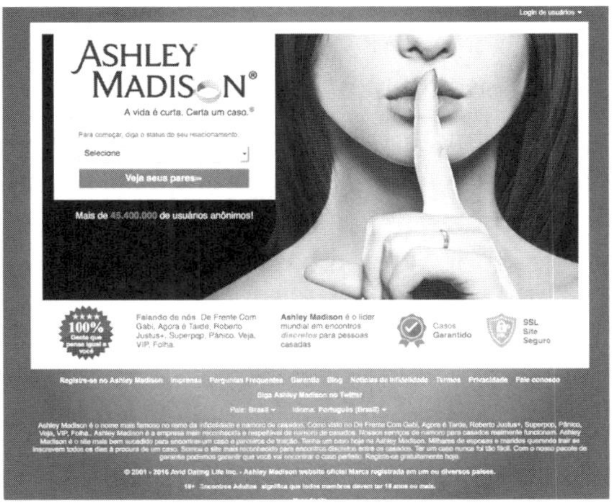

"Um dos mais bem-sucedidos serviços de namoro *on-line*, que movimentou, em 2015, US$ 2,5 bilhões no mundo, é o *Ashley Madison*, que promove o contato dos amantes extraconjugais, tendo 40 milhões de cadastrados."

Para calcular o gasto calórico, o *app* considera idade, gênero e peso do usuário e do parceiro – e ainda se torna uma espécie de "*Kama Sutra* tecnológico", sugerindo às mulheres posições com base nos hábitos registrados.

Para custear a fabricação, Jakub Konik criou uma campanha de financiamento coletivo, com o qual já conseguiu mais de US$ 100 mil e declarou: "A ferramenta será produzida mesmo se o financiamento coletivo não for totalmente suficiente. E a partir de maio de 2016 serão enviadas as primeiras unidades para aqueles que apoiaram o projeto."

Você já se tornou um apoiador do *Lovely*?

Aliás, valeria a pena também que desse atenção ao site de traições *Ashley Madison* para as aulas práticas...

Caso esteja interessado sobre o assunto, aí vão algumas outras recomendações ou simples "dicas" de *apps* para você ter estatísticas "interessantes" sobre a sua atuação sexual: *Spreadsheets* (exclusivo para *iOS*), *SexTrack* (também para o *iPhone*), *Nipple* (disponível para *desktop*), *Geeksme* (projeto de um relógio inteligente com funções destinadas a medir as relações sexuais).

No que se refere ao *Apple Watch*, tudo indica que com a aceleração das vendas isso provocará o surgimento de uma profusão de novos *apps* nos próximos meses, em especial nas áreas de saúde e mensagens.

No final de abril de 2015, a empresa de rastreamento App Annie já tinha encontrado um total de 3.061 *apps* disponíveis para o *Apple Watch* com a seguinte distribuição: 10% para jogos; 8% para produtividade, 7% para estilo de vida e cuidados com a saúde e os restantes 75% destinados aos mais variados serviços e funções.

Assim, o serviço de agenciamento de caronas Uber já tinha um *app* para o relógio, bem como a ESPN, o canal de esportes mais famoso do mundo, o serviço de *microblogs* Twitter, a rede de fotos Instagram, o identificador de músicas Shazam e o *app* de *email* Outlook, da Microsoft. As ausências notáveis (por enquanto...) foram Facebook, Snapchat e Google.

De uma forma um tanto depreciativa, um porta-voz do Google disse: "Somente o tempo dirá se a empresa fará algum *app* para o relógio da Apple." Por sua vez, o presidente do Facebook, Mark Zuckerberg, declarou: "Estamos observando o relógio da Apple com atenção para aí decidirmos ou não ter um aplicativo para ele!!!"

3.15.7 - *POPCORN TIME* "INCOMODA" MUITO A INDÚSTRIA DO CINEMA E OS PRODUTORES DE TV

O Popcorn Time, originalmente desenvolvido por um grupo da Argentina em 2004, é um *software* aberto, ou seja, qualquer um pode acessar seu código e inclusive colocar um filme ou uma série de TV, ou seja, permite o *streaming* (compartilhamento de arquivos entre si) ilegal. Existem, hoje, o Popcorn Time italiano, espanhol, sueco e até brasileiro. Com uma aparência elegante e procedimento descomplicado, nem parece ser um **serviço ilegal da Internet**. Seu uso, porém, contraria a legislação brasileira.

Mariana Giorgetti Valente, coordenadora de pesquisa do Internet Lab, um centro interdisciplinar de pesquisa em direito e tecnologia de São Paulo, explicou: "O problema não é o *streaming* em si, mas o fato de que o conteúdo **não tem permissão para ser utilizado**. Se de um lado não é ilegal assistir a um vídeo não autorizado, como se faz a toda hora no You Tube, o problema é que quem está assistindo a um filme no *Popcorn Time* não necessariamente sabe que está também distribuindo-o. O mecanismo de transferência e execução de dados usado pelo *Popcorn Time* é conhecido como *P2Pstreaming*."

3.15.8 - EXISTEM APENAS 3 PAÍSES COM MAIS CURSOS *ON-LINE* QUE O BRASIL

Com a evolução das TICs, muitos brasileiros, sem sair de casa e não ocupando espaços físicos de alguma IES, estão fazendo cursos *on-line* abertos e gratuitos. Em 2014, eles evoluíram bastante e estão sendo cada vez mais uma alternativa eficaz para que profissionais e estudantes ampliem o seu campo de conhecimento, ou seja, tornem-se mais instruídos.

"Daphne Koller, presidente da Coursera, que oferece muitos cursos on-*line*."

Talvez um dos mais importantes provedores de cursos *on-line* no momento seja o Coursera, que tem algo como 10 milhões de perfis cadastrados e cerca de 380 mil usuários são do Brasil. Daphne Koller, cofundadora e presidente do *site*, enfatizou: "Temos ainda um conjunto bem reduzido de cursos em português – cerca de 25 –, mas, mesmo assim, o Brasil superou o Reino Unido e agora está atrás apenas dos EUA, da China e da Índia.

Os brasileiros estão entre os que mais acessam o sistema de credenciamento, pelo qual é possível obter o nosso certificado oficial e da instituição de educação responsável pelo curso após o pagamento de uma taxa que está na faixa de US$ 50. O índice de credenciamento no Brasil é duas vezes maior que na Índia e três vezes maior que na China."

No Brasil, um *site* que está obtendo muito sucesso com os seus cursos *on-line* abertos e gratuitos, mas também com cursos até de MBA pagos, produzidos e certificados por IES brasileiras, é o Veduca. O seu sucesso se deve ao fato de que muitas empresas estão oferecendo esses cursos para os seus profissionais de média gerência em horários que lhes forem adequados e também porque isso não onera muito as organizações.

Observação importante 3 – Na era do professor doutor Robô, muitas profissões de nível superior podem sucumbir e perder seus *status* de imprescindíveis!?!? E a mais importante fonte de instabilidade para essa **insegurança** é a evolução da TI, como destacaram o consultor Richard Susskind e o professor da Universidade de Oxford (Reino Unido) Daniel Susskind no seu *livro The Future of Professions (*algo como *O Futuro das Profissões de Nível Superior).*

Segundo eles, as máquinas desafiam os dois fundamentos mais importantes para a pretensão das **profissões de nível superior** a uma condição especial: a **competência** para avançar as fronteiras do conhecimento e a **licença exclusiva** para aplicar a sua *expertise* a uma comunidade de leigos.

Aí vão alguns exemplos de como as máquinas estão "surrupiando" muito de trabalho de pessoas com formação universitária.

A IBM e a Bayor College of Medicine desenvolveram um sistema denominado KnIT (Sigla em inglês para o "*kit* de ferramentas de integração de conhecimento") que passa em revista a literatura médica e **gera novas hipóteses para problemas de pesquisa**!!! Por outro lado, os cientistas de computação da universidade de Tel Aviv (Israel) criaram um algoritmo que, usando *software* de reconhecimento facial, está solucionando um problema que há décadas os estudiosos da Torá vinham quebrando a cabeça: a organização de 300 mil manuscritos judaicos antigos, encontrados no sótão de uma velha sinagoga, no Cairo.

Atualmente, já existem diversos aplicativos que conseguem prever o resultado de ações judiciais **com mais precisão** do que os próprios juristas, de disputas em torno de patentes a decisões da Suprema Corte de Justiça de vários países.

Pois é, as novas tecnologias baseadas em IA permitem que **máquinas** se encarreguem da execução de muitas tarefas rotineiras. Assim, enfermeiros equipados com computadores e ferramentas de diagnóstico estão executando um número cada vez mais preciso de **atividades** antes **reservadas apenas aos médicos**!!!

Muitos serviços *on-line* e aplicativos para *smartphone* estão dando aos leigos a oportunidade de dispensar o auxílio de profissionais, ou pelo menos de fazê-los descer do pedestal!!! Por exemplo, nos EUA, todos os meses, cerca de 200 milhões de pessoas visitam o *site* Web MD (que oferece várias informações médicas), um número bem superior ao de consultas realizadas com os profissionais de medicina em um mês no país!!! Na App Store, da Apple, depois dos *games*, os **aplicativos educacionais** são os mais populares, e os MOOCs (cursos *on-line* dirigidos ao grande público) atraem milhões de alunos. É cada vez mais comum que juízes e advogados resolvam pequenas causas por meio **de "e-julgamentos"**, ou seja, valendo-se de algum *app*. O eBay recorre muito a esse técnica para lidar e solucionar os mais de 60 milhões de desentendimentos que ocorrem a cada ano entre o seus usuários.

➢ **Até onde vai essa revolução?**

Os autores de *The Future of The Professions* acreditam que o lamentável desfecho será o "desmantelamento de profissões de nível universitário tradicionais". As atividades desses profissionais, argumentam os autores Richard Susskind e Daniel Susskind, levam a uma solução para os problemas que as pessoas leigas têm e que possuem um entendimento muito limitado de diversas áreas específicas do conhecimento. Entretanto, a tecnologia vem permitindo que esse entendimento seja ampliado significativamente.

A **complexidade** foi um dos obstáculos para que as pessoas delegassem o preenchimento de guias de cobrança de impostos para **contadores**, mas as máquinas já estão apresentando capacidade para lidar com a complexidade bem maior do que os seres humanos.

Um outro ponto crítico a ser resolvido é o **emocional**, e dessa maneira, quando as pessoas correm o risco de falir ou morrer, preferem receber essa noticia da boca de um ser humano!?!?

Caro(a) leitor(a), você acha que as pessoas que sabem dar uma má notícia são boas em compaixão, e não em *expertise*?

Sem dúvida, e os autores têm muita razão em salientar que, nos próximos como 15 anos, as profissões de nível superior mudarão mais do que mudaram nos últimos 75 anos. Surgirão, dessa forma, novas subdisciplinas, como a de "**engenheiros de conhecimento**" que codificarão a *expertise* de determinados profissionais, e vários grupos de paraprofissionais, os quais encontrarão maneiras eficazes de aplicar esse conhecimento.

Por isso, a convocação agora é: **profissionais do mundo, uni-vos**!!!

Está se formando uma tempestade no horizonte que trará profundas implicações sociais, tais como a **baixa demanda por certas profissões**.

A estabilidade de que gozaram (e gozam ainda...) certas profissões será cada vez menor, e a grande questão é saber se o reordenamento de um agrupamento como o que foi constituído por essas profissões liberais ocorrerá de forma pacífica!!! Com certeza, essa **destruição criativa** só deixará a salvo (temporariamente) os profissionais **altamente qualificados**!!!

➔ **Mas quem é que será considerado altamente qualificado?**

Observação importante 4 – A IBM aposta cada vez mais no Watson e na IA.

E isso se evidenciou quando em 2011, o Watson, o **super *software*** da IBM venceu nos EUA, um episódio de *Jeopardy*!, um programa de perguntas e respostas da TV norte-americana.

Com sua capacidade de compreender o inglês rapidamente, de vasculhar gigantescos bancos de dados em linguagem natural à procura de pistas para responder às perguntas que os apresentadores faziam, de sintetizar as informações e apresentá-las de maneira interativa sob a forma de resposta, esse *software* pôs no bolso as cabeças mais afiadas que participam de competições de conhecimentos gerais nos EUA.

Claro que o cerne do *modus operandi* do Watson continua sendo um segredo comercial da IBM. Aliás, o *Watson* mora na nuvem – nome dado pelo setor de tecnologia a *softwares* e dados que rodam e são armazenados em máquinas remotas, e não no computador do usuário – de modo que não está disponível para os que "quisessem" copiá-lo!?!?

Entretanto, o princípio por trás do sistema chamado pela IBM de "**computação cognitiva**" é bastante conhecido. Seu elemento central é a capacidade que o *software* tem de se modificar a si próprio e, assim, "aprender" coisas novas à medida que vai sendo utilizado.

Rob High, o diretor de tecnologia desce projeto de IA da IBM, explicou: "Todas as recém-anunciadas ferramentas devem ampliar a gama de coisas que os **desenvolvedores** podem fazer com o Watson. Ou seja, será possível, por exemplo, criar aplicativos que entendam perguntas em outros idiomas além do inglês, que estabeleçam um diálogo aparentemente inteligente, que ajudem as pessoas a decidir questões como o tipo de carro que devem comprar ou ainda para determinar o estado emocional ou a personalidade de seu interlocutor.

Cerca de 450 empresas já se cadastraram na IBM para ter acesso ao Watson. A IBM, no segundo semestre de 2015, tinha a seguinte tabela de preços: para transcrever uma fala de um minuto, o custo era de 2 centavos de dólar; já para ajudar com uma decisão (digamos a escolha de uma garrafa de vinho) devia-se pagar US$ 0,03. Para obter a análise de uma personalidade o custo era de US$ 0,6 e uma sessão de treinamento envolvendo uma grande quantidade de dados custava US$ 3. Esse é o caso, por exemplo, de treinar os médicos e enfermeiros, respondendo-lhes muitas perguntas sobre sintomas e tratamentos de esclerose múltipla, câncer de pulmão e diabetes.

"A grande aposta da IBM é o Watson, que mora na nuvem – nome dado pelo setor de tecnologia a *softwares* e dados que rodam e são armazenados em máquinas remotas e não no computador do usuário – de modo que não está disponível para os que poderiam querer copiá-lo. O Watson pode trazer muitos benefícios para os que trabalham nos setores financeiro e da saúde."

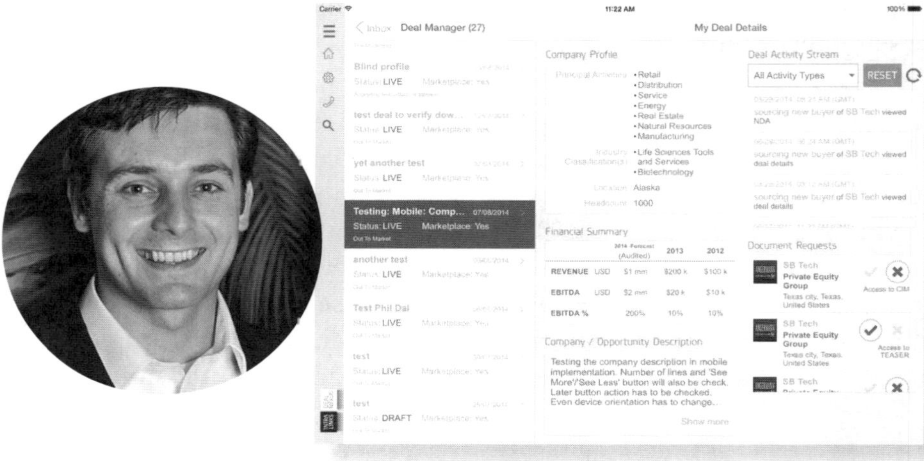

"Anthony Hill, fundador da DealNexus, uma plataforma que propicia 'casamentos' entre empresas."

3.16

TELEVISÃO E RÁDIO

3.16.1 - GENERALIDADES

Em termos técnicos, a radiodifusão e teledifusão são setores altamente específicos e diretos, formados pelo envio de sons e imagens através do ar para receptores das residências (e hoje para todos os dispositivos móveis).

Ao longo dos anos, os meios de distribuição mudaram de VHF (*Very High Frequency*, que corresponde à faixa de radiofrequências de 30 e 300 MHz) para UHF (*Ultra High Frequency*, que corresponde à faixa de radiofrequência de 300 MHz até 3 GHz) de analógico para digital, de terrestre para satélites, expandindo-se para a televisão (TV) a cabo, porém o princípio técnico permanece o mesmo.

O setor começou com o rádio, porém, hoje em dia, a TV tornou-se a forma principal e mais popular de **entretenimento**. Sua presença viva em cada lar (nos países desenvolvidos e também nos emergentes) faz dela um poderoso e rico meio, com substancial significância política e social (como é o caso das novelas no Brasil). A concorrência para a criação de novos programas – mesmo um programa antigo com uma nova roupagem – é formidável.

O maior crescimento nos últimos anos tem sido em programas de formato definido, especialmente os assim chamados *reality shows* (por exemplo, *Lost* e *Big Brother*) e programas de perguntas e respostas (por exemplo, *Quem Quer Ser um Milionário?*). Estes apresentam diversas vantagens: podem ser produzidos em larga escala, normalmente envolvem a votação do público, trazendo receita extra através dos telefonemas e dos formatos, os quais podem ser protegidos por direito autoral e exportados mundialmente.

Todos os programas de TV são considerados como um "filme" e se qualificam a obtenção de direitos autorais, e cada transmissão é considerada como uma apresentação. Hoje, a receita de TV no mundo é muito maior que aquela obtida pelo rádio, algo como **nove vezes mais**.

Observação importante 1 - Michael Wolff lançou o livro *Television Is The New Television* (algo como *A Televisão é a Nova Televisão*), no qual diz que, apesar de toda a onda em torno da Internet, das mídias sociais, das plataformas moveis, a **televisão tradicional é a nova televisão**.

Na contracapa desse livro, os editores, no lugar de elogiar a obra ou o autor, imprimiram alguns dos comentários mais ferinos sobre ele, como:

palhaço, **provocador**, **estúpido** etc. Pois é, essa mensagem subliminar dos editores é: se você ficou chocado com o que leu até agora sobre o autor, **espere até ler o livro**!!! O livro realmente é bem provocador e a sua leitura estimula para se refletir e até discordar das ideias de Michael Wolff.

O novo mundo digital proclamou ter descoberto o segredo da mídia: conteúdo gerado pelo o usuário, novos tipos de funcionalidade e uma notável eficácia que tornariam as mídias tradicionais irremediavelmente ineficientes.

Numa comparação, o que se apresentava nas redes de televisão dos EUA (e de muitos outros países) deveria parecer desesperadamente antiquado e que elas ficariam sem saber o que fazer ante a incessante ascensão da Internet. Dessa maneira, a *Web*, extremamente fragmentada, **acabaria** com a mídia de massa, oferecendo uma experiência mais **individualizada** e **participativa** do que a televisão – uma **experiência passiva** e de **baixo nível** – poderia fazer. Portanto, a *Web* seria a antitelevisão e tiraria desta sua fonte de receitas, a **publicidade**, oferecendo ao anunciante uma mensuração precisa e detalhada: número certo de usuários, seus atos e gostos, dados e preferências pessoais.

Michael Wolff, no seu livro, **tenta provar que tudo isso é uma falácia**!!! Ele afirma que a mídia digital passou a acreditar que as notícias eram um motor do seu crescimento: baratas, fornecidas de maneira rápida com a ajuda da tecnologia e sem requerer nenhum talento especial. Mas não levou uma consideração que **conteúdo** realmente original, de alta qualidade e bem elaborado, é encontrado somente no segmento mais alto da cadeia informativa.

A mídia digital passou a oferecer, em sua grande maioria, conteúdo indiferenciado, uma *commodity*, seguindo sempre o princípio de que a **notícia** é **barata** e depreciando o seu valor.

Se antigamente a notícia de ontem já era velha; atualmente, a notícia de alguns minutos atrás perde o seu valor e se esta disponível em todos os lugares, não vale a pena comentá-la ou repeti-la exaustivamente. O que dava autoridade a uma notícia eram credibilidade e personalidade, as quais não se constroem do dia para a noite.

ERBS JR./FRAME/AE

"A 'globeleza' Valéria Valenssa soube ganhar novo visual nos muitos anos que animou a divulgação do Carnaval do Rio de Janeiro e agradou muito os telespectadores. Valeu pelo conteúdo, não é?"

Dessa forma, tal informação de interesse geral, para uma audiência de massa, tornou-se **superficial, repetitiva** e para se manter alguma atenção nela deve-se gerar mais do mesmo, o quanto mais **superficial** e **repetitivo**.

Para a mídia digital que surgiu com a Internet, a informação e o entretenimento têm que ser bem baratos e abundantes, pois existe espaço e tempo para preencher, sendo que o objetivo principal é aumentar o número de usuários, ter mais tráfego. Para consegui-lo, os métodos são: **"agregar"** conteúdo alheio com algumas pequenas mudanças; utilizar conteúdo fornecido pelos próprios usuários, que é **"democrático"** e praticamente grátis; oferecer conteúdo, em parte bem **"duvidoso"** e sem muito valor em grandes quantidades; **recrutar jovens** que trabalham bastante e rápido pelo preço mais baixo; recorrer a uma **massa indiferenciada**.

Tudo isso tornou a mídia digital uma geradora de tráfego, apesar de que isso não constitui de fato uma audiência. Ela acaba tendo pessoas que não são atraídas para prestar atenção a alguma coisa, mas sim que vão e voltam por acaso, que veem pouco e absorvem menos ainda!?!? E se as pessoas não prestam atenção, isso diminui o seu valor para o anunciante, que procura prestígio, singularidade e conexões culturais e emocionais.

A mídia digital, em especial a mídia social, apenas desenvolveu uma estratégia de circulação, um negócio focado na taxa de resposta no qual o editorial é o *marketing*, continuamente medido e ajustado com a finalidade de aumentar os índices de resposta.

Nessa corrida pelos números, há o problema da fraude, e estudos têm comprovado que mais de um terço dos cliques medidos nos anunciantes é fraudulento, pois são **produzidos por robôs**!?!? Por isso, alguns compradores de mídia digital insistem em descontos de 50% por conta das fraudes...

A mídia digital criou uma audiência enorme, porém de valor bem pequeno. E as agências de publicidade deixaram de criar fantasias vívidas e teatrais para tornarem-se principalmente operadoras que ganham com a colocação, a medição, as respostas e a facilitação do pagamento.

No seu livro, Michael Wolff destacou: "Dadas suas características de *commodity* e facilidade de reprodução, a **notícia digital** não transmite ao usuário a sensação de uma experiência única e, de fato, pode não ser um bom negócio... Ao contrário da televisão!!!

Por exemplo, em 20 anos, o lucro da TV nos EUA aumentou de US$ 2 bilhões (corrigidos) para US$ 20 bilhões. A Fox News faturou US$ 2 bilhões por ano e a CNN algo mais de US$ 1 bilhão, ambas com margens superiores a 20%, mas são raros os portais digitais com uma receita superior a US$ 100 milhões e estes são, em geral, organizações tradicionais, como o *The New York Times*. A televisão dos EUA, que dependia 100% da publicidade, adaptou-se e agora recebe metade de sua receita de outras fontes, assinaturas, acordos de licenciamento, vendas no exterior.

A TV não vende audiências, mas um produto único, uma moeda cultural. Transformou entretenimento de baixo nível em algo de valor pago diretamente pelo consumidor. A TV também se bifurcou e vai do *reality show*, de nível mais baixo, à programação cuidadosa, com uma narrativa.

A mídia digital criou um **sistema que tem valor**, já a TV cria obras individuais que têm valor. Um exemplo é o da rede CBS, cujo valor não é a rede em si, mas o fato de ter criado programas como *NCIS*, uma franquia de US$ 1 bilhão, e um outro ativo de valor é a sua filmoteca ou biblioteca.

A mensagem que veio do mundo digital foi que vídeo é televisão (!?!?) e funciona como o negócio de televisão: **tem que se pagar por ele de alguma forma**!!! Daí, obviamente, o YouTube passou a depender de publicidade, como a TV, e a seguir suas regras, contratando profissionais do mundo da TV para produzir vídeos. Precisou separar o vídeo amador, de menor valor, do conteúdo gerado internamente por esses profissionais, o YouTube Preferred, para atrair os grandes anunciantes e os criadores dos vídeo. No fundo, o YouTube pretende recriar a TV.

O Facebook News Feed News pretendia criar uma nova experiência informativa – cada amigo, um fornecedor –, mas tornou-se cada vez mais um canal tradicional da mídia... Antes dependente dos clipes do YouTube, lançou seu *videoplayer* – como a TV.

A Internet se baseia, cada vez mais, na imagem e no vídeo, fáceis de fazer e distribuir, e representa um *remaking* do Facebook, que passou a competir diretamente com o YouTube!?!?

Com o valor do vídeo amador em queda, os dois querem oferecer o *premium* vídeo, o que significa ter identidade. Dessa forma, o Facebook passou a distribuir os vídeos da editora Time, numa mudança radical, pois seu conteúdo tradicional estava baseado em vídeo de baixa qualidade, o que significa que quer competir com a TV."

Bem, o livro *Television Is The New Television: The Unexpected Triumph of The Old Media in The Digital Age* traz uma visão muito interessante e muito pessoal da chegada da mídia digital e das redes sociais, da banalização da informação, transformada em *commodity* e como eles imitam, cada vez mais, a televisão.

Naturalmente, a sua alegação de que a TV tradicional ganhou a batalha é bem precipitada, pois a produção digital ainda está em curso...

3.16.2 - O *PODCAST*

O *podcast* é o **rádio do universo digital**.

Na realidade, *podcasting* é uma forma de transmissão de arquivos sonoros pela *Web* que permite que o ouvinte seja notificado das atualizações de um *site* e faça o *download* (transferência de informações ou conteúdo, ou seja, pode baixar um arquivo ou programa).

O *podcast* surgiu nos EUA em 2004, por sugestão de um VJ (videojóquei) do canal MTV norte-americano que quis distribuir suas criações em áudio no *site* do canal, ideia que ganhou impulso inicialmente no *iPod* da Apple.

Nos primórdios, a ideia era apenas permitir ao ouvinte criar seu rádio "customizado", ouvindo, na **hora que quisesse**, a **própria seleção de programas diversos**. Não havia muita diferença, entretanto, entre *podcast* e o rádio ao vivo – e, na verdade, os diversos *podcasts* que hoje são sucesso se originaram do rádio tradicional.

A oferta maior, inicialmente, foi de mesas de debates entre locutores e convidados, com pouca edição de som. Esse formato de bate papo, de certa forma informal, ainda é bastante consumido, porém, nos anos mais recentes, a produção foi se tornando bem mais elaborada, aparecendo o jornalismo dramático, as séries de ficção, curiosidades sobre ciência e filosofia etc.

Leo Lopes, proprietário da Rádiofobia, uma empresa brasileira especializada na produção e edição de *podcasts* comentou: "Os *podcasts* atuais sofrem ainda a influência daquela linguagem do rádio na frequência AM [transmissão de sinais eletromagnéticos baseado na modulação da amplitude (comprimento) das ondas, em frequências que variam entre 550 KHz e 1.600 KHz, podendo ser feita por meio de ondas curtas, médias e longas] dos anos 1980. Isso significa muito diálogo com o público, juntamente com sonorização e boa finalização."

Em uma década, de 2004 a 2014, o número de *podcasts* produzidos no mundo saltou de 3.000 para 285.000. Estima-se inclusive que o público norte-americano tenha triplicado em cinco anos e em 2014 já se tinha quase 80 milhões e ouvintes por mês, número certamente impulsionado pelo grande sucesso de *podcast Serial*, no qual são acompanhadas as investigações do assassinato de um adolescente na cidade de Baltimore, que rapidamente chegou a 5 milhões de *downloads* no iTunes.

É bem grande a variedade de temas dos *podcasts*. Assim, nos EUA, Alex Blumberg lançou *StartUp*, com o seu passo a passo na criação de uma empresa e dicas praticas para quem se arrisca em uma nova empreitada. O programa define a si mesmo da seguinte forma: "Uma série sobre o que acontece quando alguém que nada sabe sobre um negócio começa um!!!"

Semanalmente, mais de 1 milhão de ouvintes fazem e *download* do *podcast This American Life* e 2,2 milhões de norte-americanos escutam o programa no rádio. Como o próprio nome sugere, nele comenta-se o estilo de vida norte-americano, dentro do espírito informal dos programas matutinos de televisão, sendo um grande sucesso nos EUA.

Rádio Lab, por sua vez, é um *show* de curiosidades sobre ciência e filosofia. Nasceu em 2002 numa rádio pública de Nova York, mas só ga-

JSTONE / SHUTTERSTOCK.COM

D8NN / SHUTTERSTOCK.COM

"O presidente-executivo da Apple, Tim Cook, divulgou com certo estardalhaço o novo aplicativo *Music*, o qual disponibiliza um catálogo para ouvir canções *à la carte*, três estações de rádio *on-line* e uma *interface* para os artistas se comunicarem com os fãs."

nhou notoriedade como *podcast* a partir de 2009. O seu público é composto por ouvintes bem instruídos na faixa de 22 a 50 anos.

Na Grã-Bretanha, faz sucesso o *podcast In Our Time*, que é um dos poucos produzidos por um veículo de comunicação tradicional – a rede pública britânica BBC, sendo apresentado por Melvyn Bragg, que analisa temas acadêmicos de história, arte, religião e cultura.

O seu público é primordialmente constituído por pessoas que gostam de um "papo-cabeça".

No Brasil, foi lançado, em maio de 2013, o *podcast Beercast* que aborda um tema exclusivo: **cerveja**. Os quatro participantes avaliam, dão informações e degustam bebidas ao vivo. Num programa em que os quatro apresentadores estavam num evento cervejeiro em Londres um deles disse: "Dá para perceber que já estamos bem liberados e mais descontraídos que o normal. Isso é porque experimentamos muitas marcas..." Naturalmente, o público que ouve *Beercast* faz parte do grupo que não quer beber qualquer cerveja...

Um dos mais populares *podcasts* do Brasil é o *Nerdcast*, que já tem mais de um milhão de ouvintes regulares que fazem, em média, 700 mil *downloads* por programa. Devota-se à cultura *pop*, especialmente àqueles filmes e séries cultuados pelos *nerds* (pessoas viciadas em tecnologia, computadores, *videogames* etc). Os seus criadores foram Alexandre Ottoni e Deive Pazos, que conduzem a conversa semanal, que até lembra os diálogos entre os personagens da série de TV *The Big Bang Theory*.

Engana-se quem pensa que Alexandre Ottoni e Deive Pazos vivem em outro planeta e fazem programas apenas por diversão. O *Nerdcast* é o maior negócio do *site* Jovem Nerd, lançado em 2002 em Curitiba, que ganha dinheiro com uma loja virtual e, principalmente, com a produção de programas patrocinados. Assim, Ottoni e Pazos produziram *A Casa do Baralho*, paródia de *House of Cards*, que foi paga pelo Netflix, que produz a série norte-americana.

Comentou Alexandre Ottoni muito feliz: "Fiquei sabendo que muitas pessoas começam a ouvir *Nerdcast* quando estão dirigindo o seu carro e, ao chegar em casa, ainda ficam um tempo na garagem esperando o programa terminar."

Hoje não há estreia no cinema que escape ao radar do cearense Jurandir Filho, formado em informática, que no seu *podcast Rapadura Cast* conversa sobre filmes com os seus colaboradores – num total de dez – que se revezam.

O próprio Jurandir Filho negocia com seus anunciantes, que vão de uma distribuidora de filmes a um banco público. Conforme o cacife do *podcast*, um programa de uma hora pode custar até R$ 30 mil ao anunciante.

No Brasil, o *podcast* ainda não é um produto tão massivo e estima-se que existam uns 700 programas ativos no País, portanto está engatinhando, apesar de que alguns de seus expoentes já contem com um público bem fiel, como é o caso dos cinéfilos que fazem, a cada semana, 170 mil *downloads* do *Rapadura Cast*. Apesar de não ser ainda um número expressivo, o que em parte é bom, pois isso convida a entrada de mais empreendedores que percebem outros gostos e preferências específicas eventualmente não atendidas (fotografia, degustação de café, danças típicas etc.) para desenvolver novos *podcasts*.

Como o rádio, seu antepassado, o *podcast* é um companheiro versátil, sobretudo em situações nas quais um *streaming* (difusão: em tempo real de vídeo ou áudio na *Web*) de vídeo é uma distração inconveniente (digamos ao dirigir um veículo). Pode-se dizer que o *podcast* é a maior inovação para quem está lavando louça. Aliás, há quem diga: **"Só consigo faxinar a casa ouvindo um *podcast*."**

Observação importante 2 - Houve uma época em que foi o **rádio** que permitiu que as pessoas soubessem rapidamente (claro não tão rápido como agora ocorre com o uso da *Web*...) o que estava ocorrendo no mundo, em especial quando a humanidade entrou na sua pior confrontação na Segunda Guerra Mundial (1939-1945), porém, a partir da década de 1950, a televisão começou a evoluir muito, tornando– uma forte concorrente, sobrepujando o rádio em vários aspectos.

Mas nessa segunda década do século XXI, não se pode dizer que o rádio ficou estagnado e que não é mais ouvido!!!

Um excelente exemplo para o caso do Brasil, a rádio Jovem Pan, que soube acompanhar a modernização que se amplificou muito além da cidade de São Paulo e região, chegando com os seus programas a milhares de munícipios do Brasil, atingindo milhões de ouvintes diariamente.

Há alguns anos, a Jovem Pan demonstrou a sua visão ao abraçar a TIC, com a criação da Jovem Pan *On-line*. Além de proporcionar uma maior aproximação entre a sua equipe de jornalistas e comentaristas com os seus ouvintes, os quais enxergam no rádio uma grande "válvula" de escape para as suas reclamações e indagações, estimulou seus ouvintes a se sentirem incomodados frente às mais diversas questões do dia a dia. Ao mesmo tempo, a Jovem Pan abriu seus microfones para que a voz do seu público fosse ouvida.

Dessa maneira, a Jovem Pan tornou-se mais que um modo de comunicação, servindo como um verdadeiro meio de canalização da angústia pública. No seu *Jornal da Manhã*, os ouvintes conseguem refletir e posicionar-se sobre as críticas e os comentários de Denise Campos de Toledo, Joseval Peixoto (âncora mais de 55 anos), Anchieta Filho, Marco Antonio Villa sobre as suas posições no que se refere aos problemas na educação, saúde pública, campanhas contra drogas, política brasileira etc.

Com os seus "aconselhamentos" ou simples comentários, eles acabam, através da Jovem Pan, intervindo no cotidiano de milhões de pessoas, valendo-se dos relatos que recebem de uma equipe de mais de 100 jornalistas na linha de frente que tentam apurar a verdade dos acontecimentos no País e no exterior.

➢ **E agora tem-se a câmera no rádio!!!**

Isto mesmo, este é o conceito da nova Jovem Pan *On-line*, que disponibiliza vídeos na Internet com conteúdo jornalístico para todos os ouvintes ao redor do planeta. Mas não é nada parecido com uma matéria de televisão, pois os vídeos estão mais para um bate-papo de cada um dos âncoras e repórteres sobre as notícias mais importantes do dia dentro do campo de domínio de cada um, permitindo-lhes usar e abusar da liberdade de se expressar. Um programa com essas características é o *Pânico*, transmitido pela Jovem Pan FM, que tem uma incrível audiência.

Agora, em 2016, os ouvintes mandam para a rádio a maior parte das suas informações e relatos de acontecimentos usando os *smartphones* que permitem o envio de fotos e vídeos. Deve-se ressaltar que o telefone foi sempre, para a rádio Jovem Pan, um dispositivo tecnológico vital e não atendê-lo era considerado, pela administração da emissora, um **grande pecado**.

Um exemplo disso foi o dia de acidente do avião da TAM, no aeroporto de Congonhas (19/7/2007). Quem trouxe essa notícia para a Jovem Pan foi o telefone de um ouvinte que salientou apenas que tinha ouvido uma estrondosa explosão. Minutos depois, um controlador do aeroporto também ligou para a emissora confirmando que havia ocorrido a queda de um avião da TAM... Nelo Rodolfo, que fez a cobertura do acidente durante 14 h sem um único intervalo comercial, lembrou: "Soltamos a notícia 5 min ou 10 min após o ocorrido e quem foi atualizando os acontecimentos foram nossos ouvintes, pois os nossos repórteres tiveram dificuldades para chegar ao local do acidente, pois aconteceu um tremendo congestionamento na região."

A história da rádio Jovem Pan começou no dia 3 de maio de 1944, quando foi inaugurada – como Rádio Panamericana S. A – na primeira sede, na rua São Bento nº 279. Em novembro desse mesmo ano, a emissora foi comprada por Paulo Machado de Carvalho, passando a integrar o grupo das Emissoras Unidas. Em 1945, a Panamericana – que nasceu para trasmitir novelas – foi transformada em **"a emissora dos esportes"** por Paulo Machado de Carvalho, com o projeto executado pelo então empossado diretor-geral Paulo Machado de Carvalho Filho, o Paulinho. Em 1949, Antonio Augusto Amaral de Carvalho – o Tuta – começou a trabalhar ma Panamericana, assumindo a sua direção geral em 1952, quando Paulinho deixou a direção da emissora, transferindo-se para a rádio Record.

Em 1953, Tuta deixou a direção da emissora para dedicar-se à programação da TV Record, que iniciava as suas transmissões.

O nome "Joven Pan" surgiu em 1965, dado por Paulo Machado de Carvalho. Porém a grande transformação da Panamericana começou em 1966, sob a direção de Tuta. Os programas jornalísticos foram criados entre 1970 e 1972, período no qual surgiram a *Equipe Sete e Trinta,* o *Jornal de Integração Nacional* e, finalmente, *o Jornal da Manhã*, que até hoje é uma referência no jornalismo de rádio em todo o País.

Em 1973, Tuta deixou a TV Record para se dedicar exclusivamente à rádio Jovem Pan. Nesse mesmo ano, adquiriu as ações da emissora dos irmãos Paulo Machado de Carvalho Filho e Alfredo de Carvalho, tornando-se seu único proprietário.

Em 1976, a Jovem Pan finalmente se instalou na avenida Paulista nº807, e nesse mesmo ano foi inaugurada a Jovem Pan 2 FM, no mesmo local. Em 1993, a emissora iniciou o projeto Jovem Pan – SAT, que teve a sua implantação em 1994, com sinal de áudio totalmente digital, transmitindo via satélite para várias regiões do País. Em 1996, a Jovem Pan – SAT atingiu a marca de 15 milhões de ouvintes em todo o Brasil.

Wanderley Nogueira um dos principais nomes do jornalismo esportivo, que já está chegando a 40 anos de trabalho na emissora, explicou: "O sucesso da Jovem Pan, inicialmente, deve ser atribuído à identidade que a rádio granjeou com a cidade de São Paulo. Mas claro que o seu jornalismo opinativo e participativo, também ajudou a alcançar esse *status*, em particular por possuir um grupo de comentaristas com talentos especiais, ou seja, com grandes aptidões para explicar os mais complicados assuntos para uma linguagem que todos os seus ouvintes possam compreendê-los."

As mais recentes mudanças na programação e na orientação política adotada pela Joven Pan se devem ao empresário Antonio Augusto Amaral de Carvalho Filho, o Tutinha, que tornou-se presidente da empresa em 2014, que antes disso comandava apenas a Jovem Pan FM.

Ele estruturou uma programação com fortes críticas ao governo federal, ou seja, entrou na onda anipetista. Um exemplo disso foi a criação, em abril de 2014, do programa *Pingo nos Is*, apresentado a partir das 18 h, de segunda a sexta, tendo à frente Reinaldo Azevedo com inflamadas críticas à forma como o Brasil estava sendo administrado pela "governanta" Dilma Rousseff.

Esse programa transformou-se em um grande sucesso, superando, no horário, com grande folga, as demais emissoras concorrentes como CBN e Bandeirantes.

Caro(a) leitor(a), você é ouvinte da Jovem Pan?

Não! Então vale a pena escutar alguns dos seus programas, pois apesar de existirem no País outras emissoras excelentes, provavelmente se encantará e terá um grande "companheiro", principalmente quando precisar de alguma informação ou distração enquanto estiver angustiado tentando dirigir o seu carro num congestionamento...

* * *

3.16.3 - TERMINA A SÉRIE *TWO AND A HALF MAN*

Pois é, após 12 anos no ar, a *situation comedy* (ou simplesmente *sitcom*), *Two and a Half Man*, **acabou em fevereiro de 2015**.

A grande expectativa para o capítulo final - com uma hora de duração -, era o possível retorno do ator Charlie Sheen, **que não compareceu**!!! Protagonista principal da comédia, ele deixou o programa há quatro anos, após problemas com drogas e prostitutas, além de brigar publicamente com o criador da série, Chuck Lorre.

Essa série tinha foco no mulherengo Charlie Harper (Charlie Sheen), seu irmão Alan (representado por Jon Cryer) e o sobrinho Jake (interpretado por Angus T. Jones), mas nunca conseguiu se recuperar do baque da saída de Sheen, em 2011. No lugar dele, entrou Ashton Kutcher no papel do bilionário Walden Schmidt, que manteve Alan na casa e levava uma vida parecida com a de Charlie –rico e mulherengo, mas sem a rotina caótica de seu antecessor.

HELGA ESTEB / SHUTTERSTOCK.COM

"A saída do ator Charlie Sheen foi fatal e sem ele terminou em pouco tempo a série *Two and a Half Man*."

A série teve mais problemas em 2012, quando Angus T. Jones, que se aproximou da Igreja Adventista do Sétimo Dia, começou a criticar a série com os vídeos que postou na Internet, o que o levou a deixar o programa em 2014.

Na última temporada, a série tomou um rumo que deixou muitos fãs perplexos: Walden e Alan se casaram para poder adotar um filho – sonho do ricaço!?!

Chuck Lorre afirmou: "Eu seria um babaca se não reconhecesse o sucesso que tivemos com Charlie e sou grato a ele. Eu poderia ter sido mais legal. Aprendi que não preciso ser um idiota para falar **'não'**. De fato quando Charlie foi embora, eu achei que seria o fim e agora ele aconteceu!!!"

* * *

Observação importante 3 - Nem HBO nem Telecine. Em 2014, o canal de filmes mais visto da TV paga brasileira foi o Megapix.

Contando com o fato de estar inserido em pacotes mais econômicos, o canal Megapix liderou a audiência das 19h à 1h, a faixa em que os canais *premium* costumam exibir seus lançamentos. Aliás, desde 2012, o Megapix já aparecia como o preferido da classe C para assistir a filmes. A novidade é que, pela primeira vez, ele fechou o ano como líder também na classe A e B, que reúne pessoas com maior poder aquisitivo.

O canal costuma exibir produções já apresentadas nos canais de pacotes mais caros. O destaque de 2014, por exemplo, ficou por conta de *A Saga*

Crepúsculo: Amanhecer - Parte 1 (2011), que foi o filme de maior audiência em 2014 entre os canais básicos e o 10º entre todos os canais da TV paga e já havia passado no Telecine. As comédias brasileiras *Minha Mãe É uma Peça* e *Vai que Dá Certo* também chegaram a deixar o canal na liderança da TV paga quando foram exibidos.

Dessa maneira, o Megapix acabou sendo responsável por um quinto da audiência do segmento de filmes, que reúne 18 canais no Brasil. Também encerrou 2014 em quinto lugar em audiência entre todos os canais pagos, ou seja, atingiu um patamar admirável. Desde que estreou, em 2008, o canal subiu 18 posições no *ranking* da TV por assinatura.

3.16.4 - UM VÍDEO VISTO POR MUITOS MILHÕES DE PESSOAS PODE RENDER BASTANTE DINHEIRO!

Existe cada vez mais gente tentando ganhar muito dinheiro com vídeos que são publicados no YouTube. Mas a tarefa não é tão fácil assim, pois é preciso **"conquistar"** milhões de visualizações para que o investimento se torne rentável. Essas pessoas já têm até um nome sofisticado: são as *youtubepreneurs*, uma mistura de YouTube e *entrepreneur* – que quer dizer empreendedor em inglês. Elas são, na sua maioria, jovens que passam parte do seu dia tentando produzir vídeos que chamem atenção. O material é divulgado em seus *sites* e outras redes sociais, na esperança de obterem receitas suficientes para sobreviver, ou mesmo **enriquecer**.

O negócio é simples: basta registrar-se no YouTube, colocar um vídeo e esperar que sua produção gere milhões de visualizações. Parece fácil, mas não é... Entretanto, é uma das interessantes opções que existem nessa era da EC.

➛ **E o dinheiro, de onde vem?**

Dos anunciantes!!! Os criadores recebem do YouTube parte dos ganhos com anúncios inseridos em seus vídeos. Segundo um estudo publicado no jornal norte-americano *The New York Times*, para cada um milhão de visualizações ao longo de um ano, um vídeo gera em média **R$ 7.000 de receita**. O autor tem que dividir esse montante com o YouTube e pagar os impostos, sobrando-lhe em média algo como R$ 4.800. Ou seja, algo próximo de R$ 400 por mês, o que é obviamente muito pouco para sobreviver.

DEBBY WONG / SHUTTERSTOCK.COM

"O *rapper* sul-coreano Psy (à esquerda) numa apresentação em Nova York, em 3/5/2013, no Rockefeller Center."

É claro que existe gente que ganhou muito dinheiro com o seu vídeo, e o campeão de êxito até agora é o cantor sul-coreano Psy, que lançou uma apresentação musical que denominou *Gangnam Style* em 2012. Até o final de 2014, ele alcançou 2,2 bilhões de visualizações, ou algo como 3 milhões por dia, ou seja, recebeu de receita de publicidade, todos os dias, **R$ 14.400**.

O êxito de Psy obrigou a equipe do YouTube a mudar o algoritmo que usava para contar as visualizações, o qual estava limitado a uma contagem baseada em 32 *bits* que só chegava a 2.147.483.647, ou seja, algo próximo de 2,15 bilhões, e agora passou para 64 *bits*, permitindo um total de 372.036.854.775.808 visualizações. **Belo número, não é!?!?**

Em 2014, o vídeo que mais se destacou foi o *Spider Dog* ("*Cão Aranha*"), no qual um produtor polonês colocou um disfarce de oito pernas no seu cão, fazendo incursões sobre as pessoas e dando a impressão de que o animal estava comendo-as... Em poucos meses, esse vídeo já se tornou viral e ultrapassou 115 milhões de visualizações. **Você já viu?**

3.16.5 - O PODER DA NETFLIX

A partir de 2013, a empresa Netflix começou a ganhar os principais prêmios da televisão norte-americana **sem ser um canal de televisão**. Ao contrário, é um serviço de distribuição de *streaming* de vídeo sob demanda que está ameaçando a sobrevivência da própria televisão. Houve, inclusive, um momento, em 2013, que as emissoras de TV cogitaram barrar a Netflix. Entretanto, ela driblou a manobra e rompeu toda a barreira dos estúdios de TV pela **qualidade de seus produtos**. Séries como a *sitcom Arrested Development*, que chegou a 4ª temporada, *House of Cards*, *Orange is the New Black*, têm figurado entre as mais reconhecidas nas premiações.

Na entrega dos cobiçados prêmios no Globo de Ouro, que ocorreu em 11/2/2015, a Netflix foi agraciada com o prêmio de melhor ator para Kevin Spacey, da série *House of Cards.*

É verdade que a Netflix tem novos concorrentes, como é o caso da Amazon, que com a série *Transparent* já recebeu em 2015 dois cobiçados prêmios no Globo de Ouro e atraiu o cineasta Woody Allen para escrever e dirigir para ela séries para a TV.

FEATUREFLASH PHOTO AGENCY / SHUTTERSTOCK.COM

"A série do Netflix de muito sucesso: *House of Cards*, com excelente participação do ator Kevin Spacey."

Em vista de todos esses sucessos recentes, a Netflix resolveu, a partir de 2015, lançar duas séries exclusivas por mês. No início de dezembro de 2014, a Netflix lançou a sua primeira série histórica, *Marco Polo*, uma superprodução de US$ 90 milhões em parceria com a Weinstein Company de Hollywood, e o desenho animado *Saúdem Todos o Rei Julien*, sequência do sucesso *Madagascar*, de 2005.

Porém, se a animação foi bem recebida, *Marco Polo*, apesar da grandiosidade, pois foi filmada em Veneza, Mongólia e Malásia, recebeu duras críticas dos principais jornais norte-americanos. Mas o idealizador e chefe de conteúdo da Netflix, Ted Sarandos não ficou desanimado, afirmando: "*Marco Polo* marca uma mudança de paradigma. Um paradigma que a televisão não pode acompanhar, com suas exigências de orçamentos enxutos e grades de programação. A Netflix está inovando ao se basear em experiências anteriores para superá-las. A inspiração surgiu dessa fase atual dos canais pagos da televisão que investem em produções mais relevantes.

A Netflix mudou a forma como o público vê filmes, séries, documentários e programas. Mas isso só aconteceu porque a televisão se reinventou com séries de **alta qualidade**. O sistema de produção da Netflix, associada a grandes estúdios, buscou material na atual era de platina da dramaturgia televisiva. Ele é uma consequência lógica da evolução das produções audiovisuais."

De fato, a Netflix está alterando o modelo da televisão. Com emissões adaptáveis a todo tipo de dispositivo, ela se tornou a primeira rival perigosa da TV nesses últimos 60 anos de seu domínio a indústria do entretenimento.

Tradicional verduga do cinema, a televisão vive hoje uma situação semelhante à de sua antiga vítima, por causa da Netflix. Assim como a indústria do cinema passou a depender dos canais pagos para veicular seus filmes, agora a TV começa a depender dos serviços de *streaming* liderados pela Netflix para manter seus serviços.

Sintomático é que os novos modelos de televisores – as *smart* TVs –, elas contam agora com o ícone vermelho da Netflix como um atrativo extra. Além disso, quando a Netflix lançou séries exclusivas em 2011, começou a ditar as regras de conduta da indústria e atrair espectadores. Para tanto, basta prestar atenção aos novos hábitos de consumo do público que se acostumou a ver filmes e séries pirateados pela Internet.

Complementou Ted Sarandos: "Hoje, as pessoas têm o hábito de ver uma série inteira. É como se precisassem assistir a um filme de 13 h de duração. Para suprir essa necessidade, lançamos os dez episódios da série. Nós estamos acompanhando o público, percebendo as pessoas cada vez mais sofisticadas e querendo escolher o próprio entretenimento.

O que estamos fazendo no momento é respeitar o poder dos direitos individuais das pessoas em relação à sua disposição de consumir certos conteúdos. A TV tradicional tem dado mais atenção a programas esportivos e noticiosos. Com isso, deixou de lado a programação cultural, na qual o cinema se destacava. Porém, a televisão continua atraindo um grande público. Mas, estranhamente, deixou de lado a cultura e os filmes. Dessa maneira, a Netflix não rivaliza, mas complementa a televisão, por preencher uma de suas falhas mais gritantes."

Apesar do que disse Ted Sarandos, continua a pairar uma dúvida na indústria de entretenimento sobre se a Netflix (ou a Amazon, ou ainda You Tube) é realmente um serviço que se harmoniza com a televisão ou um parasita para os meios de comunicação tradicionais.

A questão é se os serviços de *streaming* vão dominar o mercado. Mas ninguém pode esperar por uma resposta conclusiva imediatamente.

Para não perder a corrida, as principais redes de TV do mundo estão investindo em canais de *streaming*. O novo hábito de assistir a uma série completa de um fôlego só, em vez de acompanhar semanalmente pela televisão, recebeu dos críticos o apelido de *binge-watching* ou **visualização compulsiva de vídeos**. É um traço do comportamento dos tempos maduros da Internet, do YouTube e dos vídeos virais. No entanto, esse costume é o resultado de uma evolução e uma exacerbação nos modos de ver vídeos.

Tudo começou nos anos 1980, com a popularização mundial das locadoras de VHS (*Video Home System*) e, nos 1990, de DVD (*Digital Versatile Disc*). A programação da TV aberta passou a ter uma pequena concorrência dos vídeos.

A expressão *binge-watching* começou a ser usada para designar os consumidores de vídeos que faziam maratonas de determinada série ou dos filmes de um diretor. Depois, com a invenção dos arquivos compactados MP3 e MP4 em 1999 e o lançamento do tocador de música *iPod* em 2004, o hábito de ouvir música e ver vídeo em grande quantidade se disseminou. A popularização do YouTube consolidou a nova ordem do **consumo compulsivo por demanda**.

O antropólogo norte-americano Grant McCracken, em um artigo para a revista *Wired*, explicou que o *binge-watching* atendeu ao desejo de conforto e acolhimento do telespectador contemporâneo. Ele salientou: "Entramos em um mundo que é, com toda sua complexidade narrativa, um lugar de continuidade súbita. Podemos escapar do mundo por razões psicológicas, mas aqui, por razões antropológicas, construímos um outro mundo. A segunda tela é também um segundo lar."

De alguma forma, a Netflix restitui ao universo digital um costume acolhedor que se perdeu com o fim das locadoras e do **consumo analógico**. Ora, isso se deve às origens da empresa.

A Netflix foi fundada em 1997 em Los Gatos, no Estado da Califórnia, como uma locadora de vídeo. Dois anos depois, ela se reinventava ao criar um sistema de inscrições. Nessa época, já tinha no catálogo **cem mil vídeos** e **dez milhões de assinantes** na carteira.

O serviço de *streaming* só começou a operar em 2010.

Mais recentemente, o sucesso e a utilidade do serviço afetaram o mercado, a forma de consumo adotada pelo público e o modo como as séries são criadas. Agora (em 18/4/2016), o serviço de *streaming* Netflix contava com 81 milhões de assinantes em 60 países, pois já entrou na Europa e se difunde pelo mundo todo.

Concluiu Ted Sarandos: "Cada vez mais nos encaminhamos à programação que preenche as expectativas do grande público. E esse público está mudando e alterando a forma de compreender o material audiovisual. De olho nesse público mais exigente, a Netflix não impõe limites aos criadores, ao contrário do que fazem alguns estúdios de televisão e cinema.

Como disse o produtor John Fusco, idealizador da série *Marco Polo*: 'A diferença está na concessão à liberdade, ou seja, podemos trabalhar sem medo de algum tipo de censura. Não estamos condicionados aos ganchos para atrair o espectador para ver o próximo capítulo na semana que vem. Seguimos o fio da história. Essa é uma nova experiência para quem já trabalhou nos estúdios convencionais. Aqui fazemos o que planejamos, sem interferência deste ou daquele produtor que quer mudar tudo no meio do processo.'

A Netflix também adotou uma forma menos rígida para fechar contratos com as produções. Temos nos associado a pequenos e grandes estúdios sem determinar uma linha ideológica ou um padrão.

Não somos obrigados a pensar em bilheterias. Nossos projetos contam com várias fontes de investimento. E já chegam prontos e formatados para os assinantes. Como resultado, os nossos produtos têm uma integridade estética incomum."

Pois é, com parcerias e sem intervenções diretas no conteúdo das produções, a Netflix forjou um **modelo de negócio na área do entretenimento** que, de acordo com os especialistas, pode em breve alterar os métodos de criação e produção da televisão – e do cinema, que até agora se manteve indiferente às mudanças do consumo cultural, enfeitiçado pelas franquias de super-heróis.

Aparentemente, não há mais uma diferença clara entre televisão e cinema, pois, para muitos entendidos, as fronteiras de cinema e TV se confundiram.

Antevendo as misturas possíveis no novo cenário, a Netfix não pretende se concentrar no fornecimento só de *streaming*. Por isso, a Netflix, em 2015, lançou um canal pago convencional de televisão e investiu pesado em produções para o cinema. O seu primeiro filme, agendado para janeiro de 2016, foi uma continuação do épico *O Tigre e o Dragão*, de Ang Lee. A única diferença para o esquema consagrado de Hollywood é que os filmes **estreiam inicialmente** na Netflix e não nos cinemas. Dessa maneira, os estúdios de cinema correm o risco de se transformar em fornecedores de conteúdo para os serviços de *streaming*. Se bem que isso pode também transformar-se na sua tábua de salvação!!!

Para além das divisões tradicionais, a Netflix está ajudando a converter o serviço de *streaming* no meio de comunicação mais popular do mundo. Com isso, ela está mudando o costume de ver televisão e certamente poderá revolucionar o hábito de ir e ver filmes em cinemas. Ou melhor, a Netflix está, de fato, alterando o **modo de ver**!!!

Graças à Netflix, Jane Fonda finalmente teve o verdadeiro *comeback* (retorno) apoteótico na série *Gracie and Frankie*, a primeira grande aposta cômica da Netflix lançada em 2015. E tudo indica que 2015 é um ano de sorte para Jane Fonda desde que resolveu romper com sua aposentadoria, dez anos atrás, ela, a icônica atriz de *Barbarella* (1968) e *Amargo Regresso* (1978), só foi vista em comédias de segundo nível e papéis secundários.

Jane Fonda encabeçou o elenco de *Grace and Frankie*, mas que tem como coprotagonista Lily Tomlin (no papel de Frankie Bergstein), além dos veteranos Martin Sheen, Sam Waterston.

A criadora de *Grace and Frankie*, Marta Kauffman, é a mesma do fenômeno *Friends*. Nessa série foi visível a boa química entre Jane Fonda e Lily Tomlin, que já trabalharam juntas em *Como Eliminar seu Chefe* (1980), assim como uma diferenciada abordagem da terceira idade – um assunto que costuma gerar uma certa complacência. Por isso, talvez o tema "terceira idade" pode ser um obstáculo extra para se ter uma 2ª temporada para *Grace and Frankie*.

Na trama Grace Hanson (Jane Fonda) e Frankie Bergstein desenvolveram uma antipatia mútua, e elas se evitam sempre que possível, mas estão ligadas pela amizade e parceria profissional de seus respectivos maridos Robert (Sheen) e Sol (Waterston).

Uma "amizade" íntima demais, como se percebeu logo no início da série (!?!?), e num certo jantar que os casais se encontram, Sol inicia um pomposo discurso sobre um "novo capítulo em suas vidas". E no final, faz o anúncio de que ele e o colega decidiram sair do armário após 20 anos de hesitação e agora **pretendem se casar**!?!?

Pegas de surpresa, Grace e Frankie têm o apoio dos filhos, mas só elas mesmas entendem o que estão passando. A dupla acaba se aproximando, apesar de suas diferenças inconciliáveis que servem de principal combustível ao humor. Grace é uma executiva pragmática, sem muita paciência para a postura *hippie* e "natureba" de Frankie, que costuma espalhar incensos pela casa e entoar mantras esquisitos.

HELGA ESTEB / SHUTTERSTOCK.COM

"Jane Fonda, ao 77 anos, soube se reinventar para ter uma elogiável interpretação na série de TV *Gracie and Frankie*!!!"

O episódio piloto teve pelo menos uma cena impagável quando Grace acidentalmente bebe o chá de peiote (cacto alucinógeno) da companheira. As duas, então, vivem uma noite de delírio ao relento, repleta de falas sem sentido (*nonsense*).

→ Será que vamos ter outras temporadas de *Grace and Frankie*?

Nenhuma estrela do cinema se reinventou tanto quanto Jane Fonda. Ela surgiu na década de 1960 como uma promessa gerada pelo seu pai, o ator Henry Fonda (1905-1982), foi heroína da adaptação de gibi (*Barbarella*), 40 anos antes de o gênero virar moda, tornou-se ativista pela paz e pelo meio ambiente, ganhou dois Oscars e, nos anos 1980, ficou conhecida por **vídeos de ginástica para mulheres**.

Em 2015, aos 77 anos, ela não para de experimentar.

Depois de tomar gosto por séries de TV, com pontas em *The Newsroom*, a atriz protagonizou a comédia *Grace e Frankie*, que estreou no Brasil em 8 de maio de 2015, no serviço de vídeo sob demanda Netflix. Comentou Jane Fonda: "É um desperdício ficar só pensando no sucesso obtido no passado. Eu estou no presente, então devo pensar no que fazer para ficar ativa. Como funcionam, por exemplo, as redes sociais? Sou uma eterna estudante e quero aprender sempre.

Conheço muita gente que infelizmente não quer se adptar, e essas pessoas ficam presas no mesmo patamar na vida, ou o que é pior ainda, vão regredindo.

Nesta série que fiz para a Netflix, acende-se um alerta para as mulheres que precisam ter um certo tipo de homem para dar certo na vida. Foi como vivi por muitos anos da minha vida. Sentia que, se não estivesse casada com um macho alfa, não teria uma validade!!!

Fui ativista feminista, mas sempre expressando que as mulheres precisavam se tornar seres humanos completos, com direitos e oportunidades iguais. Isso não significa ir abertamente contra os homens.

Temos agora a candidatura de Hillary Clinton à presidência dos EUA, em 2016, uma esperança na luta pelos direitos das mulheres. A sua vitória é provável, mas não se pode dizer que é inevitável. Precisaremos trabalhar duro e aparecer para votar. Quem sabe isso leve à igualdade de salários entre homens e mulheres.

É difícil imaginar um trabalho mais duro que ser mãe, criar adolescentes e cuidar do marido em casa.

Deveria ser um trabalho pago!!!

Mas as mães agora devem encorajar suas filhas a ganhar o próprio dinheiro e ter habilidades profissionais, porque não podemos saber antecipadamente o que a velhice pode nos trazer e como iremos nos sustentar."

3.16.6 - AS VANTAGENS QUE NETFLIX OFERECE AOS SEUS CLIENTES!!!

Por trás de toda categoria específica de filmes na Netflix como, por exemplo, "filmes latino-americanos sobre crimes", há alguém responsável por ajudar a **classificar adequadamente seu conteúdo**. E agora esses profissionais, chamados de *taggers*, começaram a atuar especificamente no Brasil, um sinal da importância do País para o serviço de vídeo sob demanda.

É importante ressaltar que cada filme ou programa que entra no catálogo da Netflix é classificado por um responsável por avaliar as coisas mais diversas:

Há cenas de nudez ali?

De que tipo elas são?

Aparecem animais?

Se sim, são bichos fofos de estimação ou ferozes mordedores?

Etc.

Com base nisso, o sistema coloca cada título em diferentes categorias.

As *tags* (etiquetas) têm funções diferentes para o serviço Netflix. Foi vendo, por exemplo, que Kevin Spacey e dramas políticos eram populares que a Netflix decidiu investir em *House of Cards*, sua primeira série original de sucesso.

O vice-presidente de inovação da Netflix, Todd Yelling, explicou: "Temos que colocar o conteúdo certo na frente da pessoa certa na hora certa. Assim, entender o conteúdo é o primeiro passo para dar sugestões que agradem os usuários.

Temos milhares de títulos e não queremos que os assinantes gastem seu tempo procurando o que assistir. Às vezes, para efeito de humor, colocamos categorias superespecíficas, mas, na verdade, só queremos saber que um título será perfeito para cada um naquela hora de lazer.

Conhecer as preferências de cada pessoa permite que o nosso serviço ofereça diferentes *trailers* (filmes promocionais) de uma mesma série para diferentes usuários. Assim, para a série *Bloodline*, quem gosta de mistério recebeu um tipo de *trailer*, já quem gosta de dramas familiares via outro!!!

Até a foto que aparece ao lado de cada título é muito analisada. O nosso serviço testa imagens diferentes para os usuários e a mais popular passa a ser exibida para todos. Mas o próximo passo é mostrar imagens personalizadas para cada um. É por isso que um *tagger* local é muito importante, pois permite que as pequenas sutilezas de um país sejam compreendidas. Desejamos, dessa forma, entender todos os **'tons de cinza'**.

Se em 2014 apresentamos 100 h de títulos próprios no mundo todo, em 2015 esse tempo de conteúdo original irá dobrar e assim atingiremos 300h. E esperamos ir dobrando nos próximos anos. Assim, haverá ficção científica, drama, comédia e por aí vai se enveredando para outros temas que interessem aos nossos clientes.

Teremos títulos locais e internacionais. Um bom exemplo, que interessou muito aos latino-americanos foi a série *Narcos*, que narrou a história do narcotraficante colombiano Pablo Escobar, interpretado pelo ator brasileiro Wagner Moura. E conseguimos ter o José Padilha, um dos melhores diretores brasileiros nesse projeto. Aliás, sou um fã do seu filme *Tropa de Elite*.

HELGA ESTEB / SHUTTERSTOCK.COM

"São os cometários nas redes sociais que orientam o rumo da produção da Netflix. A sua série *East Los High* agradou muito os adolescentes. Também com esse elenco o que se deveria esperar?"

No tocante à tecnologia, estamos investindo nos comandos de voz e acreditamos que em poucos anos as pessoas vão poder falar para a sua TV que querem ver, digamos, o quinto episódio de *Narcos* sem tocar no controle remoto. Portanto, estamos trabalhando para facilitar o acesso àquilo que a pessoa deseja ver."

Bem, ser pago para assistir filmes e séries é, em resumo, a atividade dos *taggers* do serviço Netflix. Para muitos, sem dúvida, é o emprego dos sonhos, porém ele pode demandar que sejam vistos longos documentários e filmes "obscuros".

Um *tagger* explicou como funciona o seu trabalho para a revista *Time*. Ele recebe semanalmente um número de títulos para assistir – tarefa que pode durar de duas a 20h. Depois, leva mais ou menos uma hora para preencher uma ficha classificando aquilo que viu. Ele deve colocar ali o nível de humor da produção, se há algum elemento de rebeldia, se é uma trama leve. Quão fortes são as personagens femininas? Há algo profano? As pessoas fumam? E por aí vai, preenchendo-se um questionário bem minucioso.

Por enquanto, os *taggers* não revelaram o seu salário (!?!?!), mas estima-se que ganham muito bem, ou seja, mais de US$ 1 mil por semana. Pois é, ser um *tagger* é uma profissão que surgiu graças a um dos setores da EC, isto é, os filmes e os vídeos.

3.16.7 - NETFLIX AVANÇA CADA VEZ MAIS NA TV!!!

A indústria da televisão é um negócio que movimenta mais de **US$ 200 bilhões** anualmente no mundo só em publicidade. Ela é um emaranhado bem complexo de tecnologias de produção e transmissão, direitos autorais, licenciamentos, alcance geográfico e distribuição sem falar no componente artístico, que depende muito de faro e intuição.

Com o passar do tempo, os telespectadores foram se tornando cada vez mais exigentes ao quererem assistir ao que quiserem, quando quiserem e na tela que quiserem. E as emissoras de TV aberta, bem como as operadoras de TV por assinatura, não têm ainda todas as palavras mágicas para responder ao **desafio digital** que estão enfrentando, o mesmo que recentemente mudou (ou está mudando ainda...) as gravadoras de música, a mídia impressa e as editoras de livros.

Vídeos no computador e cada vez mais nos *smartphones* e nos *tablets* é só o início dessa radical transformação. O que vem aí é uma grande "atração", ou seja, a invasão da Internet na TV da sala. É uma revolução que já está acontecendo com a popularização das *smart TVs*, mas, perto do que está para ocorrer, este começo é quase nada!!!

O ataque à TV tradicional vem de vários lados e tem várias formas. Por exemplo, para seu público norte-americano e europeu, a empresa de tecnologia Amazon oferece *streaming* de vídeos aos assinantes do pacote de serviços Prime.

Transparent (*Transparente*), uma produção da empresa sobre um **pai transexual** (ainda inédita no Brasil), ganhou, em 2015, o Globo de Ouro de melhor série humorística de TV.

A mesma Amazon, que começou vendendo livros pela Internet (e hoje vende muitas outras coisas...), anunciou em janeiro de 2015 um contrato com Woody Allen, **que pela primeira vez na carreira vai escrever e dirigir uma série de TV**.

O YouTube também está invadindo aos poucos o espaço da TV tradicional, mas quem lidera a carga maior sobre a TV tradicional e simboliza o futuro do entretenimento é a Netflix. Seu fundador, Reed Hastings, afirmou: "A TV aberta foi uma ideia boa. Como foi o cavalo. O cavalo era bom... até termos carros! A era da TV que conhecemos começou nos anos 1930 e deve durar até 2030, mais ou menos. Deve-se pensar no aparelho de TV de um futuro não muito distante como um grande *iPad* pendurado na parede."

S_BUKLEY / SHUTTERSTOCK.COM

"Os irmãos cineastas Andy e Lana Wachowski estabeleceram parceria com o serviço de vídeos sob demanda Netflix e produziram a série *Sense 8*, cuja musa foi a atriz Darly Hannah (ao lado), que 'morreu' logo no início da série..."

Reed Hastings formou-se em ciência da computação pela Universidade Stanford (EUA) e é um veterano do Vale do Silício, já com bastante reputação como empreendedor. Sua carreira começou na primeira empresa da história a ter um endereço ponto.com — a Symbolics, que não existe mais.

Depois de fundar e vender sua primeira companhia, a Pure Software, Hastings fundou a Netflix em 1997 com o sócio Marc Randolph. A companhia nasceu como uma locadora de DVDs pelo correio, mas Hastings diz sempre ter considerado esse modelo uma etapa intermediária para a empresa. Relembrou Hastings: "Sabíamos que o futuro seria a entrega digital.Era só uma questão de tempo esperar pelo surgimento dessa tecnologia!!!"

Se o negócio da locadora *on-line* pode ter sido apenas um passo na sua carreira empresarial, ele causou um belo estrago na concorrência.

O sistema de aluguel do Netflix, que **não cobrava multas por atraso** e tinha um excelente sistema de recomendações personalizadas, levou a gigante Blockbuster à **falência**!!!

As primeiras experiências com vídeos por *streaming* — transmitidos pela Internet — foram feitas no décimo aniversário da Netflix, quando a companhia tinha colocado o bilionésimo DVD no correio.

O primeiro programa oferecido **digitalmente** foi a série *Heroes* (*Heróis*), um *hit* da rede NBC na época (que anos depois foi veiculada pela TV Record no Brasil). O conteúdo só podia ser visto no computador. Mas o passo mais importante na luta pelo aparelho de TV da sala foi dado quando a empresa anunciou aplicativos destinados a consoles de *videogame* (*Xbox*, *PlayStation* e *Wii*) e depois para as primeiras TVs inteligentes. Em 2010, três anos depois de lançar o *streaming*, os assinantes já assistiam mais à Netflix pela Internet do que pelos DVDs.

Na metade de 2015, a transmissão de vídeos do Netflix era responsável por 41% do tráfego de Internet banda larga nos EUA, durante o horário nobre, de acordo com um levantamento da fabricante de equipamentos de rede Sandvine. O YouTube vinha em segundo lugar, com 15%.

Juntos, Netflix e YouTube respondem por bem mais do que metade dos *bits* trafegados pela Internet no horário mais importante para as emissoras de TV.

A Netflix estima que cada assinante assista, em média, a dois episódios e meio a cada sentada — fenômeno chamado de **maratona** e identificado universalmente pela frase: **"Vamos ver só mais um?"**

Os serviços de *streaming* estão começando a canibalizar o tempo que os telespectadores passam assistindo à programação tradicional da TV, cuja audiência está caindo 3% a partir de 2013.

Em outras palavras, a Netflix pode não estar matando a TV como a conhecemos hoje, mas certamente está mudando para sempre a experiência de assistir à TV.

O próprio Silvio Santos, dono do SBT e ícone da TV brasileira, disse em um dos seus programas que **gosta de assistir ao Netflix**. Reed Hastings retribuiu o elogio gravando um vídeo em que ofereceu uma assinatura **vitalícia** do Netflix ao apresentador.

Pois é, em todos os países do mundo, com mais ou menos arrojo, as grandes redes de TV estão começando a abraçar a distribuição digital de suas programações.

O diretor de novas mídias da Record, Antonio Guerreiro, comentou: "Nossa estratégia está expressa em nosso novo *slogan*: **uma TV aberta para o novo**!!! A empresa já tem aplicativos para *smartTVs* e uma área de vídeos em seu portal de Internet, o R7. Mas o conteúdo é sempre complementar ao que é exibido pela TV aberta e não há ainda a possibilidade de assistir a toda a programação pela Internet.

Por enquanto, a TV Record guarda sua programação original e inédita para a TV aberta. Não acredito que a Internet canibalize a TV tradicional e por outro lado não podemos entregar nosso conteúdo pela Internet sem ter um modelo de receitas bem claro."

Nos EUA, um mercado mais sofisticado que o brasileiro e com um serviço de banda larga melhor, a transformação digital na TV é mais evidente e rápida. Assim a CBS, uma das quatro redes nacionais de TV aberta, lançou um serviço chamado CBS All Access. Mediante uma mensalidade de US$ 6, os assinantes podem assistir a mais de 6.500 programas, um catálogo que inclui séries atuais e clássicos como *Profissão: Perigo*, além da programação ao vivo — com algumas exceções importantes.

Apesar de o nome do serviço falar em acesso completo, ficam de fora dele, por exemplo, os jogos de futebol norte-americano, e só os episódios da temporada corrente de *Big Bang: A Teoria* (no Brasil, exibida no SBT e na TV paga), a *sitcom* norte-americana de maior sucesso dos últimos tempos, estão disponíveis — as temporadas passadas não fazem parte do CBS All Access.

Mas a aparente oposição entre serviços puramente digitais e a TV tradicional é mais complicada do que sugerem os números. É indiscutível que a Netflix está roubando a atenção dos telespectadores e, portanto, é uma ameaça as receitas publicitárias, o grande ganha-pão das emissoras tradicionais.

Nesse início, a Netflix precisa mais do que isso, pois **depende** dos programas produzidos no ecossistema das grandes emissoras e canais a cabo. Se, por um lado, a Netflix rouba audiência das emissoras tradicionais, por outro é uma fonte de renda para elas.

A Netflix pagou quase US$ 3 bilhões pelos direitos de filmes de estúdios e séries de emissoras em 2014, ou seja, praticamente dois terços de sua receita, que foi de US$ 4,7 bilhões.

Embora a Netflix não divulgue dados de audiência, uma pesquisa da rede CBS estima que só 10% da sua audiência seja de séries próprias, como *House of Cards*. O que os assinantes fazem é passar uma parte considerável do seu tempo assistindo a produções como *Breaking Bad*, da rede de cabo norte-americana AMC (no Brasil, também disponível na Netflix e atualmente na programação aberta da TV Record).

Os computadores da Netflix registram exatamente o que cada usuário viu, em que ordem, quantos episódios de uma sentada e se ele começou a assistir a uma série e parou no meio.

Até as paredes dos estúdios de Hollywood sabem que apostar em roteiros e escolher atores e diretores é **mais arte do que ciência**. Mas será que a Netflix e sua imensa coleção de dados sobre hábitos dos assinantes inaugurará também a era do *big data* para identificar o talento artístico dos mesmos?

Tudo indica que **sim**!!!

A programação da TV é tradicionalmente pensada de acordo com horários e perfis demográficos; entretanto, o exemplo da Netflix sugere que a análise do comportamento individual dos assinantes pode dar origem a uma programação baseada em indivíduos. Trata-se de uma transformação radical em um dos pilares do negócio da TV.

Reed Hastings explicou: "As decisões sobre os nossos investimentos artísticos seguem uma proporção de mais ou menos 70-30 — ou seja, **70%** dependeriam dos **fatos e dados** e **30%**, da nossa **intuição**. Na realidade, é bem difícil usar as informações disponíveis para decidir em que roteiro se deve investir e, por isso, deixamos uma parte das nossas decisões seguirem certos *insights* e a intuição. Mas uma vez produzido algum programa, usamos os dados que nos levaram a elaborá-lo para fazer o *marketing* e para sugeri-lo aos usuários.

Acredito que até agora temos mais acertado do que errado em nossas escolhas. Séries como *House of Cards* e *Orange Is the New Black* foram aclamadas pelo público e pela crítica. Em pouco mais de dois anos exibindo programação própria, a Netflix recebeu indicações para 45 Emmys, dez Globos de Ouro e dois Oscars!!!"

Bem, com tudo isso em evolução na Netflix, não se pode esquecer o que outras empresas estão fazendo semelhantemente e é isso que está moldando a TV do futuro. Esse é o caso do YouTube, que recebe a visita de 1 bilhão de pessoas, que assistem a mais de 9 bilhões de horas de seus vídeos. Tudo indica que o YouTube parece imune à lei dos grandes números, pois a sua audiência cresce 50% ao ano!!! Aliás, nesse quesito o Brasil fica em 2º lugar no mundo nos *rankings* de audiência, atrás apenas dos EUA. Ao lado da Netflix, a empresa lançada em 2005 e comprada pelo Google um ano e meio mais tarde apresenta outra questão fundamental para a TV do futuro: **como descobrir novos talentos**!!!

O maior canal do YouTube no Brasil em número de assinantes é o Porta dos Fundos, com 9,5 milhões de pessoas. Os humoristas integrantes do canal são Antonio Tabet, o Kibe Loco, Clarice Falcão, Fábio Porchat, Gabriel

Totoro, Gregório Duvivier, Gustavo Chagas, João Vicente de Castro, Júlia Rabello, Luis Lobianco, Rafael Infante e Thati Lopes. Por sinal, Antonio Tabet comentou: "A televisão brasileira está presa a uma linguagem que precisa ser compreendida por 100% dos brasileiros. E isso, hoje em dia, não faz mais sentido!?!?"

Lançado em março de 2012, o Porta dos Fundos como uma empresa estabelecida, contratou em seguida uma presidente, a argentina Juliana Algañaraz, ex-diretora de canais como Fox e Discovery, e obteve um faturamento estimado em R$ 30 milhões...

Outros produtores independentes estão despontando no Brasil, começando inclusive com uma estrutura profissional e depois buscando a audiência do YouTube. Esse é o caso de André Barros, que trabalhou há bastante tempo com *marketing* esportivo de clubes e jogadores de futebol. Em 2012, ele e dois amigos começaram a planejar um canal para falar de futebol de maneira mais descontraída.

A ideia era levar o espírito da conversa de bar para a TV.

Antes de lançar o *Desimpedidos*, André Barros tinha um plano de negócios. Contou o empreendedor: "Queríamos ter tudo pronto para aproveitar a Copa do Mundo de Futebol de 2014 aqui no Brasil. O *Desimpedidos* começou a ser visto, e agora temos quatro programas semanais, sempre nos mesmos dias e horários, e já contamos com quase meio milhão de assinantes.

O nosso sucesso foi tão grande que o canal virou uma empresa, a Network Brasil. Na metade de 2014, nós já recebemos um investimento do fundo e.bricks, do grupo gaúcho RBS. Hoje, temos estúdio próprio, usado para gravar e editar o *Desimpedidos*, e outros seis canais menos conhecidos, além de empregarmos 40 pessoas. Parte da nossa receita vem de anúncios veiculados pelo YouTube, que nos repassa 55% do valor recebido.

Deve-se ressaltar que tanto no caso do Porta dos Fundos como no da Network Brasil e outros produtores independentes, a maior fatia da sua receita é proveniente dos patrocínios e inserções de **produtos** e **marcas** nos **vídeos**. Aliás, esse é um dos grandes dilemas do YouTube: apesar de ter um público cativo muito maior do que o de qualquer TV do mundo, a empresa ainda não conseguiu capturar receitas de publicidade à altura de sua audiência.

A empresa de consultoria eMarketer estima que o YouTube tenha faturado no mundo US$ 1,1 bilhão em 2014, um valor bem pequeno diante dos US$ 66 bilhões de receita em propaganda obtido pelo Google no mesmo ano!!!

É um fato incontestável que o mercado publicitário dos vídeos *on-line* está crescendo muito; entretanto, ainda não se nota um impacto grande nas receitas das empresas especializadas em mídias digitais, ou seja, o dinheiro da publicidade ainda não está acompanhando a migração da audiência para o mundo digital.

Mas receitas publicitárias à parte, é indiscutível que o YouTube está desafiando e diminuindo o poder de atração que os canais tradicionais sempre tiveram sobre artistas e comunicadores. A Internet é uma opção real de caminho para a fama para muita gente, e os criadores de grandes *hits* na *Web* têm cada vez mais destaque. Esse é, por exemplo, o caso de Iberê Thenório, criador e apresentador do *Manual do Mundo*, que conquistou quase **3 milhões de assinantes** interessados em seus vídeos, que ensinam a fazer uma pistola de brinquedo com um pregador de roupa ou uma prancha com garrafas PET!!! Num evento realizado no fim de 2014, perguntaram para Susan Wojcicki, presidente do YouTube, se a TV paga sobreviveria mais dez anos. Ela respondeu com um sorriso enigmático: **"Talvez!!!"**

Nenhum especialista de renome nega que a revolução da TV já esteja em curso, mas a maioria acha que esse processo vai ser longo. As emissoras abertas e os canais pagos titubearam em oferecer de graça na Internet conteúdos pelos quais costumam cobrar, como fazem (e fizeram) jornais e revistas tradicionais. Séries de TV só são licenciadas para empresas como Netflix depois de exibidas na TV (e remuneradas via publicidade). E existe um tipo de programação que nunca estará ameaçado pelo **mundo sob demanda**: esportes, eventos de entretenimento musical e, em menor medida, coberturas jornalísticas de grandes eventos.

As maiores audiências da TV norte-americana são, ano sim, outro também, os jogos de futebol norte-americano. A final do campeonato de 2015 bateu mais um recorde: **114,4 milhões** de telespectadores acompanharam a transmissão do *Super Bowl* (a partida final). Pelos direitos de transmissão do campeonato inglês de futebol de 2016 a 2019, a Sky pagou US$ 8 bilhões. O contrato anterior, também válido por um período de três anos, era de US$ 4,6 bilhões. Esse é um tipo de programa que só faz sentido ao vivo.

Para todo o resto, existe a Internet.

Mas aí deve-se fazer uma ressalva, pois já surgiram várias maneiras também de interferir ou burlar essas transmissões. Foi o caso da última luta de box entre Floyd Mayweather Jr. e Manny Pacquiao ocorrida em Las Vegas (EUA), em 3/5/2015, considerada a **"luta do século"** que foi vencida pelo norte-americano Floyd Mayweather e que foi vista em tempo real por centenas de milhares de pessoas através de transmissões não autorizadas que usaram os novos métodos à disposição para burlar o sistema *pay-per-view* ("pague para ver") da televisão.

A tecnologia e seus adeptos sempre encontram um jeito de oferecer um conteúdo gratuitamente, mesmo que isso seja ilegal... As ferramentas usadas para assistir essa luta incluíram aplicativos móveis do Meerkat e do Periscope do Twitter, que permitiram que pessoas fizessem *streaming* ao vivo da luta *pay-per-view*, captando o que estava na tela da TV nas câmeras de *smatphones*. Mas o *streaming* ao vivo de *apps* móveis é apenas umas das novas dores de cabeça com **pirataria**, que em particular os gestores de canais de TV estão enfrentando.

Esses executivos estão aumentando os seus esforços, por exemplo, para combater o *Popcorn Time*, um *app* com uma interface de usuário ágil que torna o uso da velha tecnologia de compartilhamento de arquivos *Bit Torrent* (que possibilita que pessoas baixem ilegalmente filmes e programas de televisão) tão fácil como aquele da Netflix. Eles vão ter batalhar muito para eliminar *sites* que transmitem ilegalmente eventos esportivos e outras atividades culturais de lazer. Os executivos de mídia descrevem a pirataria

"Um aspecto da propaganda da luta de de boxe na fachada do hotel MGM Grand em Las Vegas. Essa luta entre Floyd Mayweather Jr. e Manny Pacquiao foi vendida por US$ 100 no sistema *pay-per-view*. Preço bem salgado, não é? Mas mesmo assim, muitos compraram..."

KOBBY DAGAN / SHUTTERSTOCK.COM

digital como sendo uma caçada internacional. Mas assim que as redes de TV e os estúdios cinematográficos imaginam uma maneira de impedir ou extirpar uma tecnologia que permite a pirataria, surge outra!!!

A Motion Picture Association of America (MPAA), a associação comercial dos grandes estúdios de Hollywood, está travando batalhas legais contra diferentes tecnologias de compartilhamento de arquivos desde o início doas anos 2000.

Além dos sites de *streaming* ilegal mais antigos, agora existem os *apps* de *streaming* móveis, serviços que diversas companhias de tecnologia estão correndo para adotar.

Observação importante 4 - Em 20/9/2015, segundo o Instituto Nielsen, só 11,9 milhões de pessoas viram a 67ª Emmy – a premiação máxima da TV norte-americana, 4 milhões ao menos que em 2014 – e que de certa forma é um indício de declínio dos grandes canais de TV aberta e a ascensão de hábitos de ver TV sozinho (!?!?) no *laptop* ou celular.

Netflix e Amazon, os maiores *sites* de *streaming*, já vinham ganhando terreno (e prêmios) nos últimos anos, mas em 2015, nenhuma das séries consagradas da ABC, NBC, CBC ou Fox, as grandes emissoras dos EUA foram premiadas

Os grandes vendedores foram *Game of Thrones* (melhor drama, melhor ator coadjuvante, Peter Dinklage, efeitos especiais, direção e maquiagem), *Veep,* com quatro estátuas (comédia, a atriz da série Julia Louis-Dreyfus, ator coadjuvante, Tony Hale, roteiro, elenco) e Olive Kitteridge com três estatuetas (minissérie, atriz Frances McDermand, roteiro e direção) são da HBO, canal a cabo que já lançou também o seu serviço de *streaming* avulso, desligado das grandes operadoras de cabo. Ou seja, os três títulos mais premiados foram de HBO.

Inside Amy Schumer (comédia de esquetes, ou seja, uma nova categoria) e o *Daily Show* com Jon Stewart (um *talk show*), outros premiados, são do Comedy Central, cujo programas estão em seu *site*.

Às grandes redes coube apenas o prêmio de atriz dramática, Viola Davis – primeira mulher negra a ganhar um Emmy de atriz principal por *How to Get Away with Murder* – da rede ABC e atriz coadjuvante em comédia para Allisson Ianey, no *Mom*, da rede CBS.

Isso é muito pouco para os grandes canais, não é?

Com a audiência pulverizada, ganharam espaço roteiros mais ousados, que não têm a pretensão de agradar 100% do público, daí a explicação de *Veep*, que usa a modorrenta rotina de uma vice-presidente mulher dos EUA para criticar a política e valer-se de piadas um tanto quanto "incorretas" para poder vencer.

A consequência mais imediata dessa mudança é o avanço da modernidade, visto que se tornou imprescindível exibir nas telas todo tipo de gente e de tema, **tabu ou não**!!!

"A extravagante e um tanto agressiva atriz cômica Amy Schumer tornou-se a comediante de maior sucesso no EUA e pode ser assistida no Brasil no canal Comedy Center."

3.16.8 - WOODY ALLEN FRENTE A UMA SÉRIE DE TV PARA A AMAZON

"O cineasta Woody Allen, contratado pela Amazon para produzir séries para a TV."

A Amazon contratou Woody Allen para escrever e dirigir uma nova série para seu serviço de transmissão de vídeos, aproveitando o sucesso de seu seriado *Transparent* para tentar crescer mais ainda. *Transparent* é uma "dramédia" que mostra os transtornos de uma família depois que o avô do clã resolve sair do armário e se assumir transexual.

Roy Price, vice-presidente da Amazon Studios, declarou: "Woody Allen um criador visionário que fez alguns dos maiores filmes de todos os tempos. Para nós, é uma honra trabalharmos na organização da sua primeira série para a TV".

Já Woody Allen numa entrevista, sempre com seu humor sarcástico, disse: "Não sei como entrei nisso. Não tenho nenhuma ideia no momento nem estou certo por onde começar. Meu palpite é que Roy Price vai se arrepender de ter me contratado."

Na premiação do Globo de Ouro, que ocorreu em Hollywood em 11 de janeiro de 2015, *Transparent* ganhou o prêmio de melhor série de comédia da TV, e Jeffrey Tambor ganhou o de melhor ator por seu desempenho.

A Amazon Studios foi criada em 2010 com a intenção de desenvolver filmes e séries de TV. Está aberta a ideias de pessoas de todo o mundo e **qualquer um pode enviar roteiros pela Internet**, sendo que o estúdio se compromete **a ler e avaliar todos os envios**.

Pelo menos cinco séries originais foram programadas para lançamento em 2015, incluindo uma de Steven Soderbergh, diretor já premiado com o Oscar. O estúdio também assinou acordo de cerca de US$ 300 milhões com a HBO, em 2014, para transmitir pela Internet episódios antigos de séries como *Os Sopranos*. Essa transmissão de vídeos está disponível para os clientes de seu serviço Amazon Prime.

Bem, dá para perceber claramente que a Amazon está abrindo espaço para muitos, ou seja, almeja a **cocriação** de vídeos para poder exibir para os seus associados!

E assim se cria mais trabalho na **EC**!!!

3.16.9 - *GAME OF THRONES*, O GRANDE SUCESSO DA HBO

Para alguns especialistas em literatura, o momento mais temido pelos leitores da saga literária *As Crônicas de Gelo e Fogo* chegou, isso por que em 2015 foi exibida a quinta temporada da série *Game of Thrones* no canal HBO.

Essa temporada da série que se baseou nos livros de George R. R. Martin, de certa forma, ultrapassou a cronologia para a leitura ainda não finalizada.

O que significa que nem mesmo os ávidos conhecedores de toda a história já publicada em **cinco** dos **sete livros previstos** (!?!?) que irão compor *As Crônicas* ficaram livres das surpresas **"desagradáveis"** pelas quais o trabalho de Martin é conhecido.

Até 2015, a literatura caminhava na frente — com uma vantagem enorme. O primeiro livro, chamado *Guerra dos Tronos*, foi lançado nos EUA, em 1996. Em 2011, meses depois da série entrar no ar pela HBO, Martin publicou *A Dança dos Dragões*, o quinto volume de uma saga literária prevista para ter sete partes.

HELGA ESTEB / SHUTTERSTOCK.COM

"O criativo George R. R. Martin, que com as suas narrtivas envolvendo conflitos entre sete famílias que 'inventou' para o *Game os Thrones* tornou-se um escritor superdemandado..."

Os produtores e criadores de *Game of Thrones*, David Benioff e D.B. Weiss, tentaram fazer com que cada temporada da TV correspondesse a um livro da série. Porém, a escrita de Martin, na qual os capítulos são contados através da visão de determinados personagens, não condiz com a linguagem e a velocidade da televisão.

O fato de se tratar de uma obra literária ainda em produção, alguns percalços atrapalharam a vida de Martin e deixaram a série com a dianteira...

Com uma trama cada vez mais complexa, Martin foi obrigado a dividir o quarto livro da série em dois, *Festim dos Corvos* e *A Dança dos Dragões*, ambos se passam no mesmo período de tempo, mas são divididos geograficamente, no qual cada um deles mostra acontecimentos em regiões diferentes. Com isso, enquanto a história do início da quinta temporada ainda está razoavelmente relacionada aos livros, o decorrer dos dez episódios conduziu os seus fãs a mares ainda desconhecidos... Já cientes de que a ultrapassagem aconteceria eventualmente, Benioff e Weiss foram, aos poucos, tomando as rédeas da trama, acrescentando personagens ou limitando os excessos. Os dois se reuniram com Martin e ouviram tudo o que o autor planejava para os próximos livros — por enquanto, mais dois volumes estão previstos, mas tudo pode aumentar.

A estreia da 5ª temporada de *Game of Thrones* ocorreu simultaneamente em 170 países no dia 12/4/2015, e como nos últimos três anos, logo se tornou líder no *ranking* das séries mais pirateada, pois os telespectadores continuaram atraídos por lutas de espada, bundas masculinas, cenas de sexo variadas, muitas mortes, dragões etc.

HELGA ESTEB / SHUTTERSTOCK.COM

"O elenco da série *Game of Thrones* que ganhou muito prêmios Emmy em 20/9/2015."

Observação importante 5 – Cerca de 2.400 figurantes foram contratados em julho de 2015, em Almeria (sul da Espanha), para participar da 6ª temporada da série *Games of Thrones* que foi **exibida no final de 2015**.

Várias centenas de candidatos se apresentaram de acordo com o anúncio de *casting* bem explícito: "Os responsáveis pela produção da série querem empregar 1.200 homens e 1.200 mulheres de Almeria e seus arredores, tendo entre 18 e 65 anos, mediterrâneos, muitos morenos ou negros, com pelo menos 1,75 m para os homens e 1,70 m para as mulheres, que no decorrer das filmagens receberão € 50 por dia de trabalho, sendo que eles deverão passar por maquiagem e cabeleireiro, além de trajar um vestuário condizente com a época da narrativa."

Dessa maneira, mesmo que temporariamente, muita gente acabou recebendo algum tipo de remuneração desse setor da EC, viu?

3.16.10 - PRODUTORES E CANAIS DE CONTEÚDO *ON-LINE* VALENDO-SE CADA VEZ MAIS DO *BIG DATA*!

A primeira produção original do serviço de *streaming* Hulu (concorrente da Netflix e ainda indisponível no Brasil), a série adolescente *East Los High*, tem levado à risca o que dizem sobre ela e o modo como a veem os seus espectadores.

Todos os dias, em tempo real, cada *play*, *pause*, *download* pirata, comentário em rede social ou burburinho sobre o programa vai para o **"baú"** de dados da série.

O cruzamento dessas informações (ou *big data analytics*, na linguagem da tecnologia) fornece o que, na indústria do entretenimento, hoje vale mais que ouro: **conhecer a fundo um público**.

O fato de a série ser exibida *on-line* tem papel importante nessa tarefa.

Depois de analisar a forma como os espectadores viram 24 episódios da primeira temporada e uma boa parte da segunda, a série *East Los High* percebeu, por exemplo, que deveria incluir mais **mistérios não resolvidos** e entradas surpreendentes **de novos personagens**. Tendo feito essas modificações, notou-se claramente o aumento do número de pessoas vendo os episódios em sequência, um atrás do outro, prática chamada em inglês como *binge-watching*.

Dessa maneira, durante o processo de exibição, comunicam-se aos roteiristas continuamente várias métricas pelo Hulu para que entendam como a história está sendo assistida e compartilhada, e isso os auxilia na revisão de roteiros e produção.

Na realidade, a Netflix foi a pioneira no **"tratamento de dados"** ao sugerir ao usuário filmes semelhantes aos que ele já tinha visto. Hoje, ao mesmo tempo em que usa algoritmos para fazer recomendações baseadas nas suas preferências e na de seus amigos (são 230 bilhões de recomendações geradas por dia em nível mundial), a empresa também os usa na hora de decidir o quanto deve pagar pelas produções originais.

Foi analisando o alto índice de *binge-watching* das séries que ofertava em seu serviço que a Netflix decidiu jogar todos os 13 episódios de *House of Cards* no ar de uma vez só.

Uma pesquisa da empresa divulgada em 2013 pelo *The Wall Street Journal* revelou que quase metade dos usuários vê uma temporada de 13 capítulos em uma semana e 25% fazem o mesmo em dois dias.

Mas usar a enxurrada de dados *on-line* a seu favor, no entanto, é o desafio de qualquer serviço de *streaming*. No caso de uma série, a interpretação dos dados pode gerar muito mais do que ideias **para pequenas alterações** no roteiro – principalmente quando o conteúdo ultrapassa os limites do canal de *streaming*.

Ceci, personagem do *East Los High*, que tinha um canal no YouTube falando sobre sua gravidez, fez tanto sucesso que seu papel de **ajudante de**

vilã da primeira temporada passou para personagem principal na **segunda temporada**.

A produtora de *East Los High* conseguia detectar que os fãs da série queriam novos produtos como uma linha de roupas, livros de culinária e romances para jovens.

Nos últimos dois anos, a equipe da série *East Los High* mapeou conversas e os episódios pirateados em todo o mundo. Resultado: a série é vista e comentada por fãs em 127 países. Assim, o México, que é um dos destaques, ganhará sua própria versão e também o Brasil, mas aqui com uma história mais centrada no público universitário – e não no latino, como é o caso da transmitida nos EUA.

Bem, grandes operadoras de TV a cabo, emissoras de TV com forte presença *on-line*, serviços de *streaming* de música, e até estabelecimentos físicos (como o parque da Disney) também estão investindo pesadamente na árdua tarefa de extrair valor das migalhas de informações deixadas por seus consumidores.

A Disney está construindo uma base de dados gigantesca com as preferências de seus clientes através da MagicBand e espera, com esses dados, implementar muitas melhorias nos seus parques.

Essas descobertas todas, no entanto, raramente vêm ao público de forma transparente, inicialmente por questões estratégicas e em segundo lugar para evitar que os usuários se assustem ou se aborreçam ao se dar conta de que estão sendo **"vigiados"**.

Em comum, todas essas empresas têm a seu favor dois grandes facilitadores dessa nova era digital: o acesso à Internet e o crescimento do uso dos *smartphones*, que devem superar **2 bilhões de usuários no final de 2016.**

O consumo de dados em múltiplas plataformas, portanto, tende a explodir. **A questão será cada vez mais: o que fazer de maneira eficaz com tantos dados?**

3.16.11 – A EC EXIGE QUE SE TENHAM MAIS ROTEIRISTAS!!!

O crescimento da produção audiovisual, principalmente de filmes vídeos e programas de TV – setores da EC – transformou-se numa grande oportunidade para que possamos divulgar no exterior várias coisas que só temos no Brasil.

Sem dúvida, a mistura criativa de propaganda, imagem e som é a melhor e mais eficaz forma de contar histórias e com elas encantar e emocionar plateias de todo as partes do mundo. Porém, para que surjam esses produtos, o Brasil tem uma carência: **faltam roteiristas**.

Essa é uma clara indicação de profissionais que necessita a EC.

Naturalmente, houve um "interessante" empurrão com a nova legislação do setor audiovisual, que impôs de forma concreta a obrigação de se exibir **conteúdo nacional na TV paga**. E isso numa fase em que esse setor continua crescendo com taxas de dois dígitos e já alcançou 23 milhões de brasileiros em 2015.

Para atender à nova legislação e suprir o público brasileiro com conteúdos brasileiros, o governo, operadoras e programadores privados dos canais de TV por assinatura, nesses últimos anos, realizaram investimentos significativos na formação e na prospecção de roteiristas e de criadores de bons roteiros.

Que bom que essa proteção do mercado acontece no momento em que há um crescimento desse mercado!!!

A demanda por histórias brasileiras está em flagrante e evolução, e, obviamente, com um bom produto à frente o telespectador nacional não titubeará em assisti-lo com o mesmo prazer que consome as megaproduções hollywoodianas.

Na pior das hipóteses, essa demanda foi criada por lei, **goste-se ou não**!!!

Aí está uma chance enorme para difundir melhor a nossa cultura através dos nossos profissionais criativos, que também serão aqueles que talvez, em breve, consigam, com as suas produções, fazer o País sair daquele depreciado "**jeitinho brasileiro**" para a subir a nossa marca para o ***brazilian way***, caracterizando o brasileiro como alguém tolerante, original, inovador e feliz com a vida. Quanto mais bons **roteiristas** tivermos, certamente eles serão responsáveis pelo surgimento de novos programas, novos filmes, novas séries, novos documentários, o que possibilitará exibir melhor o Brasil no mundo todo.

Com isso, ficará cada vez mais claro que a intenção do País não é ser dominador do mundo, mas sim que o objetivo é o de **seduzir** os que vivem em outras nações, que o que deve preponderar no mundo é o estilo *soft power* ("poder suave") brasileiro, que não pretende resolver as suas questões conflitantes com outros povos através de beligerância ou guerras. E nada melhor do que ter bons roteiros e boas histórias para levar esse jeito brasileiro para todas as partes do planeta.

3.17 TURISMO

3.17.1 – DIFERENTES TIPOS DE TURISMO

Turismo significa o esporte de viajar por prazer, para admirar paisagens, a natureza, obras de arte, observar costumes, fazer compras etc., geralmente longe de onde se mora ou ir para o exterior.

ANDRE LUIZ MOREIRA / SHUTTERSTOCK.COM

"O excelente Carnaval brasileiro, em especial o carioca, infla a importância da EC, pois cidades como Rio de Janeiro, Salvador, Recife, São Paulo etc., ficam repletas de turistas durante esse período. Na foto, a escola de samba Mangueira, vencedora do Carnaval carioca em 2016."

Existem diversos tipos de turismo, tais como:

1º) **Aventura** – Uma viagem em que predomina a busca do desconhecido, as aventuras românticas, de caça e pesca, conquista de acidentes geomorfológicos e assemelhados, na qual o turista é o protagonista, que exige instalações, equipamentos, serviços auxiliares e guias especializados.

2º) **Convencional** – É aquela atividade turística cuja motivação não está associada a interesses específicos como cultura, religião, recurso natural, esporte ou outras atividades isoladas, podendo enfocar uma ou mais desses atrativos, porém com o intuito maior de descanso, lazer, entretenimento e obtenção de conhecimentos genéricos sobre a localidade visitada.

3º) **Cultural** – Aquele que se pratica para satisfazer o desejo de emoções artísticas e informações culturais, que envolve visita a museus, pinacotecas, monumentos históricos etc.

4º) Ecológico – É também chamado de **ecoturismo**, sendo aquela atividade na qual se busca respeitar e preservar o equilíbrio do meio ambiente, fomentando a educação ambiental.

5º) Emissivo – Aquele gerado pela saída de pessoas residentes no país ou numa região, as quais permanecem por mais de 24h e menos de um ano no local de chegada, não recebendo remuneração no local visitado.

6º) Equestre – Viagem que se faz motivada por passeios e cavalgadas, com a utilização de equinos, charretes, coches, carroças etc...

7º) Esotérico – Viagem com motivação mística, espiritual ou pretensamente sobrenatural, como a que se faz indo passar uma temporada com algum guru na Índia.

8º) Étnico – Viagem, cuja motivação é conhecer lugares onde se revela a presença histórica de emigrantes que de uma forma ou de outra contribuíram para a formação de um povo, em especial do brasileiro, nos quais são ingredientes ativos os hábitos e costumes, a cultura e o folclore dos representantes de diversas etnias.

"A escada centenária de 306 degraus que leva até o impressionante templo de Doi Suthep, que fica próximo da cidade de Chiang Mai, na Tailândia. Essa é uma visita imperdível principalmente para os budistas..."

"Só a cidade de Moscou tem cinco tesouros da UNESCO, o que atrai muitos turistas. Um deles é o Kremlin. Você sabe quais são os outros? Faça uma pesquisa, viu?"

9º) **Náutico** – Viagem turística motivada pelo conhecimento do litoral, rios, lagos, lagoas com finalidade da prática de atividades esportivas.

10º) **Negócios** – Viagem motivada por interesses de negócio (vender ou comprar bens e serviços) ou de desenvolvimento profissional (obtenção de novos conhecimentos para alavancar a sua carreira profissional).

11º) **Receptivo** – Aquele gerado por visitantes de outros países ou regiões emissoras, os quais permanecem mais de 24h e menos de um ano no local de chegada, não recebendo remuneração no país ou região visitada.

12º) **Religioso** – Aquele motivado por fé ou necessidade de cultura religiosa, seja através da visitação a igrejas e santuários, seja por peregrinação, romarias e congressos eucarísticos.

13º) **Rural** – **É o agroturismo**, ou seja, aquela modalidade de turismo praticado no meio rural, com hospedagem em habitações rústicas, próprias do local, na qual agricultores familiares compartilham seu modo de vida com os turistas, geralmente habitantes do meio urbano, oferecendo-lhes serviços de conforto, higiene e segurança, ao mesmo tempo que esses valorizam e respeitam o meio ambiente e a cultura local, no qual eles podem participar de uma rotina diária dos afazeres domésticos ou produtivos da propriedade, para assim viverem a autêntica experiência de vida do campo.

O turismo rural tem crescido muito, não sendo apenas um fenômeno ocidental ou temporário, mas sim resultado da evolução do modelo de sociedade em que vivemos.

14º) Saúde - Aquele praticado por pessoas que se deslocam para locais que possuem um clima melhor, onde estão as estações de tratamento, nas quais possam recuperar a sua saúde.

15º) Social – Aquele que se pratica e fomenta com o objetivo de facilitar o turismo interno das classes economicamente menos favorecidas, constituindo-se em traço de união entre os meios sociais de poucos recursos.

16º) Surpresa – É aquela viagem turística que se faz sem um conhecimento prévio do destino.

➢ **O que você acha: quais são os tipos de turismo que estão pouco desenvolvidos no Brasil?**

Pode-se dizer que grande a maioria deles, inclusive deveria-se incluir alguns outros tipos como gastronômico ou então aquele voltado para eventos esportivos (em especial, as partidas de futebol), e isso porque estamos muito longe dos países que recebem muitas e muitas dezenas de milhões de turistas como a França, a Espanha, os EUA etc, fazendo principalmente lautas refeições ou lotando os estádios.

"Las Vegas, nos EUA, oferece o turismo da surpresa. Sem dúvida, é a mais incrível opção do mundo para que os turistas aguçem os seus sentidos, convivendo com diversas mentirinhas divertidas, como, por exemplo, a torre Eiffel em tamanho menor ou as diversas construções lembrando Nova York."

3.17.2 - LISBOA APROVEITA MAIS O RIO TEJO!

A cidade de Lisboa parece que redescobriu o encanto do rio Tejo e o seu enorme potencial. Por isso nela, está duplicando o número de empresas voltadas para o turismo náutico, nesses últimos anos.

Entre 25 de maio e 7 de junho de 2015, Lisboa recebeu o *Volvo Ocean Race*, o maior evento de vela do mundo, quando os veleiros que participam da competição estiveram ancorados no cais de Pedrouços, período em que se desenvolveram vários programas náuticos como o de um luxuoso iate com capacidade para levar 150 pessoas num passeio pelo estuário do rio Tejo.

João Mendonça, proprietário do Grupo Water X, que possui várias embarcações e inclusive um iate de luxo, comentou: "Quando começamos a operar em 2002, com passeios e outros eventos no rio Tejo, não havia quase ninguém nesse negócio. Atualmente, já existem pequenas empresas oferecendo divertimentos e passeios para grupos de amigos, festas e até despedidas de solteiro. Mas nada preparado para grandes eventos, como já é o nosso caso.

Portugal precisa virar-se e aproveitar mais tanto o majestoso rio Tejo como o mar. As entidades oficiais agora têm investido mais na captação de eventos náuticos, e isso trouxe bons resultados. O incrível é que sempre existiu este potencial, mas não foi dada a devida importância ao rio Tejo.

Na Europa, o turismo náutico é dos que apresentam maiores taxas de crescimento, variando entre 8% e 10% ao ano, sendo-lhe atribuída a responsabilidade direta por mais de **três milhões de turistas**.

A Espanha, França e Itália são os principais concorrentes de Portugal, que tem ainda um longo caminho a percorrer para conquistar uma quota significativa de mercado neste nicho de negócio.

Tivemos cerca de 500 mil visitantes ao longo dos 14 dias em que a *Volvo Ocean Race* esteve em Lisboa pela segunda vez, bem mais que os 300 mil que vieram em 2012 na primeira vez do evento aqui, o que gerou um trabalho temporário para quase **mil pessoas** e encheu praticamente todos os melhores hotéis da cidade.

Ter uma das etapas do *Volvo Ocean Race* aqui em Lisboa foi, sem dúvida, uma das maiores conquistas nos últimos anos do nosso turismo náutico. O país é o único da Europa onde a competição para, e a organização tem estado tão satisfeita que a empresa promotora do evento em Portugal quer

"Um aspecto da *Volvo Ocean Race* em Lisboa em 10/6/2012."

para si o negócio da manutenção e reparação das embarcações a partir de 2018. Cada equipe gasta, em média, € 200 mil por mês ao longo do ano e são sete equipes que vieram em 2015.

Portugal teve um custo estimado de € 4 milhões com este evento, assumidos pela empresa organizadora em Portugal, Urban Wind, a Câmara Municipal de Lisboa e o porto de Lisboa.

No entanto, não se pode esquecer que o *Volvo Ocean Race* é o **quarto evento desportivo mais visto em todo o mundo** e o impacto econômico sobre Lisboa em 2015 foi avaliado em **€ 60 milhões**.

Lisboa é um lugar ideal para receber turistas e seria espetacular se o país conseguisse montar no futuro uma equipe nacional para participar dessa competição."

Desde a realização da Expo 98, Lisboa começou a tentar fazer as pazes com seu rio, que se via muito sujo por muitos quilômetros, maltratado com esgotos a céu aberto e era povoado por navios cargueiros e barcos de pesca.

No estuário do Tejo, já bem próximo do encontro com as águas do oceano Atlântico, em Oeiras, começaram a surgir as primeiras escolas de vela e pequenas docas. Os passeios concentravam-se, sobretudo da linha da barra para o norte, em direção a Cascais. As licenças governamentais e os complicados processos burocráticos na baixa ribeirinha da cidade desestimularam até os empresários mais arrojados Junto às docas de Alcântara, a animação limitava-se a dois barcos-restaurante atracados e os tradicionais bares para levar os turistas a passeios de uma ou duas horas.

Entretanto, na última década, as mudanças foram brutais.

Os novos planos turísticos passaram a contemplar a atividade náutica como um produto independente e com enorme potencial de crescimento. A cidade ganhou um passeio ribeirinho, o rio também foi aprofundado cerca de 3 m, com o que se aumentou a navegabilidade no mesmo e, em Santa Apolónia, nasceu um terminal de cruzeiros.

Desde 2008, o número de cruzeiros que atraca em Lisboa cresceu de forma contínua. E os milhares de turistas, ao desembarcarem, seguem rumo à cidade, aumentando as receitas do seu comércio, dos restaurantes e inclusive dos hotéis.

No porto de Lisboa foi criado um setor para a atividade marítimo--turística e, aos poucos, os espaços geridos por esta entidade pública estão se modernizando, como é o caso das docas, e, com isso, se está criando uma relação mais satisfatória com os empresários que querem investir nesse ramo de negócios: **o turismo náutico**.

Por seu turno, as entidades públicas procuram captar cada vez mais eventos náuticos como o *The Tall Ships Races* (com mais de 100 grandes veleiros, e isso desde 1956, sendo que o próximo é em julho de 2016) e o *Volvo Ocean Race*, que atraem milhares de visitantes e aumentam a notoriedade do rio Tejo como um destino náutico internacional.

O holandês Dirk Gesink foi o primeiro a receber uma licença de operador marítimo no rio Tejo em 1987. Dirk Gesink é um navegador holandês que veio a primeira vez para Portugal em 1987 para passar sua lua de mel, quando quis alugar um barco a vela para passear com a sua esposa Heleen, mas logo percebeu que não havia ninguém que lhe pudesse lhe prestar esse serviço...

Decidiu, então, que voltaria o mais breve possível para Lisboa para abrir um negócio voltado para o turismo náutico.

E assim o fez.

Comprou na Bélgica um barco a vela centenário que já tinha dado a volta ao mundo e que batizou de *Leão Holandês*.

Ele orgulha-se de ter a primeira licença de operador marítimo turístico em Lisboa, apesar de que, em tom divertido, sempre faz a ressalva que se soubesse o que sabe hoje, não teria aberto um negócio em Portugal por causa da burocracia.

Com mastros a perder de vista e um cheiro de madeira que faz recuar para outros tempos, este faustoso veleiro – *Leão Holandês* – é o primeiro a explorar o turismo náutico no Tejo. Ele pode levar até 75 pessoas e desde que começou a navegar, transporta grupos de pessoas de empresas ou amigos que alugam o veleiro por duas horas ou um dia inteiro, desejando se envolver em uma diversão e em experiências diferentes.

Dirk Gesink relatou: "Grande parte dos meus clientes são estrangeiros: alemães, franceses, escandinavos, holandeses etc. que chegam a mim por meio de agências e operadoras turísticas. Mas também recebo grupos de empresas portuguesas que utilizam o *Leão Holandês* para programas comemorativos e de incentivo aos seus funcionários.

Atualmente, temos bons fornecedores de bebidas e alimentos que servimos àqueles que estão à passeio no veleiro.

O que atrapalha ainda o meu negócio é a burocracia, pois tenho um outro veleiro que é menor, com capacidade para 30 pessoas, ou seja, para atender grupos menores, mas que apesar de estar licenciado na Holanda, o que deveria ser suficiente para trabalhar em qualquer país da UE, está parado há mais de um ano e meio porque não consigo atender a lista infindável de exigências, muitas totalmente injustificadas das autoridades do governo português. Mas em breve acredito que vou poder usar o meu outro barco..."

Apesar das dificuldades ainda sentidas pelos empreendedores, as entidades públicas têm feito, nos últimos anos, um significativo esforço no sentido de incentivar o crescimento do turismo náutico no Tejo.

Em 2015, a doca de Santo Amaro hasteou a bandeira azul, a primeira entregue a uma marina portuguesa, o que comprova que foi válido o investimento feito nos serviços de saneamento e na melhoria da qualidade da água do rio Tejo.

O diretor de esporte e náutica da Administração do Porto de Lisboa (APL), Nuno Almeida, explicou: "Esta é a área que mais tem crescido entre as quatro marinas que administramos - Alcântara, Belém, Bom Sucesso e Santo Amaro. Temos o maior estuário da Europa e uma proximidade muito vantajosa com a capital do país. Ao mesmo tempo, os turistas podem sair dos barcos e chegar rapidamente ao centro da cidade, o que é bem incomum no mundo. Portanto, o nosso potencial para o turismo náutico é enorme."

Pois bem, depois de tantos anos com as costas voltadas para o Tejo, a cidade de Lisboa voltou a abraçar o rio para lucrar com os prazeres da navegação!!!

3.17.3 - HOTÉIS CADA VEZ MAIS SOFISTICADOS NAS GRANDES METRÓPOLES

O turismo está cada vez mais em voga e especialmente os que viajam estão exigindo condições de hospedagem inolvidáveis. Aí está o motivo pelo qual surgem a todo instante novos hotéis cinco estrelas (ou até mais).

Há também aqueles que fazem readequações extraordinárias para manter o seu *status*, como é o caso do St. Regis, um hotel de Nova York, uma presença certa em qualquer lista dos **dez melhores hotéis da cidade**. Seus 18 andares se debruçam sobre o Central Park e a Quinta Avenida, esquina com a 55th Street, tendo como vizinhança as grifes mais exclusivas e desejadas do mundo.

O hotel coleciona um invejável repertório de hóspedes ilustres – reis, rainhas, chefes de Estado, artistas do mais alto nível etc. Foi palco de muitas cenas inesquecíveis do cinema, como nos filmes ***O Poderoso Chefão*** (parte I), ***O Diabo Veste Prada***, além das séries ***Sex and the City*** e ***Gossip Girl***.

Sua elegância suntuosa, conferida por meio de elementos da arquitetura original do início do século XX, com o piso de mármore, os candelabros de cristal Waterford e os espelhos chanfrados, convive em harmonia com detalhes modernos e revigorantes, como a tecnologia de ponta.

Hospedar-se no St. Regis de Nova York – o hotel que já foi declarado como sendo um dos marcos da cidade em 1988 – não deixa de ser uma forma de sentir um pouco a alma da **"capital do mundo"**.

Existem aqueles que estando no St. Regis não se contentam com pouco e querem aspirar a grife dentro da grife!!! Para esses hóspedes, foram reservadas as suítes Dior, Tiffany e Bentley, batizadas de suítes *design*. Aliás, o St. Regis foi o primeiro na criação dessa tendência. A Dior e a Tiffany foram criadas em 1991 e a Bentley, em 2012. As duas primeiras passaram por uma ampla reformulação – assim como todo o hotel –, a qual foi concluída em outubro de 2013 e custou algo próximo de US$ 90 milhões.

Com todas essas mudanças promovidas, o hotel continua a ser sinônimo de estilo impecável e de charme. As suítes *design* são verdadeiras imersões nas marcas, que trabalham em parceria comercial com a rede hoteleira. Cada uma tem aproximadamente 160m², com uma suíte de um quarto principal e a opção de uma suíte *Deluxe* (75 m²) adjacente.

Inaugurada há pouco, a suíte Bentley foi concebida em colaboração com a empresa automotiva. Um *hall* de entrada separa o quarto principal da sala de estar. A de jantar tem capacidade para dez pessoas e possui uma despensa privativa, ideal para pequenas reuniões. Há um sistema de entretenimento com som Bose e relógios Breitling. Os banheiros têm sofisticações como piso aquecido de mármore italiano, banheira de hidromassagem e pias duplas.

O ambiente respira masculinidade. Linhas retas, madeira nobre, *design* contemporâneo e cores escuras, com predominância do preto.

Para os amantes da moda, as suítes Dior e Tiffany são praticamente um parque de diversões temático. A Tiffany tem também uma sala de refeições para dez pessoas e com despensa personalizada, está mergulhada no azul, marca registrada da joalheria – a sensação é de estar dentro da célebre *Blue Box*. A cor azul reina em todo o espaço, projetado em conjunto com o diretor

DW LABS INCORPORATED / SHUTTERSTOCK.COM

"Na entrada do hotel St. Regis, em Nova York, nota-se a presença de veículos enormes (geralmente blindados) para transportar em segurança seus hóspedes..."

de *design* emérito da joalheria, John Loring. Tons de branco, bege, cinza e prata também estão presentes no local, composto de quarto principal, sala de estar com lareira, sala de banho completa, além dos banheiros. O apuro e o apreço pelo detalhe, características marcantes da tradicional joalheria norte-americana, são encontradas, por exemplo, nos lustres de cristal e no mobiliário requintado.

A elegância e a intensidade dominam o espaço Dior no St. Regis. E não podia ser diferente. Um croqui original de Christian Dior, feito pelo renomado ilustrador Bil Donovan, adorna uma das paredes da sala de estar. Na de jantar, a foto de um modelo *habillé* original dos anos 1950. Creme, rosa suave e tons de azul, pontuados com muito dourado, ornamentam essa suíte, uma das mais bonitas do hotel. O custo de toda essa exclusividade e atmosfera de *glamour* é de US$ 10,5 mil por dia.

Já a suíte presidencial do St. Regis é um capítulo a parte. Maior do que muito imóveis de alto padrão de Manhattan, ela possui 300 m^2, com uma suíte de dois quartos que pode ser transformada em um conjunto de três aposentos principais. Há uma sala de estar formal, outra de estar, uma biblioteca com painéis de madeira nobre, quartos e banheiros adjacentes e uma cozinha completa. Em todos os ambientes têm-se, janelas do chão ao teto com uma vista inebriante do Central Park. A diária é de US$ 35 mil.

Mas mesmo no mais econômico cômodo desse lendário hotel, com diária a partir de US$ 1,5 mil, o hóspede é transportado para uma viagem de sofisticação, luxo e história. O St. Regis foi fundado em 1904 pelo coronel John Jacob Astor IV, da tradicional família Astor, de Nova York.

Com seus 18 andares, foi saudado como o primeiro-arranha-céu da cidade. Na época, foram gastos US$ 5,5 milhões com a construção e decoração, sendo utilizado piso de mármore e cristal, tapeçarias antigas, tapetes ornamentais, mobiliário Luís XV e uma biblioteca com 3 mil capas de couro trabalhadas em ouro. O seu objetivo foi erguer um hotel que rivalizasse com os melhores endereços europeus, onde as pessoas pudessem se sentir como se fossem convidadas de uma residência.

Essa sensação, de ser hóspede de algum nobre anfitrião, perdura até hoje!!!

Tanto é que um dos maiores atrativos desse hotel cinco estrelas são os seus impecáveis *butlers* – seus mordomos – que propiciam mimos ou gentilezas como arrumar as malas dos hóspedes.

Assim que foi inaugurado o hotel St. Regis, ele se tornou um dos centros da vida social de Manhattan. Mas em 1912, John Jacob Astor IV morreu a bordo do *Titanic* e em pouco tempo o negócio foi vendido para a família Duke, do império do tabaco, do Estado da Carolina do Norte. Finalmente, em 1966, a rede Sheraton comprou o hotel, que dispõe hoje de 171 quartos e 67 suítes.

Palco de diversas histórias notáveis – aí moraram o pintor Salvador Dalí e sua mulher, Gala, e o cineasta Alfred Hitchcock passeava pelos corredores falando sozinho e assustando os hóspedes – o St. Regis também é conhecido por ter sido o local onde foi criado o famoso drinque *Bloody Mary*, em 1934. Ele foi concebido sob a decoração mais famosa do hotel, o mural *Old King Cole* (1932), de Maxfield Parrish.

A reforma de 2013 também contemplou o cultuado King Cole Bar e Salon, que agora está sobre responsabilidade do *chef* John De Lucie, já conhecido na sociedade nova-iorquina. E também dos brasileiros, pois de acordo com os gestores do hotel, o Brasil é um dos primeiros no *ranking* de hóspedes do St. Regis!!!

Bem caro (a) leitor (a), se ficou bem impressionado com esse relato sobre o hotel St. Regis, baseado no excelente artigo escrito por Débora Crivellaro, *Grife em uma grife*, publicado na revista *Isto É Platinum* (março/abril/maio de 2014), que tal fazer por conta própria uma pesquisa e conhecer outros hotéis no mundo que foram também concebidos por grifes ou *designers* do mundo da moda?

Aí vão cinco sugestões de hotéis fantásticos sobre os quais você deveria saber mais, para quem sabe um dia conhecê-los como hóspede!!!

- Hotel Moschino em Milão (Itália), que ocupa um edifício neoclássico.
- Hotel Missoni em Edimburgo (Escócia), um cinco estrelas no centro histórico da cidade.
- Hotel Claridges's em Londres (Inglaterra), na qual se tem uma suíte concebida por Diane Von Fürstenberg
- Hotel Felicien em Paris (França), que foi concebido pelo *designer* Olivier Lapidus.
- Schlosshotel Imgrunewald, um hotel centenário de Berlim, com uma suíte Grunewald assinada pelo diretor-criativo da Chanel, Karl Lagerfeld.

3.17.4 - O MAIOR HOTEL DO MUNDO SERÁ EM MECA

Quando a multidão que anualmente peregrina a Meca chegar à cidade sagrada em 2017, irá se deparar com as torres do Abraj Kudai, que nessa data deverá ser o **maior hotel do mundo, com 10 mil quartos e 70 restaurantes**. E não deverão faltar hóspedes para ele, pois cerca de 2 milhões de pessoas fazem esse ritual anualmente, incluindo, claro, os próprios moradores da Arábia Saudita que fazem a peregrinação à Kaaba, no centro de Meca, pois isso é um pilar do islã.

A cidade sagrada é reservada apenas aos muçulmanos. Não é permitida a entrada de seguidores de outras religiões, como cristãos. Existem diversos mecanismos de controle na passagem, um deles é a menção à religião do viajante, no visto que é dado aos visitantes.

A construção do Abraj Kudai foi anunciada como um projeto de luxo, com gastos equivalentes a R$ 11 bilhões. Este hotel terá 45 andares com 12 torres, estação de ônibus, *shopping* e quatro helipontos, sendo que cinco dos andares serão reservados à família real saudita. Esse empreendimento está sendo financiado pelo Ministério das Finanças saudita e o projeto é da firma Dar al-Handasah, com escritório em Beirute.

Mas no final de 2015 já começou a funcionar um mega-hotel – o Holiday Inn Makkah Abraaj Al Tayseer, o maior Holiday Inn do mundo, com 5.154 habitações em cinco torres. Meca tem sido endereço de diversas construções monumentais, como a torre do Relógio, que foi erguida em cima de uma fortaleza do século XVIII.

"Fachada do Holiday Inn Makkah Abraaj Al Tayseer..."

Segundo o jornal *The New York Times*, a onda de construções transformou a casa de Khadija, primeira mulher do profeta Maomé, em banheiros públicos!! E a lista de locais históricos destruídos ou ameaçados é extensa em Meca, em parte por um tratamento e enfoque bem específico sobre a sua existência, seguido pela corrente religiosa. O islã defendido pela Arábia Saudita desautoriza a "idolatria" a sítios arqueológicos e condena a peregrinação a pontos ligados à vida do profeta Maomé.

O britânico Samie Kayani, que lidera uma equipe de restauração na cidade sagrada, considera que a onda de construções tem uma razão mais pragmática: hospedar as gigantescas levas de peregrinos. Disse Samie Kayani: "O interesse da monarquia é construir rapidamente uma boa infraestrutura para atender os peregrinos e a história não deve atrapalhar as obras necessárias. Claro que existe um debate interno sobre as obras arquitetônicas que serão realizadas. Meca é um lugar muito difícil de entender, pois o fluxo de pessoas na cidade sagrada está crescendo cada vez mais. Houve, sem dúvida, uma mudança gradual na perspectiva da monarquia em relação à herança histórica. O projeto de conservação que administro é financiado pela família real e pela família Bin Laden, muito influente na Arábia Saudita.

Sou um crítico à urbanização rápida, mas há uma meta a ser cumprida. Não podemos esperar que o processo seja igual ao da Turquia ou ao do Irã. Aqui existe uma relação diferente com a história."

Ziauddin Sardar, autor de um importante livro sobre Meca, declarou: "Essa abrupta necessidade de se hospedar mais visitantes que chegam a cidade não me convence e, ao contrário, me preocupa. A cada novo hotel que surge, **diminui a espiritualidade**. Hoje, Meca é um *resort* de férias.

A monarquia saudita incentiva a vinda de mais peregrinos, em viagens de menor duração, e planeja que esse ritual seja a principal fonte de renda do reino quando o petróleo sumir. Meca sempre foi uma cidade de mercadores. Mas agora o dinheiro tomou conta de tudo."

3.17.5 - CRESCE O TURISMO INDEPENDENTE!!!

Mais e mais pessoas estão viajando **sozinhas** — e elas não são o tipo de gente que você talvez imagine.

De acordo com o estudo de Intenções de Viagem da Visa Global para 2015, conduzido em 25 países, cerca de **24%** das pessoas que tiraram férias recentemente indo para o exterior viajaram sozinhas, contra **15%** em 2013. Entre os turistas novatos, as viagens solo são ainda mais populares, tendo subido de **16%** em 2013 para **37%** em 2015.

Se no passado o turista que viajava sozinho era considerado como alguém solteiro e à procura do amor, hoje em dia é **igualmente provável — ou até mais provável**— que ele seja uma pessoa casada ou envolvido em um relacionamento estável. Há quem tire férias sozinho porque o trabalho de seu parceiro não permite que os dois viajem juntos. Alguns viajantes curtem uma atividade específica – jogar golfe, pescar ou caminhar em trilhas – pela qual seu parceiro (a) não tem interesse. Ainda existem aqueles (aquelas) que cuidam de um cônjuge ou parceiro incapacitado e fazem viagens ocasionais a sós quando um parente pode tomar seu lugar em casa.

Assim, por exemplo, muitas pessoas que reservam viagens com a empresa Overseas Adventure Travel, que atende idosos e *baby boomers* (nascidos entre 1943 e 1960), o fazem deixando seu cônjuge ou parceiro em casa. Mais de **40%** dos clientes dessa agência em 2015 foram turistas solo, contra **35%** em 2013 e **27%** em 2007. A **maioria** é formada por **mulheres**. Algumas delas admitem, inclusive, que depois de ter cuidado de seus maridos e filhos por tantos anos, tornou-se vital fazer um passeio a sós sem precisar se preocupar...

As condições para quem viaja sozinho também vêm melhorando. Algumas taxas foram reduzidas e estão surgindo mais pacotes voltados a pessoas que planejam passar suas férias sozinhas. Empresas de cruzeiros não apenas andam construindo mais cabines solo nos navios: algumas também vêm eliminando as sobretaxas de solteiro, que podem variar entre 10% e 100% ou até mais das taxas padronizadas.

"Julia Roberts, com sua interpretação no filme *Comer, Rezar e Amar*, viajando sozinha pelo mundo, levou milhões de espectadores a programar viagens para ir aos locais por onde ela passou..."

A Tom Harper River Journeys, de Boston (EUA), que organiza cruzeiros fluviais, disse que em 2016 vai inaugurar um navio com cabines para viajantes solo com sacadas e livres de sobretaxas. A Majestic Line, empresa de cruzeiros baseada no Reino Unido, que trabalha com navios pequenos, anunciou que, em 2016, duas das sete cabines de um novo navio com o qual vai trabalhar serão para passageiros solo e que não serão cobradas sobretaxas desses passageiros. Em 2016, a Holland America, com sede em Seattle (EUA), pretende acrescentar 12 novas cabines para viajantes solo no seu novo navio, o *MS Koningsdam*. A Zegrahm Expeditions **eliminou a sobretaxa de solteiro** em três de seus cruzeiros: um no mar Negro, outro para uma ida à Índia, Sri Lanka e Maldivas, e um cruzeiro em volta das ilhas Geórgia do Sul.

Agora, agências de viagens *on-line* e *sites* como Orbitz e TripAdvisor incluem filtros de busca para viagens solo e para *singles* (solteiros).

Os hotéis ainda não fizeram avanços significativos, embora alguns venham dando mostras de sua criatividade. É o caso do hotel Westin New York Grand Central, que em julho de 2015 ofereceu o que parece ter sido o primeiro pacote de uma grande rede hoteleira norte-americana voltado exclusivamente a **turistas solo mulheres**. O pacote inclui até uma consulta sobre **alimentação saudável** com o *chef* executivo do hotel e **aulas de ioga** com desconto!!!

3.17.6 - O *SITE* QUE ESTÁ REVOLUCIONANDO A INDÚSTRIA DO TURISMO NO MUNDO TODO

Em 2008, Brian Chesky teve uma ideia excêntrica: alugar colchões infláveis para estranhos em seu apartamento! Junto com os colegas de apartamento Joe Gebbia e Nathan Blecharczyk, o que ele esperava era ter um pouco mais de dinheiro para pagar o aluguel. Assim, criou a Airbed & Breakfast, que mais tarde viria a se chamar Airbnb. A empresa hoje (2016), vale US$ 25,5 bilhões e em 2015 cerca de 18 milhões de pessoas usaram seu *site* e aplicativo para encontrar acomodações por períodos curtos nos mais variados países do mundo.

A Airbnb oferece hospedagem em quase 200 países, do México a Mianmar, da Argentina à Turquia. Quem usa os imóveis oferecidos pela Airbnb geralmente paga metade do que pagaria nas redes de hotéis tradicionais, com conforto semelhante. Mas a Airbnb também tem imóveis de luxo,

"*Sites*, como Airbnb, Booking, Home Away etc., estão mudando o comportamento dos turistas, a forma de viajar, pois nessa economia do compartilhamento muita coisa, ficou mais barato, como a hospedagem nos hotéis."

como, por exemplo, uma cobertura em Las Vegas, nos EUA, com diária de US$ 1.900, ou então numa *villa* do século XVIII no topo de uma colina na Úmbria (Itália), por US$ 1.669 a diária, ou ainda uma fazenda com quase quatro milhões de metros quadrados, com uma sede com seis quartos, no Brasil, por US$ 3.800 o dia.

Com cerca de um milhão de propriedades à disposição, a Airbnb supera as maiores redes hoteleiras do mundo – no início de 2016, a maior delas, a Intercontinental, tinha cerca de 700 mil quartos!

Disse Brian Chesky: "Apesar de estarmos com alguns problemas com a Justiça, como é o caso de Nova York, temos relatórios de que o Airbnb trouxe impactos econômicos positivos em muitas cidades importantes como Amsterdã, Berlim, Sidney etc., nas quais houve um incremento no turismo graças a nossa existência. Já estamos começando a pensar na viagem inteira, incluindo aí as experiências que o turismo possibilita, e não apenas um lugar para dormir. Realmente nos importamos com essa ideia profunda de unir o mundo, que, aliás, é a mesma que está por trás da Internet e da via virtual: **conectar o mundo!**"

Caro leitor(a), você já usou o serviço do Airbnb? Não, então experimente, nem que seja para poder dizer: **fiz uma coisa pela primeira vez!!!**

3.17.7 - EMIRADOS ÁRABES UNIDOS (EAU) ESTIMULAM O TURISMO CONSTRUINDO MUSEUS E OFERECENDO UM EXCELENTE TRANSPORTE PELA ETIHAD AIRWAYS

Nas últimas décadas, os Emirados Árabes Unidos (EAU) entraram, definitivamente, no mapa do turismo mundial, tornando-se um relevante destino de compras, atraindo legiões de viajantes interessados em passar alguns dias nos seus luxuosos e deslumbrantes hotéis e *resorts,* facilitando o acesso através do uso de suas espetaculares linhas aéreas que possuem aviões novos e oferecem um serviço invejável. Consolidaram-se, assim, como um importante *hub* (centro de conexões) de voos que ligam o Ocidente e o Oriente, como é o caso do aeroporto internacional de Dubai, que, por exemplo, no início de 2015, superou em movimentação o de Heathrow, de Londres, como o de maior tráfego de passageiros internacionais do mundo (cerca de 70,5 milhões em 2014).

Mas falta à jovem nação – os EAU –, formada por sete principados que se uniram sob uma bandeira em 1971, numa região que até o século XIX abrigava apenas tribos do deserto, uma **grande riqueza histórica ou cultural**. Entretando os governos locais têm um ambicioso projeto para suprir essa lacuna. Assim, até o final de 2016, deverá ser inaugurado o Louvre Abu Dhabi, a primeira "filial" internacional do museu mais conhecido do mundo, detentor de um enorme acervo de obras de arte. Na prática, trata-se de uma instituição autônoma em relação ao Louvre parisiense, mantido pelo governo francês, no antigo palácio renascentista que sediou antes o governo da França e que se tornou um museu nacional durante a Revolução Francesa.

Através de um acordo com duração de 30 anos, o governo dos EAU pagará à França € 1 bilhão para poder usar a marca para o seu projeto e ainda contar com uma consultoria dos gestores do museu para montar as exposições em Abu Dhabi. Na sua inauguração, receberá emprestadas cerca de 300 obras já expostas em museus públicos franceses, como o D'Orsay, o Georges Pompidou e o palácio de Versalhes, entre outros. Um dos destaques virá do próprio catálogo do Louvre: *La Belle Ferronnière*, de Leonardo da Vinci, que rivaliza em beleza com a estrela máxima da sua coleção, a *Mona Lisa*, do mesmo pintor.

E as grandes ambições dessa confederação de monarquias árabes não param por aí. O seu objetivo é montar uma coleção contando com obras dos mais importantes artistas do mundo, algo como já existe no Louvre ou no Hermitage, ou seja, em pouquíssimos museus do planeta. Por isso, os curadores do projeto estão adquirindo obras representativas de importantes artistas e movimentos estilísticos do Oriente e do Ocidente, e de diversas eras. Do Egito antigo à pintura do império Mughal indiano. De pinturas de precursores do movimento impressionista, como Édouard Manet, ao abstracionismo contemporâneo do norte-americano Cy Twombly, que tem as suas telas vendidas por pelo menos US$ 5 milhões cada uma. Da arte do Mali ao pré-Renascimento veneziano do pintor Giovanni Bellini.

Entre 2009 e o fim de 2015, o emirado de Abu Dhabi investiu, em média, US$ 65 milhões por ano para adquirir obras de arte ao redor do mundo. Trata-se de um esforço financeiro que não tem precedentes no mercado contemporâneo de arte e está em evolução. Cerca de 400 obras já foram arrematadas para o museu de Abu Dhabi.

Jonas Bergamin, diretor da Bolsa de Arte, uma das principais agências de leilão do Brasil, comentou: "Para compor uma grande coleção, o que não falta ao árabes é dinheiro, sendo os EAU os principais responsáveis pelo valor atual da grande arte à venda. Infelizmente, eles não se interessam pelo artistas brasileiros, buscando artistas que já tiveram (ou têm) repercussão na Europa e nos EUA. Mas eles também têm comprado outras obras para chamar atenção, como é o caso de uma pequena escultura de uma princesa da Báctria, do início da civilização, da virada do terceiro para o segundo milênio antes de Cristo (a.C.), bem como um bracelete de ouro com duas cabeças de leões, da civilização aquemênida, esculpido há 2,8 mil anos, no Irã antigo. Outras obras valiosas são um quadro do holandês Piet Mondrian, que pertencia ao célebre costureiro Yves Saint-Laurent, e até um de Pablo Picasso que nunca fora exposto antes. Há, ainda, uma coleção de pinturas miniaturas indianas comprada do cineasta norte-americano James Ivory, diretor do filme *Uma Janela para o Amor*."

O próprio museu que foi inaugurado em Abu Dhabi é uma verdadeira obra de arte e foi o consagrado arquiteto francês Jean Nouvel que elaborou o projeto que simula um oásis, com o teto vazado como se fosse o espaço entre as folhas de uma árvore. Essa fantasia teve um custo de construção orçado entre US$ 90 milhões e US$ 120 milhões.

Deve-se salientar que Jean Nouvel tornou-se um dos queridinhos dos museus das novas fronteiras do mercado da arte. Foi ele também quem criou os projetos para o Museu Nacional do Catar e do Museu Nacional de Arte da China.

Com tudo isso, o Louvre de Abu Dhabi já seria uma grande atração por si só. No entanto, faz parte de um projeto muito maior de Abu Dhabi. Será apenas o primeiro de uma série de museus que vão compor a ilha Saadiyat, um complexo de US$ 27 bilhões no qual existirão três formidáveis espaços culturais. Será aberta uma filial do museu Guggenheim, que deverá ser o maior da rede, com o qual pretende-se replicar o sucesso que a marca conseguiu em Bilbao, na Espanha. Também estão em projeto o Museu Nacional Zayed, que vai contar a história dos EAU, e um museu marítimo. Todos eles, assim como o Louvre, são projeto de arquitetos vencedores do prêmio Pritzker, o Nobel da arquitetura, como o canadense Frank Gehry e o britânico Norman Foster.

Conclui-se que quando tudo isso estiver pronto, muita gente estará com vontade de ir não só a Abu Dhabi, como visitar outros países integrantes dos EAU, não é?

Para ir aos EAU, não esqueça que eles oferecem voos em companhias aéreas que primam pela excelência da qualidade de serviço.

Imagine a seguinte situação.

Um casal chega ao aeroporto e, após passar pela alfândega, é encaminhado a um *lounge* para aguardar o embarque. Lá, a mulher diz que tem vontade de receber uma massagem, enquanto seu marido opta por tomar uma ducha e ir ao barbeiro logo depois do banho. Enquanto relaxam, suas roupas estão sendo passadas a vapor por funcionárias da Etihad Airways!!!

No decorrer do seu voo, são atendidos por um mordomo exclusivo, que apresenta uma extensa carta de vinhos e as mais sofisticadas opções de aperitivos perguntando-lhe o que gostariam de comer! E aí um *chef* começa a preparar-lhes os pratos solicitados....

Dentro do avião, eles estão num "quarto " muito bem equipado, que dispõe de uma cama com lençóis de algodão egípcio de mil fios e colchão de fibras naturais, na qual o casal dorme tão bem que nem se dá conta de que esteve passando tantas horas dentro de uma aeronave.

Ao final da viagem, na saída, eles são recebidos por um chofer, que no volante de um carro luxuoso os leva diretamente para o seu hotel.

Toda essa mordomia é oferecida aos passageiros da primeira classe da companhia aérea de Abu Dhabi – a Etihad Airways –, que está fazendo um grande furor no concorridíssimo mercado de aviação comercial.

DMITRY BIRIN / SHUTTERSTOCK.COM

"Um aspecto da comodidade dentro de um avião da Etihad Airways na sua suíte de luxo."

Não foi por acaso que em junho de 2015 a companhia foi agraciada, pelo quinto ano consecutivo, com o prêmio de **melhor primeira classe do mundo**, pela empresa de consultoria inglesa Skytrax, considerado o "Oscar" da aviação.

Fundada em 2003 e dona de um faturamento de US$ 9,02 bilhões em 2015, a Etihad tem se sofisticado muito, oferecendo bem mais do que só transporte aéreo. Tendo como principais clientes os bilionários e multimilionários *sheiks* do petróleo, a companhia faz do **luxo** a peça-chave para conquistar uma participação importante em um mercado disputado também pelas árabes Emirates e Qatar, esta última eleita a melhor companhia aérea do mundo pela Skytrax em 2015.

O diretor geral da subsidiária brasileira da Etihad, o francês Christophe Didier, explicou: "Temos passageiros que nos procuram para viajar sem se incomodar muito com o destino final da viagem! Eles simplesmente querem ter a experiência de voar conosco."

A decisão de paparicar os viajantes, sem dúvida, é a principal explicação para o significativo crescimento do número de passageiros da Etihad. E isso tem sido feito também por outras empresas árabes, o que auxiliou muito para elevar as viagens aéreas a outro patamar. Aliás, caso um passageiro queira algo até difícil de descrever em termos de excelência no atendimento, pode experimentar viajar na cabine chamada *The Residence*, a mais cara da Etihad, encontrada apenas nos superjumbos *A380*. A parte incômoda é que terá de desembolsar a bagatela de R$ 45 mil por uma viagem de Londres a Abu Dhabi.

A Etihad chegou ao Brasil em 2013 e não cogitou em nenhum momento abandonar a estratégia de se posicionar no segmento *premium*. Aliás, na média para as empresas de aviação, os endinheirados representam 6% do volume do contingente de passageiros, entretanto, 25% do faturamento total. Nos voos na rota para o Brasil, a companhia Etihad, que opera com as aeronaves *A340*, da Airbus, e o *Boeing 777*, reserva cerca de 20% dos assentos para a primeira classe e para a executiva.

Etihad não revela qual a sua participação dos assentos mais caros em sua receita total, no entanto, estima-se que ela é bem relevante. É verdade também que a empresa não abandonou a sua classe econômica e oferece diversos mimos aos passageiros, como, por exemplo, uma babá que pode tomar conta do filho de alguém (chamado de "convidado") durante a sua refeição!!!

O interesse de muitos empresários asiáticos, apesar dessa crise econômica que viveu o Brasil em 2015 e 2016, em especial os chineses, em investir no Brasil, continuará se mantendo, e irá até aumentar, e com isso a taxa de ocupação *premium* nos voos diários entre São Paulo e Abu Dhabi superará os 75% já alcançadas. Além disso, os brasileiros não estão desistindo de viajar, mas ao contrário, estão buscando novos destinos além dos países da Europa e EUA. Crescendo a taxas acima dos 25% nos últimos anos, a Etihad está incomodando todos os seus concorrentes, em particular as companhias norte-americanas como Delta, American Airlines e a United Airlines, que têm pressionado o governo norte-americano a intervir nas contas não só da Etihad, como as da Emirates e da Qatar Airways. A alegação para o pedido é de que as aéreas árabes recebem subsídios de seus respectivos governos, inflando seus lucros.

Christophe Didier, que antes trabalhou na Delta durante 14 anos, justificou: "O que elas chamam de subsídios, nós vemos como investimento. Em algum momento de suas histórias, todas as empresas no mundo receberam alguma espécie de investimento governamental."

3.17.8 - O OBSERVATÓRIO NO 100º ANDAR DO *ONE WORLD TRADE CENTER*!!!

No dia 29 de maio de 2015, a empresa Legends Hospitality inaugurou o seu observatório de três andares – com ingressos a US$ 32 por pessoa – no topo do *One World Trade Center* em Nova York.

Tudo no projeto do One World Observatory e na campanha de publicidade foi previsto para aguçar a expectativa das pessoas por uma viagem até o 100º andar que poderia ser complicada – ou mesmo impossível – para algumas pessoas, seja pelo custo ou pelo trauma emocional que cerca o local dos atentados terroristas de 11 de setembro de 2001. O visitante pode ainda alugar um *tablet* por US$ 15, com o que poderá se orientar facilmente para qualquer parte de Nova York, recebendo diversas explicações.

Não parece absurdo prever que os bancos de bar de frente para o rio Hudson, no 101º andar desse edifício, poderão ser dos mais cobiçados de Nova York. Obviamente, as pessoas reclamam que é impossível jantar ou beber lá **sem pagar o ingresso**, porque a churrascaria de 60 lugares e o café e bar mais casual, com 100 lugares, ficam dentro do observatório.

A Legends Hospitality não revelou o custo do seu projeto. Entretanto, a Autoridade Portuária de Nova York e Nova Jersey, que escolheu a Legends para ser a operadora, espera receber cerca de US$ 875 milhões no prazo do contrato de 15 anos, ou seja, um valor bem significativo.

O presidente e executivo-chefe da Legends Hospitality, David W. Checketts, disse: "Esperamos uma frequência anual de 3 a 4 milhões de visitantes por ano, os quais verão um panorama incrível da Baixa Manhattan em sua viagem de elevador de **48 s até o observatório**!!!"

Esteticamente, o observatório é discreto, já que o espetáculo todo está do lado de fora. As paredes são de lambris de carvalho branco e os pisos de mármore preto. O 102º andar, o mais restrito, foi planejado para ser alugado para eventos. A principal área de observação do público fica no 100º andar. E os visitantes podem ficar até quando quiserem... E é claro que não podem sair de lá sem passar pela loja de presentes. A lembrança mais cara é um modelo em cristal do *One World Trade Center* que custa US$ 200.

Enquanto esperam para embarcar em um dos cinco elevadores, os visitantes ficam vendo os rostos e ouvindo as vozes daqueles que construíram o arranha-céu, inclusive de Steven Plate, diretor da construção do *One World*

F11PHOTO / SHUTTERSTOCK.COM

"Dois aspectos de turistas encantados com o que viam do *One World Observatory*, na sua inaguração em 29/5/2015."

Trade Center para a Autoridade Portuária. Disse Steven Plate: "Olhando para fora em um dia claro, você realmente pode ver a curvatura da Terra", acrescentando com uma risada: **"Fora isso, não há nada para ver!!!"**

Na verdade, é preciso estar mais alto que 386 m para discernir a curvatura da Terra (o *One World Trade Center* tem 541 m de altura), e assim, ao chegar ao *One World Observatory*, a pessoa se deparará com um cenário incrível!!!

3.17.9 - ISLÂNDIA ATRAI TURISTAS VALENDO-SE DO SUCESSO DE *GAME OF THRONES*

Aqueles que pensam na Islândia, talvez pensem de imediato no frio, na cantora Björk e no impronunciável vulcão Eyjafjallajoekull que quando entrou em erupção em 2010, as suas cinzas fecharam o espaço aéreo europeu por quase duas semanas.

Mas, nos últimos anos, essa ilha repleta de vulcões, geleiras e ar medieval tem sido associada também ao fenômeno *Game of Thrones*, a série de TV vista por milhões de pessoas em todas as partes do planeta, na qual muitas das paisagens apresentadas são inóspitas regiões da Islândia.

O sucesso da produção fez com que agências de turismo elaborassem roteiros específicos para o turista que quer visitar cenários da trama ou refazer os passos dos personagens. Dessa maneira, as paisagens usadas no seriado transformaram-se em roteiros "regulares" e deslumbrantes para aqueles que vem passear no país. O mais famoso deles é o *Golden Circle*, que parte da capital, Reykjavík, passa por diversos pontos que serviram de locação para a quarta temporada da série.

A primeira parada é no parque Thingvellir, vale repleto de formações vulcânicas situado no encontro das placas tectônicas da América do Norte e da Eurásia. Em *Game of Thrones*, foi um dos palcos da jornada de Arya e Sandor Clegane, o Cão.

Além da beleza, o vale tem importância histórica: entre os enormes paredões rochosos, ali foi fundado, em 930, um dos primeiros parlamentos da história moderna, no qual povo e legisladores se reuniam para ditar os rumos do país. Thingvellir também foi o local da proclamação da independência islandesa.

A segunda parada do roteiro é o Geysir, uma nascente que cospe água fervente a mais de 20 m de altura – o nome islandês serviu para batizar formações semelhantes no mundo inteiro. A terceira atração do passeio é a Gullfoss, a gigantesca cachoeira cujo rio forma um cânion.

Outro *tour* popular, que passa por paisagens vistas na segunda temporada da série percorre a costa sul da ilha. Nesse passeio visita-se cachoeiras, um mirante e praias de areia negra cercadas por penhascos de onde, na série, Jaime Lannister e Bronn partem para resgatar Myrcella.

"Na Islândia, o monte Volcano e um bucólico lago na região de Myvatn Winter, são muito visitados pelos turistas..."

Ao norte, ao redor do lago Myvatn, estão paisagens que serviram de locação para a terceira temporada, como a caverna Grjótagjá, que tem águas termais de até 45°C – na qual Jon Snow perdeu a virgindade com Ygritte. Por ali também estão a cachoeira de Godafoss e a cratera do vulcão Hverfjall, sendo que a base para conhecer a região é a cidade de Akureyri.

Dá para perceber todo o potencial da EC, ou seja, como ao aproveitar o sucesso da série *Game of Thrones* pode-se incrementar significativamente a vinda de turistas para uma região (país)? Eles obviamente gastam nos hotéis, nos restaurantes, com os guias nos roteiros turísticos, pagam pelos passeios e assim por diante, com o que muita gente consegue ter um emprego!!!

Mas independentemente dos exóticos cenários em que foram filmados os capítulos da série *Game of Thrones* na Islândia, lá atualmente existem muitas coisas interessantes para quem quer conviver com situações inesquecíveis, a começar pela permanência de pelo menos uma semana no Ion Luxury Adventure Hotel.

O Ion disponta no horizonte esbranquiçado como um refúgio extremamente aconchegante e confortável, oferecendo ao hóspede uma gastronomia refinada e camas macias para se ter bons sonhos. A sua construção é descolada, tendo a forma de uma caixa iluminada, encravada na rocha sobre pilares desalinhados, em homenagem ao desbravador Ingolf Arnarson. Por fora, as suas paredes altas de concreto e vidro impõem-se sobre o gelo e a neve. Por dentro, ambientes decorados de forma bem despojada aquecem os que chegam do frio.

Aliás, quem se hospeda no Ion acaba sentindo melhor o contraste dos vários elementos na Islândia, onde lava e gelo se complementam.

- Onde mais alguém poderia ter um banho noturno numa piscina de fluxo contínuo, ao ar livre, com sua temperatura abaixo de zero e a água aquecida naturalmente a 37°C pela energia de rochas vulcânicas?
- Onde mais é possível comer carne mal passada de rena, aquele animal que puxa o trenó do Papai Noel, sem sentir um pingo de remorso?
- Em que bar do planeta você poderia tomar o seu *drink* favorito enquanto aprecia a aurora boreal, quando o céu muda de cor e de forma a cada segundo?

Pois é, tudo isso é possível no Ion Luxury Adventure Hotel, pois ele está bem próximo do Círculo Polar.

O hotel Ion em Selfoss, a 104 km ao norte do aeroporto internacional de Reykjavik, tem como gerente a brasileira Brenda Mattos, que estudou turismo e hotelaria na Universidade de Reykjavik.

Quem se deslocar pela rota 41 vai passar por Reykjavik e andando mais um pouco chegar a Hengill, a região geotérmica mais quente da Islândia. Trata-se de uma área de 100 km^2, em que as temperaturas a 1000 m de profundidade atingem, em média, 250° C. Não por acaso, no lado esquerdo da estrada, ao longo de quase 27 km de trajeto, nota-se a presença de grandes aquedutos de aço que carregam dentro o líquido que abastece as torneiras de Reykjavik.

A usina geotérmica de Nesjavellir, a segunda maior da Islândia, produz 120 MW de eletricidade, gerada com o poder que emana das profundezas vulcânicas. Esta instalação, situada ao lado do lago Thingvellir, capta a água quente do subsolo e, a cada segundo, 1.100 litros aquecidos a 85°C rumam dali para a capital islandesa. É a mesma água que abastece a piscina do Lava Spa, do Ion, que fica ao lado desse duto.

"O incrível hotel Ion, em cujo bar sentado confortavelmente pode-se apreciar a aurora boreal..."

A princípio parece bem esquisito hospedar-se tão próximo de uma usina térmica, num hotel cujo nome é inspirado numa partícula atômica. Por sinal, um certo cheiro de enxofre incomoda um pouco os narizes mais sensíveis num primeiro momento, mas logo eles se acostumam e a desconfiança desaparece quando ficam sabendo a vantagem dessa energia limpa, mais uma comprovação da engenhosidade e da audácia humana.

Na região de Hengill, onde a última erupção foi há mais de 1900 anos, as opções vão de caminhadas a escaladas, na rocha ou no gelo, conforme a época do ano.

O hotel Ion fica no circuito turístico chamado *Golden Circle*, próximo ao parque nacional Pingvellir e ao lado do lago Pingvullavatu, o maior da Islândia. Ali perto o turista pode praticar mergulho, banhos em piscinas quentes naturais, cavalgadas, observação de pássaros, exploração de cavernas, *rafting* em rios de degelo, safaris em motos de neve, trilhas radicais em jipes, passeios nos glaciais, pesca de trutas (*fly fishing*) e visitas a ruínas históricas e patrimônios culturais, entre outras opções.

O dia de inverno é bem curto, pois o sol nasce às 10h30min da manhã e se põe às 16h30min. A noite longa invade as manhãs e as tardes, e isso torna a permanência no hotel quase que obrigatória, mas um bom jantar no seu restaurante contemporâneo, o *Silfra*, estimula o visitante a desfrutar melhor a sua cama *king size* com lençóis finos e travesseiros alvos e fofos como a neve, para ter bastante energia para os passeios no dia seguinte...

3.17.10 - PELAS ÁGUAS DO DANÚBIO

Na época em que muitas pessoas buscam no turismo encontrar cultura, conforto, variedade e muita coisa memorável, sem dúvida uma boa sugestão é a de fazer um passeio pelas águas do rio Danúbio, numa embarcação de luxo que percorre quatro países em um trecho de 600 km que banha cidades imperiais do centro da Europa.

O rio Danúbio é o segundo mais longo do continente (perdendo apenas para o rio Volga), com 2.888 km de extensão desde a sua nascente na Floresta Negra (Alemanha) até desaguar no mar Negro, na Romênia.

Um cruzeiro fluvial pelas águas calmas nesse rio majestoso oferece uma oportunidade incrível para apreciar de perto a beleza da paisagem que já foi inspiração para muitos poetas e artistas nos últimos séculos. Esse passeio

"A passagem de uma embarcação no rio Danúbio, próximo ao Parlamento de Budapeste."

pode ser feito, por exemplo, no luxuoso *River Beatrice*, da Uniworld Boutique River Cruise Collection. Suas luxuosas cabines são delicadamente e finamente decoradas, tendo camas de fabricação inglesa, lençóis de algodão egípcio, banheiros de mármore e varandas privativas, oferecendo serviços exclusivos em todas as acomodações. Particularmente, existe uma suíte especial que conta com mordomo e produtos de banho Hermés – e inclui, durante o passeio, um jantar nos aposentos do capitão.

Em um roteiro de sete noites, acaba se conhecendo quatro países: Alemanha, Áustria, Eslováquia e Hungria. Antes do embarque, em Passa, na Alemanha, é possível assistir a um concerto na catedral de St. Stephan, famosa por abrigar o maior órgão de tubos da Europa.

Para quem prefere uma opção de passeio com um pouco mais de adrenalina, uma sugestão é percorrer de bicicleta uma das margens do rio Inn, um dos afluentes mais charmosos do Danúbio. A primeira parada é em Salzburgo, na Áustria, cidade conhecida por seu bem preservado centro histórico e pela tradição musical incomparável.

Patrimônio mundial da UNESCO, Salzburgo merece uma visita à Getreidegasse, uma rua comercial que tem como pontos altos a casa da infância de Mozart e os jardins usado nas filmagens do clássico *A Noviça Rebelde*, estrelado por Julie Andrews em 1964. Toda a região é conhecida como Mostviertel, com pomares de macieiras preenchendo a paisagem.

Em outra parada igualmente cinematográfica, na cidade de Melk, ainda na Áustria, é possível conhecer mais uma joia da arquitetura medieval: a abadia beneditina cuja biblioteca inspirou o famoso romance de Umberto Eco, *O Nome da Rosa*. A região produz ótimos vinhos de cultivo orgânico. A degustação de alguns rótulos é acompanhada de uma aula sobre a culinária local, na qual predomina o uso de açafrão.

Depois de cruzar o belo vale de Wachau, é hora de aportar em Viena. Na capital austríaca está a sede da Organização dos Países Exportadores de Petróleo (OPEP), da Agência Internacional de Energia Atómica (AIEA) e da Organização para a Segurança e Cooperação na Europa. Entre os destaques da arquitetura local estão o palácio de Inverno construído pelo príncipe Eugenio de Savoy, hoje sede do Ministério da Fazenda, e a impressionante catedral de St. Stephan (santo Estevão).

Visitas a museus, salas de concerto e lazer em convidativos cafés, aguardam os visitantes antes do embarque rumo a Bratislava, capital da Eslováquia, que reúne arquitetura dos estilos gótico, barroco e *art decó*.

A última parada é Budapeste, na Hungria, que ocupa as duas margens do Danúbio. Um tesouro imperial ainda não completamente invadido por hordas de turistas. Em Peste existem muitos jardins, palácios, praças e uma opera espetacular. Já em Buda, os destaques são os mirantes com vistas inesquecíveis, as charmosas ruelas, o palácio Reak e a igreja Mátyás. À noite, novamente a bordo, um jantar de gala encerra o cruzeiro, ocorrendo o desembarque na manhã seguinte.

Essa viagem incrível no decorrer de sete noites, com alimentação e todos os serviços de traslado inclusos em cada parada do navio, pode ser adquirida por uma pessoa a partir de US$ 3.814. Naturalmente não é uma bagatela, mas quem for a um passeio como este jamais o esquecerá e ajudará a dar emprego a centenas de pessoas envolvidas no cruzeiro, ou seja, vinculados ao turismo, ao entretenimento.

3.17.11 - VOLTA A CRESCER O TURISMO EM BUENOS AIRES

Buenos Aires é uma das cidades mais visitadas do mundo. Em 2014, 10,6 milhões de turistas visitaram Buenos Aires, sendo que 30% dos 2,35 milhões de estrangeiros que foram para a capital argentina eram brasileiros.

É fácil entender a liderança do Brasil, país próximo e gigante, com grande oferta de voos para a nação vizinha e, ainda, onde vivem classes que recentemente melhoraram o poder aquisitivo e perceberam em Buenos Aires uma das boas oportunidades para sua **primeira viagem ao exterior**.

Em anos passados, a capital argentina já recebeu mais visitantes do Brasil, como foi o caso de 2010, quando mais de 800 mil turistas brasileiros foram a Buenos Aires. Nos últimos dois anos, a Argentina viveu um período de ampla diferença entre a cotação do dólar oficial e a do paralelo (espera-se que agora no governo do presidente Macri, a moeda argentina ganhe uma maior estabilização). Boa parte dos turistas sabe, ou descobre quando está no país, que tornar-se vantajoso trocar o dinheiro no mercado paralelo. As casas de câmbio chegam a pagar pelo dólar em torno de 35% mais do que os bancos e em 2014 essa diferença chegou a 60%, com dias de pico de até 80%. Claro que essas vantagens acabam se transferindo também para troca de outras moedas, como euros e reais.

"Uma vista de Puerto Madero, uma das regiões de Buenos Aires que mais atrai os turistas."

O volume de dinheiro gasto por turistas estrangeiros em Buenos Aires, em 2014, subiu, 6,3%, em comparação com 2013. O brasileiro é o que fica menos tempo na cidade, mas é o que mais gasta. Em 2014, o turista do Brasil dormiu, em média, 5,7 noites na capital argentina e gastou US$ 151,3 por dia, incluindo despesas com hotel.

Seja pela arquitetura, sua vida cultural, entretenimento ao ar livre e suas milongas, as livrarias e cafés charmosos, boa gastronomia, ou facilidade de locomoção (os táxis são bem mais baratos do que no Brasil...), Buenos Aires é o tipo da cidade para a qual há sempre um motivo para voltar.

Você não foi ainda para Buenos Aires?

Então mude isso imediatamente, programe uma viagem, pois não vai se arrepender, viu?

3.17.12 - CHINA VALEU-SE DO TURISMO PARA INTEGRAR O TIBETE

O arquiteto chinês Wang Yizhi é o responsável por um parque temático que está sendo erguido em Lhasa, orçado em US$ 4,7 bilhões a ser inaugurado em 2017. Em 2012, disse Wang Yizhi: "Aí haverá um monumento com um elefante, um macaco em cima dele, depois um coelho e por último um pássaro. Isso significa convivência harmoniosa que é o que desejamos ter nessa região!!!"

Essa é a **mensagem dos Quatro Amigos**, imagem sagrada do budismo local, mas que ainda não é uma realidade plena entre tibetanos e chineses da etnia majoritária *han*, passados 66 anos da ocupação da Região Autônoma do Tibete por tropas do regime comunista em 1950.

Destino de abundantes investimentos estatais, o Tibete sofreu mudanças numa velocidade sem precedentes, com o surgimento de novas ferrovias, aeroportos e estradas, apesar dos protestos de religiosos que não aceitem esse domínio do governo chinês e de tempo em tempo ateiam fogo no próprio corpo!?!?

É bem interessante falar um pouco da ferrovia que chega a Lhasa, a **mais alta do mundo**. Essa é uma ferrovia de alta velocidade que liga Xining, que fica na província de Qinghai, a Lhasa (na Região Autônoma do Tibet).

O comprimento da estrada de ferro é de 1.956 km, sendo que a construção dos 815 km do trecho entre Xining e Golmud foi concluída em 1984 e a parte de 1.141 km entre Golmud e Lhasa foi inaugurada em julho de 2006.

Esta ferrovia é a primeira a ligar o Tibete a qualquer outra província, que, devido à sua altitude e dificuldades de terreno, foi a última província na China continental a ter uma ferrovia. Essa linha inclui a passagem de Tanggula, que está a 5.072 m acima do nível do mar, se tornando, assim, a ferrovia mais alta do mundo, com a estação Tanggula sendo também a mais alta do mundo, a 5.068 m, e o túnel Fenghuoshan, na altitude de 4.905 m, é o mais alto do mundo. Por outro lado, o túnel Guanjiao, que fica a 4.010 m é o mais longo túnel da ferrovia, entre Xining e Golmud, com uma extensão de 3.345 m. Cerca de 960 km, ou seja, quase 84% do trecho da ferrovia de Golmud-Lhasa, está a uma altitude de superior a 4.000 m.

A construção dessa ferrovia foi um grande desafio para se assentar os seus trilhos em lugares tão remotos, além do que foi necessário escavar sete túneis e construir 675 pontes e 45 estações em uma altitude acima dos 4000 m. Foram investidos US$ 3,68 bilhões na construção dessa ferrovia, utilizando-se 20 mil trabalhadores e 2.000 paramédicos, profissionais para cuidar da saúde dos trabalhadores num meio ambiente extremamente agressivo.

O pior desafio que enfrentou a construção da ferrovia foi nos 550 km em que havia *permafrost*, constituído por terra, gelo e rochas congelados, e que no verão torna-se um solo pantanoso, o que obviamente permitiria o desalinhamento dos trilhos...

A velocidade operacional nessa ferrovia é de 120 km/h e as cabines são pressurizadas, havendo um fornecimento especial de oxigênio para os passageiros para tornar a viagem mais confortável.

Atualmente, uma viagem de Lhasa até Pequim (Beijing) dura aproximadamente 41h45min, durante a qual são percorridos 3.753 km!!!

Sem dúvida o carro-chefe das mudanças no Tibete é o **turismo**, a grande aposta chinesa para desenvolver a economia da região e integrá-la mais ao restante do país. E o incentivo tem funcionado, pois em 2014 foram quase 15,6 milhões de turistas, quase duas vezes e meia mais visitantes estrangeiros que recebeu o Brasil nesse ano, no qual também sediou a Copa Mundial de Futebol (a estimativa de visitantes estrangeiros ao Brasil em 2014 foi de cerca de 6,43 milhões). Em 2002, esse número de turistas que queria visitar o "teto do mundo" foi de 850 mil.

"O palácio Potala, em Lhasa, no Tibete."

Está em Lhasa o templo Jokhang, que é o local mais sagrado para os budistas tibetanos, sempre transformado em um "formigueiro humano". Um outro local muito visitado é o palácio Potala, antiga residência dos dalai-lamas (o atual vive no exílio na Índia desde 1959). Nesses locais todos, infelizmente, é bem pequena a presença dos tibetanos...

Mais a sudeste de Lhasa, os turistas gostam também de apreciar as montanhas e os rios ao longo dos 400 km da estrada entre Nyintri (Linzhi, em mandarim) e Lhasa. Essa rodovia está repleta de tendas de nômades em busca de pastagens para suas manadas de iaques, o gado tibetano, do qual extraem leite, pele, carne e até o esterco – principal combustível numa região sem árvores e com temperaturas de até -40°C.

Os tibetanos, apesar da opressão política e religiosa, acham que o investimento em turismo por parte do governo chinês trouxe muitas melhorias, especialmente nas condições sanitárias e nas estradas. Entretanto, os especialistas em turismo salientam que essa enorme onda de visitantes pode ameaçar não só o modo de vida tibetano, mas também o próprio ambiente da região. Obviamente, uma das principais preocupações é com a própria capital Lhasa, visto que até 1950 nela só viviam tibetanos e agora 28% da sua população é de migrantes chineses da etnia *han*.

3.17.13 - TURISTAS MAL-EDUCADOS PRECISAM SER COIBIDOS!!!

Com fotos de pessoas nuas em Machu Picchu (Peru), ou totalmente bêbadas em alguma praia de Maiorca (Espanha), ou ainda fazendo mergulhos arriscados em piscinas de hotéis, viajantes de todo o mundo têm se dedicado ao que as autoridades governamentais e especialistas em turismo descrevem como uma epidemia de **narcisismo** e **rebeldia**.

O objetivo dessas pessoas parece ser transformar polos de férias e locais históricos em cenários para **vídeos "improváveis"** e **fotos pessoais "ousadas"**, valendo-se disso para a sua divulgação do Facebook, Twitter ou Instagram.

Nos primeiros meses de 2015, foram muitos os casos que ocorreram em diversas partes do planeta em que os turistas ofenderam sensibilidades locais – e causaram danos patrimoniais – enquanto tentavam se fotografar em um momento memorável.

O fenômeno levou autoridades de destinos turísticos populares da Espanha à Malásia a reagir e a implementar medidas severas para controlar comportamentos destrutivos. Entre elas, estão multar e prender visitantes rebeldes, limitar a presença de grupos de turistas e até publicar fotos dos malcomportados na tentativa de envergonhá-los em público. No entanto, vive-se em tempos que a atração dos "paus de *selfie*" e dos *drones* que tiram fotos incríveis é cada vez mais intensa. Antes bastava tirar fotos da torre Eiffel ou do monte Fuji, mas agora não mais. Agora os turistas têm que se colocar na foto também.

O principal sou "eu", não o lugar visitado!!!

Certamente, é esse narcisismo que como resultado tem levado a comportamentos extremos e bem estúpidos. É o caso das duas mulheres norte-americanas, que foram presas em março de 2015, em Roma (Itália) sob a acusação de vandalismo, depois de terem rabiscado as suas iniciais em uma parede do Coliseu e aí tiraram uma foto delas mesmas.

Em maio de 2015, dois turistas em Cremona (Itália) subiram numa escultura de mármore de Hércules, do século XVIII para tirar uma *selfie*, acabaram fazendo com que uma coroa da escultura caísse e se quebrasse. Diversos incidentes vão além do descuido e demonstram falta de respeito pelos costumes locais. Assim, por exemplo, as autoridades da Malásia, em julho de 2015, prenderam turistas do Canadá, da Holanda e do Reino Unido, que ficaram detidos por três dias, sob a acusação de indecência em público, depois que eles tiraram fotos de si mesmos, nus, no monte Kinabalu, em Bornéu.

Em julho de 2015, um vídeo no YouTube mostrando um turista perturbando uma sentinela no castelo de Windsor, perto de Londres, tornou-se **viral**.

Quando o turista o tocou, o soldado virou seu rifle para ele e gritou: **"Afaste-se do guarda da rainha!"**. Alguns atos dos turistas podem ser **autodestrutivos**, como a proliferação do *balconing* – quando turistas embriagados saltam entre sacadas de hotel ou mergulham delas para a piscina, muitas vezes resultando em ferimentos ou morte.

As visitas (ou viagens) de turistas internacionais atingiram o recorde de 1,13 bilhão no ano passado, segundo a Organização Mundial de Turismo (OMT), o crescimento que vem sendo estimulado em parte pelos voos com descontos promocionais e o significativo aumento da classe média em países como Brasil e China.

Os chineses foram os turistas que mais gastaram em 2015, despendendo US$ 292 bilhões no exterior. No entanto, segundo as autoridades chinesas, esses gastos parecem que incentivaram alguns dos seus compatriotas que viajaram para o exterior a terem a percepção errada de que adquiriram certos direitos. Por isso, o governo chinês tomou em 2015 uma medida incomum ao criar uma lista negra para bloquear os vistos de viagem a seus cidadãos mais ofensivos ou que já tivessem cometido algum vandalismo, como, por exemplo, de um que atirou água quente em uma comissária de bordo em uma discussão sobre assentos!!!

A cada dia que passa, viajar está se tornando mais acessível para um enorme contingente de pessoas e muitas delas pensam que podem fazer o que quiserem em um mundo globalizado. E aí, nessas viagens, frequentemente quando estão de férias, no lugar de aproveitá-las para se envolverem com culturas diferentes, acham que é uma oportunidade para se embriagarem e cometerem vandalismos em nome da **liberdade plena**!!!

Por exemplo, em Magaluf, na ilha de Maiorca, onde o "turismo da bebedeira" saiu de controle, o prefeito da cidade inclusive quis recrutar policiais do Reino Unido para ajudar a controlar os turistas britânicos que ficam totalmente embriagados. Aliás, surgiu nas redes sociais um vídeo de um jogo entre turistas em um clube de Magaluf que dava um coquetel como prêmio por realizar sexo oral!?!?

O prefeito de Calvia, que inclui Magaluf, Alfonso Rodríguez, comentou: "Esse clipe foi muito ruim para nossa imagem". O pior é que esses vídeos não param e em 2015 circulou um outro, que foi visto por muita gente nas redes sociais, no qual um anão seminu está chicoteando um futuro noivo em sua festa de despedida de solteiro, o que criou conotações negativas para toda a região...

Um nativo do País de Gales ficou surpreso quando a polícia de Magaluf o parou por carregar um copo vazio. Ele comentou: "Não estava causando nenhum problema. Só estava passeando com um grupo de despedida de solteiro." De fato, ele estava vestido como uma senhora barbada com rendas e peruca grisalha. Um pouco suspeito ou pelo menos estranho, não é?

Pois é, em Magaluf todo mundo só quer se divertir, mas estão exagerando na maneira como se está se fazendo isso e com isso o lugar vai ficando com uma reputação péssima.

Em Florença, na Itália, em junho de 2015, o prefeito Dario Nardella publicou uma advertência no Facebook depois que um visitante quebrou um dedo da escultura *O Rapto de Polyxena*, de Pio Fedi, e depois que turistas subiram em uma estátua de Dante Alighieri para tirar *selfies* e outros mais que urinaram na cúpula da catedral da cidade. Dario Nardella afirmou: "Precisamos urgentemente de leis que permitam punir os vândalos de forma exemplar, inclusive encarcerando-os por um bom tempo. Todo aquele que ataca a cultura agride o núcleo central da nossa história e a identidade de uma comunidade."

Pois é, todas as cidades desejam que venham a elas mais turistas, porém que se divirtam nas suas atrações e se encantem com o que existe no seus museus e nas praças públicas de forma civilizada, sem destruir nenhum patrimônio cultural. Porém, lamentavelmente, esse não tem sido o comportamento de muitas pessoas, inclusive dos jovens, muitos deles abalados por ansiedades e insatisfações como a de não ter bons empregos, o que os leva a cometer atrocidades e depredações que não têm explicação!!!

Observação importante 1 - O **turismo** é um dos setores de EC que pode contribuir para uma nova dinâmica econômica, em especial no Brasil, gerando emprego, renda e divisas, além de assegurar demandas sobre outras cadeias produtivas de bens e serviços. É significativo o poder de compra do setor sobre a indústria (móveis, televisores, ares-condicionados, geladeiras, aviões, automóveis e bebidas), agronegócio (alimentos) e serviços de engenharia e arquitetura (hotéis, pousadas, parques de divertimentos etc.).

Em 2014, o turismo brasileiro viveu o melhor ano da sua história. Não foi só a exposição de imagens difundidas pela realização nesse mesmo ano no País da Copa do Mundo de Futebol, quando foi possível apresentar a diversidade de nossa oferta turística com novo apelo, nas 478 cidades visitadas durante o período da competição.

A movimentação interna foi recorde, assim como os gastos dos estrangeiros. E como não poderia deixar de ser, os investimentos e o faturamento das empresas do setor também bateram recordes. Em 2004, no Brasil, ocorreram 139 milhões de viagens domésticas, enquanto, em 2014, o mercado interno registrou mais 210 milhões de deslocamentos. Em 2014, a entrada de divisas pelas contas das viagens foi de US$ 7 bilhões, um recorde histórico.

Se considerarmos o ano de criação do Ministério do Turismo em 2003, essa receita cambial foi de US$ 2,48 bilhões, e o incremento alcançado em 2014 foi de quase 180%.

Outro indicativo da vitalidade do turismo no Brasil é o montante dos financiamentos concedidos pelos bancos públicos para a iniciativa privada. Pela primeira vez na história, o mercado tomou quase R$ 15 bilhões para criar novos negócios, ampliar ou melhorar seus empreendimentos. Essa

YEVGEN BELICH / SHUTTERSTOCK.COM

"Nos seus navios, a Royal Caribbean oferece diversão para os seus passageiros desde quando eles acordam até a hora de dormir."

"O incrível salão interno do navio *Rhapsody of the Seas* que permite passar momentos de muita tranquilidade e descontração para os seus passageiros."

evolução revela que o setor produtivo nacional tem apostado no turismo como sendo uma nova área para desenvolvimento econômico.

Deve-se ressaltar que o aumento sustentável na movimentação turística não é privilégio do Brasil. Um balanço da OMT mostrou que o número de viagens cresceu 4,7% pelo mundo de 2013 para 2014, um índice que supera a própria estimativa da entidade. Dessa maneira, em 2014, o movimento de turistas internacionais ultrapassou **1,1 bilhão de pessoas**, uma pequena parcela desses viajando em navios luxuosos.

Atualmente, menos de um terço dos brasileiros (algo próximo de 63 milhões) viaja pelo País. Outros 75 milhões podem consumir o turismo, **mas ainda não o fazem**!!! O nosso mercado interno, se bem trabalhado, tem potencial para injetar vitalidade na economia de serviços vinculada às viagens.

Os dez feriados prolongados de 2015, que foram apontados pelos noticiários econômicos como prejudiciais, no final das contas viraram uma grande oportunidade para incrementar o mercado consumidor e aquecer o turismo doméstico, e especialmente pelo fato do câmbio ter se tornado desfavorável no segundo semestre de 2015.

Com nossa rica diversidade regional e melhorando-se a capacidade empresarial dos agentes de turismo, o setor tem condição cada vez maior para transformar- se em um dos **principais motores da nossa economia**.

* * *

Observação importante 2 - Aí vão dez sugestões para se fazer turismo no Brasil. Veja se há algo parecido em algum outro país do mundo?

1ª) Belém, para conviver com a natureza!!!

O crítico gastronômico Josimar Mello acrescentou: "E lá que alguém pode comer o melhor pirarucu do mundo!"

2ª) O arquipélago Anavilhanas, cuja imensidão não cabe numa câmera!!!

O humorista Hélio de la Peña complementou: "Viajar é lazer, é cultura, é aproveitar o que o planeta nos tem a oferecer, em especial visitando Anavilhanas, o maior **arquipélago fluvial do mundo!!!**"

3ª) Fernando de Noronha, para mergulhar nas águas límpidas que circundam o mais lindo e misterioso arquipélago do Brasil!!!

Como ressaltou o repórter especial da *Folha de S. Paulo*, Silvio Cioffi: "Para realmente conhecer Fernando de Noronha, é preciso mergulhar para admirar o seu parque submarino e encantar-se com as belezas do fundo do mar e em especial com os alegres golfinhos-rotadores."

4ª) Trancoso, o paradigma tapuia de vilarejo à beira-mar.

A jornalista Barbara Gancia, que visitou muitos lugares do mundo e do nosso País, enfatizou: "Em Trancoso não há *shopping*, *minishopping* ou *mall*. Há, sim, muita tranquilidade, uma praia linda onde se pode ver a lua cheia surgindo dentro do mar!!!"

5ª) A Cidade de Goiás, terra de Cora Carolina, que exala histórias e poesias.

O colunista Roberto de Oliveira comentou: "Fundada por bandeirantes, a Cidade de Goiás cresceu às margens do rio Vermelho e suas casas históricas permitiram-lhe tornar-se um Patrimônio Mundial pela UNESCO.

6ª) Pantanal, uma região de contraste incrível com a natureza.

O escritor Joca Reiners Terron, que até os 15 anos viveu no Centro-Oeste do País, declarou: "Como seis meses por ano as cheias do verão transformam as terras de muitas propriedades em terrenos submersos, com o que a Terra Prometida e a Atlântida ficam com um endereço idêntico!!! Mas é aí, por exemplo, que se pode admirar nos canais de ligação com o rio Paraguai, vitórias-régias de beleza incrível."

"Vitórias-régias no canal de ligação do rio Paraguai, no Pantanal, na região da cidade de Cáceres."

7ª) Rio de Janeiro, uma benção da natureza entre o mar e a montanha.

Como o colunista e crítico esportivo Juca Kfouri afirmou: "Rio de Janeiro, gosto de você. Gosto de quem gosta desse céu, desse mar, dessa gente feliz."

8ª) Belo Horizonte, capital da gula.

Alexandra Forbes, crítica gastronômica e autora de *Jantares de Mesa a Cama* enfatizou: "Guardadas as devidas proporções, sem dúvida, Belo Horizonte, ou simplesmente Beagá, é a capital dos botequins, cafés, padarias e mercearias, e nela há todo tipo de casa simples servindo a excelente comida caseira mineira."

9ª) Porto Alegre, que vale uma viagem para ir à Fundação Iberê Camargo.

O fotógrafo, escritor e *publisher* da *Revista Nacional*, J.R. Duran, disse: "Há muita coisa interessante em Porto Alegre, mas, para mim, é especial ir na Fundação Iberê Camargo para poder desfrutar uma mistura de sensações: a arquitetura do prédio desenhado pelo arquiteto português Álvaro Siza, as exposições que a fundação monta e a contemplação do Guaíba no fim de tarde tomando meu *cappucino* especial."

10ª) Pelotas, uma cidade repleta de doces, músicas e nostalgia.

O poeta e escritor Fabricio Carpinejar recomenda ir a Pelotas, a 260 km da capital gaúcha Porto Alegre, pois: "Aí é o berço e túmulo de um dos maiores escritores gaúcho, Simões Lopes Neto, autor de *Contos Gauchescos e Lendas do Sul*.

A cidade mantém o estilo neoclássico, onde passeou a literatura no início do século XX. Pelotas também é conhecida pela Fernadoce, o festival de doces que acontece aí no primeiro semestre."

"Um bom exemplo do turismo religioso, quando no dia 12 de outubro de 2015, cerca de 180 mil pessoas foram a Aparecida, para reverenciar a Nossa Senhora, e só em uma das missas havia mais de 35 mil fiéis na Basílica."

Essa é uma lista sugestão, mas o(a) leitor(a) devia ter a sua própria, parecida, mas com toda esta diversidade para nas suas férias fazer o turismo cada vez mais inolvidável , recarregando as suas baterias, incrementando a sua vontade de trabalhar, depois de passar um tempo em algum lugar sensacional do nosso País e, dessa maneira, incrementar cada vez mais esse setor da EC – o **turismo** –, que pode e deve crescer muito!!!

PHOTO.UA / SHUTTERSTOCK.COM

“Nova York, que tem forte atração para os turistas de todas as partes do mundo, principalmente aqueles que adoram fazer compras boas e baratas.”

3.18
VIDEOGAMES

3.18.1 – NOÇÕES GERAIS

O setor de *videogames* consiste em três ramos: jogos de console de *software* e consoles proprietários; jogos em CD (*compact disc*) e DVD (*digital versatile disc*) que podem ser jogados em qualquer computador e os jogos *on-line*.

À medida que os consoles foram se tornando mais sofisticados com processadores mais rápidos, além da conectividade da Internet, o segmento válido apenas para os *personal computers* (PCs) tem declinado significativamente. Os jogos *on-line* são muito mais populares do que os de console ou no PC, já tendo praticamente 95% do mercado, havendo **centenas de milhões de jogadores no mundo todo** que toda hora que os acessam, pagam uma pequena, mas significativa taxa; contudo, deve-se levar em conta o grande montante deles.

Claro que alguns desses setores da EC crescerão mais depressa que os outros nos próximos anos, mas uma coisa é indiscutível, ninguém mais pode desconhecer o seu potencial econômico e a quantidade de novos empregos que vão ser gerados, que poderão de alguma forma compensar aqueles que estão desaparecendo não só no setor de manufatura, como também de serviços.

Só como uma provocação: o número de entregadores de carta – os "carteiros" – vai diminuir ou amentar?

➢ **O que você acha?**

Para os mais pessimistas, eles poderão até desaparecer, como também isso pode ocorrer com muitos daqueles que fazem entregas (digamos, os *motoboys*, tão na moda nas cidades brasileiras) que eventualmente serão substituídos pelos *drones*, como já começou a fazer experimentalmente a livraria virtual Amazon nas suas entregas...

"No seu livro *The Dumbest Generation (A Geração Mais Idiota)*, publicado em 2008, o professor Mark Bauerlin diz que o celular , os *games* e a Internet fizeram os jovens de hoje menos inteligentes que os de ontem. O que você acha disso?"

"A final de *LoL* na Arena Palmeiras reuniu 12 mil fãs de *videogame*, no qual se mata e se morre..."

Há algum tempo, e principalmente a partir de 2014, os jovens estão sendo atraídos por vídeos de competições de *games*, e assim eles estão abandonando a TV para consumir conteúdo via *Web*. A opinião deles é mais ou menos a seguinte: "Ver TV é coisa de velho, né? Prefiro entrar no YouTube quando quero assistir alguma coisa. A televisão só está mesmo servindo quando a intenção é jogar algo."

Pois é, quando não estão jogando *videogames*, os jovens gostam de consumir toneladas de conteúdo relacionado a isso. São vídeos sobre *games* – partidas, campeonatos, tutoriais, dicas profissionais ou apenas jogadas despretensiosas e não raro esse conteúdo é transmitido para milhares ou até milhões de espectadores simultâneos.

O *streaming* de jogos é parte da evolução dos *games*, sendo uma forte indicação de que o jogo está se tornando uma forma intensa de **entretenimento popular**. Nos EUA, por exemplo, a final do torneio mundial de *League of Legends* (*LoL*, algo como *Liga das Lendas*) – um *game* multijogador de luta em equipes, produzido pela Riot, que tornou-se um dos *games on-line* mais populares do mundo –, foi transmitida ao vivo em outubro de 2013 para cerca de 32 milhões de telespectadores por meio de vários serviços de *streaming*. Esse número é o triplo da quantidade de pessoas que assistiram ao episódio final da primeira série *Breaking Bad* e bateu com folga os 13 milhões de espectadores que viram a final do campeonato de beisebol de 2013 nos EUA, onde esse esporte é muito popular.

Agora, as pessoas estão assistindo a todos os tipos de conteúdo sobre *videogames* e, com isso, têm cada vez menos tempo de ver TV. Pelo Twitch (uma espécie de Netflix dos *games*, com transmissão *on-line* de partidas profissionais e amadoras), plataforma especializada em *streaming* de jogos, nos EUA, passaram, em 2013, cerca 5 milhões de espectadores por dia. Esses números obviamente chamaram a atenção da Microsoft e da Sony, que integraram o serviço ao *Xbox One* e ao *PlayStation 4 (PS4)*, respectivamente, tornando mais fácil a transmissão *on-line* dos jogos diretamente dos consoles.

O Twitch pretende surfar cada vez mais na onda da nova geração de *videogames* lançada no início de 2014, nos quais vem embarcado de fábrica, devido à audiência maciça entre os jovens.

Apesar de ter centenas de milhares de transmissões amadoras, o serviço tem como coração os *e-sports* (esportes virtuais e eletrônicos), torneios profissionais de *videogames*, que têm premiações muitas vezes milionárias e **"e-atletas"** que chegam a ganhar dezenas de milhares de dólares por ano. Nos EUA, em 2013, o número de torneios chegou a quase 600 e o total de premiações ficou próximo de US$ 15 milhões, e esses números não param de crescer.

Em competições de jogos mais complexos, como é o *StarCraft 2* (um *game* de computador, baseado em estratégia militar em tempo real), os principais jogadores treinam cerca de 3.500 h por ano (algo como 10h por dia!). São 1.500 h a mais de treino do que a rotina de um nadador profissional como o brasileiro Thiago Pereira, que conquistou a medalha de prata na Olimpíada de Londres em 2012. Durante as disputas, a frequência cardíaca dos *gamers* pode chegar a 160 batidas por minuto, o equivalente à de um jogador de basquete em uma partida profissional.

Se o sucesso de um esporte se faz, em grande parte, por quem assiste a ele – que o diga o *Super Bowl* (a partida decisiva do campeonato profissional de futebol norte-americano), que atrai geralmente algo como 110 milhões de espectadores pela TV ou então os jogos da Copa do Mundo de Futebol. Aliás, a final da Copa do Mundo no Brasil em 2014 foi vista por mais de 1 bilhão de pessoas no mundo, batendo todos os recordes de um evento internacional na história. Os dados foram divulgados pela FIFA (Fédération Internationale de Football Association), que revelou que esse Mundial foi marcado por superar todos os recordes em termos financeiros, de público e de dimensões. A entidade admite que ainda não compilou todos os dados em termos de audiência para o Mundial. Só na partida entre Argentina e Alemanha, com vitória para o time alemão por 1 a 0, a audiência foi equivalente a 13 mil Maracanãs lotados. O torneio bateu todos os recordes de audiência em países como Alemanha, Holanda, EUA e Bélgica. Na Alemanha, a decisão foi o evento mais visto da história da TV local, com 34,7 milhões de pessoas. No Facebook, 451 milhões de pessoas usaram o conteúdo social da FIFA durante a competição.

Os números como as da transmissão ao vivo da final do campeonato da *LoL* indicam que os *videogames* estão se tornando um **esporte profissional**, com audiência crescente e já maior do que a de muitas outras categorias esportivas. Com isso, atraem também patrocinadores que incluem anunciantes tradicionais como a Coca-Cola, com muitos recursos, o que permite pagar bem os desenvolvedores de novos *videogames*, com o que o círculo virtuoso vai se reforçando...

O fenômeno dos *e-sports* já é popular há alguns anos na Ásia, em especial na Coreia do Sul, onde, por exemplo, o jogo de estratégia espacial *StarCraft* é esporte nacional. Campeonatos são realizados em lugares como o estádio Yongsan de *e-sports* em Seul, inaugurado em 2005, hoje incluído como um dos principais pontos turísticos da cidade.

Esse fenômeno agora cresce também nos EUA e começa e se ampliar em outros países como o Brasil. É por isso que o *PS4* vem com uma função de fábrica que permite transmitir as partidas pela Internet, e o *Xbox One*, novo console da Microsoft, seguiu na mesma linha.

"Os integrantes da equipe Kabum na sua *game house* em Limeira, na qual esses ciberatletas treinam, em média, 6 h por dia."

Dessa maneira, nesses *videogames*, surgem grandes astros, esportistas e comentaristas como o nosso admirado (e odiado por outros...) Galvão Bueno. Um deles é o norte-americano Mike Lamond, conhecido por Husky. Ele tornou-se um conhecido narrador de partidas de *StarCraft 2* e o seu canal no YouTube tem mais de 800 mil assinantes. Husky está por trás também do canal sobre *games* The Game Station (TGS), e o TGS-Brasil tinha, no início de 2014, 600 mil assinantes.

Além de narradores, há também jogadores-celebridade. A lista é bem grande e inclui o norte-americano Joedat "Voyboy" Esfahani, que sempre aparece entre os melhores do *LoL* ou do sul-coreano Kim Dong Hwan, que usa o apelido de Violet, campeão de *StarCraft 2* e um dos primeiros e--jogadores a entrar nos EUA com o visto especial P1-A, concedido somente a atletas de renome.

Naturalmente que os *e-sports* tem tudo para crescer muito mais e, quem sabe, paralelamente a isso surgirem organizações similares e com os mesmos problemas, tais como o Comitê Olímpico Internacional (COI) ou a FIFA, claro no campo digital, ou seja, e-COI e e-FIFA.

Quem sabe daqui algumas décadas o Brasil possa até candidatar-se a ser sede das e-Olímpiadas?

Deu para notar como é vasto o campo de expansão dos *videogames* e de quanto poderão ganhar os envolvidos com a inovação e a difusão dos mesmos, não é?

3.18.2 - JOGADORES DE *VIDEOGAME* AGORA DISPÕEM DE TREINADORES

Os treinadores de *videogames* surgiram para supervisionar sessões práticas, analisar imagens de jogos e se certificar de que seus jogadores estejam progredindo. A grande diferença é que nos *videogames* os jogadores não precisam valer-se muito da sua estrutura muscular e usam somente os dedos (comandados por seus cérebros) para acionar teclados, envolvendo-se em competições com boas premiações que já estão atraindo milhares de pessoas para as arenas (estádios) e milhões que acompanham os mesmos na Internet.

Em 2015, cerca de 6.200 estudantes de 460 faculdades dos EUA e Canadá participaram do campeonato do jogo *Heroes of Storm*, criado pela Activision

Blizzard Inc., que teve sua final transmitida pela ESPN2, das instalações do grupo Walt Disney. Os jogadores da equipe vencedora receberam até US$ 75 mil cada um em fundos educacionais, dependendo do estágio em que se encontravam nos estudos.

Mas outras competições têm oferecido grandes prêmios, como o caso da Valve, que ocorreu em Seattle (EUA), em agosto de 2015, em que os finalistas do jogo *Dota 2* estavam disputando cerca de US$ 17 milhões.

O dinheiro e a fama crescentes trazidos pelos **"esportes eletrônicos"** criaram um campo para treinadores e outros profissionais que querem atuar nesse mercado. A maioria das 116 equipes mundiais que participam dos torneios promovidos pela Riot Games para o seu jogo de batalha *LoL* tem pelo menos um treinador contratado. Alguns desses treinadores ganham entre US$ 30 mil a US$ 50 mil por ano, um salário que está no mesmo nível daquele recebido por treinadores das tradicionais ligas menores de beisebol dos EUA. Aliás, segundo a Agência de Estatísticas de Trabalho dos EUA, o salário médio anual para treinadores e estatísticos em 2012 era de US$ 28.360 e deve ter crescido uns 25% até 2016.

Mark Zimmerman, treinador-assistente do Team Liquid, um grupo de seis jogadores que compete nos torneios de *LoL* recebeu em 2015, algo em torno de US$ 40 mil por ano, além de um bônus de desempenho e assistência médica!!!

ROMAN KOSOLAPOV / SHUTTERSTOCK.COM

"Um aspecto de um evento de *e-sports* em Moscou numa competição envolvendo o *videogame Dota 2*."

Por sua vez, os jogadores de esportes eletrônicos podem ganhar entre cerca de US$ 35 mil e US$ 120 mil por ano dependendo dos jogos em que são especializados e seu grau de sucesso. Mas esse valor não inclui benefícios ou os prêmios em dinheiro que podem ganhar com as vitórias de suas equipes. Alguns dos jogadores mais populares podem ganhar uma renda extra de dezenas de milhares de dólares com a veiculação de publicidade nas imagens de suas partidas de *videogame*, em *sites* de vídeo como Twitch e YouTube.

O Team Liquid, por exemplo, disputa cerca de 36 partidas oficiais por ano. Em uma competição típica de *LoL*, os jogadores do Team Liquid de cada uma das duas equipes podem ser vistos lutando uns contra os outros.

Mark Zimmerman incentiva seus "atletas" a dormirem pelo menos 8 h por noite, evitarem comidas que não sejam saudáveis e se exercitarem regularmente. Ele se reúne com os jogadores privadamente para discutir o seu desempenho ou ouvir o que eles têm a dizer.

Um dos craques do Team Liquid é Alex Chu, que diz: "Em 2012, quando tinha 19 anos, abandonei a Universidade da Califórnia, em Santa Barbara, para praticar esportes eletrônicos. E no começo estava jogando muito mal, o que, inclusive, me fazia chorar. Consegui aumentar muito a minha confiança no meu desempenho com as conversas que tive como o Mark Zimmerman e hoje sou conhecido quando jogo como Xpecial."

O jovem operador de mercado Ryan Towey, de 24 anos, que também treina uma equipe que disputa competições de *Halo*, um jogo de tiros da Microsoft comentou: "O treinamento pode ser enfadonho, com longas horas de estudos de táticas de jogo. É preciso fazer muitas anotações e ser bem analítico. Mas as partidas dos campeonatos, por outro lado, podem ser emocionantes. Os maiores eventos duram dias e acontecem em arenas lotadas, e os treinadores vestidos com o uniforme da equipe, movimentam-se velozmente, orientando os jogadores, entre as partidas. A adrenalina está lá, existe muita tensão e espero em breve tornar-me um treinador em tempo integral."

Os esportes eletrônicos devem gerar mais de US$ 700 milhões em receita global em 2015 – US$ 180 milhões apenas nos EUA — com a **venda de ingressos** e *merchandise*, patrocínios de empresas e publicidade, de acordo com a SuperData Research, empresa localizada em Nova York que acompanha a indústria de *videogame*, um montante bem acima dos US$ 440 milhões de 2014.

Até 2015, o Team Liquid, que tem contratos de *marketing* com a montadora Nissan Motor e a fabricante de *smartphones* HTC Corp., pode apenas bancar funcionários para sua equipe principal de *LoL* – um treinador, um assistente, um gerente e cinco analistas geralmente em tempo parcial. Steve Arhancet, um dos donos do Team Liquid, comentou: "Apesar de não ser ainda um ganho extraordinário, a nossa equipe está se tornando cada vez mais lucrativa."

Por seu turno, Ralf Reichert, diretor-presidente da Liga de Esportes Eletrônicos (ESL, na sigla em inglês), que é sediada na Alemanha e organiza competições de *e-sports* em todo mundo disse: "O custo de administrar uma equipe de esportes eletrônicos profissional — incluindo os jogadores e os salários dos funcionários, viagens e, em alguns casos, moradia — pode variar entre US$ 500 mil e US$ 5 milhões por ano, dependendo do número de equipes que forma a empresa e onde ela está sediada. Mas o número de equipes está aumentando a cada ano, o que significa que os *e-sports* têm um grande público e eles podem se expandir muito mais."

Observação importante 1 - A equipe Pain Gaming confirmou sua boa fase em 2015 e venceu, no dia 8 de agosto de 2015, o circuito Brasileiro de *League of Legends* 2015, ou seja, o CB *LoL*.

A Pain Gaming contou com o apoio da maioria da torcida durante toda a final e bateu a equipe INTZ por 3 partidas a zero (0), numa melhor de cinco. A disputa, inclusive, teve ares de final do campeonato de futebol, visto que aconteceu no Allianz Parque, o estádio do Palmeiras, em São Paulo. O evento reuniu 12 mil pessoas, público que permaneceu de olhos vidrados nos telões e nos jogadores durante quase 4h de partida. Com isso, a equipe Pain Gaming ganhou R$ 60 mil de prêmio e adquiriu o direito de disputar com os melhores times da América Latina e da Rússia uma vaga para o Mundial do *game* na Europa.

A disputa final começou muito tensa, com os dois times se estudando bastante e evitando se arriscar. Os jogadores da Pain sabiam que a equipe INTZ havia feito treinamentos no exterior antes da decisão e, por isso, jogou com muita calma no início para observar quais eram as estratégias dos adversários. Porém, após alguns erros da INTZ, a Pain passou a dominar as *lanes*, — os caminhos do mapa – e abriu 8 mortes a 1, ganhando o primeiro jogo com visível superioridade.

Já a segunda partida dessa final certamente será lembrada dentro do cenário competitivo brasileiro de *LoL*, com uma das mais tensas e disputadas da história. A INTZ voltou entusiasmada e, apesar da força do oponente, procurou de todas as formas igualar o placar. No entanto, após mais de 1h de jogo, a Pain sobreviveu a um ataque em sua base, com direito a dano em seu *Nexus* (o último objetivo antes da derrota), e engatilhou uma virada incrível.

O placar final foi um equilibrado e emocionante 21 mortes a 19. Isso abalou, sem dúvida, a INTZ, e na terceira partida não apresentou grande resistência para a equipe Pain Gaming, com grande atuação do seu jogador Matheus "Mylon" Borges.

A Pain Gaming almeja agora chegar ao grupo de 16 equipes que vão disputar o mundial de *LoL*, no qual são distribuídos US$ 18 milhões de prêmios e o vencedor leva US$ 6,5 milhões.

A título de comparação, no torneio de tênis de Wimbledon, provavelmente o mais famoso do mundo, em 2015, foram distribuídos US$ 16 milhões e os campeões das chaves simples, Novak Djokovic e Serena Williams, levaram cerca de US$ 3 milhões cada um.

Quem diria que no *e-sport*, os *cyber* atletas pudessem também ter premiações tão altas?

O CB *LoL* foi realizado desde o começo de 2015 e inicialmente estavam inscritas 410 equipes!!!

3.18.3 - *E-SPORTS* ESTÃO CRIANDO NOVAS CELEBRIDADES

O sul-coreano Won *PartinG* Lee-sak, hoje com 21 anos, é um esportista profissional que ainda fica nervoso antes de competir. Estala os dedos e o pescoço antes das partidas, para esquecer que, à sua volta, há prêmios em dinheiro, **pressão de patrocinadores e milhões de espectadores**.

Won Lee-sak treina até 10h por dia para manter-se como um dos melhores na sua modalidade: o *e-sport*. Ele tem um salário mensal fixo que está em torno de **US$ 10 mil** e, além disso, recebe os prêmios quando vence torneios em jogos de estratégia como *StarCraft 2* que chegam a **US$ 100 mil**.

Esse tipo de profissão não existia antes do surgimento de *videogames* interativos, os quais permitem essas competições. Os campeonatos de *games* são comuns pelo menos nos últimos 15 anos na Ásia, em especial na Coreia

"O ídolo do *e-sport*, o sul-coreano Won *PartinG* Lee-sak, jogador profissional de StarCraft 2."

do Sul, onde há estádios construídos para torneios de *e-sports*, centenas de jogadores profissionais e narradores especializados.

Porém, nos últimos anos, o interesse de jogadores e público e o alto investimento de empresas do setor têm tornado as competições populares também no Ocidente. Dessa maneira, a Riot, uma empresa que organiza o jogo *on-line LoL* começou a promover torneios com prêmios de milhões de dólares – por exemplo, em 2014 a equipe vencedora foi a equipe a Samsung White, que jogou em casa, ou seja, na Coreia do Sul, e levou US$ 1 milhão de premiação – quando mais de 10 mil pessoas acompanharam o evento ao vivo e mais de 2 milhões viram, simultaneamente, as partidas via *Web*.

Na Coreia do Sul, atualmente, as finais de campeonatos batem o pico de 4,5 milhões de aparelhos ligados na TV a cabo. Você imaginaria que os *videogames* pudessem chegar a esse ponto?

Observação importante 2 - Ainda que a maioria dos jogos seja realizada na Internet, são os **torneios ao vivo** que rendem prestigio real, pois são eventos nos quais **os melhores dentre os melhores** competem em igualdade de condições, com as mesmas velocidades de banda larga e as mesmos computadores. Eles são a ponta de lança de um fenômeno conhecido como *LAN party* (*LAN* é a sigla em inglês para "rede de área local"), que existe desde que foram inventados jogos para múltiplos jogadores.

Um dos eventos mais célebres foi o *Dream Hack*, que foi criado em 1994 no refeitório de uma escola da Suécia. O evento cresceu e se tornou um festival que abarcava *videogames*, competições, arte digital, música ao vivo e exposição dos equipamentos mais recentes, bem como lançamentos de jogos. Versões do evento são agora realizadas em vários países da Europa.

O *Dream Hack* tem um lado competição, mas também serve como uma celebração mais ampla da cultura dos *videogames*, com os fãs participando de disputas para selecionar o melhor computador modificado e formando fila para conhecer as celebridades dos *e-sports*.

A grande questão agora para a ESL e seus concorrentes é como proceder para maximizar as receitas, inspirando-se na maneira que os esportes tradicionais fazem.

Segundo a Newzoo, uma empresa que pesquisa *marketing* esportivo, num relatório publicado em 2015 foi ressaltado: "O entusiasta do *e-sport* é muito importante e valioso para as grandes marcas, os fornecedores de mídia digital e os fabricantes de *hardware*. Seus participantes e espectadores – já um enorme contingente – apresentam probabilidade maior que a da população geral de ter uma assinatura da Netflix ou Spotify, de possuir uma renda mais alta, de ter emprego em tempo integral e de dispor de um orçamento amplo para a compra de equipamentos mais recentes.

De fato, não se pode esquecer que, no mundo todo, agora, o setor no seu conjunto – consoles de *videogames*, computadores para jogar, *headsets*, compras *on-line* de módulos para jogar, *joysticks* e volantes – movimenta algo próximo de US$ 110 bilhões por ano. O desafio para os *e-sports* é ampliar a receita com transmissões, publicidade e mercadorias.

O vice-presidente das parcerias e relações com produtores da ESL, Sean Charles, muito otimista sobre o desenvolvimento do setor, declarou: "A analogia da qual quero valer-me é o dos competidores de automobilismo. Nos primeiros anos, viam-se as mesmas marcas associadas às equipes, mas com o crescimento do número de espectadores e com interesse despertado, os anunciantes compreenderam ser possível atingir muito mais gente. Essa condição de possível incremento ou evolução é muito importante para qualquer forma de entretenimento, e é exatamente esse o momento que os *e-sports* vivem atualmente.

O fato indiscutível é que os *e-sports* criaram uma clara divisão geracional. Dessa maneira, em cada torneio, é verdadeiramente desconcertante perceber como todos são **jovens** – não só os jogadores, mas os fãs, técnicos, câmeras, dirigentes de equipes, pessoal de relações públicas, jornalistas especializados, analistas e comentaristas. Mais ainda, para aquelas pessoas que eventualmente enxerguem uma exagerada obsessão com os jogos de computador, inclusive encarando-os com uma pista expressa para a degeneração moral e física dos jovens do planeta, deve-se salientar que é impressionante como a maioria das pessoas envolvidas com os *e-sports* é, limpinha, amistosa e ordeira. Assim, por exemplo, em lugar de gritar obscenidades para as outras equipes ou torcidas, os fãs de equipe rivais aplaudem as manobras empolgantes e perigosas dos dois lados. Em lugar de zombar dos *cyber* atletas como fazem, por exemplo, os torcedores de futebol com os jogadores de equipes adversárias, todos os que gostam de *e-sports* querem ser fotografados com os integrantes de outras equipes, ídolos para todos.

E algo que não pode deixar de ser ressaltado é que estimava-se em 2015 que o número de entusiastas especificamente dos *e-sports* está por volta de 140 milhões – definidos com pessoas que assistem e jogam regularmente *on-line* ou não – e existe mais que o dobro desse numero de espectadores casuais."

Observação importante 3 - Está ficando cada vez maior a legião de *cyber* atletas, ou seja, de jovens que viajam pelo mundo competindo em torneios internacionais de *videogames* e alguns deles já estão acumulando verdadeiras fortunas. Um exemplo disso são os chineses integrantes da equipe Newbee que venceu muitos torneios e, em particular, dos jogos conhecidos como *Dota* e *Dota2*.

Assim, até o final de 2015, Zhang "xiao8" Ning ganhou algo próximo de US$ 1,67 milhão, tendo participado de 44 torneios; Chen "Hao" Zhihao acumulou US$ 1,59 milhão da sua participação em 51 torneios; Jiao "Banana" Wang levou US$ 1,22 milhão de 43 torneios; Zhang "Mu" Pan arrecadou US$ 1,22 milhão após ter jogado em 41 torneios; e Wang "SanSheng" Zhaohui ficou com US$ 1,21 milhão depois de ter jogado em 45 torneios. Claro que além das premiações, eles também recebem salários pagos pelos seus patrocinadores.

No Brasil, já temos alguns empresários que estruturaram empresas com algumas dezenas de *cyber* atletas que se especializaram em alguns jogos como o *LoL*, que possuem uma sede, ou seja, uma *game house* onde esses talentosos jogadores treinam cerca de 6h por dia, duas horas analisando gravações próprias e de adversários para criar novas estratégias, além de acompanhar transmissões ao vivo dos jogadores mais habilidosos do mundo – a maioria da Ásia – ou seja, aqueles que estão melhor classificados no *ranking* mundial.

Eles recebem em pequeno salário – algo próximo a R$ 1,5 mil para pequenos gastos pessoais –, mas eles ganham também com a publicidade em seus vídeos e uma parte dos prêmios, com o que a sua renda mensal pode chegar facilmente a R$ 10 mil.

Infelizmente, como para qualquer outro atleta, a sua carreira é curta e a idade máxima gira em torno de 28 anos. Depois disso, essas pessoas devem voltar-se aos seus planos iniciais, com alguns voltando a estudar numa faculdade e outros abrindo até as suas próprias empresas com equipes de *cyber* atletas, pois esse tipo de entretenimento ainda vai crescer muito e as plataformas como *LoL* e *Dota*, ou semelhantes que vão surgir, estão investindo nesses negócios bilhões de dólares.

A estimativa é que no Brasil, no final de 2015, havia cerca de 3,8 milhões de jogadores que movimentaram algo próximo de R$ 2,5 bilhões. Esses números podem até parecer grandiosos, mas eles não representam nem um pouco o que movimentam os *videogames* digamos na Coreia do Sul, onde os jogos são transmitidos por canais de TV aberta e em horário nobre. Pois é, os sul-coreanos já têm uma cultura muito enraizada no que se refere aos *videogames,* mas isso não significa que aqui no Brasil não possamos ter em breve alguns milhares de *cyber* atletas, sendo muito bem remunerados pelas suas aptidões nos jogos.

Observação importante 4 - Você já ouviu falar na profissão de gestor de *gamer*?

Pois é, são as pessoas que **ensinam** jogadores profissionais de *games* de luta a serem mais bem orientados e a planejar melhor cada passo das suas ações, como se estivessem numa guerra verdadeira...

Assim, hoje, são oferecidas aulas particulares ou em grupo com *gamers* profissionais, cada vez mais comuns para as pessoas que inicialmente querem melhorar o seu desempenho para vencer seus amigos e para aquelas que têm, pretensões maiores, ou seja, participar de competições eletrônicas e saírem vencedores.

Por exemplo, o torneio mundial de *game Dota2*, que foi disputado em Seattle (EUA), em agosto de 2015, distribuiu mais de US$ 18 milhões aos competidores, sendo que o time ganhador recebeu US$ 6,5 milhões!!!

"Felippe Martins, de 22 anos, além de ser um *gamer* profissional, dá aulas sobre o game *Crossfire*."

Os jogos de competição permitiram, dessa maneira, com que muitos jogadores profissionais passassem também a ser instrutores remunerados. Em *games* como o *Crossfire*, eles explicam que é necessário ter uma estratégia de grupo. Tentar levar o time à vitória sozinho pode ser sinônimo de ter que enfrentar todos os adversários de uma só vez, o que comumente leva à derrota... Já para os jogos como *LoL* destaca-se que os pontos fortes e fracos dos personagens variam de acordo com o adversário. Assim, uma tática que dá certo em uma partida pode não funcionar em outra... Por seu turno, no *Street Fighter 4*, um personagem com menos resistência deve manter distância dos mais fortes e atacá-los de longe. Portanto, saber onde se colocar na tela torna-se de importância fundamental.

Os instrutores dos *gamers* salientam também o aspecto fundamental que tem a comunicação eficaz para se ter sucesso nos jogos em equipe. E aí

"Aí está uma tela do jogo *Street Fighter IV*."

a recomendação é: **não fique gritando e pressionando os outros jogadores do time no meio de uma partida!!!**

→ **Você já pensou em recorrer a ajuda de um profissional para poder entrar no milionário mercado de torneio de *games*?**

Observação importante 5 - ESL estabeleceu-se no Brasil a partir de 2016.

Pois é, a maior empresa de esportes eletrônicos do mundo, a ESL, a partir de março de 2016, começou a realizar competições regulares no nosso País reunindo equipes de jogadores de *games* populares como *LoL*, *HearthStone* e *Counter-Strike*: *Global Offensive* (*CS: GO*).

Spika Laurie, diretor da ESL no Reino Unido, informou: "O Brasil sempre esteve no nosso radar. Com a ESL Brasil Premier League, vamos colocar os primeiros tijolos para criar os atletas do amanhã. Queremos nos focar no talento dos jogadores e na paixão dos fãs brasileiros."

A ESL foi fundada em 1997, sendo responsável por alguns dos principais eventos de esportes eletrônicos (*e-sports)* do mundo. Com mais de 5 milhões de jogadores cadastrados e 1 milhão de times, a empresa já organizou mais de 22,5 milhões de partidas, entre eventos presenciais e *on-line*, tornando-se assim a principal em *e-sports* no mundo.

Inicialmente administrada pelo grupo alemão Turtle Entertainment, a ESL teve 74% de suas ações vendidas ao conglomerado de mídia sueco Modern Times Group (MTG), em julho de 2015, por € 78 milhões. O grupo MTG controla uma série de TVs abertas e canais pagos na Escandinávia e em países do Leste Europeu.

Ao longo de 2015, a empresas distribuiu mais de US$ 15 milhões em prêmios em todo o mundo, destacando-se por organizar o ESL One, campeonato do jogo *CS:GO* que foi realizado na cidade da Colônia, na Alemanha, tendo 27 milhões de espectadores pela Internet e 11 mil pessoas ao vivo, com um prêmio de US$ 212 mil para a equipe vencedora. Esse torneio teve a participação do time brasileiro Luminosity Gaming, que perdeu para a equipe sueca Fnatic. Essa foi a primeira competição de *e-sports* a contar com testes *antidoping*!!!

A ESL Brasil Premier League permitiu que os fãs brasileiros acompanhassem a transmissões dos seus principais campeonatos em português, pois a empresa contratou para isso narradores, comentaristas e analistas de *games* brasileiros.

"Com a chegada da ESL no Brasil, certamente surgirão mais jogadores profissionais talentosos, pois serão muitos os torneios que vão ser promovidos no País ao longo do ano."

Lucas Almeida, dono da organização INTZ, que tem equipes competitivas de jogos como *LoL*, *CS:GO* e *Battlefield*, disse: "A chegada da ESL, ajuda o cenário brasileiro a se diversificar e crescer, especialmente durante a crise econômica que abala a Nação. Agora, algumas modalidades terão torneios regulares, e isso incentivará os nossos jogadores a treinar cada vez mais."

3.18.4 - OS GRANDIOSOS NÚMEROS DOS AMANTES DE *VIDEOGAMES*

No início de 2014, cerca de 1 bilhão de pessoas no mundo dedicavam aproximadamente 3 bilhões de horas semanais para jogar *videogame*. Só no Brasil, são cerca de 12 milhões de *gamers*, como são chamados os adeptos dessa incontrolável onda. Na China, onde tudo é gigantesco, ou seja, vira superlativo, há um exército de quase "250 milhões de soldados armados de *joysticks*". Nos EUA, o segundo maior mercado do mundo, há 187 milhões de pessoas que com certa delicadeza podemos chamar de "viciados", ou quase 60% da população norte-americana, sendo que levantamentos recentes comprovaram que uns 5 milhões ficam à frente do controle 45 h semanais (muito mais do que dedicam ao trabalho ou aos estudos).

Os números da festa natalina de 2013 comprovaram o estrondoso sucesso dos dois novos consoles de *videogames*, ou seja, o *PS4* e o *Xbox One*, que se tornaram de imediato o presente mais desejado por crianças, adolescentes e adultos (**e provavelmente novos lançamentos deverão ocorrer no próximo Natal com a mesma repercussão em vendas...**). O *PS4*, da Sony, sucedeu ao *PS3*, lançado em 2006; e o *Xbox One* nasceu oito anos depois da geração anterior do campeão de vendas da Microsoft, o *Xbox 360*.

Até maio de 2016, o *PS4* alcançou a marca de 40 milhões de unidades vendidas a partir do seu lançamento em 2013 no mundo todo. A Microsoft não revela exatamemte quantas unidades de seu *videogame* foram vendidas no mundo todo desde o lançamento. O último balanço divulgado foi em novembro de 2014, quando a empresa atingiu a marca dos 10 milhões de consoles.

Recorde-se que os *videogames* são o resultado de pesquisas feitas em universidades norte-americanas entre os anos 1940 a 1960. Eram, então, máquinas do tamanho de armários acoplados a computadores – e cada um custava algo em torno de US$ 120 mil, ou seja, praticamente inacessível para a maioria das pessoas...

A experiência, ou seja, o divertimento nesses *games* primitivos, era bem simplório. Num deles, o *Spacewar*!, o jogador controlava uma base (que não passava de um quadro estilizado na tela) que disparava tiros (pequenos quadrados) contra seres extraterrestres invasores (outros quadrados).

O articulista da revista *Veja*, Filipe Vilicic, elaborou o interessante artigo *O Teste da Realidade* (4/12/2013), tarefa na qual foi auxiliado por Davi Correa, Henrique Carneiro, Raquel Beer, Silvio Nascimento e Victor Caputo, no qual destacou: "O primeiro console tal como conhecemos surgiu em 1972: o *Magnovox Odissey*, com um sucesso razoável, pois vendeu apenas 300 mil cópias. Mas aí houve uma grande virada com o *Atari 2600* em 1977, que alavancou a indústria de *videogames* e vendeu 10 milhões de unidades em cinco anos.

Quem, passado dos 40 anos, não se lembra do aviãozinho mambembe, trêmulo, do *River Raid* e das toscas versões iniciais do saltitante encanador de *Mario Bros.*?

Foi um fenômeno nascido das mãos de crianças e alavancado por gente curiosa em novidades tecnológicas, os *nerds*, que como percebemos hoje, **venceram a parada**!!!

Aquilo tudo era espetacularmente novo, mas a disseminação ainda era restrita, tratada inclusive com um certo desdém por quem apenas enxergava brincadeira – e talvez fosse apenas isso!!!

Rapidamente, o negócio dos *videogames* deixou a infância, atravessou sem dores a adolescência e alcançou a maturidade. Na década de 1990, as sagas de jogos da empresa japonesa Nintendo, com as séries *Mario* (então já modernizado) e *Zelda*, conquistaram meninos e meninas de seus 13 anos e as vendas de consoles ultrapassaram os 100 milhões de unidades anuais.

Porém, o *hobby* ainda era limitado a um nicho jovem.

Até o início dos anos 2000, a grande maioria dos jogadores não passava dos 19 anos. Isso mudou drasticamente nos últimos dez anos, período no qual os *gamers* se aproximaram da mítica **marca de 1 bilhão**."

Bem, o engenheiro norte-americano, Nolan Bushnell, criador do Atari e alcunhado de **"pai dos *videogames*"**, numa entrevista para a revista *Veja*, disse: "Todo mundo passou a jogar, a qualquer hora, em qualquer lugar, nos celulares ou consoles de *videogames.* A expansão dos *games* impulsionou igualmente o faturamento da indústria e os seus avanços tecnológicos."

A idade média atual de um jogador é 30 anos, e os jogos de maior sucesso são restritos a maiores de 18 anos, como os de guerra da coleção *Call of Duty* e os da série *Grand Theft Auto* (*GTA*), respectivamente o maior e o segundo maior produto de entretenimento da história em lucros, superando qualquer filme de Hollywood.

Por sinal, os jogos mais vendidos nos EUA em 2015 foram:

1º) *Call of Duty: Black Ops III (Xbox One, PS4, 360, PS3, PC)*
2º) *Madden NFL 16 (PS4, Xbox One, 360, PS3)*
3º) *Fallout 4 (PS4, Xbox One, PC)*
4º) *Star Wars: Battlefront (Xbox One, PS4, PC)*
5º) *Grand Theft Auto V (PS4, Xbox One, 360, PS3, PC)*
6º) *NBA 2K16 (PS4, Xbox One, 360, PS3)*
7º) *Minecraft (360, Xbox One, PS3, PS4)*
8º) *Mortal Kombat X (PS4, Xbox One)*
9º) *FIFA 16 (PS4, Xbox One, 360, PS3)*
10º) *Call of Duty: Advanced Warfare (Xbox One, PS4, 360, PS3, PC)*

O faturamento desse mercado passou de US$ 5 bilhões de 1997, para os US$ 70 bilhões em 2015, ou seja, **quatro vezes** o que se ganha com música e o **dobro** da arrecadação de todos os filmes produzidos por Hollywood. Isso fez dos *videogames* **a maior indústria de entretenimento do mundo** desde 2007.

O faturamento anual deve ultrapassar US$ 90 bilhões em 2017, ou seja, um **crescimento espantoso de 1.700% em duas décadas.**

É muito, não é?

O salto tecnológico realmente foi muito expressivo. Até os anos 1990, os *games* eram desenhados em cenários de 2D. Mas os desenvolvedores de jogos criaram *chips* e processadores gráficos capazes de suportar imagens em 3D cada vez mais detalhadas: a qualidade do *PS4* é no mínimo dez vezes superior à de um *PS3*.

O mais avançado sensor de captação de movimentos, voz e batimento cardíaco disponível comercialmente é o *Kinect*, aparelho criado para a linha *Xbox* e usado também para comandar robôs em videoconferências e até realizar cirurgias à distância. É essa busca pela perfeição em recriar a realidade, combinada à possibilidade de o jogador entrar num mundo ao qual não teria acesso em seu cotidiano, o maior atrativo dos *games*.

A *designer* de jogos e filósofa norte-americana Jane McGomigal, autora do livro *Reality Is Broken* (algo como *A Realidade Está Quebrada)*, definiu uma nova condição humana: "Na sociedade atual, computadores e *videogames* substituem genuínas necessidades que o mundo real não satisfaz."

Uma linha de estudos da psicologia inaugurada na década de 1970 mostrou que há duas sensações de felicidade facilmente alcançadas nas brincadeiras eletrônicas: o que chamam de *flow* (ou seja, fluxo) e o *fiero*, palavra italiana que significa "orgulhoso", mas que os psicólogos utilizam para descrever um potente processo neuroquímico que ocorre no cérebro e nos leva à sensação **máxima de realização pessoal**. Ao se analisar o cérebro de *gamers*, nota-se que a superação de um desafio difícil num jogo aciona vastas áreas ligadas ao **prazer** e ao **vício**.

Quando jogamos, são liberados uma série de hormônios e neurotransmissores, como adrenalina, o que nos deixa com energia, confiantes e motivados, e um coquetel com dopamina e outras substancias ligadas aos sentimentos de satisfação e orgulho próprio.

Completar um jogo ativa uma combinação de processos químicos similar à que acontece quando um atleta de alto rendimento supera um desafio, a exemplo do momento em que alpinistas chegam ao topo de uma montanha. Mas como aconteceu com todas rupturas tecnológicas da história da humanidade, para cada informação favorável há quem encontre uma de sentido contrário, ou seja, demonizando os *videogames*. Assim, a neurocientista inglesa Susan Greenfield, professora da Universidade de

Oxford (Grã-Bretanha), é categórica: "Jogar libera dopamina em excesso, o que afeta o córtex pré-frontal, região do cérebro que é a sede da consciência, em que a pessoa processa o conceito que faz de si mesma e as noções de tempo e de espaço. E existem evidências de que quando uma criança jogo em excesso, fica viciada."

Convém, nesse ponto, estabelecer uma reflexão, que, aliás, serve para tudo na vida, a do bom senso.

Em exagero, qualquer coisa faz mal!!!

O que ninguém pode discutir ou ignorar é a intensidade com que a sala de estar de qualquer residência, e isso em quase todo o mundo, foi invadida pelos *videogames*, em um avanço doméstico só comparável ao início do ingresso dos televisores nos lares das pessoas

Um dia, quando os historiadores do futuro quisessem entender a sociedade do século XX, terão que se debruçar sobre a influência que os *videogames* tiveram sobre as pessoas, que viviam **jogando**, **jogando** e **jogando**!!! E nós, que estamos vivendo, podemos dizer que estamos longe do *game over* ("**o jogo acabou**"), ou seja, de uma atividade humana que tem caracterizado muito como as pessoas passam o seu tempo de lazer na segunda década do século XXI...

O canadense Clive Thompson, especialista em estudar novas tecnologias, no seu livro *Smarter Then You Think* (*Mais Esperto do que Você Imagina*), descreveu como as máquinas podem ajudar a melhorar nossas capacidades cerebrais atribuindo aos *videogames* um mérito inquestionável, o da **ginástica do cérebro**.

Em um estudo recente de pesquisadores nos EUA, eles chegaram à conclusão de que quando idosos entre 60 e 85 anos adquirem o hábito de mexer com jogos virtuais, **melhoram a sua capacidade de memorizar e se concentrar**. Depois de seis meses jogando, os idosos começaram a apresentar um desempenho similar ao de um homem de 20 anos na realização de uma série de tarefas mentais.

Existem outras pesquisas que indicam que os "viciados" em *videogames* têm como vantagem desse tempo que passam jogando o aprimoramento de algumas habilidades profissionais, mais especificamente na sua eficiência de tomar decisões. Aliás, num levantamento feito em 2013 constatou-se que 61% dos executivos norte-americanos de alto escalão, como os presidentes e os CEOs, aproveitam as pausas durante o seu dia de trabalho **para jogar**!!!

3.18.5 - O NOVO JOGO DE TABULEIRO: *GAME OF THRONES*

Em 2015, no sul da Espanha, em Almeria, cerca de **2.400 figurantes** foram contratados para participar da filmagem da sexta temporada da série *Game of Thrones* que começou a ser exibida no Brasil em abril de 2016.

Enquanto isso, para manter o interesse na série *Game of Thrones*, um jogo de tabuleiro tipo *War*, foi criado e lançado nos EUA, em agosto de 2015, por US$ 75. Nesse jogo, *Risk: Game of Thrones Edition*, até 7 jogadores podem disputar três tipos de partidas diferentes. No primeiro, uma recriação da Guerra dos Cinco Reis, **3 a 5 jogadores** duelam por territórios escolhendo entre as casas Martell, Stark, Baratheon, Lannister e Tyrell. Em outro modo de jogo, **duas pessoas** lutam pelos escravos dos Ghiscari em Essos. Por fim, ao juntar os dois tabuleiros do jogo, até **sete** jogadores se enfrentam pelo controle dos Sete Reinos e do Trono de Ferro. As cartas disponíveis no *kit* permitem que você use as habilidades dos integrantes mais poderosos de cada casa. Assim, a carta que traz Daenerys pode ser usada para uma invasão, enquanto Cersei pode entrar no jogo se forem conquistados três ou mais territórios de uma vez só. O jogo tem mais de 650 peças, com dois tabuleiros, sete exércitos em miniatura e 28 cartões de personagens da franquia. Além dessa versão *War*, não se pode esquecer que *Game of Thrones* já tem outros jogos de tabuleiro, *videogames* e até jogos de cartas!!!

Observação importante 6 – Pois é, Warner Brothers, o maior estúdio de Hollywood, está atravessando uma recessão prolongada nas bilheterias dos cinemas, mas acumula grandes vitórias na indústria de *videogames*.

A reinterpretação da lenda *Peter Pan* teve uma estreia decepcionante nos cinemas dos EUA na primeira semana de outubro de 2015, gerando "apenas" US$ 15,5 milhões, sendo que o orçamento do filme superou US$ 150 milhões. *Peter Pan* deve juntar-se a outros fracassos a Warner como *O Destino de Júpiter* e *O Agente da U.N.C.L.E.*, além de diversos outros projetos que decepcionaram em 2015. Aliás, em 2015 a Warner só teve sucesso com os filmes *Sniper Americano* e *Terremoto – A Falha de San Andres*.

Apesar de ter lançado mais filmes que os outros cinco grandes estúdios de Hollywood, a Warner foi, até novembro de 2015, a terceira maior bilheteria global, com US$ 3,5 bilhões nesses onze meses. Embora a Warner já seja uma empresa com 92 anos de história, ela está perdendo terreno nas bilheterias dos cinemas, porém a sua divisão de *videogames*, com somente 11 anos de idade, está superando as produtoras de jogos como a Electronic Arts e Activision Blizzard num setor que elas praticamente criaram. O estúdio Warner Bros. Interactive Entertainment, em 2015, ocupava a primeira posição no *ranking* de vendas de *videogames*, com uma participação de quase 21% no mercado dos EUA.

Os outros estúdios de Hollywood tentaram incursionar pelo negócio de *videogames*, mas nenhum deles investiu tanto quanto a Warner, que obteve muito sucesso com *videogames* como *Batman*: *Arkham Knight* e *Mortal Kombat X*, que venderam, cada um, cerca de 5 milhões de unidades em todo o mundo. O *Lego Jurassic World*, baseado nos filmes da rival Universal Pictures, vendeu cerca de 4 milhões de cópias. Ela gastou centenas de milhões de dólares na compra dos estúdios – Rocksteady e NetherRealm – que desenvolveram *Arkham Knight*, a série *Mortal Kombat X* e a de jogos *Lego*, que se basearam em filmes populares como *Harry Potter*, *Os Vingadores* e *Guerra nas Estrelas* em mundos interativos atraentes para jovens e crianças.

"A Warner Brothers está ganhando muito dinheiro com os seus *videogames* como foi o caso de *Batman: Arkham Knight*, o que lhe permitiu chegar ao primeiro lugar no *ranking* de vendas no primeiro semestre de 2015."

A Warner Interactive gerou, em 2015, algo próximo de US$ 1,6 bilhão. Em setembro de 2015, a Warner Interactive fez o grande lançamento de *Lego Dimensions*, jogo de "brinquedos que ganham vida" (em inglês *toys-to-life*), semelhante a *Skylanders* da Activision, que permite aos jogadores construir conjuntos *Lego* especiais, vendidos separadamente, que podem aparecer no *videogame*. Esses jogos de brinquedos que ganham vida normalmente **custam mais de US$ 100 milhões** para desenvolver, fabricar e lançar.

Os países que mais consumiram *videogames* em 2015 foram: EUA (US$ 21,4 bilhões); China (US$ 18,2 bilhões) e Japão (US$ 12,2 bilhões). O Brasil estava praticamente na 12ª posição com um mercado de US$ 1,3 bilhão.

* * *

3.18.6 - GAMIFICAÇÃO, UMA FERRAMENTA QUE AJUDA PARA RETER TALENTOS!!!

Atingir metas, superar expectativas, passar por etapas novas e turbulentas, ser recompensado pelo bom desempenho são ações que caracterizam bem os objetivos que um profissional talentoso busca na sua carreira. São também boas maneiras para descrever a experiência de alguém durante um *videogame*.

Essa comparação serviu para estruturar a **metodologia gamificação** (ou *gamification*, em inglês), que consiste em adotar mecanismos de jogos em processos diversos não relacionados aos *games*, como programas de capacitação nas empresas ou até para elaboração de combativas estratégias de *marketing*.

Gabe Zichermann, autor de alguns livros, é um dos principais especialistas em gamificação do mundo. De acordo com Gabe Zichermann: "A gamificação vai ser cada vez mais adotada pelos departamentos de RH para que possam desenvolver uma adequada gestão de pessoas, inclusive para reter os talentos. Nos EUA, nos próximos cinco anos, serão criados mais de cinco mil novas vagas para profissionais de RH que saibam como usar a gamificação."

De fato, está evoluindo significativamente o uso de ferramentas inspiradas em jogos para engajar ao máximo os empregados durante o expediente e

"Uma cena de *Battlefield Hardline*, um *game* de tiro em que o jogador assume o papel de um policial que descobre um esquema de corrupção. Será que esse jogo permite desenvolver o talento investigativo dos policiais de verdade?"

para tornar os seus programas de treinamento mais eficientes e prazerosos. Além disso, a gamificação passou a ser aplicada também nos processos de recrutamento das empresas, para testar as diversas aptidões dos candidatos. Explicou Gabe Zichermann: "Há uma tendência, pelo menos nas organizações dos EUA, de tratarem seus funcionários como consumidores. Elas se esforçam para criar ou garantir um ambiente no qual os empregados não se sintam obrigados, mas sim queiram executar bem suas tarefas!!! Esse é um dos principais fatores que garantem o sucesso dos projetos de gamificação: a adesão dos profissionais precisa ser **voluntária**, o que exige que o projeto seja muito atraente. Por exemplo, a companhia aérea norte-americana Delta, para treinar seus operadores de *call-center* (central de atendimento) em conhecimentos de geografia – uma deficiência que a empresa percebeu quando levou de volta para os EUA esse departamento de atendimento que antes operava na Índia –, valeu-se de um aplicativo chamado *Ready, Set, Jet* (algo como *Pronto, Ajuste, Voe*). Esse aplicativo simula viagens e as conexões entre as diversas partes do mundo, e com ele a Delta conseguiu que seus empregados jogassem durante um ano – o que foi equivalente a um treinamento convencional – e tudo durante o seu tempo livre e por vontade própria..."

Claro que um fator fundamental é adaptar a linguagem do *game* ao tipo do público que existe na empresa. Mas um dos grandes triunfos da metodologia gamificação é a sua eficiência com a geração Y (nascidos entre o fim da década de 1970 até metade da década de 1990) no ambiente corporativo, uma faixa de idade de pessoas que talvez seja um dos principais desafios dos gestores de recursos humanos atualmente.

Na realidade, é bem fácil usar o modelo com os jovens, pois eles estão acostumados a adotar processos que lembram jogos no seu dia a dia no trabalho. Já em organizações mais tradicionais e com empregados num significativo contingente que pertencem a geração X (pessoas que nasceram entre 1960 e 1980) é interessante 'disfarçar' esses projetos como sendo programas de incentivos não remunerados.

Todas as pessoas gostam de receber *feedback* (realimentação) positivo, de saber o seu progresso pessoal e de ganhar pontos. A gamificação seguramente ajudará muito em uma área onde a maioria das organizações falha, ou seja, mostrar claramente as regras do jogo aos funcionários.

Como em um *videogame*, que informa constantemente o desempenho do jogador em forma de pontos conquistados, a gamificação é também uma maneira de oferecer reconhecimento, comunicar se o profissional está no caminho certo para atingir as metas necessárias e dar *feedback* continuamente.

Além da familiaridade com jogos, esse é um dos aspectos que fazem a metodologia funcionar tão bem entre os funcionários mais jovens... A dificuldade em lidar com a geração Y não é por ser ela impaciente e mimada, e sim que ela exige que as empresas deixem claro qual o caminho para atingir os objetivos e avançar na carreira.

Historicamente, as companhias divulgam que cada empregado deve fazer o seu melhor e que então ele será recompensado. Os mais jovens, no entanto, querem saber o tempo todo como eles estão se saindo. E a gamificação traz esse senso de progresso diário.

Um outro exemplo nesse sentido é o do aplicativo chamado *Work.com*, da empresa de tecnologia Salesforce, com o qual é possível avaliar colegas de trabalho em tempo real. Atualmente, ele é usado nos escritórios da rede social Facebook e do *site* de música Spotify como complemento à avaliação anual de desempenho – ou, em alguns casos, substituindo-a completamente.

Para países como o Brasil, onde a força de trabalho é jovem e a preocupação com a retenção de profissionais é grande, existe muito espaço para se adotar processos gamificados.

Uma pergunta normalmente feita é: 'Quando se joga dentro das empresas, com quem se está competindo?'

No meu modo de entender, o foco mais comum e eficiente é gerar uma competição do profissional consigo mesmo, no qual ele se esforça para bater as próprias metas. Um equívoco, talvez o maior, dos executivos é achar que a competição está no centro de qualquer jogo. Na verdade, os jogos, em muitas situações, podem ser extremamente colaborativos."

3.18.7 - JOGOS VIRTUAIS CADA VEZ MAIS USADOS EM TREINAMENTO CORPORATIVO

Usados como ferramenta de aprendizado no ambiente de trabalho, os games estão se tornando um tópico cada vez mais sério pelos bons resultados que geram para os "jogadores". É por isso que está se tornando cada vez mais comum a adoção de jogos virtuais em práticas de **recrutamento**, **seleção** e **treinamento** de profissionais.

Pois é, as empresas estão notando que o processo "gamificado" é mais eficaz que o tradicional. Assim, hoje existem jogos para todas as etapas desses processos, ou seja, eles vão desde testes em que o candidato simula tomadas de decisão para verificar o alinhamento de seus valores com os da organização, até fases em que os finalistas que disputam um cargo na empresa jogam enquanto são observados pelos diretores da mesma.

Agora projetos para a integração de novos colaboradores, avaliação de competências e treinamento da força de vendas das companhias são desenvolvidos com a ajuda de *games* elaborados por diversas agências de *gamificação* que atuam no Brasil.

As empresas brasileiras que criam *games* corporativos vivem num ambiente de carência de *designers* para esses jogos, e como existem poucos cursos específicos para a formação desses profissionais, elas próprias acabam investindo internamente no treinamento deles.

Para desenvolver bem um *game* corporativo é vital o envolvimento dos funcionários da empresa no qual ele será usado para que se possa simular de fato o seu mundo de negócios. Existem especialistas que acreditam ainda que não compensa produzir jogos corporativos no Brasil, pois isso custa bastante, envolve pessoas multitarefas e plataformas de TI de última geração. Nesse sentido, fica mais barato para uma empresa pagar licença por um *game* e adaptá-lo para as condições nacionais.

Bem, um fato é indiscutível, para contratar ou treinar melhor, especialmente os jovens da **geração do milênio** (geração Z), ou seja, aqueles que nasceram de 1985 para frente, uma boa estratégia do setor de RH é valer-se dos jogos corporativos.

Observação importante 7 – Para se aprofundar no tema e aprender mais sobre a utilização de recursos dos *games* para experiências como as descritas acima, conheça o livro *Gamification* (DVS Editora), de Flora Alves.

3.18.8 - *VIDEOGAMES* SE INSPIRANDO EM BOA LITERATURA

Pode até ser pouco percebido, mas uma das mídias de entretenimento mais lucrativas do mundo, os jogos de *videogame*, estão conquistando espaço no mercado valendo-se de uma das mais antigas diversões: a **literatura**.

Assim, por exemplo, o jogo *Device 6*, vencedor do último Apple Design Awards, evidencia essa nova vertente, que encontra no Brasil o terceiro maior público no planeta: 45 milhões de usuários.

Como acontece num romance, a trama de *Device 6* se desenvolve em torno da protagonista Anna, que acorda desmemoriada em um castelo e tenta descobrir como foi parar ali. No decorrer de seis capítulos, o *game* mistura referências de Franz Kafka e Lewis Carroll, usando o texto de maneira criativa, com muitas frases se deslocando na tela em diversos sentidos.

Apesar de ter sido criticado, o popular *game Dante's Inferno*, fundamenta-se na descrição de Dante Alighieri do Tártaro em sua *Divina Comédia*.

Flávia Gasi, autora do livro *Videogames e Mitologia*, destacou: "É interessante notar que muita gente procurou entrar em contato com a mitologia grega de uma forma mais minuciosa, pois muitos jogos se referem a esse tema."

Também Alice, uma personagem bem famosa, serviu de inspiração para *American McGee's Alice*. A história se passa depois do fim de *Alice Através do Espelho*, último da série de Lewis Carroll, quando um incêndio destrói a casa da personagem e mata seus pais.

Com apenas sete anos de idade, Alice acaba sendo internada em um hospício até reencontrar o coelho branco – ainda sob tratamento – dez anos depois, que a leva de volta para o País das Maravilhas.

Como outros exemplos deve-se citar o *BioShock* (lançado em 2009), que valeu-se dos conceitos desenvolvidos pela escritora russo-americana Ayn Rand sobre liberdade individual ao retratar uma sociedade aquática, e *The Binding of Isaac*, de 2011, baseado na *Bíblia*, que causou polêmica no lançamento ao mostrar uma mãe religiosa atormentada por vozes que ordenam ela a matar o filho.

Tudo isso mostra que a indústria de *videogames* também sabe que boas histórias acabam rendendo muito, pois os seus jogos tornam-se sucessos!

"O *videogame Assassin´s Creed* virou livro, que virou história em quadrinhos, que virou um filme..."

Observação importante 8 – Um estudo divulgado no segundo semestre de 2015 pela Newzoo and Casual Games Association indicou que a China vai superar os EUA, consolidando-se como o maior mercado de *games* já no final de 2015. Estima-se que o mercado chinês deverá movimentar US$ 22,2 bilhões, ultrapassando os EUA, de US$ 22 bilhões. Com uma receita de US$ 6,5 bilhões, os jogos para dispositivos móveis lideraram o crescimento chinês.

Em 2015, a China possuía algo como 450 milhões de jogadores, ante 185 milhões nos EUA. De acordo com o estudo, por volta do final de 2018, China e EUA vão responder por 50% do mercado mundial de *games*, gerando uma receita combinada de US$ 57 bilhões.

Em 2015, o Brasil estava em 11º lugar no *ranking*, com uma receita de US$ 1,25 bilhão, mas a previsão para 2018 é alcançar US$ 2,1 bilhões e ficar entre no grupo *top ten*, em 8º lugar.

Observação importante 9 - Uma demonstração de como os *games* têm procurado ter um conteúdo ou as suas "regras de jogo" a partir dos livros de grandes escritores é o caso do escritor Ken Follett, que na Feira do Livro de Frankfurt 2015 afirmou que já tinha acertado para que a sua obra *Os Pilares da Terra* seja adaptada para um *videogame*. Essa ideia partiu da produtora de *games* Daedalic Entertainment, *joint-venture* da editora dos livros de Ken Follett na Alemanha, a Bastei Lübbe. O jogo já começou a ser produzido em dez línguas, inclusive o português, e espera-se que até o inicio de 2017 chegue ao público.

Ken Follett comentou: "Os objetivos de livros e *games* são os mesmos, isto é, fazer o leitor ou o jogador mergulhar em um mundo imaginário. No meu caso, esse mundo é a pequena cidade fictícia de Kingsbridge do século XII. Agora os escritores precisam competir com outras mídias, que fazem com que escrevam de forma mais afiada, tentando inclusive captar o público jovem."

O livro *Os Pilares da Terra* foi lançado originalmente em 1989, já vendeu mais de 26 milhões de cópias no mundo todo e foi traduzido em mais de 30 línguas. Foi preciso reunir uma equipe de mais de 100 pessoas – olha aí os novos empregos na EC – para transformar o romance em *videogame*, em cujo lançamento se oferecerá três milhões de cópias!!!

"Ken Follett espera um grande sucesso com o *videogame* desenvolvido sobre o conteúdo do seu livro *Os Pilares da Terra*."

Esse *game* está voltado para jovens de 12 a 16 anos. Os protagonistas são os mesmos do romance e a trama, que gira em torno da construção de uma catedral, é bem fiel. Entretanto, como em todo *game*, o jogador terá algum poder de decisão.

Os Pilares da Terra já foi adaptado para uma minissérie em 2010, bem como para jogos de cartas e de tabuleiro. Ken Follett destacou: "Vou analisar a recepção desse novo *game* antes de autorizar outra adaptação de um livro meu."

Observação importante 10 - No Game Awards, acaba-se, além da premiação, fazendo muito *marketing*!!!

Se o cinema tem o Oscar e a música o Grammy, seguramente as duas premiações mais importante do mundo, que contam com a TV para difundir esses eventos festivos e de destaque ao vivo para milhões de espectadores, a indústria de *games* – que faturou em 2015 cerca de US$ 85 bilhões, superando de longe a indústria fonográfica e as bilheterias de cinema – teve a sua grande noite em 3/12/2015, quando no Microsoft Theatre, em Los Angeles, estavam presentes cerca de 4 mil pessoas para acompanhar o Game Awards, na sua 2ª edição. Estimou-se ainda, que aproximadamente 2,5 milhões de espectadores acompanhariam a cerimônia *on-line*.

Esse evento foi criado pelo jornalista Geoff Keighley, com o apoio de empresas do setor como Sony, Microsoft, Valve Steam e EA e o patrocínio da operadora norte-americana Verizon. Comentou Geoff Keighley: "Claro que esse evento tem a sua parcela de *show* comercial, e não se trata apenas de entrega de prêmios. Mas buscou-se reinventar o modelo de premiações tendo foco em uma audiência jovem, para que o Game Awards seja um tributo à tenacidade. Conseguimos atrair uma grande audiência para o Game Awards, e isso ilustra como a TV tradicional é cada vez menos importante para o *gamers*.

A indústria dos *games* não tem influência sobre o Game Awards, pois as indicações e prêmios são votados por um comitê de 35 publicações de todo o mundo."

"Geoff Keighley, o criador da série Game Awards, a maior premiação do mundo para os *videogames*."

Nessa cerimônia do Game Awards estavam velhos conhecidos, como o encanador bigodudo Mario e velho combatente Snake, da série *Metal Gear Solid*, mas entre eles estava um estranho, um bruxo polonês, mal-encarado e fã de bebidas fortes. Ele era Geralt de Rivia, o protagonista de *The Witcher 3: Wild Hunt*. Pois bem, foi esse "forasteiro" que levou a melhor, ou seja, o **jogo polonês** foi consagrado como o **melhor do ano**!!! E a sua produtora, a CD Projekt Red, foi escolhida como a **desenvolvedora de 2015,** isto é, como fazer a dobradinha de melhor filme e diretor no caso da premiação máxima do cinema – o Oscar. Aliás, *The Witcher 3: Wild Hunt* foi também escolhido o melhor jogo na categoria *role-playing*.

A vitória de *Witcher 3* está longe de ser uma exceção, pois, nos últimos anos, a Polônia tem conquistado cada vez mais espaço na cena dos *games*. Além do jogo da CD Projekt Red, títulos como *Dying Light*, da Techland, que combina movimentos ágeis do *parkour* com o combate a zumbis, e *This War of Mine*, no qual o jogador deve sobreviver como um civil durante um guerra, conquistaram fãs no mundo todo devido aos seus belos gráficos e propostas invadoras.

Tymon Sketala, produtor na Techland, explicou: "Há décadas não era fácil fazer jogos na Polônia, pois só tínhamos a criatividades das pessoas que queriam fazer isso, apesar de muitos fatores que se opunham a essa produção. Mas com a abertura do mercado, as novidades no campo dos *videogames* começaram a chegar livremente ao nosso país e logo uma indústria local se constituiu para traduzir e distribuir os jogos.

Nosso fundador começou a empresa como uma distribuidora de jogos na sua cidade natal, porém a demanda foi tão grande que logo nos tornamos distribuidoras em nível nacional e em seguida nos envolvemos com a criação de jogos."

O mesmo aconteceu com a CD Projekt Red, como contou o diretor da empresa Konrad Tomaszkiewicz: "Nascemos como uma distribuidora, mas sempre quisemos fazer jogos e não apenas distribuí-los. Inicialmente, fomos contratados para desenvolver e ao ter um dos seus projetos cancelados – a versão para PCs do jogo de fantasia *Baldur´s Gate: Dark Alliance* –, lançado em 2001, a CD Projekt Red acabou usando o que havia desenvolvido para fazer o primeiro *The Witcher*, baseado num romance do polonês Andrzej Sapkowski. Aliás, essa escolha foi natural, pois, na Polônia, Sapkowski é tão grande quanto Tolkien, o autor de *O Senhor dos Anéis*.

Acredito que a nossa ênfase na cultura local foi um dos motivos para se ter sucesso, pois cada jogo produzido tem um apelo universal, mas sempre com um tempero tão polonês como a páprica usada em pratos típicos como *goulash*.

Esse é o caso do romance no qual se baseou *The Witcher*, inspirado em lendas eslavas, mas também na relação com a guerra que existe em *This War of Mine*, da 11 bitStudios.

Os poloneses estão lutando com seus vizinhos há mais de mil anos. Às vezes são os suecos, às vezes são os russos, às vezes são os alemães etc. Esse é o tipo de coisa que moldou a nossa nacionalidade. No entanto, não se deve esquecer nunca que para vencer globalmente é necessário traduzir um jogo para a linguagem universal, que foi o foco do nosso trabalho."

Percebe-se atualmente um grande contato, ou seja, uma colaboração entre os estúdios, entre as empresas desenvolvedoras de jogos na Polônia, ao contrário de outras países já com cultura de produção de *games* estabelecida, com EUA e Japão.

Na Polônia, há um forte intercâmbio entre os profissionais. Todos parecem se conhecer e, no lugar de competir, preferem sair juntos, beber cerveja e ajudar uns aos outros!?!? De acordo com a empresa de consultoria Newzoo, em 2015 o mercado de *games* polonês faturou cerca de US$ 380 milhões. No Brasil, o jogo *The Witcher 3: Wild Hunt* em 2015, foi o **nono mais vendido**, mesmo com o preço de cerca de R$ 236, muito alto para a média nacional.

Para os especialistas, o sucesso já obtido pela Polônia na produção de jogos tem muito a ensinar aos desenvolvedores de jogos brasileiros que já começaram a lançar seus primeiros *games* para consoles.

Uma lição óbvia que os poloneses mostraram é a sua persistência durante décadas e a outra é que para quem quer criar jogos, ele deve fazer isso já, tendo em mente que é errando que vai aprender e crescer, como aconteceu com eles.

Mas voltando aos outros premiados de Game Awards – são 21 categorias no total –, ressalte-se que como *best family game* o vencedor foi *Super Mario Maker*, no qual a Nintendo acabou invertendo a sua lógica e nesse jogo é o jogador quem cria suas próprias fases para se divertir com o popular encanador de bigode.

Um dos principais destaques é a possibilidade de compartilhar suas criações na *Web*. A Nintendo foi agraciada ainda em duas categorias com o seu jogo *Splatoon*. Outro grande vencedor foi o jogo *Metal Gear Solid 5: The Phantom Pain*, da Kojima Productions/Konami, nas categorias *action/adventure* e *score/soundtrack*. Esse é o final da saga criada por Hideo Kojima *Phantom Pain*, dando liberdade total para o jogador se divertir em diversas formas de combate, sem deixar de lado a boa narrativa.

Como se nota, foi muito boa a ideia de Geoff Keighley de criar essa premiação, pois isso estimulou muito mais a competição e a inovação no setor de *videogames*.

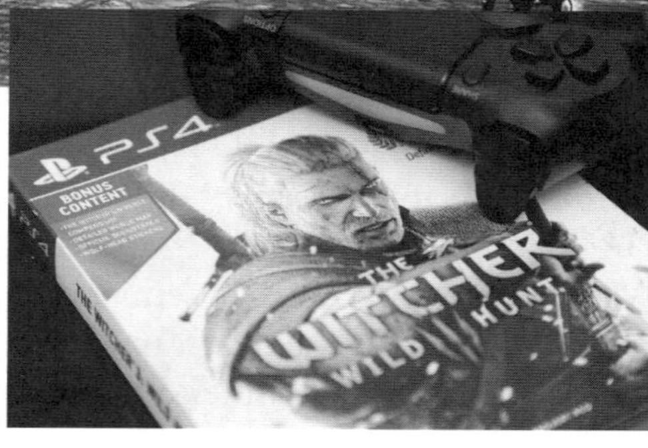

CHARNSITR / SHUTTERSTOCK.COM

"*The Witcher 3*, um jogo desenvolvido na Polônia, vendeu mais de 6 milhões de cópias em 2015 e venceu o Game Awards."

SIGLAS

A

ABE – Acrilonitrila butadieno estireno
ABPI – Associação Brasileira de Propriedade Intelectual
Abragames – Associação Brasileira de Jogos Digitais
Abral – Associação Brasileira de Licenciamento
ABT – American Ballet Theatre
ACT – Art Crime Team, polícia especial que investiga aquisição ilegal de obras de arte
AIEA – Agência Internacional de Energia Atômica
Anel – Associação Nacional de Editora de Livros
Apex – Agência de Promoção de Exportações e Investimentos
APL – Administração do Porto de Lisboa
App – Aplicativo
AT&T – American Telephone and Telegraph

B

BBB – *Big Brother Brasil*, programa de TV
BCG – Boston Consulting Group
BGG – Board Game Geek
BID – Banco Interamericano de Desenvolvimento
BRF – Brasil Foods
BRICS – Bloco de países (Brasil, Rússia, Índia, China e África do Sul)

C

CAD – *Computer Aided Design*, ou seja, projeto com auxílio do computador
CBF – Confederação Brasileira de Futebol
CBLoL – Circuito Brasileiro de *League of Legends*
CC – Creative Commons
CCXP – Comic Con Experience
CD – *Compact disc*
CEO – *Chief executive officer*, ou seja, o executivo principal de uma empresa
CEPAL– Comissão Econômica para a América Latina e o Caribe
CES – Consumer Electronics Show
CEU – Centro Educacional Unificado
CFDA – Council of Fashion Designers of America
CMC – China Media Capital

CND – Certidão Negativa de Débito
CNI – Confederação Nacional da Indústria
CNN – Cable News Network
COAF – Conselho de Controle de Atividades Fiscais
COI – Comitê Olímpico Internacional
Conar – Conselho Nacional de Autorregulamentação Publicitária
CS:GO – Counter-Strike: Global Offensive
CWS – California Wines Summit

D

Darpa – Defense Advanced Research Projects Agency, ou seja, Agência de Projetos de Pesquisa Avançada de Defesa dos EUA
DCMS – Department for Culture Media & Sport, ou seja, Departamento de Cultura, Meios de Comunicação e Esportes do Reino Unido.
DNA – Sigla em inglês de *deoxyribonucleic acid* do ácido desoxirribonucleico. Em português também se usa ADN.
DOCG – Denominação de Origem Controlada e Garantida
DVD – *Digital versatile disc*

E

EAU – Emirados Árabes Unidos
EC – Economia Criativa
EDM – *Electronic dance music*
EDSA – Industrial Designers Society of America
EEI – Estação Espacial Internacional
EL – Economia Laranja
Embrapa - Empresa Brasileira de Pesquisa Agropecuária
ESL – Electronic Sport League
EUA – Estados Unidos da América

F

FAAP – Fundação Armando Alvares Penteado
FAB – Força Aérea Brasileira
FBI - Federal Bureau of Investigation
FDA – Food and Drug Administration
FIES – Financiamento estudantil
FIFA - Fédération Internationale de Football Association
Firjan – Federação das Indústrias do Rio de Janeiro

G

GDC – Game Developers Conference
GE – General Electric

GM – General Motors
GPS – Global Positioning System

H

HBO – Home Box Office
HD – *High definition*
HQ – História em quadrinhos

I

IA – Inteligência artificial
IAB – Interactive Advertising Bureau
ICMS – Imposto sobre Circulação de Mercadorias e Serviços.
IDSA – Industrial Designers Society Of America
IE – Instituição de ensino
IES – Instituição de ensino superior
Inpi – Instituto Nacional Propriedade Industrial
IPI – Imposto sobre Produtos Industrializados

K

KGB – Sigla em russo do Comitê de Segurança do Estado

L

LDA – Lei de Direitos Autorais
LED – *Light Emitting Diode,* ou seja, diodo emissor de luz
LFL – Lingerie Football League
LG – Lucky Goldstar
Lide – Grupo de Líderes Empresariais
LoL – League of Legends
LP – *Long play*
LVMH – Moët Hennessy . Louis Vuitton

M

MAB – Museu de Arte Brasileira da FAAP
Masp – Museu de Artes de São Paulo
MBA – *Master of business administration*, ou seja, mestre em administração dos negócios
MCTI – Ministério da Ciência, Tecnologia e Inovação
MDIC – Ministério do Desenvolvimento, Indústria e Comércio Exterior
MET – Metropolitan Museuem of Art de Nova York
MGI – McKinsey Global Institute
MIT – Massachusetts Institute of Technology

MMAAI – Mei Moses All Art Index
MoMA – Museu de Arte Moderna de Nova York
MOOC – *Massive Open On-Line Course*
MPAA – Motion Picture Association of America
MPB – Música popular brasileira
MPF – Medida Provisória do Futebol

N

NASA – National Aeronautics and Space Administration

O

OAB – Ordem dos Advogados do Brasil
OCDE – Organização para Cooperação e Desenvolvimento Econômico
OIT – Organização Mundial do Trabalho
OMPI – Organização Mundial de Propriedade Intelectual
OMT – Organização Mundial do Turismo
ONG – Organização não governamental
ONU – Organização das Nações Unidas
OPEP – Organização dos Países Exportadores de Petróleo

P

P&D – Pesquisa e desenvolvimento
P&P – Publicidade e propaganda
PC – *Personal computer*
PCB – Partido Comunista Brasileiro
PCC – Partido Comunista Chinês
PEEC-SP – Plano Estratégico da Economia Criativa do Estado de São Paulo
PETA – People for the Ethical Treatment of Animals
PF – Polícia Federal
Ph.D. – *Philosophiæ Doctor*
PIB – Produto Interno Bruto
PNUD – Programa das Nações Unidas para o Desenvolvimento
PS3 – Play Station 3
PS4 – Play Station 4
PTC – Partido dos Trabalhadores da Coreia do Norte

R

RCC – Rede de Cidades Criativas
RH – Recursos humanos
RIDER – Acrônimo de *revise*, *incubation*, *dreams*, *enthusiasm* e *reality*

S

SAIL – Stanford Artificial Intelligence Laboratory
SCS – Secretaria de Comércio e Serviços do MDIC
Sebrae – Serviço de Apoio às Micro e Pequenas Empresas
SEC – Secretaria de Economia Criativa
SESC – Serviço Social do Comércio
Sindepat –Sistema Integrado de Parques e Atrações Turísticas
SMS – *Short message service*
SND – Security for News Design
SOM – Skidmore, Owning & Merrill
SPFW – São Paulo Fashion Week
STF – Supremo Tribunal Federal
SXSW – South by Southwest

T

3D – Três dimensões
TAV – Trem de alta velocidade
TED – Sigla em inglês de palestras sobre *technology*, *entertainment* e *design* com 18 min de duração
TEFAF – Fundação Europeia de Belas Artes
TGS – The Game Station
TI – Tecnologia da informação
TIC – Tecnologia da informação e comunicação
TJ – Tribunal de Justiça

U

UE – União Europeia
UFMG – Universidade Federal de Minas Gerais
UHF – *Ultra High Frequency*
UNCTAD – Conferência das Nações Unidas para o Comércio e Desenvolvimento
UNESCO – United Nations Educational, Scientific and Cultural Organization, ou seja, Organização das Nações Unidas para a Educação, a Ciência e a Cultura
UNICAMP – Universidade Estadual de Campinas
URSS – União das Repúblicas Socialistas Soviéticas
USP –_Universidade de São Paulo
USPTO – United States Patent and Trademarks Office
UW – Universidade de Washington

V

VHF – *Very High Frequency*
VHS – *Video Home System*

W

WTTC – World Travel & Tourism Council

Y

YSL – Yves Saint Laurent

Z

ZEE – Zona Economia Especial

BIBLIOGRAFIA

Alfonso, J.L.H. e Pollini, D. *Moda no Brasil – Criadores Contemporâneos e Memórias*. Museu de Arte Brasileira da FAAP – São Paulo, 2012.

Amaral, A. A. *Arte e Meio Artístico: Entre a Feijoada e o X-Burguer*. Editora Nobel – São Paulo – 1983.

Artaud, A. *Van Gogh – O Suicida da Sociedade*. José Olympio Editora – Rio de Janeiro – 2003.

Asimov, I. *Nós, Robôs*. Círculo do Livro S.A – São Paulo – 1987.

Bergé, P. *Yves Saint Laurent*. Cosac & Naif Edições – São Paulo – 1999.

Bernardes, C. *Você Pode Criar Empresas*. Editora Saraiva – São Paulo – 2009.

Bertini, A. *Economia da Cultura*. Editora Saraiva – São Paulo – 2008.

Bono, E. de. *Thinking for Action*. DK Publishing, Inc. – New York – 1998.

Borchgrave, I de e Brown, R. *Papiers à la Mode*. Cosac & Naif Edições – São Paulo – 2008.

Brant, L. *Mercado Cultural*. Escrituras Editora e Distribuidora de Livros Ltda. – São Paulo – 2001.

Buettgen, J.J. e Freder, S.M. (organizadores). *Economia Criativa – Inovação, Cultura, Tecnologia e Desenvolvimento*. Editora Juruá – Curitiba – 2015.

Caiado, A. S. C. *Economia Criativa na Cidade de São Paulo: Diagnóstico e Potencialidades*. Fundação do Desenvolvimento Administrativo – São Paulo – 2011.

Camargo Z. *Isso Aqui É Seu!* Editora Globo – São Paulo – 2009.

Coelho, T. *Arte no Brasil - 1911-1980*. Grupo Itaú S.A. - São Paulo - 2007.

Cortella, M.S. e Dimenstein, G. *A Era da Curadoria: O que Importa é Saber o que Importa*. Papirus 7 Mares - São Paulo - 2015.

Davel, E; Vergara S.C. e Ghadiri, D.P. (organizadores). *Administração com Arte*. Editora Atlas - São Paulo - 2007.

Duisenberg, E. dos S. (organizadora). *Creative Economy Report 2010*. Organização das Nações Unidas - 2011.

Edson, J. e Beck, E. *Design Like Apple*. John Wiley & Sons - New York - 2012.

Elffers, J. *Play with Your Food*. Stewart, Talari & Chung - New York - 2012.

Fabianis, V. M. de e Accomazzo, L. e diversos colaboradores. *Tesouros do Egito do Museu Egípcio do Cairo*. Editora Manole Ltda. - São Paulo - 1999.

Fiell, C. e Fiell, P. *1000 Chair*. Benedikt Taschen - Colônia - 2000

Finch, C. *The Art of Walt Disney*. Harry N. Abrams, Inc. - New York - 1999.

Fisk, P. *Gamechangers*. John Wiley & Sons - Reino Unido - 2015.

Fisher, S. e Duane, J. N. *The Startup Equation*. McGraw Hill Education - New York - 2016.

Florida, R. *The Flight on the Creative Class*. Harper Collins - New York - 2002.

Florida, R. *Who's Your City*. Basic Books - New York - 2008.

Florida, R. *O Grande Recomeço*. Elsevier Editora - Rio de Janeiro - 2010.

Florida, R. *The Rise of the Creative Class Revisited*. Basic Books - New York - 2014.

Goldman, A. *Everything I Know about Marketing I Learned from Google*. McGraw Hill - New York - 2010.

Gracioso, F. *Propaganda: Engorda e Faz Crescer a Pequena Empresa*. Editora Atlas - São Paulo - 2002.

Grassetti, C; Fernandes Junior, R. e Corrêa, T. S. *Fotografia em Revista*. Museu de Arte Brasileira da FAAP - São Paulo, 2011.

Greenfield, S. *Brain Power: Working out the Human Mind*. Element Books Limited - Great Britain - 1999.

Harris, B. J. *A Guerra dos Consoles*. Editora Intrínseca – Rio de Janeiro – 2015.

Heinz, T. A. *The Vision of Frank Lloyd Wright*. Chartwell Books – New York – 2001.

Hinchcliffe, D. e Kim, P. *Social Business by Design*. John Wiley & Sons – New York – 2012.

Howkins, J. *Economia Criativa: Como Ganhar Dinheiro com Ideias Criativas*. M. Books do Brasil Editora Ltda. – São Paulo – 2013.

Iengo, A. *Cozinha Italiana: 100 Receitas Incríveis da Fabulosa Culinária Napolitana* – Marco Zero – São Paulo – 2012.

Jones, J.P. *A Publicidade como Negócio*. AMPUB Comercial Ltda. – São Paulo – 2002.

Krasilin, M. *Russian Easter Eggs*. Panas-Aero – Moscou – 1995.

Lewis, R. W. *Absolut Book*. Journey Editions – Boston – 1996.

Liedtka, J. e Oglivie, T. *A Magia do Design Thinking: Um Kit de Ferramentas para o Crescimento Rápido de sua Empresa*. Editora HSM – São Paulo – 2015.

Lupetti, M. *Administração em Publicidade: A Verdadeira Alma do Negócio*. Cengage Learning – São Paulo – 2010.

Macaulay, D. *Building Big*. Houghton Mifflin Company – New York – 2000.

Macedo, R. (organizador). *Propostas para o Próximo Presidente*. Associação Comercial de São Paulo – 2010.

Martins, Z. *Propaganda é Isso Aí*. Editora Saraiva. São Paulo – 2014.

Masi, D. de *Desenvolvimento em Trabalho*. Editora Esfera – São Paulo – 1999.

McSill, J. e Schuck, A. *Cinema: Roteiro*. DVS Editora – São Paulo – 2016.

Mestriner, F. *Design de Embalagens*. Makron Books Ltda. – São Paulo – 2001.

Mola, M. A. e Show, C. M. *Esplendores de Espanha de El Greco a Velásquez*. Arte Viva Instituto – Rio de Janeiro – 2000.

Morais, F. *Arte é o que Eu e Você Chamamos de Arte*. Editora Record – Rio de Janeiro – 1998.

Mozart, W. R. *Cartas Vienenses*. Editora Veredas – São Paulo – 2004.

Murad Jr. E. e Martins, V. *Viagens de Negócios: Que Negócio é Esse?*. Editora Senac – São Paulo – 2015

Newman, D. *Turbine Seu Marketing Já*. M. Books do Brasil Editora Ltda. – São Paulo – 2015.

O'Brien, L. *Madonna: 50 Anos*. Nova Fronteira S.A. – Rio de Janeiro – 2008.

Paglia, C. *Imagens Cintilantes: Uma Viagem através da Arte desde o Egito a Star Wars*. Editora Apicuri – Rio de Janeiro – 2014.

Pascolato, C. *O Essencial*. Editora Objetiva Ltda. – Rio de Janeiro – 1999.

Passarella, W. *Fábrica de Ideias, Banco de Oportunidades*. Editora Saraiva – São Paulo – 2008.

Pettigrew, J. *Chá*. Livraria Nobel S.A. – São Paulo – 1999.

Phoenix, H. *Lady Gaga: Biografia*. Texto Editores Ltda. – São Paulo – 2010.

Piazza, A e Whiteman, V. *Coleção Folha Moda* (24 Volumes). Empresa Folha da Manhã S.A. – São Paulo – 2015.

Pimenta, D. *Como Ingressar no Mercado Publicitário*. Editora Senac Rio – Rio de Janeiro – 2011.

Pinheiro, T e Alt, L. *Design Thinking Brasil*. Elsevier Editora – Rio de Janeiro – 2012.

Públio, M. A. *Como Planejar e Executar uma Campanha de Marketing*. Editora Atlas – São Paulo – 2013.

Pulizzi, J. *Epic Content Marketing*. McGraw Hill Education – New York – 2014.

Pulizzi, J. *Content Inc*. McGraw Hill Education – New York – 2015.

Reis, A.C. F. *Economia da Cultura e Desenvolvimento Sustentável: O Caleidoscópio da Cultura*. Editora Manole – São Paulo – 2007.

Reis, A. C. F. e Kagayawa, P. (organizadores). *Cidades Criativas: Perspectivas*. Garimpo de Soluções & Creative Cities Productions – São Paulo – 2011.

Restrepo, F.B. e Márquez, I.D. *La Economía Naranja: Una Oportunidad Inifinita*. Puntoaparte Bookvertising – Bogotá – 2013.

Ricart, J. e Valls, M. *Coleção Folha Grandes Fotógrafos*. Estudi Cases – Buenos Aires – 2009.

Righetto, F. e Francisco Jr, M. *Design Brasileiro: Uma Mudança de Olhar*. Museu de Arte Brasileira da FAAP – São Paulo, 2007.

Salgueiro, H. A. *O Olho Fotográfico: Marcel Gautheret e seu Tempo*. Museu de Arte Brasileira da FAAP – São Paulo, 2012.

Sant'Anna, A.; Rocha Júnior, I. e Garcia, L.F. D. *Propaganda: Teoria, Técnica e Prática*. Cengage Learning – São Paulo – 2009.

Shimp, T.A. *Propaganda e Promoção*. Artmed Editora S.A. – Porto Alegre – 2002.

Shvidkovsky, D. *St. Petersburg: Architecture of the Tsars*. Abbeville Press Publishers – New York – 1996.

Siliotti, A. *Guide to the Pyramids of Egypt*. Barnes & Noble – New York – 1997.

Silva, R. *Os Gemeos*. Pancrom – São Paulo – 2009.

Sozzani, F. *Dolce & Gabbana*. Thomas & Hudson Ltd. – London – 1998.

Suskind, P. *O Perfume: História de um Assassino*. Editora Record – Guarulhos – 1986.

Thomas, D. C. e Inkson, K. *Inteligência Cultural*. Editora Record – Rio de Janeiro – 2006.

Tricot, X. *James Ensor: Um Visionário em Preto e Branco*. Museu de Arte Brasileira da FAAP – São Paulo, 2005.

Valerie, A. *Le Livre Mondial des Inventiones*. Compagnie 12 – Paris – 1998.

Vlavianos, N. *A Práxis da Escultura*. Editora Globo S.A. – São Paulo – 2001.

Walsh, M. *Andrew Lloyd Webber*. Harry N. Abrams, Inc. – New York – 1989.

Wegman, W. *Fashion Photographs*. Harry N. Abrams – New York – 1999.

Weiss, S. E. *Alimentos Saudáveis - Alimentos Perigosos*. Reader's Digest Brasil Ltda. – Rio de Janeiro – 1998.

Willan, A. *Culinária Ilustrada Passo a Passo* (15 volumes). Publifolha – São Paulo – 1999.

Observação importante – Uma grande fonte de informações para esses livros foram os nossos principais jornais como *O Estado de S. Paulo*, *Folha de S. Paulo* e *Valor Econômico*, além das principais revistas que circulam no País, tais como *Veja*, *Exame*, *Época*, *Isto é*, além de muitas internacionais.

ECONOMIA CRIATIVA:
FONTE DE NOVOS EMPREGOS
Volume I

No volume I abordamos os conceitos fundamentais da Economia Criativa e os seguintes setores:

- Arquitetura.
- Artesanato.
- Artes Cênicas.
- Artes Visuais.
- Brinquedos.
- Cinema.
- *Design*.

DVS EDITORA

www.dvseditora.com.br

GRÁFICA PAYM
Tel. [11] 4392-3344
paym@graficapaym.com.br